司法理论译丛

孙笑侠　主编

The
Psychology of
the Supreme Court

最高法院的心理学

[美] 劳伦斯 · S.赖茨曼（Lawrence S. Wrightsman）／著
黄斌　吕芳／译

法律出版社 LAW PRESS · CHINA

著作权合同登记号
图字：01-2014-8447

“司法理论译丛”总序

孙笑侠

司法权在本质上是判断权，司法行为本身就是一项十分精细的智力活动。司法改革的深化，从外部看来是尊重司法规律前提下的职业化和专门化，从内部看来是促进司法智力活动的精细化，表现为从司法思维、司法推理、司法心理、司法技术、司法决策在专业上都更加精细和更加具体。我们组织翻译的这套“司法理论译丛”，其中多数是关于司法行为内部的，甚至是专注于司法思维与心理的专题性论著。这套译丛的目的是追踪和了解国外司法理论的当代经典和最新成果，同时也从国外司法行为的内部去观察其精细化程度和发展趋势。

在当下和更长的一段时间内，这个话题是有现实意义的。相对于法官的内在思维、心理和行为而言，司法体制和机制改革还只是外部问题。对于优秀的法官而言，无论司法体制和机制改革到什么程度，他们的思维、心理和行为始终在精细化地运行。正如航空器无论运行状况如何，宇航员仍然要保持大脑清醒和动作精准一样。尽管司法改革从外部做手术，但是司法行为内部仍然是法官思维和心理在起支配作用。

相对于目前的司法体制与机制改革,关注并研究司法思维和司法行为是永久的实践任务和学术目标。因此,司法思维、心理和行为的研究是更接近司法实践、更有深层理论含量、更有持续学术生命力的一个领域。

这套译丛有一个特点,那就是这些著作具有跨学科研究的特点,有的著作的作者本身是心理学家或人工智能学者,有的著作是法学家与心理学家合作作品。这套译丛的选题组织者和译者,都是活跃在法理学和司法理论研究领域的中青年学者,他们既关注法理学和法哲学的传统问题,又关注司法行为内部的最新前沿问题,能够很好地把法理学—法哲学研究素养和前沿的司法行为问题结合起来。相信在司法改革这一现实背景之下,这套译丛可以为法学界和司法界提供一些更具开放意识的新视角,为我们更为深入地理解司法本身性质和司法行为规律,乃至为我们眼下正在进行的司法改革和未来可能的司法活动提供基础性和前沿性的准备。

目录

序 言

最高法院对人们的认知提出了挑战。最高法院的判决和大法官的个人举动时常令人吃惊。随着2005年夏天最高法院开庭期的结束,法院观察人士确信,首席大法官伦奎斯特将会辞职,但宣布辞职的却是奥康纳大法官。首席大法官坚定地宣布,只要身体条件允许,他将会在最高法院一直干下去。两周后,奥康纳宣布了这个惊人的辞职决定。但是两个月后,伦奎斯特去世,最高法院宣布了另一个惊人的决定:布什总统提名出任最高法院大法官的约翰·罗伯茨晋升为首席大法官。

作为一个受公众关注的机构,最高法院形成了固定的宣传口径。就奥康纳大法官辞职一事,媒体将奥康纳大法官誉为是最高法院的"秋千票"。虽然这种说法在过去基本属实,但是在她宣布辞职之前刚结束的最高法院开庭期内,布雷耶大法官,而非奥康纳大法官,才是在多数5:4的案件判决中投出了关键的第五票。事实上,在许多重要的案件判决中,奥康纳大法官都是处于少数票一方,她在74个做出判决的案件中撰写了11份不同意见。

人们将大法官们划分成保守或自由阵营。但大法官们并非总是循规蹈矩。正如本书所分析的那样，尽管上述划分反映了大法官在某些案件中的投票和裁判依据，但是每位大法官的决定和投票远比简单的政治立场要复杂得多。例如，在2004～2005年司法年度，24个案件的投票结果是5:4。保守主义多数仅在5个案件中抱团，其中在8个案件中，有一位保守主义立场的大法官加入自由主义阵营形成了多数意见。

对最高法院的研究可以有许多不同的视角。心理学尝试将最高法院作为一个由不同个体组成的组织看待，而这些个体追求某些共同的目标但又各自存在差异。心理学分析通过概念和理论来描述和解释大法官的行为。例如：

1. 首席大法官伦奎斯特在最高法院的最后一个开庭期的许多投票就令人吃惊。例如支持米兰达案（*Miranda*）的判决，要求警察告知犯罪嫌疑人享有的权利。在一些案件中则支持起诉政府的公民享有探亲和休病假的权利。领导经过多年“苦干”所赢得的，心理学学者称其为性格信用。大法官们偶尔也会偏离性格信用做出支持者们所不期望的决定。

2. 与基于过去投票形成的统计模型或专家预测不同，最高法院的一致投票远多于8:1的投票。和任何其他小型且紧密结合的组织一样，最高法院同样存在迫于压力一致投票的情况。

3. 大法官们彼此之间都存在差异。当然，每一个5:4案件投票结果都证明，每一位大法官都可能影响案件产生不同的结果，不过本书专门考察了新任首席大法官可能对案件结果产生的影响。例如，1952年文森担任首席大法官，布朗诉教育委员会案（*Brown v. Board of Education*）在最高法院首次审理即遇冷。最高法院对此案产生了分裂，如果进行投票，判决结果胜负皆有可能。文森首席大法官的突然去世以及厄尔·沃伦出任首席大法官意味着强势领导人物的出现，这导致最高法院一致支持在公立学校废除种族隔离。

本书的目标是在描述最高法院主要运行领域的基础上，运用社会科学知识逐一进行分析解释。这些领域包括提名和确认大法官、最高法院筛选案件和审理案件的程序、影响大法官成败的个人品质、首席大法官的影响力以及其他需要审视和改革的诸多领域。本书对布什诉戈尔案(*Bush v. Gore*)进行了详细的考察分析,其目的就在于把握是什么因素导致近年来最高法院做出了最重要的判决。通过数据分析系统地预测大法官的投票和最高法院的判决也是本书的创新。

本书是对我此前出版的《司法决策:与心理学相关吗?》(*Judicial Decision Making:Is Psychology Relevant*?)(1999 年出版)一书的延伸和扩展。在那本书中,我侧重于通过运用组织心理学来考察法庭之友在影响最高法院判决结果方面的作用。本书的目的更为宽泛,试图将最高法院视为一个在现实中不断变化的组织进行全面考察。心理学的方法是经验式的,因此本书进行了数据分析,例如,申请最高法院审理的案件数量以及决定审理的数量,被最高法院推翻的案件比例,做出一致判决的比例,以及从大法官会议到最终做出判决过程中改变投票的数量。当然,心理学也关注参与该组织的人员性格的影响。为什么厄尔·沃伦担任首席大法官时成效显著,而文森首席大法官却没有,什么样的品质导致威廉·布伦南,以及后来的奥康纳大法官非常有影响力。

最高法院总是在美国人的生活中发挥着重要作用。但是目前最高法院正在经历一个变革时期,因此我们通过研究把握其运转的内核显得特别重要。

致　谢

写作本书是一件令人愉快的事。尽管写作是我完成的，但是许多人为本书的写作做出了贡献。Cindy Sexton 帮我解决了电脑的问题。我得到了堪萨斯大学诸位学生的帮助，其中 Justin LaMort 在查明模糊的参考文献方面给予我很多的帮助，Mary Pitman 提请我关注相关网站，Angela Rasmussen 的贡献丰富了我的认识，应我的请求，她在托马斯大法官访问堪萨斯大学期间提了一个问题（“大法官们私下是如何称呼首席大法官的？他们像称呼彼此一样叫他的姓氏吗？”“不，他们称他为‘首席’。”）。

Ronald Roesch 教授，也是美国心理学—法学协会系列丛书编辑，办事非常高效并且不断鼓励我，这不仅体现在获取书稿的评论意见方面，而且体现在和出版社一道工作，尤其是对我的整个书稿提出了一份详细的批评意见。

牛津大学出版社的工作人员给予我非常多的帮助。出版社副社长、科学、职业和医疗书籍主任编辑 Joan H. Bossert 和我见面并对本书的书名提出了建议。心理学执行编辑 Mariclaire Cloutier 通过进一步的审稿提升了书稿的质量。心理学助理编辑

Joseph Zito 以及见习编辑 Cristina Wojdylo 和我在写作过程中经常进行交流。

当然,尽管有诸位的努力付出,但本书的任何错误皆由我承担。

第1章 最高法院：鲜为人知的机构

摘要：本章首先阐述了写作本书的目的，即通过运用心理学和其他社会科学的方法及研究成果，让人们更加全面地理解最高法院的机构运转和裁判过程。本书的基本观点是：从宏观上来说，最高法院是一个政治机构，因为最高法院的大法官们考虑的都是涉及国家长远发展的问题，这都体现在他/她们的判决意见中。本章将讨论最高法院受人关注的判决、最高法院大法官们的立场、理解最高法院裁判过程的困难、最高法院大法官的形象以及最高法院判决的重要性。

关键词：最高法院；媒体；司法裁判过程；法官

> 正如普通人和普通的机构会受到社会批评一样， 3
> 法官和法院也会受到社会批评……面对直言不讳、汹涌而来的批评，法官心中必须铭记自身的局限和基本的社会责任。
>
> ——菲利克斯·法兰克福特（Felix Frankfurter）大法官

美国最高法院只是偶尔会受到美国公众的关注。通常情况下，最高法院不会成为人们八卦的话题。不过，对大法官、最高法院或者联邦法院的新闻报道却会吸引公众的眼球。例如,2004 年秋,首席大法官重病;2005 年冬,植物人特里·夏沃(Terri Schiavo)女士的进食管被拔除,最高法院拒绝干预;2005 年夏,奥康纳(Sandra Day O'Connor)大法官辞职;2005 年秋,罗伯茨(John Roberts)接替奥康纳的位置,因首席大法官伦奎斯特(Rehnquist)去世,罗伯茨随后又成为首席大法官。2005 年 10 月,布什总统提名阿利托(Samuel Alito)接替奥康纳的位置。

尽管只是偶尔受到公众的关注,但最高法院却在持续地影响着每一个美国人。和另外两个政府机构相比,公众对最高法院的关注要少很多,最高法院可以称得上是一个鲜为人知的机构。本书的目的在于,通过运用心理学和其他社会科学的方法及研究成果,让人们更全面地认识最高法院的机构运转和裁判过程。

如前所述,最高法院有时制造新闻,偶尔还会制造大新闻。2000 年 12 月 12 日,美国最高法院的许多崇拜者——毋庸置疑也是戈尔(Al Gore)竞选 2000 年美国总统的大部分支持者——失望地得知,最高法院果断地做出判决,支持布什在 2000 年总统竞选中获胜。有法院观察人士当即指出,法院以 5∶4 的票数判决的布什诉戈尔案(*Bush v. Gore*,
4 2000)反映了保守派和自由派之间泾渭分明的政治立场,这将永远破坏最高法院超然于政治之外的形象。尽管判决会让许多人不满,但最高法院依然要决定选择什么案件进行审理,然后就此做出判决。没有证据表明最高法院判决的影响力减弱了。但可以肯定的是,上述案件和最高法院新近发生的系列事件促使人们思考这样一个问题,即大法官是如何做出判决的。

本书的基本观点是:从宏观上来看,最高法院是一个政治机构,因为最高法院的大法官们考虑的都是涉及国家长远发展的问题,这都体现在他/她们的判决意见中。这并不是说最高法院像另外两个政府机构那样具有明显的政治倾向。大法官作为政党的成员并不会和该党派中每一位成员建立直接的联系,也不必像另外两个政府机构的成员那样为了赢得再次当选而迎合公众。不过,大法官的司法理念在最高法院许多判决中都发挥着重要作用,但具体是如何发挥作用的却极为复杂,正如总统和国会在做出决定时要受到政治倾向左右那样。本书通过社会科学的方法分析法院的裁判过程,以此推断大法官的素养。贯穿于全书尤其是最后一章的难题是:最高法院运转的怎么样。例如,提名并确认成为大法官的人都是最佳人选吗;法院的工作量太多(或者太少),以及大法官的助理对案件的判决也有影响吗;首席大法官的职责是什么,现任首席大法官职责履行得怎么样;裁判过程是否能形成最好的判决结果;最高法院是否有足够的权威。这些问题都值得讨论。当然,我最终提供的答案体现了某种主观性和个人价值倾向。不过,至少我在回答每个问题时提供了大量的信息,这有助于读者对这些问题形成自己的认识。

一、司法年度末期的重大判决

或许是刻意安排,或许是纯属偶然,最高法院经常会把最引人注目的判决留到最后(对布什诉戈尔案的判决显然是一个例外)。2005 年 6 月的最后一周,最高法院在一个案件的判决中扩大了政府实施国家征用权时“公共事业”的范围,这引起了一些自由人士和一些保守人士的批评。在两个十诫陈列案件中,法院做出了观点不一致的判决。仅仅在这个司法年度结束后四天,奥康纳大法官出人意料地宣布退休(法院观察人士预测宣布退休的本该是首席大法官伦奎斯特)。

2003 ~ 2004 司法年度的最后一周,最高法院在两个重要的案件中做出判决,对“米兰达权利”(*Miranda rights cases*)进行了澄清,并对关塔那摩监狱的囚犯和“敌对武装”提起的三个上诉案件做出了判决。而在上 5
一司法年度的最后一周,最高法院相继对同性恋权利和平权法案做出判决(这些案件的内容会在后面的章节中提到)。2001 ~ 2002 司法年度的最后一周,最高法院做出了两个对全美学校和在校儿童都有重大影响的判决:一项判决批准教育券计划,即允许将国家税款用于资助在私立学校上学的儿童(*Zelman v. Simmons-Harris*,2002);另一项判决扩大了在校学生参加学校相关的活动进行药物检测的范围,这些范围突破了参加比赛运动,还包括参加仪仗队、唱诗班以及美国国家高中荣誉生协会(*Board of Education of Independent School District Number* 92 *of Pottawatomie County v. Earls*,2002)。每个案件的判决结果都得到了一些人的支持,也受到了另一些人的严厉批评。

在研究最高法院的过程中,一个吸引公众眼球的话题就是预测每位大法官在案件中的投票以及法院的判决结果。1999 ~ 2000 司法年度最后几天做出的判决尤其受公众关注，不仅因为这五个案件是整个司法年度中最重要的案件，而且这些案件都表明，每位大法官有时会做出出乎意料的投票。每一个案件都涉及非常有争议的话题，包括堕胎的合法性、警察权、宗教和政府的关系以及同性恋权利。具体来说，这些案件的判决结果如下：

> 在迪克森诉美国案（*Dickerson v. United States*）中，法院投票支持米兰达规则，即在对犯罪嫌疑人进行询问之前，警察应告知犯罪嫌疑人有保持沉默的权利，并裁定米兰达权利符合宪法，因此不能被国会制定的法律所撤销。
>
> 在斯坦伯格诉卡哈特案（*Stenberg v. Carhart*）中，法院基于两个原因否决了内布拉斯加州通过的禁止怀孕晚期堕胎法。首先，该法律用意宽泛，可能被解释为禁止胎儿存活期之前的大多数安全而正常的终止怀孕的途径；其次，该法律没有规定例外情况，即妇女的健康受到威胁时是否允许堕胎。
>
> 在希尔诉科罗拉多案（*Hill v. Colorado*）中，法院确认科罗拉多州拥有在堕胎诊所设置八英尺“缓冲地带”的权利，具体而言就是法院裁定支持一项科罗拉多州法律。该法律规定，在堕胎诊所100英尺范围内，在未经同意的情况下，禁止任何人在8英尺范围内向他人提供堕胎咨询、分发传单以及展示任何有关堕胎的标识。
>
> 在美国童子军诉戴尔案（*Boy Scouts of America v. Dale*）中，法院判决美国童子军协会有权禁止同性恋成为童子军的领导者。
>
> 在米切尔诉赫尔姆斯案（*Mitchell v. Helms*）中，法院判决联邦政府可以向教区附属学校提供电脑等教学设备。

所有这些判决都值得关注。因为从广义上说，这些都是非常重要的
6 问题。不过，总的来说，它们却没有回答下面的问题：最高法院判决的性质是什么。法院观察人士很难通过大法官的投票结果构造出一种模型。1999～2000司法年度末的五个重大案件中，保守派会欢呼于童子军案和涉及教区附属学校案的判决结果，而自由派则会雀跃于堕胎案以及捍卫米兰达规则案的判决结果。联邦主义会在一些判决中获得支持，在另一

些判决中却会遭受冷遇。最近的司法年度审理的轰动案件再次反映出司法理念的不一致(an inconsistent ideology)。2003 年 6 月,劳伦斯诉德克萨斯州案(*Lawrence v. Texas*)的判决撤销了同性伴侣性行为刑罚化的法律,保守人士为此感到不安。但是在涉及平权法的案件中,双方都喜忧参半,因为法院批准平权法适用于密歇根法学院的招生程序(*Grutter v. Bollinger*,2003),但却拒绝适用于密歇根大学本科生的招生程序(*Gratz v. Bolliger*,2003)。

(一)最高法院大法官的立场

最近的"立场"表明,最高法院的大法官中存在两个完全不同的派别,以及两位淡化政治倾向但立场保持一致的大法官。在最高法院成员未发生变化的 11 年中(从 1994 年到 2005 年),伦奎斯特首席大法官、斯卡利亚(Antonia Scalia)大法官、托马斯(Clarence Thomas)大法官的投票基本上倾向于支持政治保守主义,斯蒂文斯大法官(John Paul Stevens)、苏特大法官(David Souter)、金斯伯格大法官(Ruth Bader Ginsburg)和布雷耶(Stephen Breyer)大法官的投票则更倾向于支持政治自由主义。尽管更多时候是支持伦奎斯特、斯卡利亚和托马斯大法官,但奥康纳大法官和肯尼迪(Anthony Kennedy)大法官经常被贴上了"秋千票"的标签。因为在平权法、堕胎以及同性恋权利等问题上,他们有时站在政治自由主义一边。2005～2006 司法年度伊始,随着罗伯茨的任命和阿利托的提名,大法官的构成可以恰当地概括为四位捍卫保守主义的大法官,一位经常支持保守主义的"秋千票"(肯尼迪大法官)以及四位秉持自由主义立场的大法官(虽然属于自由主义阵营,但布雷耶大法官的自由主义立场不太坚定)。

尽管上述对大法官立场的划分总体上和投票趋势吻合,但是裁判过程中如何投票却是一个复杂的决定。当然,在一些案件中,有些大法官的投票遵循其政治倾向。例如,在 2004 年 6 月审理的两个涉及警察权的案件中(*Yarborough v. Alvarado*,*Hiibel v. Sixth Judicial District of Nevada*),投票结果完全相同,其中五位持保守主义立场的大法官(包括肯尼迪和奥康纳大法官)支持警察,四位持相对自由主义立场的大法官则投票限制警察权。但是,诸如"自由主义"与"保守主义""赞成联邦主义"与"反对联邦主义"的传统分类并不能解释大法官在所有案件中的投票情况。有些案

件类型与政治倾向没有关联性,另一些案件的投票和结果有时完全不同于
7 预测中的“立场”。在2002年6月对学校进行药物检测的案件判决中,布雷耶大法官站在保守主义多数一边,并在附和意见中写到,美国学校中存在严重的药物问题,强制进行药物检测具有必要性。在格拉茨诉勃林格尔案(*Gratz v. Bollinger*,2003)中,布雷耶大法官投票拒绝将平权法适用于密歇根大学本科生的招生程序。在1999~2000司法年度末期判决的五个案件中,伦奎斯特大法官在其中的两个案件中都投票支持自由主义倾向的斯蒂文斯、苏特、布雷耶和金斯伯格大法官。以其中的迪克森诉美国案(*Dickerson v. United States*)为例,经由法院观察人士归纳形成的传统观点预测,该案的判决结果将是难分伯仲。在该案中,斯蒂文斯、苏特、金斯伯格和布雷耶大法官很可能投票支持米兰达权利合符宪法。考虑到伦奎斯特、斯卡利亚和托马斯大法官一贯对被告的权利缺乏同情,他们则很可能投反对票。而奥康纳和肯尼迪大法官的投票则难以预测,因为他们并不是特别强烈地支持被告的权利,但偶尔也会投票支持运用米兰达规则。例如,奥康纳大法官在莫兰诉贝宾案(*Moran v. Burbine*,1986)的多数意见中曾写到,当犯罪嫌疑人妹妹聘请的律师询问警察那天晚上犯罪嫌疑人是否受到了质问时,警察欺骗了律师。犯罪嫌疑人在被告知米兰达权利后放弃聘请律师,并随后在那天晚上认罪。但警察,是否向犯罪嫌疑人妹妹的律师撒过谎,在多数意见中,奥康纳大法官表达了对警察说谎的厌恶之情,但支持将犯罪嫌疑人的认罪作为证据,其结论是目前运用米兰达规则很好地权衡了社会稳定和犯罪嫌疑人的权利。

如前所述,大部分法院研究者预测迪克森案(Dickerson)的结果将会“难分伯仲”。我的意思是大部分人预测的投票结果会是不相上下的5票对4票,多数票可能会支持米兰达规则,但是情况发生反转的5票对4票也是极有可能的。实际的投票结果令人吃惊:7票对2票支持米兰达规则,多数意见则由一贯反对被告人权利的首席大法官伦奎斯特负责撰写。只有斯卡利亚和托马斯大法官持少数意见[根据耶鲁教授卡米萨(Kamisar)的分析[2000],乔治城大学法律中心的斯蒂芬·萨尔茨堡(Stephen Saltzburg)教授预测了7票对2票的投票结果并准确预测到了伦奎斯特大法官的观点。我发现在这个问题上无出其右者]。正如卡米

萨教授所分析的，伦奎斯特大法官的观点表明"好像他最近又重新阅读了当初米兰达案件中的判决意见，并在该案及相关案件中发现了他以前没有注意到的事实和表述"(p. A－8)。

为何会产生这么令人吃惊的结果呢，这是否表明法院中的保守主义阵营正在分化？答案是否定的。通过阅读伦奎斯特大法官的多数意见后会发现两大问题：一是法院在过去的 30 年中将米兰达规则打造成了一个更为社会所接受的程序；二是他主要关注的问题，即国会不断制定法律来解释宪法(Greenhouse，2000)。在迪克森案中具体体现为国会 1968 年通 8
过的法律是否可以否定运用米兰达规则(Public Law3501)。在伦奎斯特大法官的判决意见中，他似乎在对国会说："不要告诉最高法院哪些合符或哪些不合乎宪法，这是最高法院的事，不是你们国会的事。"因此，迪克森案的判决是过去十年中最高法院判决风格的延续，即只要最高法院认为国会制定的法律违反了宪法尤其是各州主权豁免事项(sovereign immunity of individual states)，最高法院就可以限制或撤销国会制定的法律(Greenhouse，2002a)。或许某一天，当伦奎斯特法院不太在意国会立法权侵犯司法权时，米兰达规则就有可能被推翻(Greenhouse，2000)。但是自 1995 年美国诉洛佩兹案(*United States v. Lopez*)以来，最高法院主要以联邦主义或三权分立为依据已全部或部分地撤销了 30 多部国会制定的法律。因此，在阅读了伦奎斯特大法官对迪克森案撰写的判决意见，并牢记他强烈支持要对国会反联邦主义的势头进行限制之后，你会倾向于说"是的，他就是会这么投票"。但是大部分专家都没有预料到他会这么投(值得注意的是，最高法院在最近的判决中不断对米兰达规则提出限制条件，在 2003～2004 司法年度最高法院审理了 4 个相关案件，每个判决都对被告不利)。

迪克森案的判决结果是否意味着最高法院是一个神秘莫测的机构？一些法院观察人士指出，伦奎斯特任期最后一年的最高法院可谓是既"傲慢"又褊狭，同时不断扩大"合宪性"审查的范围。因此，这无疑是在篡夺立法机关的立法权(Ponnuru，2000，2004；Rosen，2000)。其他观察人士则探寻判决中的共性。这可不是一项简单的任务，因为有些判决支持的是个人(例如迪克森案)而另一些判决——例如判决支持童子军组织——则不是。第 10 章会详细讨论预测投票的问题。该章的结论是，只有将案件划分为不同的类型才能更好地理解投票结果，而大法官的政治立场在某些类型的案件中会体现得更为明显。

（二）本书的目的

一些法院观察人士会问：人们能理解最高法院的判决吗，我们能把握最高法院做出具体判决的原因吗？我认为，对这些问题总体上的答案是肯定的。但是在回答这些问题之前，我们需要了解大法官的遴选是如何过于政治化的，大法官是如何专注于审理案件的，以及九位固执己见的大法官是如何求同存异的。例如，第 2 章探讨的是大法官任命和确认程序的特点，第 8 章考察的是一些大法官为什么工作更有成效，第 9 章考察的则是首席大法官对最高法院作用和判决的影响。

9 **二、理解最高法院裁判过程存在的困难**

行政机构和国会的工作都会向公众公开。总统会接受采访、召开新闻发布会，并发表每周电台演讲。参议院和众议院召开的会议（甚至包括一些委员会的听证过程）可以通过美国有线电视 C-SPAN 收看到，国会议员的办公室是对公众开放的。但是最高法院却没做多少有助于公众了解案件裁判过程和判决结果的事。是的，近年来有一百多万人参观了宏伟庄严的最高法院。如果运气足够好的话，参观人员可以旁听到在大法庭举行的令人印象深刻的口头辩论。不过，最高法院的大部分重要工作场所都是不开放的（与国会议员办公室对公众开放相比，最高法院的参观人员不得进入大法官的工作区域，甚至包括大法官的居住区域）。尽管最高法院允许各州法院通过电视转播案件的审理，但是坚决反对通过电视转播最高法院的口头辩论（有一次大法官向国会委员会提交最高法院年度预算请求时，一位国会议员问了苏特大法官关于电视转播最高法院案件审理过程的问题，苏特大法官的回答是：没门，“除非我死了”）。最高法院勉强允许对极少数近年来公众高度关注的案件的口头辩论进行录音［具体包括布什诉戈尔案、挑战麦凯恩—法因戈尔德（McCain-Feingold）竞选资金法以及密歇根大学招生程序中适用平权法等案件］，但是这些录音只能延迟播放。公众可以获得最高法院口头辩论的录音带和文字稿，不过直到最近（2004 年 10 月），文字稿才注明是哪位大法官在提问，2005 年前几个月提供的文字稿则标错了提问者。只有认真倾听并且训练有素的人才能辨别出录音带中的差别，以便确认提问者的身份。

口头辩论后召开并且同时会进行投票的大法官会议（judicial conferences）是秘密进行的，甚至大法官的法官助理都不得在场。个别大法官的笔记——有的较为详细，有的不太完整，有的仅仅是潦草写下的——提供了仅有的书面记录。是的，确实有一些大法官的笔记最终会向公众公开。例如，布莱克门（Blackmun）大法官的笔记——对于学者颇为幸运，这是最为详细的笔记之一——在他去世后的 5 年即 2004 年 3 月由国会图书馆向公众公开。法院最终的判决也会向公众公开，负责撰写判决意见的大法官可能会向媒体和公众做一个简短的介绍或宣读完整的判决意见，但是大法官们不会召开例行的新闻发布会，也不允许媒体问他们"判决意见的真实含义是什么"。正如布伦南（William Brennan）大法官所说，"我们只负责撰写判决意见，但我们不做解释"（O'Brien，1997， 10
p. xi）。只有极少数任期内的大法官会接受新闻媒体或学者的采访。他们有时也会发表演讲，但是对于他们所审理过的案件却缄口不言。

在公众眼中，最高法院审理案件都是秘密进行的。大法官们对此予以否认。曾经在大法官任上的刘易斯·鲍威尔（Lewis Powell）先生提到，法院的口头辩论和判决书都是公开的——"好像"［正如记者托尼·毛罗（Tony Mauro）所说］"没有别的需要公开的"（2004b，p. 193）。2004 年，斯蒂文斯大法官在芝加哥律师协会发表的演讲中说道："我们是政府的一个部门，我们会尽职尽责地阐明所有重要案件的理由。"（*USA Today*，2004，p. 14A）然而，颇具讽刺的是，记者在斯蒂文斯大法官演讲后才获知这一消息。和大部分大法官一样，斯蒂文斯并没有提前向公众透露演讲的时间安排。

但是大法官们对于公众的批评却极为敏感。从 2005 年开始，好几位大法官参加电视访谈节目，其中包括斯卡利亚大法官，而他以前是绝不允许对自己的演讲进行录音或电视转播的。例如，2005 年 1 月，C-SPAN 转播了他和布雷耶大法官之间气氛极为活跃的讨论，话题是关于美国大学中国际法的开展情况。2005 年 4 月，两位又与奥康纳大法官一道参加了国家档案馆举行的讨论活动，期间他们接受了 NBC《会见新闻界》栏目记者蒂姆·拉瑟特（Tim Russert）的提问，回答了他们是如何对案件进行裁判的。很显然，大法官们主动"走进公众"的原因之一就是，2005 年年初出现了公众对最高法院的批评。

不过,通常情况下,大法官们会守护着他们的隐私。尽管他们会选择在大法官会议或法学院课堂上发表演讲,但他们还是希望当他们走进华盛顿的超市时,依然没有人会认出他们。2005 年 1 月是最高法院的休庭期,作为一名非本地的居民(part-time resident),布雷耶大法官被通知前往马萨诸塞州履行陪审员的义务。法庭上没人认出他,甚至主审法官也没认出他。只有在挑选陪审团成员叫他名字他站起来时才被认出来(一位辩护律师要求他回避)。大法官们并不会像拥有政治抱负的国会议员和总统那样经常在早间电视访谈节目中出镜。正如安娜·昆德伦(Anna Quindlen)在《新闻周刊杂志》(*Newsweek*)的一个专栏中写道,“金斯伯格还没有和《好管家》(*Good Housekeeping*)杂志的读者分享她的食谱。肯尼迪还没登上《人民》(*People*)杂志的封面。苏特还没走进大卫牙擦骚(Late Night)节目和莱特曼(Letterman)开怀畅谈”(2000,p. 92)。

(一)“鲜为人知的”机构

因此,虽然最高法院可能算不上汉密尔顿(Alexander Hamilton)曾预测的那样是“最不危险的部门”,但是作为司法机构的最高层,肯定是最鲜为人知的机构(Rehnquist,2001)。尽管联邦法院的作用日益凸显,但公众对最高法院的诉讼程序和人员情况却知之甚少。或许是基于布什诉
11 戈尔案引发的风波以及公众了解最高法院的兴趣日渐浓厚,2001 ~ 2002 年,美国 CBS 和 ABC 两大电视台在电视剧档期推出了关于最高法院的电视连续剧。不过收视率双双败北,现已被人遗忘。第一部由 CBS 电视台推出,名叫《第一个星期一》,剧中由乔·曼特纳(Joe Mantegna)饰演一位新任命的大法官,詹姆斯·加纳(James Garner)饰演首席大法官,第一季播出后没有再更新。第二部名字就叫《法院》,由萨丽·菲尔德(Sally Field)饰演一位大法官,只在 ABC 电视台播出了几集。

由于媒体无法参与大法官会议,也无法参与多数判决意见起草后交给其他大法官所开展的深入讨论,人们会认为(如果他们没想到别的什么)法院开庭举行了口头辩论后就会直截了当地做出判决。本书的目的一方面就是要阐明,在口头辩论和公布判决之间的数月间,最高法院还有许多事情要做;另一方面要阐明,大法官在口头辩论和最终的判决意见之间有时会发生重大转变的原因。

正如公众对最高法院的审判程序不甚了解一样，公众对大法官本人也缺乏了解。数年前，一项公众调查“谁是最高法院的首席大法官？”随机挑选的1005 名成年人中仅有9% 的人说出了首席大法官伦奎斯特的名字，6% 的人说出了其他大法官的名字，85% 的人回答不知道（Morin，1989）。只有 29% 的人可以说出其中一位大法官的名字。奥康纳大法官的知名度最高，这或许是里根总统提名使她成为最高法院第一位女性大法官后媒体宣传的结果。这次调查之后，由于受到安妮塔・希尔（Anita Hill）教授的指责，提名托马斯任最高法院大法官的确认听证受到全国公众的关注。1991 年 10 月，全国电视转播了这场针锋相对的听证会。1999 年，首席大法官伦奎斯特主持弹劾克林顿总统案件的庭审。这些事件让更多公众认识了最高法院的大法官，至少当时是这样的情况。布什诉戈尔案的判决做出后，首席大法官伦奎斯特的知名度上升到了 31%，当然也不算很高（Mauro，2002）。这表明公众对大法官的认识很大程度上依然保持着一致。相比较而言，1989 年的调查显示，54% 的受访人员能说出电视剧《人民的法院》（*The People's Court*）中的法官的名字。尽管乔恩・斯图尔特（Jon Stewart）的畅销书和《每日秀》（*The Daily Show*）杂志作家对大法官的形象进行了直截了当的宣传，但是现在更多的公众认识的还是“朱迪法官”而不是金斯伯格大法官。

（二）最高法院大法官的形象

政治学学者巴巴拉・佩里（Barbara Perry）在一本通俗易懂的书（1999a）中将最高法院形象地描述为“一个由牧师组成的部落”。黑色法袍给人的印象就是，大法官的判决是整齐划一的。我们还应注意到法袍的象征意义，尤其是法袍具有“一刀切”的特征。在一位评论家看来，“当法官身着法袍时，宽松的法袍隐藏了每位大法官真实的个性……法袍向 12
我们透露的是，身披法袍的人的信仰、偏爱以及癖好都与他/她审理案件没有关系”（McLaughlin，2000，p. A22）。不论理由是什么，多年以来，与另外两个政府机构相比，公众更喜欢最高法院（Sigelman，1979）。1997 年，盖洛普的一项民意调查显示，71% 的受访者信任或比较信任最高法院，而行政机构和国会的信任度分别是 62% 和 54%（Perry，1999a）（到 2005 年中期，国会的公众信任度下降至 29%）。

在向参观最高法院的公众播放的视频中，苏特大法官概括了公众对最高法院信任并且有好感的原因：

> 大部分人都认可的一点是，法院会公平审理案件。这种认可是通过最高法院成立以来一百多位大法官的努力逐步确立起来的。我们实际上是循着大法官前辈们形成的信誉感和责任感不断前行的。法院的权威是美国公众信任法院的结果。

公众对三个机构的不同反应可以从以下结论中得到解释，行政和立法机构中充斥着“邪恶、肮脏的”游说和内幕交易，而最高法院则被视为“宪政”的一部分，政治世界中的一块净土（Hibbing & Theiss-Morse，1995，pp. 87 – 88）。

最高法院大法官相对缺乏政治活动家的意识反倒让公众产生更多的信任。最高法院截然不同于政府另外两个“政治机构”。从两方面来看，总统、参议员和众议员属于政治家：他们都隶属于某个政党，以及他们必须时刻牢记的是，大部分成员很快要面对公众竞选才能连任。最高法院的大法官是终身制，因此他们做出的判决不会受到源于竞选连任压力产生的政治影响。但这并不意味着公众的意见与法官的判决毫不相干。大法官会收看电视新闻，阅读电子邮件，并会关注站在最高法院大楼外的抗议者。

目前，公众主要从大众媒体获得最高法院的信息。巴巴拉·佩里（Barbara Perry，1999a）的著作考察了著名报纸和通讯社记者对不同案件的态度。在她看来，媒体通常总是“各取所需”。然而需要认识到的是，那些导致分裂投票的案件——尤其是 5 票对 4 票——往往比那些大法官没有分歧的案件更具新闻宣传价值（近年来，每年审理并作出判决的 70 至 80 个案件中，5 票对 4 票的案件数量介于 16 ~ 26 件间，占全部案件的 20% ~ 33%。从 2001 年 6 月至 2005 年 6 月的五个司法年度来看，5 票对
13 4 票的案件比例从 21% 上升到 33%）。公众会惊奇地发现，最高法院有接近一半的判决是一致意见（在最近的十个司法年度中，这个比例从较低的 36% 上升到较高的 48%）。

（三）判决的重要性

最高法院的判决通常显然都是重要的判决。这种重要性体现在不同的层面。首先，最高法院审查州和联邦法律是否符合《宪法》尤其是《权利法案》。例如，加利福尼亚州通过的一部法律规定，检察官可以告诉陪

审团，如果刑事被告人没有为自己作证，那么就可以“充分地证明”被告人有罪。在审理阿德米勒·杜威·亚当森(Admiral Dewey Adamson)(Admiral Dewey 是姓)的案件时，由于有犯罪记录，受谋杀罪指控的被告人—在他的律师建议下—没有出庭作证。检察官向陪审团指出亚当森选择不出庭作证，并宣称如果亚当森是清白的，那么他将会用 50 匹马作为赌注(Urofsky，1991)。不出所料，亚当森被认定有罪。他的律师上诉认为加利福尼亚州法律违反了宪法第十四修正案规定的正当程序。当时最高法院第一次讨论这个具体的问题(详见 *Adamson v. California*，1947)，最终判决支持亚当森有罪的认定，最高法院认为检察官的意见并不构成不公平的审判。但是 20 年后，最高法院在格里诉加利福尼亚州案(*Griffin v. California*，1965)中推翻了亚当森案的判决结果并做出新的判决，加利福尼亚州法律规定检察官可以对被告人未出庭作证发表意见违反了美国宪法。法院指出，陪审员当然可以基于被告人选择不出庭作证而推断其有罪，但是，“法院将被告人的沉默视为不利于他的证据则完全是另一码事”(p. 614)。

其次，最高法院的任务之一是统一各联邦法院尤其是 13 个联邦巡回上诉法院的法律适用问题。例如，2002 年初，哥伦比亚特区巡回上诉法院判决美国商务部的一名雇员可以从监管部门获得赔偿金，监管部门称会对她的个人资料保密(*Stewart v. Evans*，2002)。但是该判决与第 9 巡回上诉法院 1991 年做出的一个判决不一致，该判决认定联邦雇员不能采取此类措施，因为国会准备将《公务员改革法》(*Civil Service Reform Act*)作为联邦雇员纠纷唯一的救济途径。这类存在冲突的案件是最高法院在选择案件时要优先考虑的。

最高法院的另一项任务是审查联邦政府其他部门行为的合宪性[例如，前面提到的迪克森案(the *Dickerson* case)涉及国会制定的法律的合法性，该法律事实上取消了向犯罪嫌疑人宣读米兰达规则的规定]。为应 14
对 2001 年“9·11”恐怖主义袭击，司法部部长约翰·阿什克罗夫特(John Ashcroft)采取了一系列措施，包括拘押了 1000 多人、建议通过军事法庭审理战犯嫌疑人、建立一套新的系统监督某些类型的律师和当事人的交流。这些措施都受到了挑战，2003～2004 司法年度最高法院开始讨论行政机构采取这些措施的合宪性。

我们常听那些受到冤屈的人们发誓要把他们的案子"统统告到最高法院去"。但是,最高法院的功能决定了它不可能纠正所有的错误。它必须择案而审,并优先考虑审理上述几种类型的案件。有人可能会说,最高法院的目标太窄了,它有时可能会与国家的发展需要完全脱节。最高法院不仅可能忽略一些重要的问题,而且其判决还可能阻碍国家的进步。20 世纪 30 年代,美国陷入了经济大萧条时期,罗斯福总统说服国会通过了一系列改革新政以复苏经济。在罗斯福第一任总统任期内,尽管公众强烈支持总统的新政,但最高法院还是以违宪为由推翻了国会通过的许多法律。因此,至少在当时看来,最高法院在解决国家危机中扮演了"绊脚石"的角色。

1. 最高法院的判决会影响许多人的生活

从个人层面来看,最高法院的判决确实决定着个人的生死。我们都清楚的是,最高法院已做出死刑合宪的裁定。直到最近,16 岁犯罪的谋杀犯可能被执行死刑[直到 2004 ~2005 司法年度,最高法院才在罗帕诉西蒙斯案(*Roper v. Simmons*)中以 5 票对 4 票的判决推翻了以前认可的对青少年执行死刑的判决]。

在过去的十年中,许多人要求最高法院推翻 1973 年的罗伊诉韦德案(*Roe v. Wade*),并判决堕胎权并不受宪法规定的隐私权保护,但是最高法院都予以拒绝。如果最高法院受理,那么将由各州立法机构确定各州堕胎的合法性,这将影响到数百万美国公民的生命。另一个影响广泛的例子是,1996 年最高法院(在 *American Civil Liberties Union v. Reno* 案中)推翻了国会制定的对进行网络色情传播并可能影响儿童的人科以重罚和监禁的条款,这让无数的母亲非常失望。如上所述,最高法院通过数个判决确立了对参加体育运动和校办活动的学生随机进行药品检测的合法性。斯卡利亚大法官在其中一个案件(*Vernonia School District v. Acton*,1995)中的判决意见认为儿童并不拥有和成年人相同的权利。

15 2. 甚至美国总统也要到最高法院出庭受审

最高法院的判决不仅影响普通人的生活,而且也影响总统。有意思的是,在过去的半个世纪中,总统将与自己相关的判决或决策提交最高法院审查,通常都是以总统的失败而告终。1952 年,杜鲁门总统签发行政命令征收民营钢铁企业,以防止即将发生的罢工影响美国在朝鲜战场的战局，最高法院裁定总统征收民营钢铁企业的行为不当，因为并未获得国会的授权（*Yongstown Sheet and Tube Co. et al. v. Sawyer*，1952）。尼克松总统拒绝水门事件特别检察官莱昂·贾沃斯基（Leon Jaworski）交出白宫录音的请求后，最高法院——以一致意见——裁定总统的豁免权和行政特权不是无条件的（*United States v. Nixon*，1974）。总统奉命交出了录音，录音中包括总统与白宫串谋妨碍司法的内容。法院判决宣布后不到三周（1974 年 7 月 24 日做出判决），尼克松辞去总统职务。2004 年 6 月，布什总统发现最高法院以 6 票对 3 票的判决结果拒绝了他未经审查做出的关押外籍恐怖主义嫌疑人的行政决定（*Rasul v. Bush*，2004）。

3. 克林顿总统诉宝拉·琼斯案

克林顿总统两次到最高法院出庭，但结果是两次都败诉了。在克林顿诉纽约市案（*Clinton v. City of New York*，1998）中，最高法院拒绝了国会赋予总统单项条款否决权的法律。另一个案件（*Clinton v. Jones*，1997）对克林顿总统更为重要，并影响到全国范围。1994 年 5 月，宝拉·琼斯起诉克林顿性骚扰［事件发生于 1991 年 5 月 8 日，地点是小石城怡东酒店（Excelsior），克林顿当时任阿肯色州州长］，克林顿请求推迟包括一项民事诉讼在内的所有法律程序，直到他的总统任期结束为止。1997 年 5 月 27 日，最高法院一致意见认为，法院的诉讼程序必须进行，克林顿总统请求依据总统豁免权推迟诉讼直到他 2001 年 1 月离任为止并没有宪法依据。"和其他任何公民一样"，法院的意见认为，"被告［宝拉·琼斯］的诉权必须得到保障"（*Clinton v. Jones*，1997，p. 1652）。

法院判决公布后立即受到许多公众和大部分媒体的关注。政治新闻记者一致认为，甚至美国总统也不能"凌驾于法律之上"。其中一些评论反映了斯卡利亚大法官在口头辩论时的观点："但是我们看见总统骑马、伐木、钓鱼、打高尔夫球。"（Bugliosi，1998，p. 98）照此推理，既然克林顿总 16
统有时间打高尔夫球，他当然就会有时间咨询律师如何做好开庭准备。一项民意调查显示，68% 的受访者认为总统应该尽可能到法院出庭，只有 23% 的受访者支持推迟庭审（Bugliosi，1998）。没有人分析这个判决的深层含义。宝拉·琼斯的律师坚持要搜集与克林顿先生有潜在关联的各种信息。1997 年 12 月 5 日，他们向主审法官提交了一份免职名单，莫妮卡·莱温斯基（Monica Lewinsky）的名字就在此名单上。同时，负责白水土地交易中克林顿土地持有情况的独立检察官肯尼思·斯塔尔(Kenneth Starr)于1998年1月开始调查克林顿总统和莱温斯基女士的关系。1998年1月17日提交给宝拉·琼斯律师的宣誓作证中包含闪烁其词和具有欺骗性的声明。那些声明以及他的声明于1998年8月提交给大陪审团，导致众议院于1998年批准了两项弹劾克林顿总统的条款。1998年头两个月参议院对克林顿进行弹劾程序，首席大法官伦奎斯特主持。1999年2月12日，判决认定弹劾总统的罪名不成立。

美国经历着这样一个痛苦的过程，尽管曝光在任总统的行为对领导人的公众威信具有不可估量的破坏性。无疑也有人重新思考不推迟一桩涉及总统任职前个人品行的民事诉讼是否明智。两位观察人士尤其批评了最高法院对克林顿诉琼斯案(*Clinton v. Jones*)的判决。出庭律师文森特·巴格里奥西(Vincent Bugliosi, 1998)在一本书中对克林顿总统的律师将这个案件解释成分权案件提出了尖锐的批评。相反，巴格里奥西论证到，关键问题是公共利益和私人利益的问题，具体而言就是，“究竟发挥总统办公室的作用以维护美国公共利益是否胜过宝拉·琼斯要求案件顺利开庭的私人利益”(p. 45)。巴格里奥西否认了这是不是一个总统“凌驾于法律之上”的问题。毫无疑问的是，琼斯女士有权提出指控。“问题并非宝拉·琼斯是否拥有诉权，而是什么时候兑现诉权”(p. 36，原文为斜体)。

但是巴格里奥西同样批评了法院，认为法院的判决“甚至还比不上普通外行的水平”(1998, p. 1)。具体而言，他认为不论上诉律师对这个案件如何进行分析和论辩，最高法院本应看到案件的核心问题就是有效发挥总统办公室的作用以维护美国社会的需要这一特点。他认为法院本应问——并且答——的问题是“你们应该围绕下面的议题展开辩论，即保障
17 琼斯的诉讼程序顺利进行的私权利重要还是保障总统集中精力履行国家职责的公权力更重要?”(p. 48)人们对最高法院的所作所为闻所未闻，被告如果是一名杰出人物，最高法院会对被告的时间特别敏感。巴格里奥西提出假设：“例如，假设我在芝加哥打官司，如果不想招致芝加哥的民愤，法官应该不会推迟一个起诉乔丹[当时芝加哥公牛队的明星球员]的民事案件直到赛季结束才审理。简言之，美国总统在最高法院什么都算不上。”(p. 44，原文斜体)在这个问题上，最高法院没有反对意见。

巴格里奥西还进一步指出，先前的上诉判决本应对该案的判决结果构成影响。例如，联邦上诉法院曾经裁定涉军人的民事案件必须及时进行审理。《1940 年士兵和水手民事救济法》(*The Soldier's and Sailor's Civil Relief Act of* 1940)规定可以“为了让士兵和水手全心投入保卫国家而暂时中止履行他们在美国服役期间的民事义务”(Bugliosi, 1998, p. 49)。上诉法院支持了这项法律，甚至还包括和平时期的此类案件。确实，国会并没有明确 1940 年法律的诉讼豁免是否包括美国总统。在克林顿诉琼斯案(*Clinton v. Jones*)中，斯蒂文斯大法官撰写的多数意见甚至还建议说“如果国会认为可以给总统提供相应的保护，那么就应该有相应的法律依据”(1997, p. 1652)，但是为什么不适用以前的案例呢？

事后看来，最高法院在克林顿诉琼斯案(*Clinton v. Jones*)中的意见也反映出对其中提出的一些假设欠考虑。总结如下：

> “如果地区法院管理得当，我们完全不必占用总统大量的时间。”(1997, p. 1648)
>
> “如果案件开庭审理，总统没有必要亲自出庭，当然他也可以选择出庭。”(1997, p. 1643)

在口头辩论期间，苏特大法官还告诉克林顿总统的律师罗伯特·班尼特(Robert Bennett)，审前调查阶段“总统不必到场……我的意思是，总统不必出席这些宣誓作证，你就可以了”(Bugliosi, 1998, p. 97)。事实上，被告几乎出席了所有关键证据的宣誓。

波斯纳法官在其引人注目的著作中对克林顿诉琼斯案(*Clinton v. Jones*)的法院判决进行了另一番批评。波斯纳现任美国联邦第 7 巡回上诉法院首席法官，同时他也是引证率极高的 30 多部著作以及海量文章的作者。他长期以来都在研究性关系的道德性和法律性之间的决定因素。他在《国家事务》(*An Affair of State*, 1999)中对该案的评论受到了他的法官同行们的激烈批评，他直言不讳地评价了最高法院对克林顿诉琼斯案(*Clinton v. Jones*)的判决。以下引述他的评价： 18

> 判决书的第一部分是以这样一种在外行看来都很荒谬的陈述开始的：“原告，克林顿，1992 年当选总统，1996 年再次当选总统。”不了解这些事情的任何人都无法读懂这份判决书。当一位法官一句又一句地在判决书中充斥那些只是重复显而易见的而

> 不起任何作用的文字时，危险就来了。在他撰写判决的核心内容，对问题进行分析之前，他将精疲力竭。在告诉我们克林顿是谁之后，判决简要地摘录了琼斯的上诉意见，这也是没有必要的，因为最高法院的推理并不以琼斯上诉的性质为主要议题。这可能会当成是源于一起交通事故的个人损害上诉(pp. 225 - 226)。

波斯纳法官继续写道：

> 和往常那些同样没有定论的历史材料发生毫无结果的摩擦之后，最高法院接着考虑以下问题，总统得以“将其全部时间和精力投放到公共职责”上(第1646页)——这一公共利益是否可能为总统所寻求的豁免权提供正当理由。最高法院引用了林登·约翰逊(Lyndon Johnson)的自助声明——他没有像总统一样获得充足的睡眠，并因而接受了这一错误观念，即工作越重要，工作时间就越长，如此也就天真地承认了该观点的前提。(1999, p. 226)

波斯纳法官提到，斯蒂文斯大法官的多数意见和布雷耶大法官的附
19 和意见都没有注意到宝拉·琼斯案是一起关于性事的案件，他提出：

> 对于法官们来说，在总统被要求在受指控与妇女口交的案件中出庭作证可能会把总统的性生活细节公之于众，则显然是本来应该预见到的……对法官们来说，公开暴露总统的性生活细节会削弱总统的权威，这本来应该是再明显不过的。(1999, p. 227)……

但是这些还不是波斯纳法官批评的全部。他甚至对大法官审理这类不寻常上诉案件的能力表示怀疑。在观察到“最高法院在审理牵涉性事的案件中从来未曾表现出熟练敏捷”后(1999, p. 227, n. 19)，他继续写道：

> 尽管如此，撰写一个赋予总统在性事上免予起诉的豁免权而又不使原告在性骚扰诉讼中看上去像二等法律公民的法官意见，是需要很高技巧的。而法官们不是缺乏这门技巧，就是不懂得这一案件的潜在恶性。(p. 227)

波斯纳法官提出了该案判决的替代方案：“最最起码的是，最高法院

本来可以指导地方法官以一种试图使总统的困窘最小化的方式处理该诉讼。”(1999,p. 228)

《国家事务》的目的是理解最高法院判决的根基，波斯纳对大法官提出的建议相当引人注目。在一定程度上，他期望大法官们更具政治眼光，“没有一位大法官具备丰富的政治经验。他们中的大多数都是职业法官……没有任何东西可以用来传授政治实用技能”(1999,p. 228)。他期望大法官能够超越法律推理：“法官本来应该知道，在琼斯案中，他们不能根据政治洞见(更不用说根据司法判决的传统材料——先前的判决、历史的材料，它们没有一个谈到手边的这个案例)来作出他们的决定，因为压根就不具备这些东西。”(pp. 228 – 229)

他论证到，判决中采用的方法必须尽可能地少。

> 在琼斯案中，明智的方法本该是授予总统在其任职期间免于卷入性案件(或者最最起码，免于因为性案件而被罢免)的豁免权，同时尽可能地使此种豁免权不要扩展到那些不太可能羞辱或者困扰总统的案件类型。(p. 229)

受人尊敬的政治专栏作家戴维·布罗德(David Broder)同意波斯纳法官的总结，“最高法院碰到政治问题时经常不着调”(1998,p. 6B)。

尽管遭受此番激烈的批评，撰写多数意见的斯蒂文斯大法官还是给予了还击。1999 年 5 月 24 日，斯蒂文斯大法官在密尔沃基市对一些法官谈起这个案件，大法官评论自己审理的案件是极为罕见的，他说收到来信称“这是最愚蠢的判决意见之一”，但是“我认为最高法院的大法官如果重审的话，大法官不会改变判决意见中的一个字”(Mauro,1999a,p. 4A)。他还透露说“最高法院曾唯一认真考虑的是推迟审判的问题，而不是出庭问题”。

三、决定判决的因素是什么

围绕克林顿诉琼斯案(*Clinton v. Jones*)的争议再次证明，有必要了解判决是怎么做出来的。本书尤其是第 5 章和第 6 章侧重于案件审理过程。被学者称为法律模式的传统解释观点认为，法官解决手头的问题会 20
从相关的先例出发，从先例判决中引申出指导原则，运用法律推理形成判决结果。许多研究司法行为的政治学学者则对此不敢苟同。在他们倡导的态度模式中,法官面对案件的第一反应中态度和价值观起主要作用。因此,除了案件本身的问题外,其他因素可能会影响法官最终的投票。在过去的 20 年中,态度模式在学者中是主流观点,但是近年来一些政治学学者对态度模式重新进行评估,其中一些政治学学者强调法院裁判机制的重要作用。其他社会科学家从狭义的态度模式转而提出判决是理性选择的结果。社会心理学学者则在综合上述各种模式的基础上提出了社会认同模式。

(一)对法律模式的挑战

如果所有大法官都严格地遵循法律模式,那么结果将会形成一致的判决意见,投票过程中也不会出现分裂。然而,如前所述,2/3 以上的案件是出现分裂的投票,1/4 的案件结果是 5∶4。大法官可能会用不同的眼光来审视同一个先例,或者是选择不同的先例适用于当前审理的案件中。

有时差异可能源于对同一个短语甚至同一个字词含义的不同解释。例如,2005 年 4 月最高法院对斯莫诉美国案(*Small v. United States*)的判决。加里·斯莫(Gary Small)以前在日本曾经被定罪。回到美国后,他买了一把枪,在这么做的同时声称他之前没有“在任何法庭上被定罪”。他因违反禁止重刑犯拥有枪支的法律而遭逮捕。但是,“在任何法庭上被定罪”是指美国还是全世界范围呢?法院以 5∶3 的票数(伦奎斯特大法官缺席)判决法律所指的“任何法庭”仅限于美国。因此,即使法律模式作为大法官判决案件的合理解释方法,大法官之间仍然会存在差异。

(二)一个案件、九种不同的意见

差异的极端表现形式是每位大法官都各执一词,但是极为罕见。在弗曼诉佐治亚州案(*Furman v. Georgia*,1972)中,针对适用死刑是否违反《宪法》第八和第十四修正案的问题,九位大法官撰写了九种不同的意见。五位大法官认为对谋杀白人的黑人威廉·弗曼(William Furman)适用死刑违反了残忍和异常的刑罚条款,并且四年来各州已经停止执行死
21 刑。但是持多数意见的五位大法官——所有五位大法官都曾在沃伦法院时期任职——在判决的正当理由方面却存在分歧。道格拉斯(William O. Douglas)大法官认为,死刑适用于少数族群和穷人是一种歧视行为,违反了平等保护条款。布伦南大法官认为,和监禁刑相比,死刑不能达到刑罚的目的。因此,死刑违背了《宪法》第八修正案中的人格尊严权。斯图

尔特(Stewart)大法官认为,死刑是一种残酷和异常的刑罚,因为它是采用——用他自己的话来说——一种“荒唐”又“古怪”的方式进行的。拜伦·怀特(Byron White)大法官支持多数意见是因为他认为不经常适用死刑意味着,死刑违反了残忍和异常的刑罚条款。最后一位持多数意见的瑟古德·马歇尔(Thurgood Marshall)大法官认为,死刑基于三个理由是残忍和异常的刑罚:一是死刑不存在有效的立法目的;二是死刑导致身体痛苦在道德上站不住脚;三是死刑因适用过度、专断而存在差别对待。这些论证理由相互交织,不过值得注意的是,持多数意见的五位大法官每人都需要单独撰写判决意见。同样,持少数意见的四位大法官(布莱克门、伯格、鲍威尔和伦奎斯特,他们都由尼克松总统任命)每人都需要各陈异议。

(三)向政治立场看齐的大法官投票

有一种论证指出,受大法官投票时的态度和价值观影响,法院内部出现了相同的投票倾向。托马斯大法官在任期的第一个司法年度中,80 个案件中除了一个案件外(这个偏离的案件是一起不太重要的税收案),他的投票和斯卡利亚大法官如出一辙。在更近的 2001 ~ 2002 司法年度中,这两位大法官在公众最关注的 20 个案件中只有一个案件的意见相左。在近年的司法年度中,伦奎斯特和奥康纳大法官对案件的投票相同率是93%,斯卡利亚和托马斯大法官的投票相同率是 90%(对刑事案件的投票相同率达 96%)。金斯伯格和苏特大法官的投票相同率是 91%(对刑事案件的投票相同率是 100%)。某些大法官组合“英雄所见略同”,这种投票趋势既存在于保守主义阵营也存在于相对自由主义的阵营中。但是,正如我在第 10 章中所阐述的,这种影响在某些类型的案件中更为常见。

我将在第 10 章中阐明这种政治立场的影响常见于涉及被告和囚犯权利的案件、个人起诉大型组织的案件以及涉及限制少数族裔权利的案件。1999 年的商务部诉美国众议院案(*Department of Commerce v. United States House of Representatives*)就是其中一例,该案中的投票结果典型地反映了政治理念的差异。尽管案件名听起来平淡无奇,但是该案反映的问题则是政治上的反复无常。在该案中,多数人主张 2000 年的人口普查应采用传统的人头计算法而非统计学上的抽样法,因为抽样法只是对遗

22 漏的人口进行适度调整(据估计1990年的人口普查中,大约有400万人或者说有1.6%的人口未统计进去)。那些"遗漏的人口"散布于城镇、穷人以及少数族裔成员中——这些人员会倾向于支持民主党——克林顿政府主张应包含在普查人口中(Greenhouse,1999)。奥康纳大法官撰写了其他保守主义倾向大法官(伦奎斯特、托马斯、斯卡利亚和肯尼迪大法官)支持的多数意见。四位相对自由主义倾向的大法官则持不同意见,其中包括克林顿总统任命的大法官。正如美国人口普查局主任普鲁伊特(Prewitt)所注意到的:

> 通常由职业人士做出的技术决策(例如,寄出了多少份表格)现在都会由监督设备进行例行审查,而这会影响到人口普查开展的方式。遗憾的是,分歧性意见却和政治倾向联系在一起。甚至是最高法院近年来的判决意见中都存在保守主义和自由主义的政治倾向。科学中掺杂政治倾向的投票是一件冒险的事。(Prewitt,1999,p.7)

不过,正如前面的迪克森案所阐述的,我还将在第10章中展开论述,并非所有的投票都与政治倾向存在联系。自由主义和保守主义经常也存在着一致意见。事实上,即便是在双方不同意见最多的2002~2003司法年度,托马斯和布雷耶两位持不同政治立场的大法官50%的投票都是相同的。

不仅某些类型的案件投票和政治立场没有联系,而且大法官的投票有时和他们的政治理念、态度以及价值观都不完全一致。例如,在1989年的德克萨斯州诉约翰逊案(*Texas v. Johnson*)中,最高法院对一项涉及指控约翰逊在达拉斯举行的1984年共和党全国会议会场外的抗议活动中焚烧美国国旗的行为有罪的法律进行审查。法院的多数意见依据《宪法》第一修正案做出判决,指控焚烧国旗的法律涉嫌违宪,因为亵渎国旗也是象征性言论的一种表达形式。斯卡利亚和肯尼迪大法官是多数意见的成员,尽管他们坚持的是令人崇敬的传统价值观。肯尼迪大法官在他的附和意见中承认了他的感受但写道:"困难的是,我们有时必须对我们不喜欢的事情做出判决。我们如此判决是因为从宪法和法律的角度我们必须做出这样的判决结果。"(*Texas v. Johnson*,1989,pp.420-421)

四、看待判决的另一种方式：法官是做出决策的人

显而易见的是，法官也是普通人。许多观察人士对理想的法官应拥有什么样的品质进行了具体的研究。亨利·亚伯拉罕（Henry Abraham，1992）认为应包括六个方面：绝对的个人和职业操守、清醒的理智、职业专 23
长和能力、适当的专业教育背景或专业培训、清晰的交流（尤其是写作）能力以及司法品质。最高法院自成立以来产生的110位大法官在不同程度上符合这些标准，我们将在后面的各章中详细阐述。

但是，如何理解法官也是普通人的含义呢？这意味着他们会抱有偏见，不过却时常能够克服这些偏见。同时，普通人也意味着他们偶尔也会犯错。著名学者伯纳德·施瓦茨（Bernard Schwartz）最近一部关于最高法院的著作《法律的清单》（*A Book of Legal Lists*，1997）中列举了他认为最高法院历史上十个最糟糕的判决。有些判决入选是意料之中，如德雷德·斯科特诉桑福德案（*Dred Scott v. Sandford*，1857）、普莱西诉弗格森案（*Plessy v. Ferguson*，1896），以及松丰三郎诉美国联邦政府案（*Korematsu v. United States*，1944）。有些入选最差案件则反映了施瓦茨的个人偏见。不过，没有人会否认的是，有些最高法院的判决是错误的。大法官推翻自己审理过的案件时甚至会默认这一点。

法官作为普通人也意味着在乎个人自身的利益，还意味着在乎别人对他的决定的反应，甚至有时还在乎实现更高的目标。我认为，法律模式和态度模式都未能呈现出案件审理过程中完整的人性，每种模式都缺乏关照对方的特质。法律模式犹如在包含丰富多彩的人性因素的审理过程中注入了漂白剂。在适用相关法律和案件审理过程中运用的如果说不是技术性的那就是极其逻辑的分析方法。态度模式则走向了另一个极端，未能认识到法官作为一个职业人士的局限性。充分描述司法决策的过程需要认识到上述两种模式的贡献，还需要超越上述两种模式以更为丰富的理念作为支撑。在随后的各章，尤其是第 5 章和第 6 章中提出了一种融合这些模式的司法决策理论。

判决意见中体现人性特质的案例

此处提供的许多案例用来支持大法官也是做决定的普通人这一论断。其中有的是多数意见，有的则属于不同意见。当然在以下的每个案

例中并非所有法官都体现出相同的价值观。

1. 蒂纱尼诉温尼贝戈县社会服务部门案（*DeShaney v. Winnebage County*，1989）

2002 年夏天，据公开报道称，一名由佛罗里达社会福利机构收养的 5 岁女孩在走失 15 个月后被意外发现。这起报道引发了进一步披露其他
24 州社会福利机构未能尽职保护儿童的问题。这些案件波及范围之广导致人们寻求通过法律途径惩罚政府机构以及未尽照料职责的相关人员。不幸的是，对于那些支持保护儿童的社区服务机构来说，最高法院在 13 年前做出判决限制他们的收养途径，并同样导致限制了一名叫约西亚（Joshua DeShaney）的小男孩的严重后果。

约西亚出生（1979 年）后一年父母即离婚，他的父亲兰迪·蒂纱尼（Randy Deshaney）获得了监护权。在两年多的时间里，幼小的约西亚一直遭受父亲的虐待。1982 年 1 月，约西亚和他父亲所在的威斯康星县社区工作者发现该家庭成员交流的氛围极为可疑。约西亚被兰迪的女朋友送往医院进行治疗。他身上有多处青肿和擦伤。他父亲否认自己对孩子进行了毒打虐待。两个月后，约西亚再次因身体伤害接受医院治疗，但没有证据显示是虐待的结果。县社区工作者好几次想探访约西亚，不过他父亲拒绝他们进入家中。约西亚到 4 岁时饱受暴力毒打，已经导致脑外伤，有可能在医院度过余生。他的父亲被指控犯有虐待儿童罪（并被判处低于两年的监禁）。但是对于这种惩罚，约西亚的母亲（她居住在怀俄明州，没法每天看到约西亚）并不满意。她对威斯康星州温内贝戈县社会工作部提起民事诉讼，认为社会工作者在他们认为有理由怀疑孩子处于危险之中却未进行干预。这种不作为难道不违反约西亚享有的《宪法》第十四修正案规定的不经过公正的法律程序不得剥夺任何个人的生命或自由的权利吗？具体地说，约西亚的母亲有权起诉州政府吗？

最高法院会做何考虑呢？任何人可能都会对像约西亚这样遭受虐待的无辜儿童深表同情。但是法院是否允许个人因另一个人长期的虐待行为而向州政府提起诉讼呢，当政府官员被怀疑滥用权力时负有何种职责呢？很清楚，先例表明州政府官员滥用权力违反了正当程序。但是消极的不作为呢？

两位对约西亚深表同情的大法官却在该案的法律问题上持不同立

场。布伦南大法官运用逻辑论证坚持认为州政府负有责任："滥用权力的'作为'比'不作为'会更糟糕……当州政府承担了某种重要责任又不履行这种责任的时候，就会产生专制政府。"（*DeShaney v. Winnebago County*，1989，p. 1012）布莱克门大法官用更为人性化的语言表达了他的 25
观点：

> 可怜的约西亚！一名饱受父亲暴力摧残的受害者，一个被社会服务部门抛弃的孩子，被告把这个孩子置于一种危险的境地。他们知道正在发生什么事，却听之任之，除了……"负责任地在卷宗里记录下这些事件"。（*DeShaney v. Winnebago County*，1989，p. 1012）

但是来自布伦南和布莱克门大法官的理智却胜过了情感。相比而言，首席大法官伦奎斯特撰写的法院多数意见认为，约西亚的母亲无权起诉州政府，《宪法》第十四修正案正当程序条款的目的是"保护人们免于受到州政府的伤害，而不是州政府保护人们免于受到彼此的伤害"（*DeShaney v. Winnebago County*，1989，p. 1003）。州政府并没有将约西亚置于危险的境地。约西亚受他父亲的监护，而非州政府。是的，多数意见继续写道，州可以——如果它们选择这么做——制定法律在此类情况下由州政府官员承担法律责任，"但是他们不能因法院扩大对正当程序条款的解释而承担法律责任"（*DeShaney v. Winnebago County*，1989，p. 1004）（怀特、斯蒂文斯、奥康纳、斯卡利亚和肯尼迪支持伦奎斯特大法官的意见）。

多数意见并非缺乏人类情感。它实际上是对约西亚母亲期望州政府承担法律责任这一情感的回应。"法官与律师和其他人一样"，多数意见写道：

> 发自肺腑地同情本案中的受害人，期望为深受伤害的约西亚和他的母亲提供足够多的赔偿。但是，在感情用事之前，我们必须再次牢记的是，伤害不是由州政府而是由约西亚的父亲导致的。（*DeShaney v. Winnebago County*，1989，p. 1007）

因此，一种看似坚定不移的逻辑性地运用规则与人类怜悯的情感产生了联系，"可以对于那些导致无情后果的案件制定例外的规则"（Strauss，1990，p. 86）。但是，正如布伦南大法官的不同意见所提到的，要推动一项判决支持个人有权起诉州政府，仅有同情是远远不够的。逻辑分析方法也能用来支持上述观点。通过建立社会服务部门，州事实上取代了私人援助。当人们发现儿童受虐待时，他们向州政府报告并认定问题会得到解决。威斯康星州儿童保护法规定，不同的政府机构可以雇佣社会工作者保护受到虐待的儿童。因此，州政府未能提供保护时，个人的境遇会更糟糕，因为不存在私人之间的"安全网络"。

此外，一项主张认为州政府"不作为"不能准确地描述实际状况。布伦南大法官写道，"这种表述掩盖了事实，应表述为州政府对约西亚'袖手旁观或什么都没做'。州政府应通过其儿童保护项目积极地干预约西亚的日常生活，通过干预获取更多的处于严重危险中的约西亚的信息"(*DeShaney v. Winnebago County*, 1989, p. 1011)。

26 2. 个人所得税案

没有人愿意支付个人所得税。1894 年，国会通过法律对收入高于 4000 美元的人征收 2% 的个人所得税，但是最高法院多数意见判决征税违反了美国宪法，理由是它惩罚了来自人均财富更高的各州公民。有趣的是，按照 1890 年人口普查的结果，投票认为征税违宪的五位大法官都来自于人均财富高于美国平均水平的各州。投票认为征税合宪的四位大法官则来自人均财富更低的各州(King, 1950, p. 214)。

不过，1918 年联邦新的个人所得税法通过时，一些联邦法官进一步采取措施。他们拒绝纳税，基于一个不寻常——在他们看来是无可争议——的理由。因为《宪法》第 3 条第 1 款规定，"联邦法官的报酬在他们任职期间不得减少"。1920 年，最高法院大法官同意审理针对此问题提起的上诉，他们的判决不仅影响上诉法官的收入，而且也影响他们自己的收入。大法官们会做出怎样的判决呢，理由又是什么呢？

在埃文斯诉戈尔案(*Evans v. Gore*, 1920)中，原告是肯塔基州西区的一位联邦地区法官，他认为联邦个人所得税法减少了他的津贴，因而违反了《宪法》。(《宪法》第 2 条包含类似不得减少总统报酬的内容)威利斯·范·德华特大法官(Willis Van Devanter)撰写的判决意见承认"个人所得税法很遗憾落到我们头上"(p. 247)。他在判决意见中单独写到，最高法院的每位大法官"一直在按期自愿地纳税"(p. 247)。德华特大法官的判决意见大量引用了汉密尔顿、首席大法官马歇尔、威尔逊总统以及其他强调独立地司法机构重要性的著作。他在总结中写道：

> 这些论述清楚地表明……禁止减少法官报酬的基本目的并非让法官受益，而是和任职终身的主张一样，是为了吸引才华出众的人成为法官并确保法官独立地行为和判断。(Evans v. Gore, 1920, p. 253)

德华特大法官对上诉的法官表达了同情：

> 原告本应获得全额的报酬，但是基于非自愿的义务返还了一部分，这项义务是被迫的。一方面给他一部分报酬，另一方面又拿走一部分，这对他有什么用呢，难道这和一开始就扣除报酬的实际结果不是一样的吗？(p. 254)

先例对于早期的个人所得税法的结论是，支持联邦法官和总统享有征税豁免权。1862 年，首席大法官坦尼(Roger Taney)反对向美国所有政 27
府官员征收 3% 的个人所得税。1869 年，美国检察长提交一份意见书认为，向联邦法官和总统征税应被认定为无效。以前征收的税款应予退还。

因此，埃文斯诉戈尔案(*Evans v. Gore*)的判决结果是联邦法官享有征税豁免权。但是布兰代斯和霍姆斯两位大法官持不同意见。两位法官在不同意见中写道：

> 要求一个人缴纳和其他所有人都必须缴纳的税款不可能成为攻击法官独立的手段。我从宪法相关条款的目的中没有读出法官要成为一个特权阶层，不必在他们日常开支之外分担制度良好运转的成本。(*Evans v. Gore*, 1920, p. 265)

1920 年案件的多数意见在 1925 年米勒斯诉格雷厄姆案(*Miles v. Graham*)中得以确认。麦克雷诺兹(McReynolds)大法官撰写的多数意见中写道，"没有任何权力机构可以向报酬法定的美国法官征税"(p. 509)。只有布兰代斯大法官持不同意见。

直到 1939 年大法官才开始纳税。1933 年，伍德拉夫(Woodrough)被任命为美国巡回法官。他认为他的法官年薪 1.25 万美元享有宪法上的豁免征收权，他纳税只是基于抗议。在一份仅 6 页的简短而又惊人的多数意见中，法兰克福特大法官推翻了之前的判决并认为，联邦法官应该纳税，"要求他们纳税仅仅是认识到，法官也是公民，他们在政府中的特殊作用并不能免除他们负有宪法和法律所规定的公民纳税义务"(*O'Malley v. Wodrough*,1939,p. 282)。

最高法院一直困扰于税法的地位和联邦法官纳税的问题。2001 年 5 月,最高法院裁定国会将 1982 年的医疗税适用于联邦法官符合宪法,但是将 1984 年的社会保险税适用于联邦法官则属违宪(*United States v. Hatter*,2001)。布雷耶大法官撰写的多数意见指出,医疗税是一种适用于所有纳税人的普通税,“没有充分理由说明法官为什么不应分担所有公民都应承担的税负”,不过社会保险税从理论上说是一种最新适用于所有联邦雇员的税种,事实上除法官外几乎所有的联邦雇员都免于缴纳,因此存在明显的歧视性,应认定无效(Greenhouse,2011b)。

近年来,包括担任首席大法官以来的伦奎斯特等多位大法官都尽力想让公众知道,因为通货膨胀和律师事务所收入和分红剧增,联邦大法官
28 的收入事实上下降了,甚至大法官的法官助理在离开法官助理职位后一到两年内的收入都超过了大法官(Greenhouse,2002b)。目前,最高法院大法官的年薪大约是 20 万美元(大法官为 20. 3 万美元,首席大法官为 21. 21 万美元),除了夏季任教赚取少量报酬外,他们基本上放弃了挣外快的机会(比如,2004 年肯尼迪、托马斯和斯卡利亚大法官为夏季法学院授课可获得 4000 ~ 8000 美元的报酬)(Mauro,2005b)。

结论

人是复杂的动物。反对纳税的法官会将此种行为作为一项原则或先例吗,或者说这反映了法官追求自我利益,并且合理地转化为一项更高的原则?很难探知个体法官决策的原因——确切地说是各种原因。但是,当我们观察了许多案件的投票后,当我们阅读了大法官撰写的多数意见,附和意见和不同意见(尤其是不同意见)后,某些类型的案件结果更易于被理解也更具可预测性。但是,如果要很好地理解司法决策过程,首先我们必须考察大法官的背景以及最高法院遴选大法官的程序。这是第 2 章的主题。

第2章
遴选最高法院大法官的特点

摘要：尽管提名最高法院大法官是总统最重要的职责之一，不过有时总统在提名大法官时略显草率，理由不够充分。当然，没有候选人能确保通过美国参议院近年来严格的政治表决程序。本章立足于遴选出最佳大法官的角度考察大法官的提名和确认程序。

关键词：最高法院；法官；大法官；提名程序；确认程序

我们似乎都不愿意看到的是，在竞选总统的过程中，候选人都会许诺一旦当选会提名大法官，而他的 29
竞选对手同样会打出这张牌。其实，这是在以不同的方式破坏司法独立。

——斯蒂芬·L. 卡特《确认程序的困境》（Stephen L. Carter, *The Confirmation Mess*, 1994）

在公众看来，当总统有机会提名最高法院的大法官时，他一定经过一番深思熟虑，最终推荐出符合“理想大法官”标准的人选。但事实上并非如此。

众所周知，杜鲁门总统任人唯“亲”。他任命的四位最高法院大法官都与他私交甚好。道格拉斯大法官(1980)在他任职最高法院期间的备忘录中做了如下叙述。

> 1949 年初秋,路特里奇(Wiley Rutledge)大法官去世,最高法院大法官席位有了一个空缺。克拉克(Tome Clark)大法官向杜鲁门总统推荐提名陆军部长帕特森(Patterson)出任大法官。杜鲁门同意下周一提交对鲍勃(Bob)的提名。同时,之前提名任联邦第七巡回上诉法院的谢尔曼·明顿(Shay [Sherman] Minton)飞赴华盛顿前往白宫拜会总统。
>
> "我能为你做些什么,谢伊?"
>
> "哈里,我想要你提名我担任最高法院的大法官。"
>
> "谢伊,我正想这么做",杜鲁门回答道。(Douglas,1980, p. 247)他确实是这么做的。
>
> 30 布什总统宣布提名托马斯接替马歇尔大法官时,他特地将托马斯描述为"大法官的最佳人选",并补充道,"他是黑人和少数族裔的事实和他做大法官毫无关系"。
>
> 尽管难以做出抉择,不过在 1971 年,尼克松总统显然还是要在任命大法官方面做出抉择。伦奎斯特是他做出的第八次选择。总统在办公室的交谈中常把伦奎斯特(当时在白宫工作)唤作"Renchburg"。他还嘲笑伦奎斯特的着装,曾经问到,"那个打扮得像个小丑的家伙"是谁,当时伦奎斯特蓄着连鬓胡子,穿着暇步士休闲装和粉色衬衫,系着图案夸张怪诞的领带(Dean,2001,p. 86;Woodward & Armstrong,1979,p. 189)。
>
> 据可靠的消息来源,威尔逊总统(Woodrow Wilson)提名麦克雷诺兹(James McReynolds)出任最高法院大法官的主要原因是:作为威尔逊总统期间的司法部长,麦克雷诺兹固执己见,无法与总统和联邦政府要员共事(Blaustein & Mersky, 1978)。

这些例子表明,尽管提名最高法院大法官是总统最重要的职责之一,不过有时总统在提名大法官时略显草率,理由不够充分。当然,没有候选人能确保通过美国参议院近年来严格的政治表决程序。本章立足于遴选出最佳大法官的角度考察大法官的提名和确认程序。

一、大法官不是代表

美国独立以来的 200 多年中,产生了 110 位最高法院大法官。这项数据表明,他们拥有成为大法官的特殊品质。本章将论证大法官并非从全体公众中选出的代表,甚至也不是推选他们的那一小部分人的代表。颇具讽刺的是,目前所有的大法官都具备的最重要的品质——法律科班出身——并非任命为最高法院大法官的必要条件。除这项品质外,我们发现许多大法官都拥有共同的背景和经历。这是好事吗?

二、大法官的背景

一项针对自最高法院成立以来任命的 100 位大法官的调查显示,只有 12%“出身寒门”(Schmidhauser,1979,p. 49)。在 20 世纪下半叶产生的大法官中,只有以下四位来自工人阶级家庭。

> 厄尔·沃伦,他的父亲是铁路工人; 31
>
> 瑟古德·马歇尔,一名普尔曼式卧车服务员(Pullman steward)的儿子;
>
> 沃伦·伯格,他的父亲是一名铁路车辆检验员和旅行销售员;
>
> 克拉伦斯·托马斯,他的父亲抛弃了家庭。

(一)相似性

大多数大法官的家境都很殷实,“在 18 世纪后期和 19 世纪早期,他们大都来自名门望族和具有政治影响力的上流社会,或者是中产以上阶层”(p. 49)。一半以上大法官的父辈是各行各业的专家或是商界精英。自最高法院成立以来任命的 100 位大法官中,27 位大法官的家庭中曾经有人担任过法官,12 位大法官的父亲担任过法官(Bader & Mersky,2004;Blaustein & Mersky,1978)。大法官的背景和总统的背景相映成趣。最近的 12 位总统中,尼克松、杜鲁门、里根和克林顿来自中产阶层,只有罗斯福、肯尼迪和布什父子来自“名门望族”。

祖辈的财富也会体现在近年任命的大法官的经济状况中。据财务批露报告显示,至少有 5 位大法官是百万富翁。金斯伯格大法官报告的净资产为 700 万美元至 3300 万美元;布雷耶大法官的资产为 400 万美元至 1500 万美元。或许并不令人吃惊,甚至也不受人关注的是,作为一个群体,除了极少数人外,他们比所有美国人都要富裕。可以举例加以说明——例如,近期有三位大法官(罗伯茨、金斯伯格和奥康纳)的配偶是顶级律师事务所的合伙人。而布雷耶大法官则是继承了一笔遗产。但是他们都具有代表性。

(二)差异

宗教多元化是美国社会的特征之一,最高法院大法官的构成中也日益体现了这一特征。最高法院成立以来的 100 位大法官中,89 位是新教徒,6 位是罗马天主教徒,5 位是犹太教徒(Blaustein & Mersky,1978)。自 1916 年布兰代斯任命为大法官至 1969 年福塔斯辞去大法官职务期间,最高法院都有一个"犹太教大法官席位"(Ginsburg,2003)。尼克松总统考虑福塔斯大法官的接替者时,曾问过司法部长"伦奎斯特是犹太教徒吗?"(Dean,2001,p. 86)。"他看起来像是个犹太教徒",尼克松说道。

与早期相比,2005~2006 年司法年度伊始,宗教多元化在最高法院就展现得淋漓尽致。九位大法官中包括两位犹太教徒(金斯伯格和布雷耶大法官)、四位罗马天主教徒(斯卡利亚、托马斯、肯尼迪和罗伯茨大法官),只有三位是新教徒。性别、民族以及种族的多元化也日益重要。在一次竞选承诺中,里根总统许诺会任命最高法院第一位女性大法
32 官,他做到了。第一位黑人大法官退休后,布什总统感到有责任任命另一位黑人大法官接替,他做到了。正如推测的那样,布什总统在第二任期的早期最高法院就出现了空缺,西班牙裔美国人——尤其是冈萨雷斯(Alberto Gonzales)——进入了考虑的视野,不过布什总统最终任命了两位男性和一位女性盎格鲁人填补了大法官空缺。

地域的多元化还不是太显著,正如 150 年前那样,50 个州中有 19 个州尚没有一位来自本州的最高法院大法官。最近期望提名特定地区的代表担任大法官的是尼克松总统,在提名两名南方人担任大法官未果后,他暂时放弃了自己的打算。后来,来自弗吉尼亚州的刘易斯·鲍威尔极不情愿地接受了尼克松的恳求式提名。近年来对地域缺乏关注的原因之一是社会流动性加大。伦奎斯特在威斯康星长大,在加利福尼亚的法学院学习,在亚利桑那州从事法律职业,在华盛顿特区联邦政府工

作时被任命为最高法院大法官。托马斯是一位来自南方的大法官，但是他在新英格兰学习，迁居华盛顿之前曾在密苏里州做执业律师。现任或近期的大法官中，只有苏特、肯尼迪和奥康纳在任命为大法官前仍然生活在出生时所在的州。

（三）司法经历

在过去遴选大法官的过程中，其他因素比地域因素显得更加重要。与过去相比，今天的最高法院存在很大的差异。1994 ~ 2005 司法年度期间，9 位大法官中的 8 位任职前大部分都曾在联邦巡回上诉法院或州上诉法院担任过法官。唯一没有法官经历的是在最高法院任职 30 多年后来成为首席大法官的伦奎斯特。因此，每个人都有很长时间的法官经历和职业认同。相比而言，1953 年厄尔・沃伦出任首席大法官时，只有明顿和布莱克大法官曾有过法官经历，布莱克仅仅是年轻时在阿拉巴马州伯明翰市担任过 18 个月的兼职治安法官。事实上，艾森豪威尔总统——任命厄尔・沃伦后——要求今后所有提名担任大法官的人选都必须曾有法官经历，大部分尤其是近年来的总统都遵循了该"规则"。尼克松提名的 6 位大法官中有 4 位曾有法官经历，福特总统提名的 1 位大法官曾有法官经历，里根提名的所有 5 位大法官、老布什提名的两位大法官以及小布什提名的第 1 位和第 3 位大法官都曾有法官经历。

（四）作为政治人的法官

现任大法官具有一个或许受人忽视的共同特点，即他们都是以从政开启职业生涯的。此处的"从政"需要做一澄清。他们中的大部分没有 33
担任政治职务，不过每个人显然都参与了政治活动或是在某个政党主导的政府部门工作。比较典型的是，各州议员提名担任联邦法官的律师在这方面极为常见。在现任或近年的大法官中，伦奎斯特、奥康纳、苏特、斯卡利亚、托马斯、阿利托和罗伯茨都曾为共和党或共和党执掌的州和联邦政府工作过。布雷耶大法官曾在民主党占多数的国会委员会担任顾问。肯尼迪大法官担任联邦法官前曾在萨克拉门托市做律师和走廊议员（lobbyist）。如果说大法官没有积极参与政治活动的党派性，那还得追溯到 20 世纪 70 年代初的布莱克门和鲍威尔大法官。

三、提名程序

遴选大法官的程序可以概括为以下五个步骤（Goldman，1991）：

1. 政府部门挑选一位候选人推荐给总统填补大法官空缺。

2. 总统正式提名该候选人,白宫向美国参议院发出提名申请。

3. 参议院司法委员会讨论提名并投票是否批准将提名送全体参议员会议。

4. 参议院通过简单多数投票决定是否确认该提名人。在 20 世纪,参议院对总统提名的确认率是 89%。托马斯以 52∶48 票的微弱多数通过了参议院的确认。

5. 总统签署委任状,大法官即可宣誓就职。

当大法官出现空缺时,总统是通过什么程序来选择替换者的呢?宪法的规定不太明确,它只是简单地规定总统"有权提名,并获得参议院同意后,任命最高法院的大法官"(美国《宪法》第 2 条第 2 款)。如前所述,参议院的"同意"在现实中等于简单多数投票。

当总统有机会提名大法官时,他们的反应也会有所差异。空缺有时来得太突然,而有时总统则是早有准备。布莱克门大法官在辞职 6 个月前就告诉克林顿总统他打算辞职。尽管已预先告知,总统还是早有一份提名备选名单。卡特总统通过司法遴选委员会来推选上诉法院的提名
34 人,但是卡特是唯一一位近年来在任期内没有机会提名最高法院大法官的总统。相比而言,里根总统则放弃了该委员会,在司法部成立了法律政策办公室。2004 年 10 月,最高法院宣布首席大法官伦奎斯特患有甲状腺癌后,白宫提出了一份接任者名单,即便此时伦奎斯特仍在任上。

更为重要的是,总统在对待法官遴选程序的问题上表现出很大的性格差异。罗斯福、杜鲁门和约翰逊总统的态度更为积极,相比而言,里根、老布什、克林顿和小布什总统则运用了更为传统的推荐程序。

(一)对总统有限制吗

乍一看来,总统提名大法官的任务既引人关注又简单直接。在 2000 年和 2004 年总统竞选辩论期间,小布什说他会任命像托马斯和斯卡利亚这样的大法官进入最高法院,这种任命清楚地表达了小布什的政治目标。里根在总统竞选期间也曾许诺任命坚持"司法克制"的大法官,"司法克制"被许多学者解释为"同意我的社会和政治观点"(Murphy, Pritchett, & Epstein, 2002, p. 141)。不过,不同的总统会采取不同的克制态度。雅诺

夫(Yalof)对此进行了充分的阐述:

> 在高度紧张的政治氛围中,现代的总统提名大法官必须考虑这种政治处境。代表各种组织利益的政治派别一开始就会影响总统提名的大法官候选人。为了与政治氛围的变化保持一致,在总统正式任命他或她成为最高法院大法官前,参议员可能会采取更为强硬的姿态反对传言中的被提名人。日益受关注的媒体可能会吓跑一些潜在的被提名人,从而限制总统的自由裁量权。(1999,p. 168)

(二)个体差异

针对这些限制,总统会采取不同的回应方式。政治学学者高德曼(Sheldon Goldman)(1997)将总统在提名联邦法官时的目标划分为三种类型。这些目标同样适用于提名最高法院的大法官:

1. 个人目标,包括帮助私交很好的朋友或经常来往的被提名人实现理想,前述杜鲁门总统提名明顿即属此例。 35

2. 公共政策目标,包括进一步支持总统的施政理念,前述约翰逊总统提名马歇尔任最高法院第一位黑人大法官即属此例。

3. 政党目标,希望维持并促进对总统本人和所属政党的政治支持,前述尼克松总统在鲍威尔确认成为大法官前曾提名多位南方人进入最高法院的失败经历即属此例。曾任尼克松总统法律顾问的约翰·迪安(John Dean,2001)在一本著作中写到,尽管尼克松存在性别偏见,但他曾考虑提名一位女性成为最高法院大法官。"不论怎样,我认为女性不应在任何政府部门工作",他告诉司法部长米切尔,"主要是因为她们反复无常……以及情绪化……坦白说,我倾向于提名一位女性成为大法官仅仅是因为,在 1972 年总统连任竞选前这个时期我们要尽量提高 0.5% 的支持率"(p. 113)。尼克松决定提名加利福尼亚的米尔德里德·莉莉法官(Mildred Lillie),但是美国律师协会认为她"不合格",随之总统放弃了对她的提名。后来,卡特和克林顿总统通过提名非裔、西班牙裔或者女性来提高被任命者的比例,目的是契合民主党的核心价值观。(Murphy, Pritchett, & Epstein,2002)

这些差异体现在总统以不同的方式确定大法官提名方面。以下对杜鲁门、艾森豪威尔和约翰逊总统确定大法官提名的方式进行了比较分析。

1. 杜鲁门

杜鲁门在总统任期内有机会任命四位最高法院大法官,包括一位首席大法官。雅诺夫(Yalof)认为杜鲁门:

> 决定提名的大法官都来自他在政界的朋友。杜鲁门希望对每位被提名人都有"个人好感",部分是因为他相信,那些懂他的人更能同情地理解政府行使传统的行政权之外的权力时所受到的攻击。(1999,p. 20)

杜鲁门任命的第一位大法官是共和党人哈罗德·伯顿(Harold Burton),不过杜鲁门在参议院工作时和伯顿就是关系密切的同事。而杜鲁门有机会任命一位首席大法官时,他选择了时任财政部部长并且是杜鲁门"最喜欢的扑克牌同伴"弗雷德·文森(Fred Vinson)(Clifford,1991,p. 70)。他提名的第三和第四位大法官分别是汤姆·克拉克(Tom Clark)和谢尔曼·明顿(Sherman Minton),这都反映了杜鲁门提名大法官的倒向,即"他从不听取别人的咨询建议"(Yalof,1999,p. 37)。最高法院资深观察家的分析表明,杜鲁门任命的大法官都不在20世纪最杰出的大法官之列。

36 2. 艾森豪威尔

传统观点认为,艾森豪威尔任总统时期奉行无为而治,相比国家的福利而言,他更关心他的高尔夫球比赛。但是,弗雷德·格林斯坦(Fred Greenstein)的研究改变了上述观点,他认为艾森豪威尔在政治上老谋深算。因为谢尔曼·明顿的辞职,他选择大法官填补空缺反映了他对政治本质的思考。其实艾森豪威尔心中已有判断标准。例如,1955年年初,正好是大法官出现空缺前,他向同事透露希望提名一位罗马天主教徒填补下一位大法官空缺。正是认识到天主教徒投票在他1956年总统连任竞选中的重要性,甚至在另一位大法官空缺出现前,他就向司法部长哈伯特·布鲁内尔(Herbert Brownell)咨询"适合提名为大法官的杰出天主教人士"(Yalof,1999,p. 55)。后来,随着总统竞选白热化,艾森豪威尔想要向公众表达的是,在任命法官的问题上,他的竞选誓言实际上比民主党更加中立。他任命的前两位大法官(沃伦和哈兰)都是共和党人,他任命的少数下级联邦法院法官也是共和党人。因此,他告诉布鲁内尔期望任命一位胜任的民主党人为大法官。正如前述,艾森豪威尔任命大法官的条件中包括具有法官经历。他第二次任命的约翰·马歇尔·哈兰二世(John Marshall Harlan II)曾在美国联邦上诉法院短暂任职。

1956 年 9 月 7 日——总统选举的前两个月——明顿大法官告诉艾森豪威尔总统他准备辞职的意愿。总统向布鲁内尔提到任命大法官的三个标准。后来采访布鲁内尔的雅诺夫将这个过程描述如下。

> 布鲁内尔向他的同事、司法部副部长威廉·罗杰斯(William Rogers)传达了总统任命大法官的要求:候选人应是天主教徒、民主党,并拥有丰富的法官经历。司法部长也知道艾森豪威尔想任命一位年龄低于 62 岁的大法官,最好是有州法院工作经验。"这是一项很高的要求",布鲁内尔后来回忆道,"完全符合艾森豪威尔总统提出的大法官任命条件的人选并不多"。(1999,p. 58)

那是一个尚不能通过电脑轻松搜索结果的年代。司法部长布鲁内尔或许没有意识到,符合任命条件的人选捉襟见肘。大约在 50 年后,雅诺夫进行了一番系统的搜索,结论是全国范围只有三个人符合含年龄限制在内的任命条件,而其中两位存在瑕疵。尽管艾森豪威尔和布鲁内尔没有意识到,但事实上完全符合任命条件的唯一人选就是来自新泽西州最高法院 50 岁的大法官布伦南。

或许布鲁内尔正兴奋于找到了符合总统严格任命大法官标准的人 37
选,却没有认真探究布伦南的司法理念是否与总统希望任命一位温和保守的民主党人士相吻合。雅诺夫提到,布鲁内尔和罗杰斯对布伦南的印象来自于 4 个月前他在华盛顿司法部长会议上的演讲。不过问题是,不清楚布伦南的演讲是他自己准备的,还是代替新泽西州最高法院首席大法官范德比尔特(Arthur Vanderbilt)所做的。无论如何,布伦南获得了提名并通过了确认程序,并成为了最高法院 20 世纪 50 年代后期至 60 年代后期保守派人士的眼中钉、自由主义的堡垒。

3. 约翰逊

约翰逊总统具有超强的说服能力。比其他总统更胜一筹的是,约翰逊总统亲手制造了大法官空缺,从而任命他提名的候选人成为大法官(本章会提到，罗斯福总统曾尝试这么做，但是失败了）。如前所述，约翰逊1963年突然成为总统后的长远目标之一就是任命最高法院第一位黑人大法官。不过在第一次任命中也还有其他的候选人。本章会阐述他极不情愿任命阿贝·福塔斯（Abe Fortas）作为他任命的第一位最高法院大法官。

1967年年初，约翰逊开始实施最高法院出现大法官空缺的计划。司法部长尼古拉斯·卡岑巴赫（Nicholas Katzenbach）改任政府其他职位后，约翰逊提名拉姆齐·克拉克（Ramsey Clark）任司法部长。尽管克拉克曾担任司法部长助理，并且是一位合适的被提名人，但是影响约翰逊做出选择的关键因素是拉姆齐·克拉克的父亲、汤姆·克拉克——杜鲁门总统时期被任命——当时是一位大法官。难道这不会因为“利益冲突”而迫使这位父亲辞职吗？雅诺夫生动地描述了接下来的发展：

> 1967年1月25日，总统在一个电话交谈中提到了拉姆齐·克拉克可能会直接面对的问题。“你觉得你可以以司法部长的身份直接面对你的大法官父亲吗？”约翰逊问道。“哦，我觉得应该由其他人来进行审理”，克拉克回答道，“但是对我而言，这并不会影响到我的判断。我想也不会影响我父亲的判断”。拉姆齐·克拉克相信——即便已经67岁——他父亲仍然处在事业的巅峰。无论在什么情况下他都不希望父亲辞职。拉姆齐·克拉克请求总统考虑自己的政治直觉：“在警界以及一些保守的区域我父亲享有很高的威望。您用一位自由主义人士替代他将
> 38 会对您造成伤害。”然而，正如之前经常发生的那样，总统并没有让步。约翰逊回答道：“如果我决定任命你为司法部长，你父亲就必须离开法院，因为在公众眼里无法接受一位大法官父亲审理他儿子提起的诉讼。全国每一位出租车司机可能都会告诉我，作为父亲的大法官在他儿子提起的诉讼中不可能公正审理。”（1999，p. 88）

这就是事情的经过。汤姆·克拉克大法官在那个司法年度末期立即宣布辞职，而约翰逊则有机会提名瑟古德·马歇尔成为最高法院第一位黑人大法官。

（三）性格随和有多重要

在遴选大法官的标准上，还需要考虑性格随和的程度。对此，历任总

统存在差异,不过他们在考虑大法官人选的性格随和程度时与他们自身的个性却保持着一致。克林顿喜欢与人交谈,当他被别人冷落时会觉得很不自在,他第一次任命大法官时与最终的两位候选人进行了面谈,结果他选择了感觉惬意的那一位。相比而言,里根总统——众所周知他外表和蔼可亲但实际上缺乏亲密朋友——“从来都不会打算选择他认识的人作为大法官被提名人”(Yalof,1999,p. 134)。而且,他也不会在同事们筛选潜在候选人的过程中持反对意见。

除了被提名人应坚持保守主义理念的标准并希望任命最高法院第一位女性大法官外,他基本上不发表意见。

对于一些总统而言,正如前面提到的杜鲁门总统那样,性格随和是非常必要的。对他们来说,至少在个人交流过程中必须产生一些共鸣。因为怀特大法官(Byron White)辞职,克林顿总统在任期内出现了第一个大法官空缺席位,他的一些助手极力推荐他提名布雷耶作为大法官人选。于是布雷耶受邀赴白宫与总统共进午餐。这次会面并不顺利,克林顿告诉助手他认为“布雷耶过于推销自己,他的兴趣过于狭窄,他的心胸不够开阔”(Drew,1994,p. 215)。后来他选择了金斯伯格,尽管一年后因布莱克门大法官退休,布雷耶成为了克林顿第二次提名的大法官人选(2004年中,克林顿总统自传隆重出版,全书近 1000 页,但他仅用了两页不显眼的篇幅谈到提名最高法院大法官的事)。

(四)现任大法官发挥了作用吗

三权分立是政府运行的基本原则。总统提名大法官,国会(具体而言是参议院)确认或拒绝,法院在此过程中没有任务。不过,实际情况是,某些大法官和某些总统之间私交甚好。法兰克福特成为大法官前是罗斯福
总统最信赖的顾问之一,这种关系一直持续到罗斯福任命他为最高法院 39
大法官。法兰克福特说服罗斯福总统任命斯通(Harlan Fiske Stone)为首席大法官。他认为,斯通作为最高法院的代言人将促进国家团结(Urofsky,1991)。尽管如此,正如第 9 章中所阐述的那样,斯通却没有促进法院内部的团结。

尽管是在法官任上,不过,阿贝·福塔斯(Abe Fortas)可以给约翰逊总统打电话表达他的建议。首席大法官伯格可以通过“秘密渠道”与尼克松总统联系。这些联系方式会延伸到遴选新的大法官过程中吗?在某

些情况下答案是肯定的。

1921 年,哈定(Harding)总统任命前总统塔夫脱(William Howard Taft)为最高法院首席大法官。他还有机会任命三位大法官(Beauregard,2001)。塔夫脱和哈定是多年好友,塔夫脱任首席大法官后在推荐联邦法官候选人方面发挥着积极的作用。事实上,他殚精竭虑地期望任命赞同他观点的大法官(Murphy,1965)。哈定总统并不反对。1922 年,最高法院出现了一个大法官空缺,塔夫脱组织了一次非正式的候选人推选活动,他最终选择了皮尔斯·巴特勒(Pierce Butler)。1922 年 10 月 30 日,首席大法官塔夫脱在致哈定总统的信中写道:

> 关于您考虑最高法院大法官候选人的问题,我想向您推荐来自明尼苏达州的皮尔斯·巴特勒。我和他相识多年、关系不错……他是一位谦逊的民主党人士,不过我认为他会成为最高法院伟大的大法官,就像米勒(Miller)大法官那样富有人格魅力。(Danelski,1964,p. 54)

第二天,哈定总统收到了塔夫脱的来信,不久皮尔斯·巴特勒被提名为最高法院大法官并通过了参议院的确认程序。

四、大法官怎么挑

众多大法官候选人——至少那些认为自己符合法官任职条件的候选人——怎么做才能让自己更有可能获得提名呢,还是说大部分被提名人是在惊喜中收到来自总统的提名通知的?布莱克门退休后不久接受采访时提到,早在 1970 年,他就认为自己有可能获得大法官提名,因为尼克松总统曾提到,他希望大法官职位应具有法官经历,而布莱克门是当时为数不多的由共和党提名并具有巡回法院法官经历的人选之一。一旦大法官职位可能出现空缺,媒体和白宫都会酝酿一份被提名人名单,在某种程度上,有的人还可以毛遂自荐进入被提名人之列。

(一)例证:伯格和金斯伯格

各种迹象表明,首席大法官沃伦临近退休之际,沃伦·伯格即着手参
40 与各种活动,期望成为大法官提名人。他动用了自己与新任总统尼克松政府司法部长布鲁内尔(Herbert Brownell)的多年朋友关系。当时伯格担任华盛顿特区巡回上诉法院首席法官,而该巡回法院是 13 个巡回法院

中最重要的一个,因此,他确信自己能够在新政府中更进一步。甚至在尼克松就职总统之前,伯格就给布鲁内尔写信:

> 我知道您应忠于职守,我不应基于自己的请求打扰您。但是中西部(从俄亥俄到落基山脉就是许多美国人眼中的地狱)并不代表着必然会支持尼克松竞选总统的地区。在尼克松获得稳定地位之前,我希望把这个想法传递给他。我跟他不太熟悉,或许还会遭人陷害。但是对于去年我在瑞普学院(Ripon College)的刑事司法演讲,他曾主动给我写信……他其实挺友好的。(Yalof,1999,p.102)

克林顿总统第一次有机会任命大法官时,金斯伯格的丈夫马丁·金斯伯格(华盛顿特区著名的税法律师)"在幕后策划了提名金斯伯格为大法官的活动"(Perry,1999a,p.84)。据称,金斯伯格法官曾对演讲稿进行了修改,目的就是让自己的观点与克林顿政府的观点更趋一致。

(二)大法官是强加给他们的吗

相比而言,在过去 50 多年中也有许多大法官其实并不那么渴望成为大法官。尼克松总统提名任命刘易斯·鲍威尔时,鲍威尔已 65 岁并且已经担任了一届美国律师协会会长。鲍威尔乐意继续在弗吉尼亚州里士满市从事律师职业,并在多个场合拒绝了总统的提名。但尼克松总统坚持要提名鲍威尔。如前所述,他许诺要任命一位来自南方的大法官,而之前提名的两位候选人又都被拒绝。因此,鲍威尔不情愿地默认了总统的提名。与此类似,"隐士"戴维·苏特(David Souter)获得布什总统的大法官提名后,媒体的关注程度之高让他受宠若惊。他甚至考虑在确认听证程序前退出提名。

阿贝·福塔斯的反应则表现得更不情愿。福塔斯在 20 世纪 60 年代是华盛顿特区一位杰出的律师,也是约翰逊总统最为亲密的朋友之一。约翰逊总统希望他能到最高法院任职,甚至在约翰逊担任副总统和总统前,福塔斯就曾为他起草演讲稿并在许多事务方面为他提供参谋。但约翰逊面临的问题是最高法院没有空缺。他认为亚瑟·戈德堡(Arthur Goldberg)大法官可能是一个突破口。戈德堡大法官由肯尼迪总统任命,是最高法院大法官中的新成员。他对自己能够担任最高法院大法官很满

意。但是约翰逊“坚持认为出于国家的最佳利益考虑，戈德堡应马上离开
41 最高法院”(Yalof,1999,p.82)。他说服戈德堡大法官就任美国驻联合国大使。因此，最高法院为福塔斯提供了一个大法官空缺。但是福塔斯并不想因成了一位大法官而遭受巨大的经济损失。事实上，他的妻子也是一位杰出的律师，在这件事上完全支持福塔斯。

福塔斯当时是华盛顿特区最有影响力的阿诺德·福塔斯·波特(后来的阿诺德·波特)律师事务所(Arnold,Fortas & Porter law firm)的合伙人之一。他致力于继续发展、壮大他的律师事务所。他对约翰逊持续不断的恳请未做回应。甚至在戈德堡公开辞职之前，他已经至少拒绝了总统两次(Yalof,1999)。戈德堡辞职后，约翰逊请司法部长卡曾巴赫(Katzenbach)提供了一份可提名为大法官的候选名单。出于相关写作的需要，雅诺夫采访了卡曾巴赫，摘录如下：

> 卡曾巴赫回忆曾告诉总统：“为什么要费神列一个大法官候选名单呢？您真正期望任命为最高法院大法官、与您关系最为密切并且完全符合大法官条件的那个人就是阿贝·福塔斯。”但是约翰逊敦促卡曾巴赫调查“所有可能的人选”。卡曾巴赫通过离开会场说服约翰逊总统，福塔斯就是预定的候选人。不过，他仍然于1965年7月23日尽职地向总统提交了一份包含6页内容的备忘录，介绍其他值得考虑的候选人。卡曾巴赫提出了一系列接任戈德堡大法官的条件，包括法院的党派平衡(当时最高法院有5位民主党和3位共和党大法官)、地域(候选人“应来自中部、山区州，边境州或新英格兰”)、宗教(我不想看到的局面是最高法院已经很长时间没有犹太教徒了)，以及年龄(最理想的是，被任命的大法官应在50~60岁之间)。他也提到了“司法理念”问题(“被任命的大法官应具有开放的自由主义司法理念”)以及背景(被任命的大法官可以来自联邦和州司法机构、私营部门或者是学术机构)。福塔斯完全符合上述大部分标准。他是一个土生土长的孟菲斯人，犹太教徒，55岁。在推荐其他候选人之前，卡曾巴赫断言“从客观的角度来看，阿贝·福塔斯完全胜任最高法院大法官的条件。如果你不认识他的话，那他会成为我的首选——现在，依然是首选”。(pp.83-84)

约翰逊总统坚持不懈地想要任命福塔斯为最高法院大法官。雅诺夫做了如下描述。

> 正如卡曾巴赫猜测的那样，约翰逊无意考虑备忘录中一长串的候选人名单。相反，约翰逊总统打算想尽一切办法说服福塔斯接受他的提名。正如戈德堡大法官向日渐焦虑的法官助理 42
> 们所总结的："总统准备任命阿贝，可阿贝却向总统说不。而总统甚至还没有考虑其他的提名人选。他打算缠住阿贝不放。他将等到最后一刻。"约翰逊总统还努力寻求福塔斯的耶鲁导师和华盛顿特区的道格拉斯大法官的帮助。但是道格拉斯也无法说服福塔斯。传达的依然是另一个"坚定的拒绝"，福塔斯告诉道格拉斯，他的"个人事业让他当时无法离开他经营的律师事务所"。正如约翰逊坚持他的选择一样，福塔斯的拒绝同样掷地有声。
>
> 最终，约翰逊于 1965 年 7 月 28 日"突击式"地提名福塔斯。就在同一天，约翰逊总统宣布了越南战争的升级计划。前往新闻发布会的路上，约翰逊简单地向福塔斯表达了他的处境："我打算提名你担任最高法院大法官，同时我准备派出 5 万名年轻人到越南战场上去，在这两件事上我都不希望听到不同的声音。"重压之下，福塔斯无法拒绝总统强有力的请求。（Yalof，1999，p. 85）

五、确认程序

总统在任期后的很长时间都会影响到联邦法院的人员构成。例如，截至 2005 年上半年，联邦第七巡回上诉法院有 7 位法官都是里根总统 20 年前任命的。但是参议院可能会在任命程序中制造障碍。大部分总统的提名人都通过了参议院的确认程序，但并非所有。在过去的 30 年中，有 5 位大法官被提名人基于两个原因未能通过参议院的确认程序：一是被参议院拒绝；二是被提名人显然认为不太可能通过参议院的确认而提前放弃。2005 年 10 月，哈里特·梅尔斯（Harriet Miers）放弃了被提名的机会。

（一）确认程序适用于所有的联邦法官

美国参议院负有"建议和同意"任命所有联邦法官的职责，而非仅仅是最高法院的大法官。目前共有868位联邦法官(联邦地区法官加上13个巡回上诉法院的上诉法官以及最高法院的大法官)。任何时候都会出现法官空缺的情况,这种情况在联邦地区法院和联邦巡回上诉法院更为常见。在2005年之前,最高法院最后一次大法官空缺是在1994年,1994年至2005年期间没有出现大法官空缺,这是最高法院历史上无大法官空缺最长的时期之一。

联邦地区法院出现法官空缺时,总统一般会征求来自该州的两位联邦参议员的意见。然后总统会提名法官候选人。通常情况下,总统会提
43 名他自己的党派成员,尽管他宣称党派间应合作。艾森豪威尔许诺会按照五五比例任命法官,但最终的结果是遴选了186位共和党人和15位民主党人担任联邦法官(Chase,1972)。与之类似的是,里根任命的联邦法官超过92%都是共和党人,而卡特和克林顿任命的联邦法官90%都是民主党人(Goldman & Slotnik,2002)。就党派合作式的任命而言,最高比例——该术语具有相对性——显然是由胡佛总统创造的,他任命的联邦法官中13%来自对手的党派成员(Roche & Levy,1964)。

通常情况下,大部分被提名人会在很短时间内由参议院司法委员会进行评议并获得参议院确认,基本上是不公开的。但是,在过去两任总统任期内,法官任命过程较慢,部分原因是在克林顿第二任总统任期和布什总统第一任头两年的部分时间内,参议院的大部分成员是总统对手的党派成员。2002年,民主党人在参议院中占多数地位,布什总统连续两次提名第五巡回上诉法院联邦法官都被司法委员会拒绝。2002年3月,来自密西西比州的联邦地区法官查尔斯·W.佩克林(Charles W. Pickering)被司法委员会拒绝,委员会中的民主党人认为他在种族问题和堕胎案件中存在偏见[通过充分利用参议院会议期间短暂的休会期,布什总统于2004年通过休会任命权任命了佩克林法官,这意味着他可以在不经参议院批准的情况下任职1年,后来布什总统采取了同样的办法任命威廉·H.普莱尔(William H. Pryor)为联邦第十一巡回上诉法院法官]。

司法委员会后来拒绝了另一项任命帕特里克·R.欧文(Patricia R. Owen)为第五巡回上诉法院法官的提名。欧文法官曾被美国律师协会一个委员会一直评定为"很胜任"的任职条件(自1947年以来,美国律师协会内部形成了一个联邦司法委员会,职责是评定候选人"非常胜任""很

胜任""胜任",还是"不胜任")。委员会中所有 10 位民主党人投票拒绝了时任德克萨斯州最高法院的欧文法官。他们认为她"异乎寻常地支持企业优先于个人,并且不合理地将她本人反堕胎观点体现在案件判决中"(Lewis,2002,p. A1)。他们甚至引用了布什总统的顾问、曾与欧文法官在德克萨斯州最高法院共事的冈萨雷斯(Alberto R. Gonzales)的话。在 2000 年 6 月的一个判决中,他写到,她在一个通知父母的案件(a parental notification case)中的不同意见是"一种不合理地司法能动主义"(引自 Lewis,2002,p. A1)。4 年后,布什总统连任初期,参议院中共和党人士增多(55 票)。总统重新提名欧文。经历了一番阻扰后,民主党达成了妥协,允许共和党人士占多数。2005 年 5 月,欧文和其他四位巡回法院的被提名人一起获得了确认。随着布什总统第二个任期的推进,超过 25% 的现任联邦法官都是布什总统任命的。

(二)大法官确认程序的历史 44

一旦获得提名,在征得参议员的同意后,最高法院大法官候选人都会到任职于司法委员会的参议员办公室做"礼节性的拜访"。现在的情况是,最高法院大法官被提名人通常都会到参议院的司法委员会接受质询,但情况并非总是如此。候选人第一次接受质询是在 1925 年,来自蒙大拿州的参议员惠勒(Burton K. Wheeler)在司法委员会听证会上极力反对任命哈兰·斯通,因此斯通本人请求接受司法委员会质询(斯通在担任司法部长期间曾对参议员惠勒进行过调查)。库利奇(Coolidge)主任匆忙组织司法委员会再次组织质询和质证,因此斯通有机会为自己进行辩护。正如卡特(1994)所观察到的,他以绝妙的技巧参与了听证,最终以 71 : 6 的票数通过了确认程序。

在接下来的 30 多年中,被提名人有时亲自接受质询,有时则不出席。尽管在一些人看来属极端例子,但威廉·道格拉斯并没有要求亲自接受司法委员会的质询。法兰克福特起初被要求亲自接受司法委员会质询时,他拒绝了。理由是他可能会因此耽搁在哈佛法学院的教学以及可能会影响他追求独立司法的目标。但是后来他认识到,如果他不亲自接受质询就可能不会得到确认,他很不情愿地亲自在司法委员会上接受质询,并以一致的票数通过了确认。1949 年谢尔曼·明顿被提名后,他拒绝亲自接受质询,他认为要求一位联邦法官亲自到司法委员会接受质询很不妥。司法委员会接受了他的回应,并认为他作为被提名人对全体参议员都是有利的。

卡特经过认真研究发现,必须参加参议院司法委员会确认听证会的惯例是在 1954 年的布朗诉教育委员会案(*Brown v. Board of Education*)后确立的。主导司法委员会的赞成种族隔离的南方参议员对于司法机构篡夺州权力极为愤怒,坚持主张未来的被提名人必须参加司法委员会的确认听证会。而紧随其后 1955 年的被提名人约翰·马歇尔·哈兰二世同意参加确认听证会,“惯例”由此确定下来。

不过一段时间以来,听证会上质询的问题却颇为狭隘。卡特写道:

> 在接下来的 12 年中,每一位被提名人都参加了确认听证会,每一位被提名人所面对的问题都是种族隔离的判决。随着沃伦法院时代的到来,质询的问题逐渐扩大,大法官候选人所面临的问题涉及共产主义、被告人的权利以及在公立学校祷告等方方面面。例如,1957 年艾森豪威尔总统提名布伦南为大法官时,布伦南面临着来自司法委员会主席、伊斯特兰(James O. Eastland)参议员提出的一系列具有政治智慧但在法律上却显得幼稚的问题,即关于布朗案中法院裁判方法的合法性问题(典型的问题是:“你认为美国宪法本周是一种含义而下周又是另一种含义吗?”)。他也受到了参议员约瑟夫·麦卡锡(Joseph
> 45 McCarthy)的粗暴对待,当时麦卡锡已声名狼藉,但他依然会采取诋毁证人的手段(典型的问题是:我坚持认为……你接受官方提出的共产主义只是一个而非一场阴谋……你认为共产主义只是一个政党吗?)。在克服重重困难后,直率的布伦南理所当然地拒绝了这些问题,最终司法委员会也将这些问题删掉了。(1994,p. 67)

1. 确认程序的变化历程

约翰·马尔济斯(John Maltese)通过对确认程序的考察(1995)阐述了自 1789 年第一次任命大法官以来确认程序发生变化的原因。19 世纪 50 年代,最高法院审理的 2/3 的案件主要是涉及合同、商法、信托、海事或财产问题(Schwartz,2004)。到了 19 世纪下半叶,社会和技术革新导致工会和其他利益团体的兴起,他们开始尚未向总统而是向参议员表达自己的愿望。1913 年宪法修正案规定参议员须通过全民选举产生后,去除了一些自满人士,这使参议员意识到,他们唯有说服所在州立法机构的同僚才能重新当选。直到 20 世纪 20 年代,被提名人才开始在参议院实行公开的辩论。之前参议院是举行行政会议确定最高法院的任命。

2. 提名和确认布兰代斯大法官

威尔逊总统任命的第一位大法官是詹姆斯 · 麦克雷诺兹,他并未实现通过任命大法官支持政府事务的目标。因此在任命第二位大法官时,威尔逊总统提名的人选是布兰代斯(Louis D. Brandeis),“一位激进的改革者,一位积极支持工会、反托拉斯的改革者”(Maltese,1995,p. 49)。到 1916 年被任命为大法官时,波士顿律师布兰代斯已经是全国工人运动和改革运动的领导人物。正如托德(Todd)的传记中所提到的,布兰代斯“代表的是财产受威胁的群体……他致力于……打破传统的美国生活方式即在有产者看来自由是神圣的”(1964,p. 64)。有钱有势的阶层认为布兰代斯采取的是激进的改革。其中有一位说道:

> 像布兰代斯这样的人,满脑子是不切实际的想法,诸如缩短工人工作时间、提高工资待遇、主张征收收入税[显然这是对富人的惩罚],将商业领域划分为极具竞争的领域,严格控制公用事业——一旦这样的人掌权,那么美国将面目全非。(pp. 64 – 65)

尤洛夫斯基(Urofsky)在其撰写的布兰代斯传记中提到,尤其令波士顿当局不安的是,“布兰代斯——哈佛法学院的毕业生,种种迹象表明他在努力成为一名优秀的、可信赖的企业律师,却转变成一位改革者,而他改革的对象往往是波士顿的社会和经济精英”(1981,p. 112)。甚至哈佛大学校长劳伦斯 · 洛厄尔(A. Lawrence Lowell)都在积极说服参议院拒绝提名布兰代斯。 46

难以想象一位类似于布兰代斯的当代改革派律师会挑战当局——或许他和拉尔夫 · 纳德(Ralph Nader)最为接近,纳德在 20 世纪 60 年代初和 70 年代领导了“纳德的攻略”通过一场又一场诉讼反对大型制造商。和纳德一样,布兰代斯过着半苦行的生活。他和妻子确定维持简朴的生活所需要的基本费用。之后他将所赚的钱全部投入给律师合伙人用来支持法律援助工作。和纳德(纳德直到 2000 年和 2004 年才参与总统竞选)

一样,布兰代斯在被提名为最高法院大法官前并没有担任过公职,他在波士顿自己的律师事务所之外开展活动,在诉讼案件中抑制公共产品的价格,防止铁路垄断,确保工作时间受到限制,以及推动类似的活动,其目标是改善普通公民的工作条件。

威尔逊提名布兰代斯令参议院颇为震惊。挑剔的参议员认为布兰代斯缺乏“司法素养”。反犹太主义也发挥了一定的作用,因为布兰代斯是第一位提名任命为最高法院大法官的犹太人。不过即便是在1916年,至少在一些人看来,像参议员这样的公众人物表达此类偏见是不可接受的,一些参议员因此左右为难。不过,在大部分观察人士和传记作者看来,关键点还是在于布兰代斯的价值观(Maltese,1995)。

布兰代斯的确认听证具有里程碑的意义,主要基于两个理由:(1)这是参议院司法委员会第一次公开举行听证会;(2)这也是《宪法》第十七修正案批准后应通过普选产生参议员后第一次举行听证会,而非像他们是通过州立法机构选举产生的。因此,参议员意识到,他们是通过非普选投票产生的,公众很大程度上会拒绝他们再次当选。他们要面对新的选民,而对于大部分选民来说,布兰代斯是他们心中的英雄(Maltese,1995)。因此,尽管相当一部分参议员私下反对布兰代斯,但却拒绝公开反对,最终他以47:22的票数通过了参议院的确认程序。

一项针对美国最高法院研究专家的调查表明,最高法院成立以来产生的96位大法官中,有12位被认为是“伟大”的大法官;布兰代斯大法官不仅位列12位大法官之中,而且紧随首席大法官约翰·马歇尔之后排名第二,受访的65位学者中有62位认为布兰代斯是一位“伟大”的大法官(Blaustein & Mersky,1978)。

47 (三)近年来的对抗性特点

在过去的20年中,自由主义和保守主义观察人士都认为,确认程序变得更具对抗性。正如2003年布什总统针对提名联邦法官候选人遭拒绝后所抱怨的那样,克林顿在第二任总统任期内发现共和党主导的参议院全是反对的声音。一位观察人士最近写道:

> 司法确认程序出现了新的低谷。过去针对美国最高法院大法官的提名偶尔会出现争执,但是近年来的争执变得没完没了。在过去的20年中,如果总统和参议院多数来自不同的政党,参

> 议院也会将确认程序拖延到总统任期快结束之时。(Gaziano,2002,p. A24)

为什么会出现这种情况呢?一些人将原因归咎于过去半个世纪中法院权力日益增强(Gaziano,2002)。另一些人则将侧重点放在当前最高法院分裂性的特点上,价值观的差异经常导致 5∶4 的投票。当然还有人提到,怎样选最高法院大法官的问题已经跃升为影响总统竞选的问题。在2004 年总统竞选期间,布什——在他首任总统期间没有机会提名一名大法官——重申他将以斯卡利亚和托马斯大法官为标杆任命大法官,约翰·克里(John Kerry)说他将任命的大法官是他们的价值观不会对判决产生影响。

不过,我们可以对确认听证程序的争议时期追溯到 20 世纪 60 年代。在过去的 40 年中,有三位被提名人的确认听证程序积累了新的积怨:瑟古德·马歇尔、罗伯特·博克(Robert Bork)以及克拉伦斯·托马斯。针对博克法官举行的听证第一次通过电视转播,我们当中的许多人依然还记得曾看过 1991 年 10 月克拉伦斯·托马斯和安妮塔·希尔(Anita Hill)之间对抗的魅力。

但是,约翰逊总统任命最高法院第一位黑人大法官的愿望对 1967 年一位参议员依然存在的明显种族偏见无疑是一种挑战。法学教授卡特用很大的篇幅论述了大法官的确认听证程序并得出结论:“瑟古德·马歇尔常受到种族主义的诽谤,这在一直以来的确认听证程序中都是未曾见到的。”(1994,p. 5)他建议,对于反对马歇尔发起的“公开的种族主义”运动的新闻报道,那些认为博克或克拉伦斯“遭遇到前所未有的仇恨”的保守人士应该好好研究一番。

他进一步阐述道:

> 表面看来,确认听证程序中提出的许多问题都表明,马歇尔处在主流之外,尽管这些问题非常恶毒。伊斯特兰参议员[主持 48
> 布伦南大法官的确认听证程序后仍然担任司法委员会主席 12 年]注意到马歇尔曾引用赫伯特·阿普特克(Herbert Aptheker)著作中的一个特定历史主张来支持自己的司法观点,他很想弄明白的是,马歇尔当时是否清楚阿普特克“多年以来就是一个公开的共产主义者,并且是美国重要的共产主义理论家”。马歇尔

> 说他并不知情。在参议院，伊斯特兰坚持不相信马歇尔的回答，并且通过诋毁他的忠诚挑战马歇尔回答的真实性。其他问题具有更明显的敌意。参议员瑟蒙德(Thurmond)要求马歇尔立即归纳参议员宾汉(Bingham)在国会是否可以执行《宪法》第4条关于特权和豁免条款问题上的主要观点，并且背诵起草《宪法》第十四修正案研究报告的国会委员会成员的名字。(Carter，1994，p. 76)

尽管这些例子可能不像卡特描述的“公开的”种族主义者那般，不过这反映了白人内心深处对黑人怀有负面成见——他们是极端的左翼分子，他们是谎言制造者，他们愚昧无知或者至少孤陋寡闻。

六、最终结果是什么？

如果你向学者请教：总统提名大法官时考虑的标准有哪些？可能和第1章中的亚伯拉罕(Abraham)那样，他们会认为应考虑以下标准：学识、分析能力、写作能力、知识面广、工作勤勉尽责、有勇气等性格特征。不过，正如我们所了解到的情况，有的总统并未考虑这些因素，他们基于一些并不相关的标准提名大法官。所提名的大法官中有的比其他的还要优秀。针对有史以来前96位大法官是否受欢迎的分析结论如下：

> 我们的分析并未区分是否胜任大法官的每一项要求。不过会存在几种不同的模式。一方面，如果我们要勾勒一位极有可能成为优秀法官的人物轮廓，那么他可能出身于东北部城市地区的商人家庭。他的祖辈可能是来自欧洲大陆的犹太教徒。他可能接受了高质量的教育并且具有法律学术研究的经验。他很可能在年轻时没有其他司法经历的情况下从事法官职业，并且
> 49 已经具有25年以上的司法经历。另一方面，如果我们要描述最高法院一位典型的“失败”例证，那么他可能是来自美国中西部地区，在农村地区长大。他的祖辈可能是苏格兰人或者爱尔兰人，他可能信奉的是“低教会派”的新教教派。他可能接受的是普通教育，职业与党派政治活动联系密切。他被任命为法官的年龄通常在55岁左右，他的从业经验不到5年。当然，这只是大致的情况。每项粗略的概括中存在许多例外，麦克雷诺兹担

> 任大法官超过了 25 年，而卡多佐却仅担任了 6 年。不过，麦克雷诺兹获得的普遍是“差”评，而卡多佐获得的评价却是“卓越”。（Blaustein & Mersky，1978，pp. 69 – 70）

如果这些差异可以“预测”（postdicted）（例如，通过基本事实进行预测），那么未来的效果也能预测吗？布劳斯坦（Blaustein）和默斯基（Mersky）在沃伦·伯格被任命为首席大法官不久后完成的著作中写道：

> 在最近任命的五位大法官中，伯格首席大法官显然是受到攻击最多的一位。尽管在任命的年龄（62 岁）和祖辈背景（瑞士/德国人）方面与过去获得好评的大法官具有相似性，不过他的家庭出身（农民）、来自地区（中西部）、宗教信仰（新教教徒）、教育背景（明尼苏达大学圣保罗法学院）以及司法经验（13 年）等事实都与历史上表现不太杰出的大法官联系在一起。（1978，p. 71）

2004 年科米斯基（Comiskey）针对学者的调查显示，伯格首席大法官获得的平均得分为 1. 84，接近“良”好于“差”，明显低于所有法官所获得的平均得分为 2. 46。

（一）总统的目标实现了吗？

总统都希望任命实现他们目标和头等大事的联邦法官。他们在这方面做得怎么样呢？

有的总统会明确指出他们所期望或者是避免的价值和目标。不止一位总统对任命大法官的决定懊恼不已。西奥多·罗斯福总统任命杰出的法学教授霍姆斯法官为最高法院大法官后，期望霍姆斯的判决能体现他的施政理念。但是，当霍姆斯大法官在一个重要的反垄断案件中发表不同意见时，罗斯福总统宣称“我用香蕉都能做出一个更好的法官”（Auchincloss，2001，p. 53）。正如第 1 章所述的扬斯顿钢铁公司总统限权案（*Youngstown Steel case*）中，杜鲁门总统针对他任命的大法官在该案中 50 投票反对他做出评论：“如果你要任命一个人成为最高法院的大法官，那么他将不再成为你的朋友。”（Roche & Levy，1964，p. 7）

尼克松总统非常憎恨厄尔·沃伦担任首席大法官时期，他称其为“自由主义”的最高法院，而里根总统提名的大法官必须在根本理念上认同他的施政纲要。在总统竞选过程中，里根指责民主党“将一群社会学专业人士送进了最高法院”(H. Schwartz,1988,p. 119)。尼克松总统和里根总统都只会提名这样的法官,即他们秉持“严格解释宪法”的司法哲学,在放松商业管制领域持保守立场,并且认同他们在平权行动、堕胎等社会问题方面的政策导向(O’Brien,1993)。就里根总统的情况而言,他期望伦奎斯特和斯卡利亚大法官的立场坚定,而对奥康纳大法官则不抱那么大的期望。尼克松总统发现布莱克门任命为大法官数年后转变为自由主义倾向一定是非常失望。

当然,在大法官的价值观和判决意见与任命他的总统的期望不一致方面,引用最多的例证是,艾森豪威尔总统任命厄尔·沃伦为首席大法官。沃伦之前从未担任过法官,他只是一位受人尊敬的加利福尼亚州州长。总统“坚信最高法院的声望遭受重创……唯一的修复方式就是任命一位具有全国声望、正直、法律功底深厚、并具有政治才能的人”(O’Brien,2000,p. 65)。沃伦具有全国声望、正直可靠、政治观点温和,在加州担任检察长的“多年法律工作中拥有光辉的记录”(p. 65)。可是,被任命为首席大法官后,沃伦主导的最高法院在一系列的案件中违背了艾森豪威尔的价值观。正如经常所观察到的,许多案件都像布朗诉教育委员会案(*Browm v. Board of Education*,1954)那样令艾森豪威尔反应强烈。这导致艾森豪威尔(在他离任后)声称任命沃伦是他曾经犯过的“最愚蠢的错误”(p. 69)。

(二)总统任命的联邦法官

为了系统地考察总统的施政纲要和价值观是否在他的司法任命过程中得以贯彻,我们可以考察不同级别的司法任命,而不仅限于最高法院。例如,政治学学者罗兰德(C. K. Rowland)和卡普(Robert A. Carp)(1996)对联邦法院系统1933年至1988年的判决书进行研究后发现,民主党总统任命的法官做出的判决中48%持自由主义立场,而共和党总统任命的法官做出的判决中只有39%持该立场。在涉及公民权利和公民自由的案件中这种政治影响更为明显。

对一些总统而言,这种影响是非常明显的。例如,卡特总统和里根总
51 统任命的法官存在以下区别:在种族歧视案件中,卡特总统任命的法官中78%的判决意见持自由主义立场,而相比较而言,里根总统任命的法官中只有19%持该立场。在隐私权案件中,差异是78%对45%。在妇女权利

问题上，差异是 56% 对 36%。

和前面提到的两位总统相比，克林顿总统任命的联邦法官通常都更为温和，并且更加非意识形态化（Berkman & MacLachlan，1996）。例如，在涉及公民权利和公民自由的案件中，克林顿总统任命的联邦地区法官所做出的具有自由主义倾向的判决占 1996 年所有判决的 39%。这一比例同样体现在共和党总统福特任命的联邦地区法官判决中（Stidham，Carp，& Songer，2002）。和先前总统任命的法官相比，克林顿提名的法官最为明显的差异是女性和少数族裔的法官数量增多。从任命法官的多元化角度考虑，乔治·布什在第一任总统任期内任命的法官在多元化方面不及克林顿，不过仍要好于其他共和党总统任命法官的情况（Goldman，Slotnick，Gryski，& Schiavoni，2005）。同时，他们也体现了他的保守主义立场（Solberg，2005）。

（三）总统干预最为极端的例子：罗斯福的法院改组计划

1933 年 3 月富兰克林·罗斯福就职总统时，他的首要任务是解决全国性的经济萧条问题。在民众的强力支持下，他说服国会通过了一系列法律授权成立新的政府机构和其他机构推动经济复苏。但是最高法院秉持自由放任理念和限制联邦政府的传统，以违宪为由推翻了这些法律。

管理童工的问题可以作为一个例证。20 世纪初，劳动力从农村转向工厂。这意味着许多儿童被迫在不健康的环境中长时间地工作，也缺乏父母在身边进行监护。而他们以前在家庭农场工作时则不会出现这种情况。虐待变得司空见惯。为了解决这个问题，在经济大萧条加剧之前以及罗斯福就任总统前，各州立法机构已经通过了一系列的法律。到了 1910 年，大部分州出台了法律限制雇佣童工，尽管其中许多法律是从狭义上进行理解，而且还存在许多漏洞。在随后的几年中，这项改革出现了反复。1916 年，联邦政府介入。国会通过了《基廷欧文童工法》（*Keating-Owen Child Labor Act*），禁止某些类型的工作雇佣童工。荷马·达根哈特（Homer Dagenhart）是两个在棉纺厂上班的童工（其中一个不足 14 岁）的父亲，他起诉要求北卡罗莱纳地区法院裁定执行该法律。两年后，在哈默尔诉达根哈特案（*Hammer v. Dagenhart*，1918）判决中，最高法院以 5∶4 的微弱多数推翻了霍姆斯大法官富有激情的异议，裁定该法律无效，并得出结论：国会规范州际贸易超越了其权限（Ball，1978）。第二年，国会以 52

近乎一致的票数通过一项法律,规定童工生产的任何商品必须缴纳特许权税。三年后,最高法院裁定该法律侵犯了州的事务因而构成违宪(参见 *Baily v. Drexel Furniture Co.* ,1922)。1924 年,国会采取的另一个办法是提议通过宪法修正案保护童工权益,尽管获得了广泛的批准,但是由于需要 36 个州批准才能通过宪法修正案,而该修正案仅获得 20 个州的批准。

随着经济大萧条的加剧,国会认识到需要从保护童工转向保护成年工人,并在罗斯福发起的《国家工业复兴法》中再度限制使用童工的领域。不过最高法院再次扮演了调停者的角色。在一个完全不受欢迎的谢克特家禽公司诉美国案(*Schechter Poultry Corporation v. United States*,1935)的判决中,法院一致裁定国会违反宪法将立法权授予总统,同时越权管理商业行为(谢克特家禽公司上诉案被称为“病鸡案”,因为法院不仅宣布谢克特家禽公司违反法律规定的工资和工作时间条款,而且由于该州没有有效的检验措施,导致家禽公司成功地将病禽运送给不知情的买家)。在罗斯福的敦促下,国会通过法律成立了国家复兴局(National Recovery Administration,NRA),授权管理工人的工资和工作时间。法院裁定谢克特兄弟经营的布鲁克林犹太家禽业在性质上属于州内独家经营,因此他们违反了国家复兴局制定的规章,不应受到联邦政府的惩罚(Kennedy,1995)。甚至他们销售病禽的行为也不属于联邦政府管理的范围。法院裁定,联邦政府仅调整州际贸易行为。

1935 年 5 月 27 日被认为是黑色星期一,最高法院在同一天宣布了三个一致性判决(其中一个是谢克特案,另一个是宣布给农民提供贷款救济的法律无效)沉重打击了罗斯福新政的关键领域。罗斯福第二天抱怨道:“我们认为州际贸易已经属于过时的定义了。”(Kennedy,1995,p. 88)

随着罗斯福第一任总统任期在 1936 年年末结束,可以明显看出,保守主义主导的最高法院并不打算允许总统实施经济复苏计划的法律。然而,罗斯福在再度竞选总统的过程中并不认为最高法院的阻扰是多大的问题。不过,1936 年 11 月罗斯福成功当选后,他做出了一个大胆的举动,提议国会通过法院改革法提高司法效率。仅在他就任第二任总统后两周他就提议,如果年满 70 岁的大法官(上限为 6 名)未退休,总统可以
53 任命一位新的大法官。他向国会的提议表明他对法院限制联邦管理权非常恼火:“年老或体弱的大法官不会去观察复杂和变化的社会……老年人

会把现在看成和过去一样，而不会去探讨现在或未来”（Kennedy，1995，p. 88）。（颇具讽刺的是，最高法院对新政最坚定、最有影响力的盟友是布兰代斯，当时已经 80 岁了）6 位大法官已经年满 70 岁，因此，如果罗斯福的提议获得通过，这将在根本上改变最高法院大法官的构成，大法官数量将从 9 位增加至 15 位。但是这项“法院改组”提议本身遭到普遍的反对。公众、媒体和国会都拒绝该提议（Caldeira，1987）。正如西格尔和斯佩思所阐述的，“尽管法院的许多判决不受欢迎，但是司法独立的观念依然根深蒂固”（1993，p. 96）。

尽管总统的提议从未被立法机构采纳，不过他也如愿以偿（Leuchtenburg，1995）。因为不仅总统遭受批评，最高法院也因阻碍总统的改革方案而感受到来自公众的压力。不管出于何种原因，在后来的案件中，欧文·罗伯茨大法官（Owen Roberts）转而支持联邦立法机构——这被称为“拯救最高法院的转向”。1937 年 3 月，仅仅是罗斯福宣布改革计划后的一个月，最高法院在一个案件中做出判决，推翻了长达 40 年之久的契约自由原则，其中罗伯茨投出了关键的一票（*West Coast Hotel v. Parrish*，1937）。两周后，最高法院宣布支持《全国劳动关系法》（*National Labor Relations Act*）赋予工人劳资集体谈判权，并规定政府可以对不公平的劳动关系进行干预（*National Labor Relations Board v. Jones and Laughlin Steel Corporation*，1937）。在接下来的一个月，最高法院裁定国会征税用于社会保险基金的行为符合宪法的规定。

至于对童工的管理，最高法院“九个老男人”的态度也发生了重大转变。1938 年，国会通过了《公平劳动标准法》（*Fair Labor Standards Act*），在众多工资和工作时间条款中包括保护童工的规定。例如，法律禁止生产商、销售商运输“受压迫的”童工生产的产品。最高法院在美国诉达比木材公司案（*United States v. F. W. Darby Lumber Co.*，1941）中一致明确地推翻了哈默尔诉达根哈特案（*Hammer v. Dagenhart*），并裁定公平劳动标准法有效，国会有权管理商业行为。

1937 年 5 月，保守派大法官之一，78 岁的威利斯·凡·德凡特（Willis Van Daventar）大法官退休。这是罗斯福任总统五年来第一次有机会任命最高法院大法官并改变最高法院的现状（到 1945 年 4 月罗斯福总统去世时为止，当时九位大法官中有八位是由他任命的）。罗斯福在扩大最高法院大法官数量方面败下阵来，却赢得了最高法院（Pritchett，1948；Segal & Spaeth，1993）。

54 （四）总统在确定大法官候选人方面表现的好吗

总统在这方面的工作表现的好吗？很难给出一个简单的答案，因为并不存在连贯性。有的总统在这方面做得更好一些，但是同一位总统任命的大法官也存在很大差异。威尔逊总统任命的第 1 位大法官麦克雷诺兹（James McReynolds）在 65 位著名学者的调查问卷中是 8 位“失败”的大法官之一。但是，他任命的第 2 位大法官布兰代斯（Louis Brandeis）则是 12 位“最伟大的”大法官之一（Blaustein & Mersky，1978）。同样，厄尔·沃伦是艾森豪威尔总统任命的大法官之一，位列 12 位“伟大的”大法官之中；他任命的第 2 位大法官布伦南（William Brennan）被认为是 20 世纪下半叶最有影响力的大法官之一；他任命的第 3 位大法官哈兰二世（John Marshall Harlan Ⅱ）获得的评价是“近乎伟大”，但是艾森豪威尔任命的另一位大法官惠塔克（Charles Whittaker）可以说是最高法院成立以来的 110 位大法官中最失败的。

但是，有的总统的做法处在不同的极端上。杜鲁门任命的 4 位大法官中有 3 位——伯顿（Burton）、文森（Vinson）、明顿（Minton）位列 8 位评价为“失败的”大法官之中，他任命的第 4 位大法官克拉克（Tom Clark）则位列 55 位评价为“合格的”大法官之中。相比而言，富兰克林·罗斯福总统任命的 9 位大法官中有 3 位是“伟大的”大法官，他们分别是布莱克、法兰克福特和斯通，当时斯通已经是大法官，只不过罗斯福提名他担任首席大法官。另外 3 位罗斯福任命的大法官位列 15 位评价为“近乎伟大的”大法官之中，他们分别是道格拉斯、杰克逊和路特里奇（Rutledge），2 位合格［瑞德（Reed）和墨菲（Murphy）］，只有 1 位被评为“失败”。最后这位大法官是伯恩斯（James F. Byrnes），他并没有投身于司法生涯。他在最高法院工作 16 个月后就辞职，后来重新进入政界。在对最高法院成立以来的 100 位大法官的评价中，自厄尔·沃伦大法官以来没有一位大法官获得了“伟大的”称号，不过这项调查距离现在已经有 25 年了。但是最近的调查发现了同样的结果。科米斯基（Comiskey，2004）调查了 128 位法学教授和政治学学者评价 20 世纪被任命的 52 位大法官。在 11 位“杰出的”大法官中，沃伦首席大法官、布伦南大法官和哈兰大法官这 3

位是由艾森豪威尔总统任命的。最近任命的大法官中没有评价为“杰出的”大法官。

（五）遴选程序应做怎样的改革

如果提名和任命程序需要改革的话，有两个建议非常重要。第一个建议显而易见。总统应将最适格的被提名人推荐至参议院进行确认。尼克松总统推荐的法官候选人未获批准后又推荐了一位可能会被拒绝的候选人，即来自佛罗里达州的 G. 哈罗德·卡斯韦尔（G. Harrold Carswell）。尼克松的立法领袖、来自内布拉斯加州的参议员罗曼·赫鲁斯卡（Roman Hruska）对此所进行的辩解可以载入史册：“就算他是个平庸之辈，可实际上有很多平庸的法官和律师。难道他们就没权得到一点代表和一点机会吗？我们无法让所有候选人都像布兰代斯、卡多佐和法兰克福特那样。”（Abraham，1992，pp. 16 – 17）但是我们应对此类杰出的被提名人充满期待。如何能做到呢？

雅诺夫在 1999 年的著作中专门考察了最高法院大法官的提名程序。 55
他对杜鲁门到里根政府时期的 28 个提名个案进行了研究，外加布什（George H. W. Bush）和克林顿总统任命的大法官。他得出的结论是：“现代总统在决定提名有希望的大法官候选人方面拥有更多的信息。”（p. 187，原文为斜体）总统可以通过复杂的现代技术手段获得可能成为候选人的既有观点，无论是以司法职业的形式还是以演讲、文章和著作等公开的形式，而且与过去 50 年相比，总统拥有更强大的政府团队。难道这不应成为一种优势吗？

就确认程序而言，卡特在其 1994 年的著作《确认程序的困境》（Confirmation Mess）中考察了近年来提出的但他认为没有作用的确认提议，并提出一项具有挑战性的程序改革建议：要求确认程序满足 2/3 多数而非参议院简单多数通过。他认为这将导致提名更为温和的候选人，因为他们是唯一能让分裂的参议院满意的对象。但是在目前敌对的氛围中，有多少被提名人能获得 2/3 多数票呢？本书最后一章将对此进行思考，并对提名和确认程序提出了其他的改革建议。

第3章
最高法院审理案件的步骤

摘要:本章讨论最高法院案件审理的步骤。讨论的范围包括案件筛选、调卷令的频率、4位大法官同意规则、调卷令和口头辩论的间隔期、大法官会议、起草判决书、判决书多数意见以及宣布判决。

关键词:最高法院;司法决策;大法官;调卷令;口头辩论;大法官会议

我对每个案件都会从三个不同的角度进行论证。 57
第一个是理想的角度,是对逻辑性、一致性和完整性的论证。第二个是现实的角度,充满了受干扰、不相关、不连贯、令人失望的因素。第三个是一种完全幻想的角度,是当天进入睡梦中进行的。

——罗伯特·杰克逊(Robert Jackson)大法官在《最高法院的辩护经历》(*Advocacy before the Supreme Court*,1951)一书中有感于作为副检察长出庭最高法院进行辩论的经历

一、决策——个体还是组织行为?

那些宣称受到法律不公对待的受害人通常会威胁说,要"采取一切手段到最高法院"去伸张正义,无论他们是错误地受到了犯罪指控,还是他们认为案件

胜诉的正当理由遭到了拒绝。但是最高法院只会受理其中很少的案件。当案件申请提交最高法院解决时,这就意味着启动了一套程序。这套程序包括许多决策点,在每一个点上都要做出司法决策(Menez,1984)。每一个司法决策都需要大法官做出一个抉择,而大法官的抉择充分体现了个人的性格和法律素养。

从向最高法院提交上诉状进行书面审查到法院通过审理做出判决通常至少需要数周时间,有时需要数个月的时间(因为只有极少上诉状会获得书面审理的机会),有时需要数年时间。时间拖延的情况各不相同。大部分上诉状处理的非常快。有相当数量的上诉状会通过审理的第一关,但是每年只有不到 100 件(每年约 800 件进行书面审理)会进行全面审理并由法院做出判决。即便是进行全面审理的案件,审理时间也各不相同。9 月受理的案件可能安排在 1 月举行口头辩论,而 4 月受理的案件可能会拖延 7 个月后举行口头辩论。就一个司法年度而言,法院通常会在 1 月中旬对案件进行排期。例如,在
58 2004 ~ 2005 司法年度,到 2005 年 1 月 14 日止,最高法院已经决定对 75 个案件进行审理,大约是近年来的司法年度的平均数。因此,如果一个上诉案件 2 月进行了书面审理,最早会安排在下一个司法年度的开始即 10 月举行口头辩论。

口头辩论和上诉案件最终做出判决的时间也各不相同。除了像布什诉戈尔案(*Bush v. Gore*)等需要加快审理的案件外,或许现代技术记录的最短审理时间有两个案件,分别是里德诉里德案(*Reed v. Reed*,1971)和哈里斯诉叉车系统公司案(*Harris v. Forklift Systems Inc.*,1973),从口头辩论到做出判决只用了 27 天时间。不过这些案件采用了别具一格的方式:每个案件的票数为 9 : 0,每份判决书只有 6 页。而一些案件则属于另一个极端,最著名的要数布朗诉教育委员会案(*Brown v. Board of Education*,1954)和罗伊诉韦德案(*Roe v. Wade*,1973),案件一直拖到新的司法年度都没有审结。

由于选择审理的案件非常少,尽管对审理过程有明确的规定,但是这些审理步骤仅有部分是向公众公开的。本章的目的就是对审理过程的每一个步骤进行描述。即使审理过程中诸如大法官会议做出的决定具有"保密性",但是随着许多大法官,尤其是最近的布莱克门大法官向图书

馆提供了大量的资料(包括备忘录、大法官之间的通信以及投票表),这些过程最终为公众所知悉。

在案件审理过程中,最高法院的大法官们像 9 个相对独立的律师事务所在开展工作。法官助理有点类似于事务所的同事,为唯一的合伙人提供法律服务。例如,首席大法官从大量上诉的案件中挑选出备审案件后,每位大法官在对每个案件进行讨论决定是否审理的会议前会对每个案件进行审查。然后紧随这个审理过程,决定做出调卷令(对该案件进行审查)以及口头辩论和大法官会议后,每位大法官再次各自准备起草判决书,发表附和意见或者不同意见。

不过案件审理过程的另外一些步骤却表明,判决书是大法官团队相互作用的结果。尽管判决结果是在每位大法官投票的基础上形成的,但这些投票肯定受到其他大法官评论或认识的潜在影响甚至是左右。在一本非常有影响的关于最高法院案件审理过程的著作(Maltzman, Spriggs, & Wahlbeck,2000)中,作者将书名的副标题取名为"合议的游戏"。案件审理过程中确实是这样。不仅大法官的投票会受到其他大法官投票的影响,而且在认真考虑其他大法官意见的基础上起草的判决意见会发生转变。正如马尔茨曼(Maltzman)、斯普里格斯(Spriggs)和沃尔贝克(Wahlbeck)所阐述的,"尽管每位大法官都会追求他/她的个人目标,但是每位大法官也是在一个合议的环境中工作,在决定最终形成的判决方面不会出现特立独行的观点"(2000,p. xi)。

二、案件筛选 59

最高法院的大法官对他们的案件审理进程有多大程度的掌控力呢?有的人可能会说,大法官具有非常有力的、自主决定的地位。例如,一位曾经担任过两位大法官的法官助理斯蒂芬·麦考利斯特(Stephen McAllister)写道:"最高法院几乎完全掌控着备审案件。通过授予或拒绝发布调卷令,最高法院可以以任何理由或者根本不需理由拒绝或同意对上诉案件进行审理。"(1995,p. 26)但是奥康纳大法官说道,案件审理过程具有回应性,她认为大法官不能制造案件进行审理,而仅能对相关的案件做出回应。最高法院所处的后一种地位表明,即便大法官秉持着明确的政策性目标,例如,消除性别歧视或者将国会"篡夺"的权力还给各州,除非有合适的案件出现,否则他/她将无法实现自己的目标。但是这种观点却忽视了这样一种可能性,即在每年提交给最高法院的海量上诉案件中,可能会有符合大法官标准的案件。大法官会指导法官助理去寻找符合他的政策性目标的案件。

尽管在相关法律的限制性影响下只有极少数案件进入最高法院审理,但是大法官和他们的法官助理都是人,都会有各自独特的偏好。在案件筛选方面,麦考利斯特做了一个生动的评论:

> 最高法院的法官助理都不太愿意介入,尤其对各州法律或商事法律问题不感兴趣。法官助理和大法官对商事案件的兴趣非常小,即使这些案件涉及的标的额巨大或者案件审理对整个工厂或产业具有非常重要的作用。相反,他们非常热衷于涉及个体权利的“炙手可热的”宪法性问题,尤其是涉及宗教、言论和正当程序的问题,或者涉及宪法模糊条款或晦涩难解的联邦法律等不同寻常的问题。因此,公司和商业利益通常越来越难说服最高法院发出调卷令。(1995,p.27)

如前所述,每年大约有8000份调卷令申请提交至最高法院,这意味着平均每周会收到150多份申请。基于对大法官和他们的法官助理进行的访谈,佩里(H. W. Perry,Jr,1991)总结到,筛选案件的第一步是淘汰那些没有价值的上诉案件。这项工作几乎都是由法官助理做出初步的判断。首席大法官伦奎斯特常被人引述的一句话是“许多上诉状都是垃圾”(O'Brien,2000,p.237),他估计每年有1000~2000份上诉状“显然没
60 有价值”(Rehnquist,1987a,p.264),与之类似,布伦南大法官在任上时认为,70%的上诉案件都不值得讨论(Stern & Gressman,1978)。

以一个典型的司法年度为例,2/3的上诉案件是贫民上诉案件(通俗地称为“i. f. p”案件)。这些案件中的大部分都是已决犯挑战对他/她的定罪或量刑。在20世纪70年代,“犯人律师”(jailhouse lawyer)提交的来自州和联邦的上诉案件达700件(O'Brien,2000)。由于这些上诉人非常穷,法院免除了他们的诉讼费和其他费用。这些案件可以从案件登记号上区别于交纳诉讼费的案件。付费案件登记序号从1开始,免费案件登记号从5000开始。在2003~2004司法年度,有一个被授予调卷令的免费案件(*Tennard v. Dretke*)登记号为02-10038,因此,这表明提交至最

高法院的免费案件超过了 5000 件。

与支付诉讼费的案件相比,法律援助案件(forma pauperis cases)更不太可能被最高法院选择进行审理。以一个典型的司法年度为例,只有 5‰(大约 15 件)的案件会获得调卷令,而付费案件获得调卷令的比例是 3.7%(Stewart,1994)。不过法院并不会因此而怠慢这些案件。在 2003～2004 司法年度做出的 73 个判决中有 9 个是法律援助案件。或许最高法院审理的最著名的法律援助案件是吉狄恩案(*Gideon v. Wainwright*,1963)。当时吉狄恩向法院提交了一份用铅笔写的上诉状,最终该案的判决结果具有里程碑意义,即贫穷的被告有权获得法院指定的律师进行辩护(Lewis,1964)。

筛除掉大量"没有价值的"案件后,大法官可能要考虑的是,上诉案件是否是因不同巡回法院之间的判决冲突导致的(Caldeira & Wright,1988;Ulmer,1984)。最高法院会优先选择解决联邦巡回法院之间存在的分歧。乌尔姆(Ulmer)举例说明了不同巡回法院做出的判决会存在怎样的冲突。曾经在某段时间内,不同的上诉法院会认定:

(1)根据联邦法律的规定,一名银行抢劫犯在抢劫国有银行的同时实施了绑架应认定为一罪还是两罪;(2)根据美国税法的规定,企业清算的法律费用是可以从一般性业务费用中扣除还是不能扣除;(3)对威胁美国总统的被告进行指控,需要提供被告打算实施威胁行为的证据,还是不需要提供此类证据(1984,p.902)。

基于上述考虑,上诉案件需要具备什么条件大法官才会投票发出调卷令呢?政治科学家运用所谓的线索理论(cue theory)对案件审理过程进行了阐释。某些案件的上诉值得关注是因为他们具备进一步审理的条件(Ulmer,Hintze,& Kirklosky,1972)。研究者最初通过分析 20 世纪 60～70 年代的案卷(dockets)得出的结论是,显著的线索包括上诉律师的声望、下级法院或巡回法院法官的声望、案件所涉冲突的类型、联邦政府的参与(Tanenhaus,Schick,Muraskin,& Rosen,1978)。后来的研究表明,其他的 61
特征也可以作为线索(Caldeira & Wright,1988;O'Brien,2000)。例如,某些巡回法院秉持不同的司法理念。目前,第 9 巡回上诉法院被认为是最自由的法院,而第 4 巡回上诉法院则被认为是最保守的法院。根据线索理论得出的研究结论是,当最高法院的保守派占上风时,目前就是这样,受到审查的案件更多会是来自秉持自由主义的巡回法院，而最高法院的自由派占上风时，最高法院可能会针对来自保守主义的巡回法院发出更多的调卷令（Carp，2003）。

当然，存在行政机关或立法机关可能违反宪法的上诉案件通常都会引起极大的关注。但是不应忽视选择案件进行审理的选择性特点。此处的选择完全是自由裁量性质的。与宪法性问题存在关联的案件可能会受到忽视。巡回上诉法院判决存在的直接冲突并不必然意味着能够获得解决。例如，早在2005年，最高法院否决了针对下级法院判决发出调卷令的申请，该判决认定南卡罗莱纳州车牌上印有“选择生活”（Choose Life）的口号违反了《宪法》第四修正案。但是该判决与路易斯安那州和密西西比州巡回法院事实上做出允许此类车牌的判决存在直接的冲突（Associate Press，2005）。据乌尔姆（Ulmer，1984）了解，菲尼（Feeney，1975）通过研究发现，最高法院对同一年中许多巡回上诉法院存在冲突的判决都拒绝进行审查。在美国前副总检察长埃尔文·格里斯沃尔德（Erwin Griswold）看来，“没有人确切地知道最高法院选择案件的理由……对案件进行审理现在就像是一种恩典，它就像是英国的皇家特权一样”（Ulmer，1984，pp. 902 - 903）。

（一）最高法院并不是“提供最终救济的法院”

许多社会公众会认为最高法院发挥的是“提供最终救济的法院”的功能。尽管在死刑案件中确实是如此，但是却并不适用于大部分提交最高法院审理的上诉案件。弗雷德·文森（Fred Vinson）曾经在担任首席大法官期间写道：

> 最高法院的主要目的从来都不是纠正下级法院判决中的错误……最高法院的功能在于解决下级法院之间针对联邦的问题产生的分歧，对涉及宪法、法律和美国条约的重要问题做出判断以及监督下级联邦法院的活动。（1961，p. 55）

（二）案件“讨论”清单

在每次召开讨论上诉案件的会议前，首席大法官会发布一份他认为
62 值得进行审理的上诉案件清单。其他大法官仅仅会因为会议前首席大法官发布的案件清单而将某个上诉案件从“死亡”清单中重新放到“讨论”清单中（Caldeira & Wright，1990b）。大部分调卷令上诉状不会进入“讨

论”清单。因此,这些上诉状甚至没有经过正式投票就被否决了。即便一项上诉状进入了“讨论”清单,这也不能确保最高法院会发出调卷令。事实上,据估计进入“讨论”清单中的案件只有 30% 会做进一步审理(McAllister,1995),近年来这个比例还在下降。尽管这个会议只是名义上的,但是“讨论”清单上的一些上诉案件甚至在会议上根本就不会讨论。

(三)发出调卷令的频率

决定审理案件意味着申请或上诉的案件将会进行审理,结果就是申请人或上诉人需要提交书面意见并开庭举行口头辩论(极少见的情况是,最高法院未开庭举行口头辩论就对所受理的案件做出判决)。在 20 世纪 80 年代、90 年代初,最高法院平均每年审理 150 多个案件。最高峰是在 1982 和 1983 司法年度,每个司法年度审理签署正式判决的案件达 174 件。但是在过去的 10 年中,审理的案件数量急剧下降。在 1993 司法年度,上诉到最高法院的案件为 7786 件,其中最高法院同意审理的仅 84 件。自那时以来,最高法院平均每年审理的案件都不到 80 件——2005 年 6 月结束的司法年度是 74 件——尽管到最高法院上诉的案件数量和以前一样。

在发出调卷令急剧下降的问题上有多种解释。有的人甚至推断说大法官变懒了。我将在第 4 章和第 11 章讨论法院工作量的问题。或许更恰当的理由是,目前,最高法院的大法官几乎都有数年上诉法院法官的经验(甚至在任命为最高法院大法官之前也是如此),与过去相比,他们对于什么是“可上诉的”或“有价值的”案件的认识更加一致,尽管大法官之间的理念存在差异。或许这也表明,在什么样的案件符合最高法院审理的标准方面,大法官们所见略同。

(四)推定驳回的上诉案件

在决定发出调卷令方面,并不能保证每一位大法官对“讨论”清单中的每一个上诉案件都进行了审查。法官助理对每一份上诉状都准备了详细的备忘录,这些备忘录成为大法官对既有的上诉状是否做进一步审查的基础。备忘录共有五部分:一个包括对问题进行描述的简短摘要,对案件事实和下级法院审理过程的描述,上诉人申请调卷令的论证(如有反对方,还需提供反对发出调卷令的理由),对案件所涉问题和辩论的讨论和 63
分析以及案件处理建议(McAllister,1995)。但是备忘录并不必然是由大法官自己的法官助理准备的。除斯蒂文斯大法官外,所有大法官都会参与"调卷池系统"(certiorari pool system)。上诉状会送至所有的大法官办公室,而法官助理在撰写备忘录方面则有分工。因此,只有一位法官助理有责任对于如何处理上诉状向8位大法官提出建议。但是,大法官通常都会要求他们的法官助理对首席大法官列入"讨论"清单的上诉案件进行更新。

重要的是,对于大法官和法官助理而言,存在一个重大的推定,即大部分上诉案件都会被驳回。因此:

> 撰写案件备忘录的法官助理通常会对上诉状进行认真的审阅,尤其会认真研究那些看起来可能具有潜在价值的上诉状。法官助理并不愿意仅仅因为自己同伴推荐发出调卷令而所有或大部分大法官却不同意并拒绝发布调卷令陷入尴尬之中。与此类似,大法官和法官助理不希望发出的调卷令案件事后却发现案件表述不清楚,或者最高法院基于某种原因无法查明有价值的问题。发出一个"坏的"调卷令是一件很尴尬的事。一个"坏的"驳回决定不会引起注意,最高法院可以择时在另一个案件中提出同样的问题。因此,上诉人首先需要迈过法官助理和大法官认为案件值得全体法官进行审理这第一道关。(McAllister, 1995,p.30)

上诉人可能会宣称他们的案件是"美国历史上提起此类问题的首例案件",或者"同类案件中唯一提起上诉的案件",或者他们会厚颜无耻地断言案件中存在一个压根就不存在的冲突。乌尔姆(Ulmer,1984)通过分析1947~1976司法年度的调卷令申请后发现,律师对所申请的案件与过去的先例相比存在冲突的情况,近一半的表述都过于夸张,尽管近年来的比例有所下降。正如麦考利斯特(McAllister)所提到的,"法官助理致力于识别错误的'冲突'主张,一旦他们发现存在此类情况,上诉人在最高法院的可信度便受到了破坏,最高法院的每一位大法官可能会就此驳回上诉申请"(1995,p.34)。

(五)四人规则

最高法院发出调卷令至少需要4位大法官(不论实际有多少位投票)同意上诉案件足够重要应由最高法院进行审理。这个"四人规则"的起源不详,但是至少自 1924 年以来就有公开的记载(Epstein & Knight,1998)。不过,这个规则依然存在争议。有学者指出,“4 是个完美的数字,在理论和实践之间取得了微妙的平衡”(Urofsky,1997,p. 97)。如果需要 5 票,那么就如尤罗夫斯基所观察到的,会存在预判的可能。如果仅需要 2 票,案件中可能会堆积着大量不重要的问题。但是如果三位大法 64
官同意对案件进行审查,“秋千”大法官可能会“加入三位大法官”而发出调卷令。[第 1 章中阐述的蒂纱尼诉温尼贝戈县社会服务部门案(*Deshaney v. Winnebago*)中曾发生过这种情况]对案卷进行的一项分析(O'Brien,2000)发现,获得调卷令的申请中有 23% ~30% 的案件得到了 4 位并且只有 4 位大法官投票同意,接下来的问题是:发出调卷令意味着什么?

如前所述,大部分调卷令申请案件都会被驳回。近年来,最高法院极少会对驳回申请的情况进行说明,但是如果有涉及重要问题的上诉申请被驳回,难免会有人揣测驳回上诉申请的理由。例如,1996 年最高法院驳回了侯普伍德诉德克萨斯州案(*Hopwood v. State of Texas*)的调卷令申请,由于涉及大学招生过程中的反歧视政策,该案引起了公众的广泛关注。著名的德克萨斯大学法学院为黑人和西班牙裔学生设定了比白人学生更低的录取分数,并为少数族裔申请人成立了一个独立的审查委员会。

最高法院为什么会回避如此重要的问题呢?从理念层面来看,我们可能会推测,大法官中有 5 位会同意第 5 巡回上诉法院的判决,即为少数族裔申请人设定单独的招生标准是非法的。或许大法官中有 4 位会不同意第 5 巡回上诉法院的判决(这 4 位大法官最有可能是布雷耶、金斯伯格、斯蒂文斯和苏特)。但是并非 4 位都会(或者说 4 位都不会)同意发出调卷令。由于该招生计划已不再实施,该案件涉及的问题不具有现实意义。这也是金斯伯格和苏特大法官决定不发出调卷令的理由(Kloppenberg,2001)。或许最高法院并不想介入一个复杂并具争议性的反歧视案件,但是最高法院已经这样做了,并于 2002 ~2003 司法年度开庭审理了两个涉及密歇根大学反歧视招生程序的案件。

关于对驳回侯普伍德案(*Hopwood*)的评论,一位民权学者、威廉·玛丽法学院尼尔·德温斯(Neal Devins)教授当时提出以下建议:

> 关于反歧视的问题,我想最高法院尚未明确其立场。我猜

> 最高法院是希望让下级法院通过审理反歧视案件以寻找到一些处理意见上的共识,或者至少可以为自身的认识提供更有力的佐证。(Coyle,1996,p. A10)

1996 年,最高法院回避审理此类案件,但是在 2002 年,最高法院又审理了两个类似的案件。这似乎印证了下述主张,即最高法院在对此类问题做出回应前希望案件已在巡回上诉法院进行了审理。

关于不对侯普伍德案进行审理甚至可能的原因是,秉持相对自由倾向的大法官并不准备发出调卷令,因为他们担心判决可能会排除全国各
65 地大学中的反歧视行动。此类可能性提醒我们的是,大法官也是人,他们会计较得失,他们可能会做出让步而非强迫别的大法官接受自己的意见。佩里(1991)将这个过程称作防御性拒绝,爱泼斯坦和奈特(Epstein,Knight,1998)将它作为策略性投票行为的例证,该现象我将在第 6 章中详细阐述。

(六)拒绝发出调卷令的含义

最高法院对某个上诉申请拒绝发出调卷令意味着什么呢?甚至是最高法院的大法官们对这个问题的理解都存在分歧。杰克逊大法官(Robert Jackson)认为,这意味着下级法院的判决有效,但是法兰克福特大法官(Felix Frankfurter)并不认为是同意下级法院的判决,而仅仅意味着大法官中的多数并不认为案件所涉及的问题应做进一步的审理(Menez,1984)。针对拒绝发出调卷令的问题,斯蒂文斯大法官在一个罕见的公开评论中写道,"拒绝发出调卷令并不是一种价值上的判断。有时此类决定仅仅反映了一个结论,即某个具体的案件并不适合放到决定重要问题的场合中讨论"(Kloppenberg,2001,p. 165)。伦奎斯特任首席大法官时明确指出,无法对最高法院拒绝审理的上诉案件做出价值上的判断。但是对于数千名主张指控罪名或量刑不公正的犯人而言,拒绝审理的实际结果当然就是无法改变他们的现状,因此也就意味着上诉失败。

(七)调卷令投票和大法官会议投票:从第一份上诉的结果可以预测第二份吗?

大法官个人可能会基于许多理由投票主张发出调卷令:案件符合最高法院受理案件类型的标准、下级法院判决错误、审理该案有助于实现大法官的政策目标。如果一份上诉申请获得了 4 位大法官的投票就必须进

行审理。接下来的问题是,大法官个人决定投票发出调卷令是否表明这也是他/她在大法官会议上的投票。这个问题无法回答,因为大法官投票是否发出调卷令极少会宣布或“泄露”给公众(当然,大法官会议也被认为是保密的,但是学者事后可以获取这些会议记录)。不过,我们确实知道的是,至少在一个重要的案件中(*Tinker v. Des Moines Independent Community School District*,1969),最终撰写多数判决意见支持上诉人的大法官(Abe Fortas)最初针对同一个上诉人是拒绝发出调卷令的(Johnson,1997)。最初的决定和最终的判决之间的态度差异确实发生过不少。发出调卷令的决定非常重要,需要做全面的分析,但是与大法官会 66
议的投票和判决意见的投票相比,这方面的论述非常少[一个例外是佩里(H. W. Perry. Jr,1991)撰写了关于调卷令程序的著作,作者采访了 5 位大法官和许多法官助理,并记录了他们对调卷令程序的诸多匿名评论]。第 6 章通过不同的理论对大法官在讨论上诉案件的会议上和大法官会议上的投票进行了分析。在过去的十年中,政治学学者认为,一些法官选择那些有助于实现他们的政治目标的案件进行审理(Baum,1997;Epstein & Wright,1998)。

三、发出调卷令和口头辩论之间的间隔期

如果最高法院同意发出调卷令,双方当事人——申请人和答辩人,也称为上诉人和被上诉人——通常可在 90 天内提交书面意见。须注意的是,这些意见有不同的侧重点。早期的时候上诉人需要表明他/她的案件有必要上诉到最高法院。而现在的重点则是,为什么最高法院需要做出一个明确的判决来推翻下级法院的判决。一些辩论意见可能是一样的,而上诉人和他们的律师可能会错误地认为,两种类型的辩论意见的目标是一样的。与之类似,在调卷令阶段提出反驳意见的被告需要重新思考他们的论证思路,因为这之前已经证明是不成功的。

(一)法庭之友的书面意见

上诉人和被上诉人的书面意见限定在 50 页以内,公众可以查询到。与案件存在利害关系的其他当事人也可以向法庭提交不超过 30 页的书面意见(称为“法庭之友”意见)。历史上,法庭之友的意见是由旁观者或其他与案件结果无利害关系的人提供,但是他们对案件所涉及的证据或

法律问题比较清楚。1821 年,最高法院首次采用了亨利·克莱(Henry Clay)提交的法庭之友书面意见(Krislov,1963),尽管最高法院规则最终确立法庭之友制度经历了一百多年(Menez,1984)。

中立第三方的假定表明,法庭之友现在经常成为一个误称,正如许多提交此类书面意见的组织和一方当事人有联系一样。因此这些意见又分为两种:第一种是辩护性意见(advocacy briefs),对一些公共政策或问题秉持某种立场(Roesch,Golding,Hans,& Reppucci,1991),与之相对应的第二种意见称为科学性意见(science-translation briefs),对案件所涉问题
67 提供客观的分析报告。专业性组织和利益团体都很愿意向法院提交法庭之友书面意见。在 2003 年密歇根大学反歧视案件中,法院创纪录地收到了 100 多份法庭之友书面意见。这些组织提交意见书的一个原因就是对组织成员希望所在组织影响公共政策的一个回应。缺乏经费或法律专业人员的组织会发现,与自己直接起诉相比,提交一份法庭之友书面意见更节约成本(Wasby,1992)。

但是,并非任何人都可以提交法庭之友书面意见。对于最高法院的案件来说,希望提交书面意见的组织或者是经双方当事人许可,或者是申请最高法院许可(Tremper,1987)。向法院提交法庭之友书面意见最多的是利益团体组织、商业团体和公司以及各州政府机构(Caldeira & Wright,1990a)。个人提交法庭之友书面意见的极少。书面意见可以在决定是否发出调卷令之前提交,或许这是提醒上诉的重要性,也可以在法院决定审理案件之后提交。实际上,大法官在决定是否对上诉发出调卷令时,大量提交的法庭之友书面意见显然会提高法院发出调卷令的可能性(Caldeira & Wright,1988,1994)。但是,如果所提交的法庭之友书面意见论证的是案件不应在最高法院审理,结果同样也会提高法院发出调卷令的可能性。鲍姆(Baum,1997)认为,后一种结果反映了最高法院更关注解决法律问题。

法庭之友书面意见是被引用还是遭忽略呢?当然有些会受关注,法院 15% ~20% 的判决中会引用法庭之友的书面意见(Kearney & Merrill,2000;O'Connor & Epstein,1983)。这些书面意见通常会交由专门人员阅读,但是只有提交了四五十或者更多法庭之友书面意见的极少数案件,法院才会安排法官助理对书面意见做初步筛选的工作,因为有的书面意见

尽管有审理建议，但是远比不上案件当事人所提交的书面答辩意见（大法官将这些意见称为“雷同”意见）。在 2005 年春季的一次大法官会议上，奥康纳和金斯伯格大法官承认，她们没有阅读所有的书面意见。金斯伯格大法官说她让法官助理将这些书面意见分成三堆：“必须阅读的书面意见，可能会略读或选择阅读的书面意见，以及根本没必要阅读的书面意见”（Mauro，2005b，p. 12）。她承认说，第一堆材料“非常薄”。

但是法庭之友书面意见有时被法院引用并不证明它们就有影响。“法院引用法庭之友书面意见仅仅表明的是，法官助理无法找到支持诉讼主张的更好素材，或者更糟的是，他/她不愿意去寻找更好的素材。”（Phillips，2004，p. 118）

因此个别的法庭之友书面意见会具有理想的效果吗？有一些有效果，大部分都没有效果。卡特·菲利普斯（Carter Phillips，2004）准备过大量的法庭之友书面意见，他认为有三种书面意见更可能具有理想的效果：

1. 该类型的意见反映的是相当专业的非法律知识，它可能拓宽法院的知识并影响法院的判决，也称为“布兰代斯书面意见”，因为提交给法院的第一份此类意见是由布兰代斯准备的 68
（在他担任大法官前十年）。穆勒诉俄勒冈州案（Muller v. Oregon，1908）涉及的问题是女洗衣工人合理的工作时间。布兰代斯准备了一份 113 页的书面意见来说明社会科学专家就工作条件对女性工人影响的评价。法院在判决中赞同地引用了这份意见，尽管承认该意见不具有法律权威。

2. 该类型的意见可以提醒法院注意判决中潜在的、意想不到的后果。菲利普斯称其为“无论你做什么，请别伤害我”式书面意见（2004，p. 123）。此处的第三方希望特定案件中的任何判决结果都不要对其利益构成不利影响。

3. 该类型的意见会对涉及大量组织和个人的判决产生广泛深远的影响。

此种类型的书面意见的影响已反映在奥康纳大法官对密歇根大学法学院反歧视案即格鲁特诉伯林杰案（*Grutter v. Bollinger*，2003）的判决意见中。她写道：“法学院提出的令人信服的利益进一步由其提交的书面意见巩固”（p. 2340）。她引用了多份此类书面意见，其中包括一份来自多个专业组织的意见，该意见论证到，种族多样性“会促进学习交流”；一份由重要军官提交的意见，该意见论证到，多样性是确保“军队履行国家安全使命”的关键(p. 2340)。

(二)总检察长的作用

如前所述，大部分申请都会被驳回，不过法庭之友书面意见却有利于提高申请获批的可能性，尽管比例依然很低。但是，当总检察长办公室提交法庭之友书面意见要求最高法院发出调卷令时，申请获批进入审理的可能性大大增加(Caldeira & Wright，1988)。例如，在1995司法年度，政府提交书面意见要求发出调卷令的比例高达78%(Baum，1997)。与之类似，法院在审理案件时，总检察长办公室加入的一方更有可能获胜(George & Epstein，1992；Segal & Reedy，1988)。正如鲍姆所提到的，针对总检察长办公室成功率的问题，学者们给出了许多的解释：

> 总检察长办公室在诉讼过程中的专业性(Provine，1980)；
>
> 总检察长办公室敏锐的专业性，使其观点更受重视(Scigliano，1970)；
>
> 大法官对行政机关在申请调卷令方面的自律行为表示感谢(Scigliano，1971)；
>
> 法院有赖于行政机关有效地执行判决(Puro，1981；Salokar，
> 69 1992)；
>
> 由于总检察长认真地审查而成为一类异常强大的上诉案件(O'Connor，1983)；
>
> 目前总统任命至法院的大法官和总检察长办公室之间存在共识(Scigliano，1971)。

据鲍姆的考察，对可能的原因进行最系统研究的是麦克奎尔(McGuire，1996)，他对1977～1982司法年度的判决进行了分析研究。麦克奎尔得出结论：“来自总检察长办公室律师的专业性是基于他们多年的出庭经验，这至少能说明获得高比例调卷令的原因。”(Baum，1997，p. 33)

四、口头辩论和法院的日程安排

最高法院的司法年度一般从十月的第一个星期一开始。例如，在2004年10月4日至2005年10月3日提交的上诉申请，案卷号会显示这

是2004 司法年度提交的(或者案卷号编为"O. T. 2004")。司法年度的末期,或者至少是大法官工作的尾声则更难以明确。法院会一直召集会议直到对该司法年度审理过的所有案件发表意见为止(McAllister,1995)(最终的口头辩论会安排在四月中下旬进行。2004 司法年度最后的案件会安排在2005 年4 月25 日进行)。通常是在6 月底或7 月初发布最终的判决书。首席大法官鲜为人知无疑也是不受欢迎的一个作用就是推动解决5 月和6 月仍然在审理的案件。如果没有其他大法官推动的话,首席大法官可能会安排夏天的旅行和其他工作任务,因此案件或者是全部审结或者是还有极少数案件会推迟至下个司法年度。

在夏天的休庭期,大法官会去旅行、在美国或国外讲授法律课程。除非出现紧急情况,一般不会召开大法官会议讨论案件。9 月的最后一周大法官会重新回到最高法院处理堆积了一个夏天的上诉申请和其他工作。

(一)口头辩论的结构

最高法院在每年10 月初至下一年的4 月底会举行七个为期两周的口头辩论。通常,在法院举行口头辩论的两周时间里,星期的一、二、三会各安排两个案件。在19 世纪,上诉至最高法院的案件很少,实际上对每个案件的口头辩论并没有限制时间(O'Brien,2000)。在1824 年审理的重要案件吉本斯诉奥格登案(*Gibbons v. Ogden*)中,口头辩论时间长达20 小时,超过了5 天口头辩论时间。但是在那个时期,法庭之友甚至是诉讼当事人都极少向法院提交书面意见(Johnson,2004)。随着案件数量的增 70
长,每个案件的口头辩论时间逐渐压缩。自1970 年以来,当事人各方只有30 分钟时间对案件进行陈述。只有在极少数的场合才会延时(Rehnquist,2001)。

(二)口头辩论中律师的行为

最高法院会鼓励律师不要简单地重复书面意见。此处会推定大法官已经阅读了书面意见。《最高法院规则》第44 条规定:"口头辩论应着重对之前提交的书面意见进行说明。法院不接受任何照本宣科式的口头辩论。"(Stern & Gressman,1962,p. 564)

麦考利斯特对律师提出的建议做了进一步阐释:

> 参加美国最高法院口头辩论的律师应对案件做好充分准

> 备,越细致越好,次数越多越好。九位经验丰富的大法官和他们精力充沛的助理以及热情的书记员会在口头辩论期间对案件的每个方面都做详细的审查。缺乏准备的一方律师将很快在口头辩论中暴露出来,并极有可能失去最终胜诉的机会……每位大法官对案件涉及的联邦法律的理解也应在口头辩论前进行研究……
>
> 口头辩论期间,律师应明确一个或两个目标,并将介绍的内容体系化以突出重点。口头辩论并非对案件进行冗长、复杂的分析。一个好的口头辩论可以展现诉讼当事人立场的公正性,并给法院留下的印象是,如果该诉讼当事人胜诉,美国将会变得更好,或者说,或许最高法院将会更好地贯彻制宪者或者正在讨论国会制定的特定法律的意图。
>
> 口头辩论期间律师应非常熟悉案件事实、支持或反对委托人立场的论辩,以至于备用文稿或提示都没有必要。其目标就是与大法官进行交流,或者至少是与那些表现出对律师的辩论很感兴趣的大法官进行交流。没有什么比事先准备的演讲稿当作口头辩论本身的效果更差的了。(1995,pp. 39–40)

尽管口头辩论非常重要、法庭相当宏伟、大法官近在咫尺,但是并不是每位律师的口头辩论风格都适合大法官的口味。对于新入行的律师来说这会是一次令人惊慌失措的经历。大法官“距离律师不到 10 英尺,他
71 们近似圆形的法官席低到地面,因此他们对你一览无遗”(Cullinan,2004,p. 30)。许多在最高法院出庭的律师逐渐变成“老手”,其中包括专注于为上诉人辩护的法律精英(McGuire,1993)。不过,来自律师事务所相对年轻的助理也会偶尔获得这样的机会。1989 年担任密苏里州堪萨斯市的律师事务所助理时的威廉·科尔比(William Colby)为南希·克鲁珊(Nancy Cruzan)出庭最高法院的上诉案即是一例。南希·克鲁珊在一次交通事故中受伤并成为植物人状态有 6 年时间。她的父母希望能够帮她申请安乐死(Colby,2002)。科尔比作为南希的代理人经历了一系列的审判和上诉,最高法院决定审理该案时,他拒绝了该案由经验更为丰富的上诉律师代理的建议:“我很年轻并且很坚定地认为我可以完成口头辩论,”他向法院报告说(Mauro,2003d,p. 7)。科尔比在上诉中以 5∶4 败

诉,但是法院判决意见认为只要有“清楚、令人信服的早期意愿”的新证据出现,南希就可以享有安乐死的权利。一年后新的审理允许南希有尊严地死去。

甚至更少见的上诉案件的上诉人或被上诉人本人就是律师,2003 ~ 2004 司法年度的埃尔克 · 格罗夫统一学区诉纽道案(*Elk Grove Unified School District v. Newdow*)就是这样的案件。纽道(Michael Newdow)是一名律师,他不认为效忠美国宣誓中规定的“在上帝的保佑下”违反了宪法第一修正案。

口头辩论后,大法官午餐时的谈资将会很有趣,因为大法官们会经常提到口头辩论时能力不足的律师。2004 年 3 月,布莱克门大法官撰写的文章显示,他一般会对参与开庭的律师进行简单的评价,有时甚至会提到他们的外表,诸如“满脸倦容”或者“黑胡子”,偶尔他也会给律师的表现打分(Mauro,2004c,p. 81)。金斯伯格第一次作为律师在最高法院出庭距离她被任命为大法官已经很久了,布莱克门给了她一个“C +”,并提到她“非常准确”地朗读她的意见。在另一个案件中他将她的意见描述为“一份非常长而且充满感情的意见”(Greenhouse,2004a,p. A17)。

基于对出庭最高法院的律师 30 多年的观察,首席大法官伦奎斯特将律师们的口头辩论分为四种类型:

> 演讲者。朗读他/她的辩论意见。法官的提问并非丰富其辩护意见的一个机会,看起来似乎是对辩护人“演讲”的打断,律师回答完问题后又准确地回到刚才念完的地方。(2001, p. 245)
>
> 辩论冠军。他“对辩护意见做了充分的准备,并且渴望将这些辩护意见展示给其他人,以至于他并没有认真听问题”(p. 246)。他/她只是对问题泛泛地作答,通常对提问的大法官来说毫无帮助。 72
>
> 伦奎斯特将这类辩护者简单地称为“凯西 · 琼斯”(Casey Jones)。因为“他就像开着一列不会停车的火车司机一样,他不会停站搭载沿途的乘客”(p. 247)。“他语速非常快,根本没有意识到是在法庭上和九位大法官在进行辩论,每位大法官都需要花点时间理解他所说的内容”(p. 247)。

> 演说家(比50年前少多了)。与“凯西·琼斯”形成对比,因为辩护者拥有一副好嗓子、具备与大法官进行交流的“风度”,但是这种类型的律师“用本能代替了认真地分析法律问题”(p. 247)。

甚至在口头辩论期间还发生过更为令人震惊的错误。

例如,想象一下布莱克门大法官遇到下面的情形有多震惊。当时布伦南大法官已退休多年,一位律师在回答布莱克门提出的问题时把他当成了“布伦南大法官”。尽管布莱克门大法官善解人意地忽略了这项错误,当时在法庭上并非只有一位大法官注意到律师的错误(McAllister, 1995, p. 41)。

近年来,尽管沃尔特·德林杰(Walter Dellinger)担任克林顿政府的司法部长,他却难以置信地不止一次将金斯伯格大法官称为“奥康纳大法官”。

(三)大法官的提问

在口头辩论的过程中,上诉人的律师总是首先进行陈述。不论是哪方进行陈述,在此过程中都有可能被大法官的提问所打断。约翰逊(2004)通过对75次口头辩论进行分析发现,每个案件中平均有88次提问,甚至在一个案件的口头辩论中出现过被打断150次的记录。对于任何一位律师来说这都是一个令人尴尬的经历。问题通常都非常敏锐,大法官的评论有时又显得过于激烈。法官们有时甚至彼此也会进行争论,而律师则无助地站在一边,30分钟就这样过去了。在1982年的一个死刑上诉案件中,伦奎斯特和马歇尔大法官之间发生了争论。当伦奎斯特提出通过司法制度执行犯人比长期囚禁犯人成本更低时,马歇尔大法官讽刺地打断他说:“哦,当你逮住他时立马把他杀了岂不是成本更低?”(Barbash, 1983)大法官之间的讨论甚至偏离案件的主题。伦奎斯特和斯蒂文斯曾经因为棒球运动员琪琪·凯勒(Kiki Cuyler)在名人堂的地位而争论不休(Mann, 1983)。

我们应如何看待口头辩论中大法官的提问和评论呢?首先,口头辩论期间大法官的提问存在差异:他们表现得有多细心,他们会问多少个问
73 题,以及他们提问和评论的风格。斯卡利亚在诸位大法官中因保持昂扬的辩论激情而为众人知晓。他甚至承认他可能变得很专断,比如说,“这个问题我专门研究过。我反对这样做”(O'Brien, 2000, p. 261)。金斯伯

格大法官最初进入最高法院时,因为经常打断律师,有时甚至打断其他大法官,并且爱提问题而为人所知(Cooper,1995;O'Brien,2000)。奥康纳大法官可能会第一个提问,从而为后面的提问定下基调。布雷耶大法官的提问会提醒一些观察人士,他以前曾经是一位法学教授。托马斯大法官则处在另一个极端,在整个司法年度的口头辩论中他可能不会提任何问题或做任何评论。他解释说他不会打断律师的发言,因为他曾经处于律师的位置,并且他想听明白律师的辩论意见。不过在一次重要的会议上,托马斯大法官的评论对口头辩论的结果产生了重要的影响。该案是弗吉尼亚诉布莱克案(*Virginia v. Black*,2003),涉及的是三 K 党焚烧十字架的合法性问题。托马斯大法官打断了上诉人的发言并富有感情地描述了三 K 党在对黑人处以死刑等恐怖统治中的影响力。他进一步将十字架看作恐怖统治的象征。

被告的律师罗德·斯莫拉(Rod Smolla)描述了法庭的反应:

> 在我从事辩护律师和法律程序观察人士以来,我从未见过法庭的气氛突然发生这么剧烈的变化。托马斯大法官评论的影响非常显著。布雷耶大法官坐在托马斯旁边,向他凑得更近一点,一只手放在他的背上,表明合议庭对他的尊重和善意。斯卡利亚大法官坐在托马斯大法官的对面几乎要与他面对面(因为审判席是弧形的),似乎是发自内心地支持他的大法官同事,在他发言时频频点头。(2004,p.164)

在某种程度上可以说,这些差异与大法官对特定问题的认识有关。不过,这是否也表明大法官的性格或工作风格发挥了作用呢,比如是否反映了大法官的热烈与冷静呢?或许这反映出一些深层次的本质特征,比如开明以及认知需要。

(四)从大法官的提问中可以预测投票结果吗

我们可以从口头辩论过程中大法官的提问总结出未来的投票结果吗?媒体经常会对某个具体案件的口头辩论进行报道,将大法官的提问和评论描述成反映了对一方主张的"怀疑",但是这样的反应会体现在法官最终的投票中吗?斯蒂芬·瓦斯比(Stephen Wasby)和他的同事分析认为,"口头辩论有时——但并不总是这样——与法院的审理结果直接相 74
关,有时对案件结果具有决定性"(Wasby, Peterson, Schubert, & Schubert,

1992,p.30)。

莎拉·舒尔曼(Sarah Shullman,2004)考察了最高法院7次口头辩论,对每位大法官向上诉人律师和被上诉人律师提问的次数进行了统计,并对问题是友好还是怀有敌意进行了分类。然后她观察法院宣布判决和双方当事人的得票数。相比胜诉方而言,大法官会问败诉方的律师更多问题,大法官向最终的败诉方律师提的怀有敌意的问题比友好的问题多。在被任命为华盛顿特区巡回上诉法院和美国最高法院首席大法官之前,约翰·罗伯茨(2005)是一位经常在最高法院出庭的律师,他对1980司法年度中的14个口头辩论意见和2003司法年度中的14个口头辩论意见的分析结论与舒尔曼的结论基本一致:在28个案件中,大法官在24个案件中会向败诉方的律师提出更多的问题,准确率达86%。罗伯茨在文章中调侃地写道,"胜诉的秘诀只需让大法官向你的对手多问几个问题"(p.75)(由于罗伯茨大法官已经在最高法院任职,人们想知道的是,他在选择提问时是否会受他的研究结论的影响呢)。

这些研究基于有限的样本,此处可以恰当地套用一句"还需要做进一步的研究"。但是,我们可以得出两个初步的结论:首先,尽管辩护存在不确定性,但是许多案件的结果都可以预测出来(Mauro,2005c);其次,众所周知,大法官的问题经常是魔鬼代言人,即通过向双方当事人提出问题的方式引出他们在辩论中最薄弱的环节,而这些问题都带有大法官个人的偏好。第10章在对照专家预测和统计公式的基础上对案件结果进行了系统的预测。罗伯茨分析得出的"86%的成功率"应该是在阅读到通过这些方法预测判决结果的基础上形成的。

大法官提问背后的动机各不相同,也很难识别。有的大法官提出一个问题,可能就是充满敌意而已,并不想真正地知道问题的答案。有的大法官则会通过提问澄清对正在讨论的问题的想法。此外,大法官提出的问题可能表明他误解了案件中的重要内容,或者是他看到了一个与对方当事人律师提供的案例完全不同的案例(Rehnquist,1987a)。尽管约翰逊(2004)为大法官所提的问题提供了一套分类系统,我们仍然需要一套反映提问者动机的系统。亚伦·赫尔(Aaron Hull,1997)认为,口头辩论阶段大法官所提的问题可以分为三类:

确认型问题。此类问题是给正在回答问题的律师提供帮助

或者是提供一个新的思路。它们“通常都体现为大法官平静的语调和律师热情肯定的回应”(p. 28)。 75

好奇型问题。此类问题仅单独涉及案件事实,比如发生在口头辩论刚开始对案件定性时。如“斯密斯先生,该案难道不是关于……”

挑战型问题。此类问题时常是用一种刺耳的音调打断律师。最终的结果通常是迫使律师说出不利于胜诉的话。

不过,应该认识到的是,一些问题尽管是向某位律师提出来的,但是大法官的真实意图是想说给另一位大法官听,或许是为了说服这位大法官(Wasby, D'Amato & Metrailer, 1976)。例如,道格拉斯大法官写道,“我很快认识到……来自大法官同事的提问……是一种游说投票的方式”(Copper, 1995, p. 72)。但是或许它们的作用仅仅是一个抛给对方的诱饵,正如前面提到的马歇尔和伦奎斯特大法官之间的争论一样。尽管最高法院宣称大法官之间很和谐,但是在口头辩论期间还是能看出不同大法官之间的冲突。对此,库伯(Cooper)曾做了以下描述:“除了运用战术外,一些大法官会在口头辩论过程中公开地展现大法官之间大家平常看不见的冲突。远不是有计划的战术冲突,这些公开的小争执有时仅仅是一时产生的问题。其他则是长期积累下来的问题。”(1995, p. 72)

在法兰克福特大法官很长的任期中(详见第 8 章),他经常激怒大法官同事,主要是因为他在法庭上表现出无所不知的专家姿态。道格拉斯大法官很乐于和他进行激烈的争论,甚至首席大法官沃伦也曾经大发脾气。在一次口头辩论过程中,首席大法官沃伦正在向律师提问,法兰克福特大法官打断沃伦并重述了他的提问,导致沃伦怒喊道,“让他先回答我的问题。他已经够纠结的了”(p. 73)。

(五)口头辩论的影响

对口头辩论影响大法官态度的形成和转变进行系统的研究很有限。西格尔(Segal)和斯佩思(Spaeth)通过研究得出结论,口头辩论影响大法官投票的程度是“有限的”(1993, p. 208)。研究最高法院的大部分学者“仍然坚持认为,口头辩论只是一个门面,对大法官做出判决并没有什么影响”(Johnson, 2004, p. 3)。与此类似,沃伦大法官认为口头辩论“并不具有很强的说服力”(O'Brien, 2000, p. 260)。毕竟,大法官之前已经阅读了大量的辩护意见并审查了与案件相关的判决书。大部分大法官可能还与他们的法官助理讨论过案件。因此,一些人认为口头辩论的作用不大。道格拉斯大法官在口头辩论过程中一心多用:他有时写回信,有时则写书。霍姆斯大法官认为口头辩论太不重要了,他经常在庭上打瞌睡。(O'Brien,1997)。

76 既然存在上述问题,为什么还要保留该程序呢?约翰逊(2004)在最近出版的著作中指出,如果没有口头辩论,大法官可能会对案件难以把握。对于大法官们而言,通过口头辩论可以获得他们想要的信息,而不仅仅是一个审理环节。例如,大法官可以在口头辩论环节中提出双方当事人在辩护意见书中没有提到的问题(Johnson,2004)。他们可以提出假设性的问题以决定判决的范围或者是案件未预见到的后果(Biskupic,2000;Prettyman,1984)。而且,大法官可以通过观察他们的同事在口头辩论过程中提出的问题来判断他们在大法官会议上会投什么票。

有的大法官则公开地赞同口头辩论。例如,布伦南大法官说道:“通常我对一个案件的看法会随着口头辩论而发生改变。”(O'Brien,2000,p. 254)哈兰二世大法官表达了类似的观点:“通行的观点认为法院是通过辩护意见而非口头辩论形成对案件的看法的。我认为这种观点是一个极大的误解”。(1995,p. 6)

对第九巡回上诉法院的法官开展的一项调查(Wasby,1981)支持了以下结论,即在法律适用过程中出现复杂问题或新情况的案件中,通过口头辩论向律师提问对案件审理很有帮助。而对于简单案件、“没有法律价值的”案件以及人们可以预见结果的“普通”案件来说则帮助不大。这些结论反映了在理解司法决策过程中基本的心理学贡献:人际互动的现象。知名社会心理学学者库尔特·勒温(Kurt Lewin,1951)认为,行为是个体和环境互动的结果。以下是首席大法官伦奎斯特对于口头辩论是否会改变想法这一问题的回答:

> 确实存在罕见且重要的案件会让我在口头辩论后改变想法。这种改变很少会发生180度的转变,而最可能让我改变想法的案件是那些我不太熟悉的法律领域。(2001,pp. 243 - 244)

伦奎斯特大法官的话可以做如下解读:“在许多问题上,我在口头辩论前就已经掌握了案件情况足以形成一个明确的看法,但是对于那些我不太了解的问题,口头辩论中形成的观点可能会影响我的判断。"任何口头辩论的效果都是在相互作用下产生的。对于一些立场坚定的法官来说,最有效的口头辩论仍然注定是无效的。而对于另一些看法不太坚定或对某些问题不太了解的法官来说,口头辩论则可能会发挥重要作用。

法官们在为口头辩论环节做好准备方面也存在差异。奥布莱恩(O'Brien,2000)认为,最高法院大部分现任大法官都会带着注明核心事 77
实、问题和潜在问题的"法官备忘录"出庭。经过这番准备后,和只是偶尔阅读当事人的辩护意见书相比,法官更能查明双方当事人在口头辩论中的事实依据和逻辑论证。不过,正如首席大法官伦奎斯特所提到的,每位大法官为口头辩论做准备的方式各不相同。在担任首席大法官期间,他将自己的准备程序表述如下:

> 我的多位同事都是由法官助理准备好案件的"法官备忘录"……我不这么做,只是因为这不符合我个人的工作风格。一个案件即将进行口头辩论时,我会阅读待审查的下级法院的判决书。我发现这是一个很好的起点,因为它和最高法院一样,是来自另一个宣誓拥护宪法和法律的法院的司法产品,它被假定为对案件双方当事人不存在偏见。然后我会阅读上诉人的上诉意见书,以及被上诉人的辩护意见书。同时,我会请一位法官助理做同样的事,以便对案件进行讨论。
>
> 我让法官助理按照他们自己的工作方式对案件进行分类。由于在每个两周口头辩论期间大约会讨论 12 个案件,这意味着每位法官助理最终将负责完成 4 个案件。我想大部分年份中我的法官助理都是按照美国橄榄球联盟的方案对案件进行分类,大部分情况下简单案件都会优先考虑,复杂案件都会作为难啃的骨头放在最后解决。
>
> 当我和法官助理都准备好对案件进行讨论时,我们有时是在最高法院四周散步,有时是坐在我的办公室进行交流。我会告诉我的法官助理我对当事人辩论的反应,我也很有兴趣想听听我的法官助理对同一个案件当事人辩论的反应。如果案件中涉及的法律问题在辩论意见中没有提到,我会请我

的法官助理就某个特定的问题为我撰写一份备忘录。(2001, pp. 239 – 240)

伦奎斯特大法官提到,在那个时刻,他并没有对案件形成最终的意见。相反,他希望有新的观点“闯入”他的脑海中。实际的口头辩论成为了对案件形成进一步意见的催化剂。

五、大法官会议

大法官会议在口头辩论的同一周举行,通常是星期五。会议一般会持续一个半小时左右。会议只有九位大法官在场。首席大法官记录每个
78 案件的讨论情况,其他大法官也可以做记录,但是大法官对案件的投票记录不会对外公开。然而,有的大法官会记录下会议期间所发生的事。学者通过获取鲍威尔和布莱克门大法官的记录,导致一些判决过程中的信息被泄露出来。例如,约翰逊通过分析鲍威尔大法官的会议记录得出结论:大法官们“极少讨论他们在口头辩论期间针对书面意见没有提出过的问题”(2004, p. 77)。

(一)大法官自行回避的决定

如果法官与案件结果存在个人、经济或其他利益冲突,法官都会自行回避。但是至于法官为什么缺席案件调卷和审理,并没有明确的规则。正如奥布莱恩(O'Brien)所说,“一些法院观察人士发现对司法回避不做明确规定令人不安,因为大量的案件中有一位或更多的大法官自行回避”(2000, p. 189)。

不过更受关注的是自行回避决定的巨大差距,从外在的观察者来看,存在明显的利益冲突时尤其如此(截至 2004 年初,每个司法年度回避的次数从布雷耶大法官的 42 次到金斯伯格大法官和伦奎斯特首席大法官的 7 次[Mauro, 2004a])(布雷耶大法官的大部分回避——以及奥康纳大法官的回避——主要是因为他在一家竞争性公司中拥有股权[Mauro, 1997])。

相反,伦奎斯特大法官任职最高法院审理的 1972 个案件中,有 3 个案件涉及他曾作为案件的助理检察官,但他未自行回避。正如罗德和斯佩思(Rohde, Spaeth, 1976)所提到的,这些案件都是涉及对反战抗议者合法性的指控,而判决结果都是支持政府。在每一个案件中,伦奎斯特大法

官都投出了 5∶4 票中的决定性一票。

与此相似,在 2004 年 10 月最高法院审理的一起挑战联邦量刑指南的案件中,尽管布雷耶大法官在以前的工作中曾协助过该项工作,但他没有自行回避。同样,在 2004 年 3 月一个涉及副总统切尼作为上诉人的案件(*Cheney v. U. S. District Court of the District of Columbia*,2004)中,尽管斯卡利亚大法官承认和切尼是“朋友”并且近期和他有过一次狩猎之旅,但他并没有自行回避(事实上,他和他的女儿是乘坐空军 2 号专机抵达路易斯安那狩猎场的,批评人士认为这是斯卡利亚收到的一份“大礼”)。斯卡利亚大法官受到了媒体的广泛关注(和批评),为了打消因此在案件审理中可能存在的不公正,他准备了一份长达 21 页的声明。他例举了最高法院历史上和总统、国会议员以及联邦政府机构高层人士保持朋友关系的大法官(其中有的大法官已经在第 2 章中有所涉及)。首席大法官伦奎斯特认为,立法机关的成员对大法官的行为提出建议纯属“妄 79
议”(Mauro,2004a)。公平地说,斯卡利亚在最高法院 18 年的大法官生涯中共自行回避了 196 次。和其他的大法官一样,大部分的回避都发生在最初的案件审查阶段而非如切尼上诉案这样发生在口头辩论和投票环节。斯卡利亚大法官最终投票支持副总统切尼的多数意见,不过他的投票并没有起作用,因为法院的票数是 7∶2。

在一些案件中,大法官自行回避的决定直接明了。瑟古德·马歇尔大法官在最高法院 1967～1968 司法年度审理的 171 个案件中自行回避了 98 次,不过他回避的大部分案件中一方当事人是联邦政府。马歇尔在任职最高法院前曾担任美国检察长,他曾参与过支持案件一方当事人进行诉讼的活动(Segal & Spaeth,1993)。或许是基于自行决定回避的原因,1974 年通过的一项法律禁止联邦法官对以前参与审理的案件发表意见,但这并不能解决所有的问题。

托马斯大法官在参与审理弗吉尼亚军事研究所为一方当事人的案件中自行回避,因为他儿子是该研究所的学生。但是托马斯因未能在涉及洛克希德公司(Lockheed Corporation)一名雇员退休金的案件中回避而遭到批评。案件涉及如何解释一项法律规定,从而使洛克希德和其他雇主在推行年老工人的退休金计划时不存在年龄歧视(Mauro,1996)。

在 1988 年担任公平就业机会委员会(EEOC)主席期间,托马斯认为，法律不能溯及适用于已经是歧视对象的年老工人，并阐述道："我们认为，实质上我们是绝对正确的。"(p. 34) 美国国税局(Internal Revenue Service)不同意该意见并要求公司溯及既往地支付退休金。在1996年6月的判决中，托马斯大法官与他8年前担任公平就业机会委员会(EEOC)主席期间的立场一样，反对法律具有溯及力。他在案件判决中与另外六位大法官持相同态度。

尽管一个联邦委员会在1993年建议最高法院确立一些审查大法官行为准则的机制，但是在法官回避或者更重要的是不回避的问题上并未要求提供理由。必须承认的是，有时大法官的回避决定会影响司法的运行(Lubet,1995)。如果法院所面临的问题是决定是否发出调卷令，"四票规则"意味着一位回避就等于是投了反对票。正如第1章所述，在一个涉及扣除法官税款的上诉案中四位大法官回避意味着不得不维持原判决。在联邦巡回上诉法院层面，最初的判决是由三人合议庭做出的，如果其中
80 有一名法官回避，那么就给另外的法官增加了额外的责任。

(二)大法官会议程序

在对案件进行讨论的大法官会议上，首席大法官主持并对每个案件加以归纳，同时发表意见。其他大法官按照资历顺序发表意见(即便霍姆斯已经61岁，但任职大法官仅1年，因此被安排在最后发表意见，并担任看门人)。在更早的时期，投票实际上是按照资历相反的顺序进行的，因此新任大法官的意见不会过多受到资深大法官的影响。这项基本规则实际上认可存在从众的压力。但是最近的大法官会议程序表明，该规则不再适用。首席大法官伦奎斯特在关于最高法院的著作中写道：

> 多年来流传的一个说法是，尽管大法官会议的讨论是按照首席大法官到新任大法官的顺序进行，而实际上的投票顺序则是按资历从新任大法官到首席大法官的顺序进行。不过至少在我任职最高法院的30年中，这个说法是虚构的。我不相信这个说法曾发生在我出席过的任何大法官会议上。(2001,p. 245)

对于一些案件来说，一致意见并且没有反对票是必须的。重要的是，大法官要决定多数意见应支持哪方当事人。

在大法官会议期间并没有太多的游说拉票行为。首席大法官伦奎斯特评论道：

> 进入最高法院之初,我对不同大法官之间就案件很少交换意见感到既吃惊又失望。每位大法官都会对案件发表意见,每位资历较浅的大法官会在案件讨论过程中同意或不同意之前的资深大法官的意见,但是并不会出现相反的情况。资历较浅的大法官的意见很少会受到评论,因为资深大法官已经进行了投票。或许在我之前的大部分资历较浅的大法官和我一样认为,他们做了一些非常重要的贡献,同时又失望地发现他们几乎不能影响任何人,因为大法官在资历较浅的大法官的不同意见面前并不会改变他们的投票……现在我已坐在这讨论案件近 30 年,我从资历最浅的大法官升任首席大法官,我头脑清晰地意识到,作为一位资历较浅的大法官,我的意见尽管在理论上很好,但是在实践中或许作用并不大。不管怎样,结果都是由资深大 81 法官本能会坚持的资历制度决定的。(2001,pp. 252 – 255)

(三)指定多数判决意见的撰写人

投票或者是多数意见决定后,多数意见中的一位大法官会被指定起草多数判决意见。大法官会议期间的投票并不具有约束力,至少在复杂案件中存在一种观念,“有些问题必须在判决书中解决”(Rehnquist, 2001, p. 257)。会议期间大法官对案件只是提出了大致的解决方案,但是最终的判决书中必须澄清许多在会议期间没有解决的问题。

如果首席大法官属于多数意见,他会分配起草多数判决意见的任务。如果不是,则由多数意见中的资深大法官来分配起草多数判决意见的任务。2005 年 5 月 16 日宣布的格兰霍姆诉希尔德(*Granholm v. Heald*)的判决书起草任务分配极为罕见。首席大法官伦奎斯特、资深大法官(斯蒂文斯)以及第三资深大法官(奥康纳)都不属于多数意见。因此由第四资深大法官(斯卡利亚)来分配起草判决意见的任务。他将任务分配给了肯尼迪大法官。事实上,大部分起草判决意见的任务都是由首席大法官分配的——约占伯格法院和伦奎斯特法院时期的 80%,约占塔夫茨法院和胡果法院的 95%。

分配撰写判决意见并非随意而为,其中存在许多策略性的考虑。例如:

> 起草判决意见的大法官可以对最高法院出台的政策产生重

> 要影响,因为起草判决意见的大法官会在判决意见中明确大法官在交流讨论中形成的意见。凭借起草人的优势,起草人通过在判决书或宽或窄,或者忽略或者援引过去的先例,让不同类型的政策受到社会关注。而且,判决书起草人可以接受或拒绝他的同事们在大法官会议中交流讨论的意见。(Epstein & Knight, 1998, p. 126)

一些观察人士认为,应由持最少极端意见的大法官来撰写具有法院约束力的判决意见,但是事实上将撰写判决意见的任务分配给特定的大法官往往是基于多重考虑。对于非常重要的案件,首席大法官(如果属于多数意见)通常会亲自撰写判决意见。斯蒂默(Steamer, 1986)研究发现,自马歇尔(在任期内几乎撰写了所有重要的判决意见)以来的每位首席大法官都会亲自撰写涉及宪法重大问题案件的判决意见。不过对于法院
82 其他判决意见撰写的任务分配则体现了人性的考虑。当然政治发挥了作用,但是也会考虑许多其他的因素:

> 平衡工作量;
>
> 该大法官属于多数意见;
>
> 最大程度地在判决意见中呈现所需的内容;
>
> 通过判决意见谋取政治好处;
>
> 撰写判决意见的大法官对该案有特殊兴趣,或者防止其他大法官将自己的倾向写进判决意见中。

一项对最近三位首席大法官分配撰写判决意见任务的实证研究表明,他们都希望将撰写判决意见的任务分配给对案件所涉问题有专门研究的大法官(Maltzman & Wahlbeck, 1996a)。选择判决意见撰写人也要考虑到法院的多数意见易于被外界接受,比如国会、总统以及各种有影响的组织。获得撰写判决意见的机会也具有重要的象征意义。人们已经注意到,沃伦·伯格在担任首席大法官期间,有时会"跳过"最初的投票或者甚至改变他的投票,以确保他属于多数意见。唯其如此,他才能分配撰写判决意见的任务(Woodward & Armstrong, 1979)。

六、起草判决意见

起草判决意见是个耗时费力的过程。正是在这一点上,法院类似于

“九个独立的小型律师事务所”,因为每位大法官发现撰写判决意见是个独立的过程,或者至少仅仅是和他的法官助理一起合作完成的。

完成判决意见的起草工作后,判决意见会分发给其他的大法官征求意见,是否同意判决意见的内容。他们有的会做些细微修改,有的会做出重要的修改。在这个阶段,大法官之间会交换备忘、切磋、协商,而这个过程公众是完全看不到的。

七、协商

通常,判决意见撰写人要数易其稿以承载多数意见大法官的观点。尤其是为了吸纳那些立场摇摆或者立场即将发生转变的大法官的意见时,判决意见中的逻辑论证都会发生改变。这个阶段大法官进行说服的力度比大法官会议期间还要大。这种状况非常普遍,任何团体中都会存在类似的压力以形成一种意见或采取行动,既包括促成一致意见也包括意见转变。鲍姆(Baum)分析道: 83

> 一旦判决意见起草完毕并分发给其他大法官,它往往都会成为协商的焦点。通常说来,负责起草判决意见的大法官会希望判决书得到尽可能多的大法官同事们的支持。起草人期望说服持少数意见的大法官转变立场,判决意见对于防止大法官会议期间持多数意见的大法官转变立场也是必要的。(1985, p. 115)

正如前述引文所表明的,一些大法官可能会从多数意见转向少数意见。最初“失败”的一方可能会成为赢家。在极为重要的堕胎案即计划生育联盟宾夕法尼亚东南分部诉凯西州长案(*Planned Parenthood of Southeastern Pennsylvania v. Casey*,1992)中,首席大法官伦奎斯特分配的代表多数意见撰写的判决意见推翻了罗伊诉韦德案(*Roe v. Wade*)。但是,肯尼迪、奥康纳和苏特大法官通过私下交流起草了一份替代性的判决意见限制堕胎,不过仍坚持罗伊案判决书中的核心观点。它成为最高法院的多数意见判决书。

八、多数意见

最终,判决意见草稿会得到多数大法官的认同(尽管有的大法官只是认同其中的部分内容)。这被称为“判决书投票”,以便将此最终的决定区别于早前大法官会议阶段的试探性投票。不同意多数意见的大法官可以准备不同意见。

为什么要准备不同意见,而不是仅仅注明某某大法官不同意多数意见呢?第4章中将会更为深入地讨论不同意见。但是人们会注意到,不同意见的一个目的就是说服那些现在不是大法官的同事而将来可能成为同事的人。同时,通过文字表达个人的意见对于大法官而言具有宣泄的作用,正如我们社会中每个人所做的那样。

九、公布判决书

法院不会提前公布判决书。有趣的是,在对多个案件做出判决的“判决日”,大法官会按照资历从浅至深的顺序公布他们所撰写的判决意见。两百多年前最高法院成立时,它遵循的是英国的惯例,每位大法官在每个案件中都发表个人意见。不过现在公布判决意见时,撰写判决意见的大法官可以向媒体和公众宣读判决书摘要或者判决书的一部分。因时间所
84 限,大法官都不会宣读判决书全文。因此,一些大法官公布判决意见仅需几分钟的时间(O’Brien,2000)。不论怎样,判决意见“代表的是法院”。正如本章所要阐述的,从判决意见的文字都是来自一位大法官之手来看,判决意见表达的是个人的意见,但是判决意见表达的也是法院的意见,因为它要对其他大法官的讨论和评论做出回应。持少数意见的大法官可以将他们的不同意见表达在公布的判决意见中。

第 4 章

最高法院的日常工作

摘要：探寻最高法院案件审理的过程，对我们了解威严的最高法院大楼中的日常工作非常有帮助。本章重点围绕大法官工作的具体领域进行详细阐述，具体包括大法官之间互动的程度、法官助理的作用、“新任大法官的影响”以及判决中的不同意见。

关键词：最高法院；大法官；法官助理

与其说最高法院是一个审议机构，倒不如说是九 85
个，因为每位大法官除了听取其他大法官的意见外，大部分工作都是独立完成的。

——罗伯特·杰克逊大法官《作为政府部门的最高法院》(1961)

探寻最高法院案件审理的过程，对我们了解威严的最高法院大楼中的日常工作非常有帮助。本章重点围绕大法官工作的具体领域进行详细阐述。

一、大法官之间互动的程度

大法官之间互动的程度是怎样的，他们之间互动的特点是什么？公众看到的是身披法袍、齐聚一堂的大法官全家福照片。除此之外，电视转播重要案件时,记者不得进入法庭拍照,电视中用的是大法官端坐在高大的法官席上的人物素描。大法官们平常工作都穿着法袍吗,大法官平常工作大部分时间都在开庭审理案件吗?答案是否定的。

(一)“九个独立的律师事务所”

尽管公众可以进入最高法院参观并有机会旁听最高法院举行的口头辩论,不过大法官和他们的工作人员的办公室对公众都是不开放的。大法官只是偶尔会谈起他们的日常工作,他们的前任法官助理有时候会
86 滔滔不绝地回忆在最高法院的工作。基于对特定的大法官和法官助理的样本观察以及从日程安排中所了解到的大法官活动,本章尝试描述最高法院大法官的日常工作。

最高法院大楼拥有一套独立的设施。拉扎勒斯(Lazarus)对最高法院做了如下的描述:

> 和最高法院发挥着极其重要的作用相比,最高法院大楼算是一个相当小的地方。最高法院的工作人员不到300人,大部分人员在这里工作了很多很多年。同时,最高法院的建筑除了法庭外还有公共场所、自助餐厅、快餐厅、健身房、司法警察、寄存处、理发店、文印店、图书馆、儿童照顾区、法律办公室、礼品店以及行政办公室。因此,从工作日开始到工作日结束,无论那天是执法官的日常换岗还是法官助理14个小时的鏖战,最高法院的工作人员事实上从来不会擅离职守。(1998,p.26)

拉扎伦斯提到的“健身房”位于大楼顶层,包括一个篮球场(也是“最高的球场”)(注:英文court既有“法院”的含义也有“球场”的含义)。拜伦·怀特(Byron White)任职最高法院大法官时会和法官助理一道参加激烈的篮球比赛。

许多观察人士将九位大法官描述为“九个独立的律师事务所”。确实如此,大部分时间里,大法官都是在他们单独的办公室中和他们的工作人员以及法官助理(职责类似于律师事务所的助理)共同工作。大部分大法官更多的是和法官助理进行交流而非其他大法官。

(二)例行程序

大法官们在一起工作的时间有多久呢?答案可能取决于具体是哪一周。从十月的第一个星期一到第二年四月下旬(期间因假期有一个

月的休庭期),法院每间隔两周会举行两周的口头辩论。在口头辩论期间的两周时间里,大法官们每天会一起工作六小时(星期一、星期二、星期三各两小时),一起午餐,在星期五举行的大法官会议上一起讨论这些案件。同时,在口头辩论期间的星期五,大法官们会对调卷令清单进行审查。近年来,法院每周只会安排 6 个或更少的口头辩论,这意味着整个司法年度口头辩论(84 个案件)环节最多耗时 84 小时(最高法院在国庆日不会召开会议,近年来在犹太圣节也不会安排口头辩论)。每周的案件讨论时间难以预测,不过安排口头辩论的每周时间里,按照每周标准工作时间 40 小时计算,大法官每周在一起工作的时间大约 15 小时。

在轮换的两周时间里,星期五举行的会议会讨论最近的调卷令申请,但是大法官有更多属于自己的时间。当然他们也承担着其他各种工作职责。他们需要阅读上诉状和相关摘要,撰写判决意见,思考其他大法官撰写的判决意见。不过在每个月的这两周时间里,他们有更多的自 87
由时间去旅行、发表演讲或者是访问法学院,其中有的大法官经常这么做(在 2004 年,奥康纳大法官旅行 28 次,斯卡利亚大法官 15 次)。司法年度临近结束时,工作压力会集中在手头审理的案件上。5 月和 6 月不会安排口头辩论,首席大法官监督每个案件的审理进展以确保所有案件都能在 6 月底审结。

因此,大法官之间的关系既有分工又有合作。所处理的业务类型包括备忘录和电子邮件在内。很少有机会通过“沿着走廊聊天”的方式讨论或解决分歧。有的大法官——例如苏特和托马斯——显然不太喜欢与其他大法官交流,并且远离工作场所(苏特大法官甚至会在整个夏天待在新罕布什尔家乡)。不过,也存在例外。伦奎斯特和斯卡利亚大法官一起玩扑克牌。布雷耶和肯尼迪大法官一起打桥牌,金斯伯格和斯卡利亚大法官与他们的配偶一起共度平安夜。

(三)斯蒂文斯大法官在佛罗里达

最为极端的例子是斯蒂文斯大法官,冬天的许多时间——至少是在每月没有安排口头辩论的两周时间——他会在佛罗里达的公寓里度过。有时他被称作“联邦快递法官”(Lazarus,1998),他不在法院的时间里会迅速地分发对调卷申请的评论和起草好的判决意见,不过亮点是他不在法院。

(四)冲突抑或合作

大法官之间是一种什么关系呢?一个由九个人组成的小团体,做出的判决影响百万人群,他们都具有很高的积极性、受过很好的教育并且能言善辩,他们的意见经过深思熟虑,不过经常和同事们的意见不太一致,试问他们的关系能和谐吗?

这种可能性似乎没有。有一本著作中描述了早期大法官之间广为人知的冲突,例如在19世纪五六十年代杰克逊和墨菲大法官、布莱克和法兰克福特大法官之间的冲突(Cooper,1995)。九位大法官中如果有一位像斯卡利亚大法官那样爱争论,大法官之间的和谐关系如何能存在呢?他是其他大法官所周知的"谜一样的大法官"(Ninograms)——对每个正在审理的案件的意见通常都是"打印成一页或两页、单倍行距,并且总是纠缠于案件中的法律问题。通常都是毫无预兆地手写装进平淡的马尼拉纸质信封中提交,这些挖苦行为无疑会激起斯卡利亚对手的惊愕和愤怒,以及他的同僚们的赞赏"(Lazarus,1998,p. 42)。他既攻击
88 个别的同事也攻击全体成员。在第3章描述的克鲁珊案(*Cruzan*)中,他断言,让大法官来裁定人们是否享有安乐死的权利,未必比从堪萨斯城电话黄页中随机挑选九个人来决定要高明多少(Vitullo-Martin,2004)。

然而,现任大法官在公众场合被问到大法官之间的关系时,回答都是非常友好。托马斯大法官的评论与他在联邦政府三个机构中的工作经历有关。他说最高法院的同事气氛与另外两个政府机构相比显得更客套,他说在会议讨论期间他从未听到一句气话(Thomas,1996)。布雷耶大法官提到,在每次会议或者开庭前,每位大法官都要和其他八位大法官握手[这一传统由首席大法官梅尔维尔·富勒(Mellville Fuller)确定],他认为这样做有助于气氛和谐。他还说道:"我从未听到过一位大法官说出侮辱另一位大法官的话,哪怕是开玩笑。"(Associated Press,2003,p. 6A)甚至是布什诉戈尔案(2000)判决后大法官之间存在严重分歧,但是愿意接受采访的大法官仍坚持认为最高法院的气氛很和谐。

很显然,现任大法官追求文明的价值理念。托马斯大法官曾将文明的价值理念作为他一个演讲的主题。肯尼迪大法官在美国律师协会的

一次演讲中将文明看作“一个执业高超的专业人士的标志”(Willing,1997,p. 3A)。即便讨论问题时非常激烈,但是大法官们会尽量保持亲密关系。奥康纳大法官在一次电视采访中说道:“当你在一个很小的团队中工作时,你必须做到和谐相处,因此你不会让一些刺耳的语言、一些不同意见影响到个人关系。”(Cushman,2003,p. A9)

琳达·格林豪斯(2005b)撰写的布莱克门大法官传记中描述了体现文明理念的一个例子。克拉伦斯·托马斯成为大法官后不久,他的一位支持者、一位名叫托马斯·索厄尔的经济学家和保守专栏作家,公开指责布莱克门大法官是一个“被媒体吹捧起来的自负、肤浅的老头……是多年以来对美国法律进行曲解的始作俑者”(pp. 238,240)。托马斯大法官给布莱克门写了个便条:“我很难过因我的任何朋友导致你如此苦恼。我会找他谈谈。同时我想说的是,我在最高法院的任职很短,但您给我留下了深刻的印象。致以崇高的敬意,克拉伦斯。”(p. 240)

制度性的安排也有助于形成和谐的气氛。大法官们知道他们将在一起工作数年甚至数十年。他们意识到他们可能——也必将——在一些问题上存在分歧,但是他们也意识到如果缺乏彼此的支持,最高法院会难以运行。

(五)大法官的工作量

公众可能会感觉到——如果法院能够被公众感受——大法官的工作量并不大。他们看起来浪费了整个夏天,从 6 月下旬到 10 月初都不
工作。他们的法官助理给人们的印象是为大法官做了大量工作。如前 89
所述,在没有安排口头辩论的数个星期里,大法官会去各地演讲。

不过,大法官在工作中投入了大量时间也是不争的事实,他们通常会很早到达办公室,直到晚上七八点才离开。有的大法官星期六还在办公室加班。他们可能因为紧急案件在周末和夏天被召回最高法院。案件的重要性让他们承担着很大的责任,光他们要阅读的案卷材料的绝对重量就让人吃惊。杰克逊大法官(1961)提到,有些案件的判决和记录就摆满了五英尺高的书架。大法官将工作量描述为永无止境,认为大法官的工作已经达到了难以为继的程度并不过分。

需要注意的是,在最近的司法年度中,最高法院减少了审理案件的

数量,在 20 世纪七八十年代,最高法院每个司法年度审理的案件数量为 170 件(Epstein, Segal, Spaeth, & Walker, 1996, 表 3 - 1, p. 194)。2002、2003、2004 和 2005 每个司法年度到 6 月底结束时,最高法院审理的案件数量在 75 件左右。这意味着大法官的工作量比以前更少了吗?当然大法官会说没有,或许他们审理案件的数量变化验证了帕金森定律"工作会拖到最后的时间期限"。不过值得注意的是,期望法院发出调卷令的律师开始争论说,他们的案件应该受理仅仅是因为大法官有时间审理。通用公司提交一份意见书说道:

> 我们在此不是论证最高法院相对轻松的工作量就必须对那些未必符合法院审查标准的案件发出调卷令……我们的意见是,下一个司法年度缺少繁重的工作量可能会遗漏……提出了重要的宪法性问题的案件。(引自 Biskupic, 1996, p. J - 3)。

二、法官助理的作用

虽然每位大法官和其他大法官的交流取决于口头辩论和会议的安排,但是大法官和他的法官助理之间的交流通常都非常深入。正如霍夫里奇(Hoeflich, 1996)所提到的,法官和法官助理之间形成亲密的职业和个人关系。法官助理对待审理的案件开展法律研究,为他们的大法官起草大部分判决意见。除斯蒂文斯大法官外,所有的现任大法官都参与"调卷令案件审查"(certiorari pool)。法官助理对那些源源不断的调卷令申请进行审查并为大法官起草审查摘要。

(一)法官助理的由来

考虑到海量的案卷材料,难以想象没有法官助理的协助大法官是如
90 何开展工作的(尽管 1889 年最高法院在没有法官助理的情况下审理了 265 个案件[Rehnquist, 1987b])。最高法院第一位有法官助理的是霍勒斯·格雷大法官,他于 1882 年自己花钱雇用了一位刚从哈佛法学院毕业的研究生。但是大法官聘请法官助理影响较大的是霍姆斯大法官。每年他都会邀请一位刚从哈佛法学院毕业的研究生兼做他的秘书、研究助理和私人助理(Hoeflich, 1996)。这种做法慢慢流行起来。现在几乎所有的联邦法官和一些州法院的法官都有法官助理。目前,最高法院的大法官如果自己愿意的话可以聘用 4 名法官助理。

正如波斯纳(1996)所观察到的，人们想知道，如果有的话，霍姆斯大法官的法官助理“除了平衡开支、倾听他的逸闻趣事、晚上为他读书并为这位年老体弱的老人做一些管家式服务外还做些什么(霍姆斯退休时已经 90 岁)”。(p.16)但是霍姆斯大法官与法兰克福特大法官之间大量的通信稿(Mennel)的公开出版表明，霍姆斯会向他的法官助理征求审理意见，偶尔也会接受他们对判决意见的批评。波斯纳法官在他的评论中提道：“大法官和法官助理之间的交流互动比我设想得要多，这种互动甚至超出了法律问题”。(p.16)

尽管格雷和霍姆斯大法官自掏腰包聘请法官助理，直到 40 年后国会才开始给最高法院拨付每位大法官聘请一名法官助理的经费(1922 年为 3600 美元)。目前法官助理的工资是那时的十倍，不过额外的收获之一是，法官助理在最高法院工作(通常是一年)期满后大部分律师事务所都会以律师初始底薪加高额奖金(或许是 3.5 万美元)聘请法官助理(Amon,2001)。顺便提一下，近年来禁止法官助理(两年内)以代理律师的名义出庭最高法院，这反映了最高法院担心可能存在利益冲突(Biskupic,1994)。

(二)如何选择法官助理

每年有超过 1000 名见习律师申请成为法官助理(Biskupic,1994)，但是仅有 35 人能入选。大部分大法官在选择法官助理时非常谨慎。对于有的大法官来说，曾在其他联邦法院担任过 1 年法官助理是必要条件(Thomas,1996)。当然前提是要表现非常优秀，比如曾担任法学院法律评论的编辑。

精英法学院的法律教授和下级法院法官——大部分是男性白人——形成的“推荐机制”(feeder system)将法官助理候选人推荐给大法官(Mauro,2000,2004b)。例如，西尔伯曼在哥伦比亚特区联邦巡回上诉法院担任法官的头 12 年中向最高法院推荐了 20 名法官助理(Bossert,1997)。近年来，较受关注的是法官助理队伍中缺乏多样性，既包括种族和性别的多样性，也包括适当增加来自非常青藤法学院的人选(Mauro,1999b,2004b)。例如，在女性担任法官助理方面，一直到 20 91
世纪 80 年代，很少有大法官聘请女性担任法官助理。布莱克门大法官 1994 年退休时，他聘请的女法官助理数量比所有其他现任大法官聘请的女法官助理总数还要多(Greenhouse,2005b)。

过去的十年中也存在其他的变化。在2003～2004司法年度,35名法官助理中有16名是白人男性(包括斯卡利亚大法官所有4名法官助理),不过有19名法官助理毕业于非常青藤法学院。耶鲁和哈佛大学继续领衔(分别是8名和7名),不过加州大学伯克利分校有4名,德克萨斯州大学有2名。法院没有公布法官助理的人员信息,不过《法律时代》杂志(*Legal Times*)估计35名法官助理中有8名是少数族裔(Mauro,2003c,2004b)。其中大部分是亚裔美国人,只有两人是黑人,没有西班牙裔美国人。最高法院法官助理中从未出现过美国印第安人(Mauro 2004b)。顺便提一下,在2002～2003司法年度中共有9名少数族裔的法官助理,其中7名受聘于在格鲁特诉博林杰案(*Grutter v. Bollinger*,2003)中持多数意见的五位大法官,该案支持密歇根大学法学院适用平权法(affirmative action program)。

大法官会选择与自己想法更接近的人做法官助理吗?爱德华·拉扎伦斯(1998)曾在1988～1989司法年度担任布莱克门大法官的法官助理。他写了一本关于在最高法院担任法官助理"和盘托出"(tell-all)的书,有人认为他违反了保密原则和法院的行为准则,因此遭到了严厉的批评(Garrow,1998;Rubin,1998)。拉扎伦斯的回答是肯定的,在挑选法官助理方面,理念的作用非常重要。例如,他提到肯尼迪大法官倾向于选择联邦主义者协会的成员,这是一个极为著名的保守派法律人组织。当然性格随和很重要。对此伦奎斯特大法官有以下看法:

> 我当然希望法官助理能与我以及我的同事们和睦相处,不过这都不是什么问题。在只有一年的工作时间里,极少有雇员没法做到和他们的老板和睦相处。我也希望法官助理能够与我的秘书、助手和睦相处,因为我们的办公室共有7个人,我们都希望在一起富有成效地工作。我喜欢有点幽默感以及踏实不卖弄自己的法官助理。我会要求新任法官助理7月初开始工作,而最高法院即将从此时进入夏季休庭期。其中一位前任法官助理会在最高法院待十天左右帮助新任法官助理。最高法院也会对他们组织入职培训。我希望我的法官助理7月初开始工作,是因为在接下来的两个月他们需要对调卷令申请提

> 出自己的意见,而不用为案件开庭或起草判决意见或不同意见做准备。(2001,p.232)

(三)法官助理的职责 92

法官助理通常是在 10 月正式开始的司法年度前的春季被聘用。但是,所有的法官助理都是在夏季开始工作,因为调卷令申请每个季节的每周都在源源不断地抵达最高法院。拉扎伦斯对法官助理在夏季开始工作做了如下描述。

> 对于大部分法官助理来说,这是一个岗前培训的时间——某种程度上说确实会安排一次。随着 7 月的来临,你开始和身边的法官助理、大法官的信使和非常重要的秘书打交道。这个团体和大法官一起组成了一个"大法官办公室"。法院相当于是一个小家庭,有时会存在功能失调的问题。从好的方面来说,在今后一年的时间中,有的法官助理会因为你的支持而变得值得信赖甚至是喜爱。从坏的方面来说,随着工作的逐步开展,有的法官助理会变得懒散,或者成为竞争对手,甚至是成为需要克服的敌人。大部分大法官办公室和大部分的家庭一样,需要找到一个妥协的办法。(1998,p.27)

夏季工作在法院司法年度正式开始前的那周达到高潮,大法官会召开一次马拉松式的会议处理大部分在夏季堆积起来的上千份上诉申请。在开展这项工作时,对于大部分上诉案件,法官都会听取法官助理的审查意见。

法官助理另一项重要的职责就是协助大法官起草判决意见或不同意见。法官助理在这个领域究竟起了多大作用不是很清楚,这部分取决于不同大法官的个人倾向。拉扎伦斯基于自己曾担任过布莱克门大法官助理的经历认为,法官助理在这个领域发挥着很重要的作用。他大胆地指出:"德高望重的大法官有时会接受初出茅庐的法官助理的意见,因此法官助理也可以引导大法官做出决定并为最高法院提供服务。"(1998,p.6)最困扰拉扎伦斯的是存在他称之为法官助理的影响性"小团体",他们利用和大法官接近的机会达到某种政治保守主义的目标,包括取消堕胎权和平权行动,以及加快对死刑上诉案件的审理。拉扎伦斯也阐明"很大程度上是在大法官的视野之外,自由派和保守派的法官助理在展开争夺，力图控制宪法性法律的发展”(p.261)。他对争夺过程进行了如下描述：

> 每年秋季新的司法年度是从大法官、法官助理和资深法院工作人员的鸡尾酒会开始的，酒会通常会在十月的第一次口头辩论开始前的两周举行。作为法官助理，我们已经工作两个月了，首席大法官伦奎斯特会在酒会中途对我们表示正式的欢迎
> 93 并告诫我们法官助理的职责……
>
> 我记得当时环顾了一下房间，感觉这些崇高的话语听起来很古怪。到伦奎斯特给我们讲话的时候，1988年10月开始的司法年度的法官助理已经分化成两个根深蒂固的敌对阵营。我们在房间里怒目而视，眼中充满了不信任或公然的蔑视……我们已经经历了一次冲突并到了擦枪走火的地步。对于我们来说，为第一个开庭案件材料做准备，知道彼此的政治倾向是不够的，我们还需要巧妙地探寻对方的观点。我们的想法不是基于“公众的信任”，而是基于法院即将到来的斗争所采取的个人策略。(p.263)

关于法官助理，拉扎伦斯的著作提出了两个主要观点：他们带着政治偏见和自身的利益来到最高法院；他们的行为明显影响了据称是由他们的导师做出的判决。第一个观点很容易理解。当然，许多法官助理已经形成了政治倾向，事实上，他们在成为最高法院法官助理前已经接受了有影响的法律教授或者在担任联邦地区法院或巡回法院法官助理时法官们的特定观点。

可是拉扎伦斯第二个观点是什么意思呢？布兰代斯大法官在回顾每位大法官只有一名法官助理时被问到，为什么公众如此尊重最高法院。他回答道，“因为在最高法院，我们都是亲力亲为所有的工作”(Taylor，1988，p.22)。大法官都是亲力亲为所有的工作吗，法官助理是采用“填鸭式”方式将案件意见提供给大法官，还是他们仅仅是过于夸大了他们的重要作用？法官助理确实在为大法官起草判决书方面付出了大量的时间，通常第一稿的遣词造句、所用资料以及判决意见结构都为最后一稿定下了基调(Mauro，1998)。拉扎伦斯提到他在最高法院担任法官助理时常听到的故事，瑟古德·马歇尔在办公室一边看肥皂剧，

一边安排他的法官助理做各种工作，除了对案件进行投票。拉扎伦斯认为“极少有大法官会对起草好的判决意见进行认真的审查”，一些法官的作用已经沦为“编辑文字的大法官”（1998，p. 273）。大法官会回应说这只是个别例外而非常态。例如，许多大法官会具体指导法官助理如何起草判决意见，在起草判决意见期间大法官之间的协商和交往备忘录反映了大法官在日常工作中是如何进行交流的。

因学者和记者有机会在 2004 年 3 月国会图书馆查阅到布莱克门大法官公开的大量文件，法官助理影响判决意见的问题在 2005 年春季重新浮出水面。在《法律事务》杂志的封面上，普利策奖获得者、历史学家大卫·盖洛（David Garrow）指责布莱克门是“一个难辞司法责任”的大 94
法官（2005，p. 34）。他对大法官的批评主要围绕着两个问题，即在盖洛看来，“就可以获得的公开资料来说，与过去半个世纪另外 15 位大法官相比，他将自己许多的工作都由法官助理代劳”，并且他容忍法官助理撰写诋毁其他大法官的评论。盖洛的分析结论招致了曾担任过布莱克门大法官的法官助理和对布莱克门公开的资料进行深入研究的学者的强烈反对（Mauro，2005a）。他们认为，仅仅因为资料中没有涉及布莱克门对法官助理备忘的指导和回应，这并不意味着大法官是在推卸责任。每天布莱克门大法官和法官助理共进早餐时会讨论正在审理的上诉案件的立场。曾担任过他的法官助理、耶鲁法学院院长霍华德·科（Howard Koh）说到，他“每天通过无数的交流谈话来指导他的法官助理”（p. 8）。这些交流谈话都不会誊写下来，因此也就不会出现在法官的卷宗中（Kobylka，2005）。正如布莱克门的传记作者约瑟夫·科比尔卡（Joseph Kobylka）所观察到的，“法官助理参与了案件审理过程，但他们并未掌控这个过程”（p. 60. 原文为斜体）。

法官助理对判决有影响吗？这得视情况而定。案件判决取决于大法官、法官助理、案件本身甚至是司法年度所剩的时间。

（四）法官助理和大法官的观点对比

毫不奇怪的是，大法官是在某种不同的角度，确切地说是在更为微妙的角度来看待法官助理的重要性。首席大法官伦奎斯特（2001）对撰写判决意见的过程做了如下描述：

当我将撰写判决意见的任务揽入怀中时，我会和负责案件

> 的法官助理坐下来一起重温我在案件讨论会议期间的笔记。这些笔记并不尽如人意,因为我的书法很差,随着年龄的增长,除了我自己外,其他人都难以辨认。但是这些笔记和我在会议期间所说的内容通常能成为我和法官助理之间讨论案件会议上多数意见的基础,通过这种方式能实现起草支持多数判决意见的结果。在经过讨论之后,我会要求法官助理在两天内或是两周内为我准备一份判决意见初稿。(2001,p.261)

关于这个问题需要提及的是,在近年来的司法年度中,最高法院仅会对75个左右的案件撰写判决书。因为每位大法官在一个司法年度中平均撰写的多数判决意见不会超过9个。算上4位法官助理,这意味着每位法官助理在一个司法年度中平均撰写的多数判决意见仅有两个(但是,这个分析结论并不包括附和意见或不同意见,这些也是撰写判决意见耗费时间的重要部分)。

95 首席大法官伦奎斯特也对法官助理起草的判决意见的特点做了评论:

> 我知道[前面提到的两周]期限对于一名新任法官助理来说比较紧迫,因为10月的口头辩论会议后,他们就要为我着手起草第一份判决意见。我相信每一位来到最高法院为大法官工作的法官助理都会认为,他起草的判决意见将对法律制度的完善发挥重要作用,这种判断在极为罕见的情况下是正确的。但是抱有这种目标的法官助理很容易反复地进行思考,然后不断修改,最终达到完美状态。如果他是在起草一份参加学术会议的论文或者是参加一场诗歌比赛,这么做完全是对的。但是起草判决意见则完全不同。这是一份体现大法官会议上多数意见的判决意见初稿,我可能会对这份初稿进行彻底的修改。对于我来说,两周内法官助理给我一份相对比较粗糙的判决意见初稿,和四周至五周后法官助理给我一份经过打磨但我认为仍需进行彻底修改的判决意见初稿相比,我感觉前者更有用。(2001,p.261)

伦奎斯特大法官指出,撰写判决意见确实是一个互动的过程,至少对于他和他的法官助理来说,他的观点和目标总是非常的重要:

当我拿到法官助理起草的判决意见初稿时，我会通读一遍，必要的情况下我会回过头去查阅下级法院的判决书并选择性地阅读当事人的意见书。在司法年度前期，法官助理撰写的判决意见初稿通常要比后期做更多的修改和编辑，毕竟到后期法官助理更适应我的观点和我的写作方法。我会对判决意见初稿做删减，使之变得更清晰。好的法官助理在起草判决意见时可能会考虑到他的初稿会遭冷落，仅仅是给我提供了一份判决意见的备选方案。(2001，pp. 262 – 262)

伦奎斯特大法官意识到在安排法官助理撰写判决意见方面受到的批评：

安排一些通常只是从法学院毕业一两年的法官助理撰写判决意见初稿，无疑会让法律界和社会各界感到惊讶。这里是美国联邦最高法院，每年我们仅会从 7000 个案件中挑选不到 100 个最为重要的案件进行审理，而这些案件的判决意见却由法官助理来撰写。我认为这种做法完全合理。大法官不仅要控制案件的判决结果，而且要对案件的判决结果进行解释。我不认为这种做法有何不妥。 96

我希望通过我对我的法官助理起草判决意见的解释，清楚地表明，法官助理在起草判决意见时不仅仅是针对一个重要的法律问题。实际情况恰恰相反。我会尽可能地向法官助理提供一份大法官会议讨论时的摘要，对会议讨论形成的多数意见进行描述，同时我会尽可能要求在判决意见中体现推理的观点。法官助理不是在进行一项自我创作，而是在完成一项高度结构化的任务，对他来说，在很大程度上要将大法官会议讨论的情况和我对他提出的建议有机地体现在判决意见中。(2001，p. 262)

伦奎斯特大法官对大法官和法官助理之间的关系以及撰写判决意见这一任务的复杂特点进行了思考：

这并不是说撰写判决意见初稿的法官助理就对判决意见不负太大的责任。大法官会议的讨论完全是口头的，正如我之前所表明的，九位大法官口头表达的意见足以传达大法官们的基本观点。但是这些口头表述并未完全解决如何合理地撰写判决意见的问题。有些事情在大法官会议期间的多数大法官看来合情合理，但是努力将其用书面的方式进行合理论证时，就显得不那么合理。起草判决意见初稿的法官助理将会首先发现这个困难。面临这种困境的法官助理通常都会回到我这来并解释存在的问题，我们会尽可能地讨论解决办法。事实可能证明我并不认同法官助理对大法官会议的论证不满意，我只是简单地告诉他继续推进。如果我认同他看到的困境，那么我就会在起草判决意见时寻找可替代的写作方案。与之类似，大法官会议讨论时可能忽略了甚至没有好好对待的另外一点。只有在尝试努力撰写判决意见时才会发现，显然有必要确定其他相关的问题。此处我们再次认识到，当大法官看到起草的判决意见初稿时，判决意见将能够真实地再现大法官会议上的多数意见投票。

完成了判决意见初稿的修改后，我会将其返回给法官助理，他会再做完善，偶尔也会建议做其他的修改。然后我们会打印最终符合格式要求的判决意见这一司法产品。（2001，p. 263）

97 总体上说，很难对每一位大法官的法官助理所发挥的作用做出一个一致的描述。在一些法官助理看来，有的大法官自己亲自起草大部分或全部的判决意见初稿。斯卡利亚和斯蒂文斯大法官就是例证（Savage，2004；Tayor，1998）。肯尼迪大法官曾说他在思考不同的辩论意见时他喜欢详尽地“和法官助理讨论案件情况”（Tayor，1988，p. 22）。布莱克门大法官曾提到斯蒂文斯大法官经常会概括自己的意见交给法官助理，并告诉他们“放在脚注里”（p. 22）。但是不论判决意见初稿是谁完成的，大法官都负有重要的责任。因为正是大法官来决定对案件是否投票以及发表何种意见，也是大法官会因最终的判决意见而受到赞赏或指责。

三、“新人效应”

当一位新的大法官任职时，正如罗伯茨在 2005 年 10 月开始的司法年度上任那样,他会不可避免地面临着新的挑战。有的大法官会被这些挑战吓倒。例如,尽管布莱克门担任过10多年的联邦巡回法官,他到最高法院后在致朋友的信中写道:“在最高法院短暂的日子里让我清楚地感受到,案件审理技巧、节奏和风格与之前截然不同。我不知道自己是否还能坚持下去。”(Greenhouse,205b,p.54)需要做多大程度的调适呢,这个制度对新手的调适会有帮助吗?

(一)什么是“新人效应”?

最高法院的一些观察人士认为“新人效应”适用于新任大法官(Dorff & Brenner,1992;Maltzman & Wahlbeck,1996b)。从最极端的形式来看,“新人效应”理论认为,在学习游戏规则方面,新任大法官最初依赖于法院其他大法官的意见,甚至是模仿其他大法官。墨菲(Walter Murphy)观察到:

> 新任大法官即便曾担任过州或下级联邦法院法官,一旦到了最高法院,便进入了一个陌生又隐蔽的世界。一个偶尔的帮助——程序和法庭规则方面的一个建议、同事之间的一个提醒或者是会议期间的认可——都会对新任大法官有帮助。尤其是,如果新任大法官是司法年度中期来到最高法院的,得到书记员和法官助理的帮助有助于建立良好的关系,对于大法官和他的助手来说都是如此。(1964,p.50)

新任大法官可能会更多接纳有经验的大法官的意见以迎合他们自身的想法。正如墨菲所提到的,一个亲切的欢迎可能会让新任大法官更加信任资深大法官在即将到来的案件投票的判断。墨菲提到了下面的例子: 98

> 当维利·路特里奇(Wiley Rutledge)被任命为最高法院大法官时,曾和斯通大法官一道推荐伦尼德·汉德(Learned Hand)出任大法官的法兰克福特给新任大法官写了一封信:
>
> “我相信你是一个明智的人,不至于会关注那些四处传播的流言蜚语。我背离了我固有的原则——这是林肯的一生经历给我的启迪——不做前后矛盾的表达。我这么做不是因为我认为反对你出任大法官是一个很愚蠢的声明,而是要作为鲜明的例子进行强调。现实的状况是,毫无根据的不同意见会显

得更加振振有词。"(1964,p. 49)

墨菲还提到,比这还要早三年的时候,法兰克福特大法官的提名得到了参议院的确认后,尽管首席大法官胡果受到了法兰克福特严厉的批评,他依然立即写下了如下的欢迎辞:

> "让我向你表示热烈的欢迎加入我们的团队工作——因为你才华横溢。我们需要你的加盟,我相信你在1月30日开始的下一个开庭期就能投入工作。如果我能给你提供什么工作上的便利,可以随时招呼我。"
>
> "致以最亲切的问候,并期待与你多年前任职于司法部后再度成为同事。"(1964,pp. 49-50)

据说,援助之手将会导致新任大法官效仿伸出援助之手的大法官在审理案件中的投票。经常提到的例子是,托马斯在他担任大法官的第一个司法年度的81个案件投票中除一个案件外其余均与斯卡利亚大法官的投票完全保持一致(而那个投不同票的案件是一个技术性非常强的案件)。如今托马斯担任最高法院的大法官已经超过十年了,在2004~2005司法年度中,他与斯卡利亚在案件投票中的相同程度达88%,因此很少有证据表明只有新任大法官才会效仿老法官进行投票。最直接的解释就是两位大法官在法庭上对大部分问题的看法是一致的。

关于新人效应值得推荐的例子是布莱克门。他担任大法官后的第二个司法年度被指定起草罗伊诉韦德案(*Roe v. Wade*)的多数判决意见(1971年12月下旬),布莱克门苦苦思索了好几个月才完成(1972年5月18日)。即便如此,判决意见仍然令布伦南和道格拉斯等持多数意见的大法官感到困惑,他们认为判决意见并未切中要害。不过这种拖延并非新人效应的证据。布莱克门几乎对所有由他起草的判决意见都要进行苦苦思索,在任职于最高法院的漫长岁月中,他在起草判决意见方面是个不折不扣的拖延派。

99 霍华德认为"新人效应"的另一重核心含义强调的是不稳定而非效仿。也就是说,"受最高法院其他大法官的影响新任大法官的态度会不太稳定。对于新任的大法官而言,在做出可观察到的甚至是可预测到的投票态度之前,通常都要经历持续三年左右时间的调适期"(Howard,1968b,p. 45)。托马斯大法官把自己在最高法院的第一个五年称为他的“新秀年”：“在你的五年任期中你可能考虑的是如何审理好案件。此后你要考虑的是你的同事是如何审理好案件的。”(O’Brien, 2000, p. 264)正如第 8 章中所述，奥康纳大法官似乎花了很长时间才在最高法院找到自己的位置，布莱克门大法官后期的意见逐渐与伯格大法官的意见保持距离可以视为是霍华德称为“任职最高法院的调适期”的例证。

(二)赞成或反对的证据

不过也有许多研究不完全相信霍华德界定的新人效应(Heck & Hall, 1981; Melone, 1990; Rubin & Melone, 1988; Scheb & Ailshie, 1985)。奥布莱恩在评论文章中提到以下几个例子：

> 斯卡利亚大法官回顾自己到最高法院让他“最吃惊的”是“巨大的工作量。我相信我这辈子都没有这么努力地工作过”，他补充道，“包括在法学院的第一学年，都没有我来到最高法院第一年那么努力”。然而，斯卡利亚却并没有给人经历过新人效应的印象。他并没有谨小慎微，很快便展现出自己极为保守的立场。也没有任何证据表明肯尼迪大法官在他任职最高法院的第一个司法年度中经历了新人效应。他很快便加入了最高法院的保守阵营，并撰写了他认同的判决意见，包括一些重要的不同意见如恼人的强制毒品测试以及工作场所中的种族骚扰等问题。(2000, pp. 264 - 265)

总之，“新人效应”在某些大法官身上体现得更为明显。和本书描述的许多其他现象一样，它也会受到案件性质的影响。如果大法官之前曾经担任过法官，则新人效应会相应地减弱。

(三)向新任大法官分配起草判决意见任务

尽管如此，可以预料到的是，新任大法官在第一个司法年度中会受到某种影响。例如，人们会认为首席大法官会部分地基于大法官完成既定任务的能力来分配起草判决意见的任务(Brenner & Palmer, 1988)，因此首席大法官会适当地将自己起草判决意见的任务分配给新任大法官。

新任大法官在起草判决意见时，其他大法官在回应时会考虑他是最 100
高法院的新人。马尔茨曼、斯普里格斯和沃尔贝克(Maltzman, Spriggs, Wahlbeck)认为：“我们感觉和资深大法官相比，新任大法官撰写的判决意见更可能获得不同回应……大法官会通过对新任大法官撰写的判决意见做出回应的方式确立与新任大法官的合作关系。做出不同的回应是实现此类目标的一种方式。”(2000,p.74)

四、不同意见

最高法院总是期望实现大法官一致同意的目标。首席大法官沃伦迫切想要在布朗诉教育委员会案(*Brown v. Board of Education*,1954)中实现大法官一致意见的目标,最终他通过艰巨的努力说服拖后腿的大法官实现了该目标。但是大法官一致意见的情况只占所有案件判决意见的30%~40%。附和意见和不同意见都会削弱多数意见的影响力。附和意见事实上认为多数意见是对的,但是理由是错的。当然不同意见则完全否定多数意见。

是什么因素决定一位大法官会撰写不同意见书?原因有很多,远远不是对判决结果不同意那么简单。主要包括以下因素:

1.案件所涉问题的重要性。如果一位大法官不同意多数意见,而手头的案件所涉及的问题又很重要,他极可能会撰写不同意见书。布伦南大法官在退休前几年经常属于少数派,但是他为了保持良好的声誉在撰写的不同意见中会避免使用讽刺性的表述。是否发表不同意见和第6章描述的策略性投票过程是相联系的。不过有时案件所涉及的问题非常重要以致必须发表不同意见。道格拉斯大法官写道:“当大法官存在不同意见时,这其实也是一个信号,意味着社会对案件所涉问题的理解是分化的。表达不同意见正是一种民主的方式。”(1964,p.54)

2.案件所涉问题不太明确或比较模糊。在芝加哥诉莫拉莱斯案(*Chicago v. Morales*,1999)中,案件涉及《芝加哥公共场所游荡管理条例》。1998年12月,最高法院举行了口头辩论,但是直到1999年6月才公布判决书,其中包括一份多数意见、三份附合意见和两份不同意见。因此,九位大法官中对案件所涉问题存在六种不同意见。条例不仅引发了个体权利与社会秩序之间的价值争论,而且因模糊不清导致各种不同的解释。

3.司法年度所处的时间段。随着司法年度接近尾声,审理的节奏越发忙乱。在2004~2005司法年度最后还剩三周时间中,在司法年度结束前大约还有 25 个案件有待审结。1982 年 6 月,伦奎斯特大法官向正在准备起草一个关于儿童福利案件的多数意见判决书的马歇尔大法官递交了一份书面提示:“如果现在是 11 月而不是 6 月,我可能会准备一 101
份详尽的不同意见阐述你的多数意见判决书中的错误。不过,鉴于现在是 6 月,我加入多数意见。”(Biskupic,2004,p. 2A)

4. 最高法院大法官的构成。现任大法官对案件发表不同意见具有平衡最高法院内部价值观念的作用,在后面涉及伦奎斯特大法官的内容中还会进行阐述。

5. 个别大法官的性格。在现任大法官中,斯卡利亚大法官的不同意见最引人注目,我们随后会对他撰写的不同意见所做的论证进行讨论。不过从 1994 年至 2005 年的 11 个司法年度中,最擅长撰写不同意见的非斯蒂文斯大法官莫属。他曾经说到,撰写不同意见书是为了暴露多数意见中的漏洞,强化持不同意见大法官的信念,并进一步扩大讨论的范围(Associated Press,2001b)。

不同意见正在日益成为最高法院日常审理工作的一部分。有趣的是,历史上被称为“伟大的异议者”的大法官公开反对多数意见的次数和现在的大法官相比要少多了。例如,霍姆斯每个司法年度发表不同意见的次数是 2. 4 次,布兰代斯是 2. 9 次,次数最多的约翰·哈兰为 3. 5 次。这些数据难以与斯蒂文斯大法官相比,他平均每个司法年度发表不同意见的次数为 20 ~ 25 次,尽管审理案件的数量减少了(O’Brien,1999)。不同意见并不具有决定性,多数意见才是生效的判决。但是不同意见是透过现象看本质的重要方面。它们在将来也可能成为多数意见,以后的多数意见也可能引用不同意见,即使它们不具有法律效力(Greenhouse,1990)。奥布莱恩对这个问题做了进一步的阐述:

> 相比而言,持附和意见或不同意见的大法官并没有代表最高法院的负担。相对而言,用卡多佐大法官的话来说,持不同意见的大法官“没有责任。最高法院的发言人则要小心谨慎地字斟句酌……不像持不同意见的大法官那样……在那个时刻他就是一名与狮子做最后决斗的角斗士”。在极少撰写不同意见的胡果大法官看来,不同意见“孕育法律精神,代表未来对法律的理解,今后的判决中可能会纠正持不同意见的法官认为法

院多数意见中存在的错误”。不同意见不仅是潜在削弱多数意见的一种方式，而且也是与其他大法官协商的有效策略：因为不同意见的威胁可能会说服撰写多数意见的大法官限定判决书的论证或者缓和判决书的语气。当然，有些案件是“小鱼”，大法官可能不会撰写不同意见来说服多数意见判决书起草人在将来的案件中支持他。例如，巴特勒(Pierce Butler)大法官
102 曾经给他的同事写信说道：“我投票反对。尽管这是你确定的结论，我依然认为结论反转会更好。不过我会默许你的结论。不同意见很少有助于法律的正确发展。它们通常是有害的。我对自己说：‘我不要让我们陷入诱惑之中。’”(1997，p. 46)

当然，在许多情况下，法官无法接受多数意见。不同意见展现的是大法官们互动过程中的核心观点。伦奎斯特大法官在任职早期被他的法官助理称为“伟大的异议者”，因为许多时候他都属于少数意见。但是，随着最高法院大法官成员价值观念的转变，他的不同意见逐渐减少。到了他即将卸任首席大法官的那几年，在涉及国会法律和各州权力的问题上，他的联邦主义观点在案件判决中已成为主流。

(一)个别大法官眼中的不同意见

对案件是否撰写不同意见是大法官个人的决定。在最高法院任职的最后十年，三巨头布伦南、马歇尔和布莱克门大法官在涉及个体权利和州权力冲突的案件中逐渐成为少数派。布莱克门经常撰写带有强烈感情色彩的不同意见。布伦南在不断争取赢得多数的支持。马歇尔大法官似乎是因为对案件审理结果不满而辞职，并转而尝试影响公众对案件的看法。曾经担任马歇尔的一位法官助理对马歇尔的反应做了如下的描述：“不能在投票以外发挥很大的影响力，马歇尔的反应和许多自豪的人们一样：并非徒劳地去影响最高法院的同事们，他专注于通过撰写《美国报告》(*United States Reports*)的方式将自己的观点传达给公众。”(Tushnet，1992，pp. 2109 – 2110)

撰写一份不同意见，而非简单地在别人的不同意见上签名，可能存在各种不同的动机。斯蒂文斯大法官是“一位神秘而独立的法官”(Smolla，1995，p. 12)，当他处于少数甚至是多数意见中时，他会认为有必要单独撰写一份意见书。相比而言，斯卡利亚大法官的不同意见通常

都是对多数意见的逻辑或结论进行攻击。他的不同意见书极少是妥协或迎合性的。通常情况下，他的不同意见明确地体现他的价值观念，并对社会中存在分歧的问题亮出坚定的立场。在他对劳伦斯诉德克萨斯州案（*Lawrence v. Texas*，2003）的不同意见中，该案驳回了同性恋入刑，斯卡利亚宣布自己支持的是“不希望自己的商业合作伙伴、童子军团长、小学教师或者是自己家中的寄宿生公开地进行性行为”的人们（Broder，2003，p. 10B）。在密歇根法学院平等招生案件中（*Grutter v. Bollinger*，2003），他讥讽地写道，“非少数族裔的学生十分清楚，基于肤色的原因他们将被剥夺接受法律教育、从事公务员工作甚至是任何工作的权利”（Broder，2003，p. 10B）。在一篇坦诚的文章中，斯卡利亚大法 103
官表明了自己赞成的看法：

> 撰写一份不同意见完全是出于自身，而不必考虑是否采纳同事们不同的观点。在不同意见中明确地提出个人认为很重要的法律而非其他。在不同意见中明确表达自己认为多数意见可能引起的质疑、预测、怀疑或愤怒——这确实会让人产生无与伦比的愉悦感。（1994，p. 42，原文为斜体）

斯卡利亚大法官在不同意见中曾将奥康纳大法官的一份判决意见描述为“不合理”，并将肯尼迪大法官的数份判决意见描述为“语无伦次”或“愚蠢之极”。斯卡利亚曾一度掌控了口头辩论——这也是他的习惯——鲍威尔大法官转向马歇尔大法官问道：“你认为他知道还有我们在场吗？”（Cooper，1995，p. 47）

李诉维斯曼案（*Lee v. Weisman*，1992）也反映出，如果没有循着斯卡利亚大法官的思路发展，他就会发怒。此案涉及将祈祷作为公立学校毕业典礼的组成部分的合法性。维斯曼从中学毕业前四天，她的父亲向法院提出申请（一种临时禁令）。他请求禁止学校委员会邀请神职人员在高中和初中毕业典礼上进行祈祷和祝福。当然，宪法禁止确立国教。不过这些行为是在确立国教吗？

案件最终进入了最高法院，经审理后的判决结果是，在公立学校祈祷具有很大的隐形强迫风险，如果以一种对高中生观念相对立的方式进行祈祷而导致他们弃权，这将会对他们造成真正的伤害。事实上，持多数意见的大法官采纳的是著名的心理学期刊上的三篇论文中“共同的假定”（*Lee v. Weisman*,1992,p.2659），认为这些论文研究显示“青少年通常很容易受到来自同龄人一致性压力的影响，在社会规范的问题上影响最大”（p.2659）。最高法院最终的投票是5∶4，多数判决意见由肯尼迪大法官撰写。

斯卡利亚在他的不同意见中对多数判决意见中的“心理强制”进行了尖锐的批评（p.2685）。斯卡利亚认为这是“司法理论中的灾难”（p.2685），他认为肯尼迪大法官完全误解了宗教强制的本质。他论证到，历史上的强制意味着要求移民接受一种特定的宗教信仰，并在惩罚的威胁下向国家设立的教堂提供资金支持（p.2683）。他补充到，这种形式的强制“对于熟读过布莱克斯通而非弗洛伊德著作的职业人士来说是可以很好地识别的”（p.2684）。因此，他得出的结论是，多数判决意见中的
104 强制概念“既没有历史实践依据，又不明确地扩大了心理学的适用范围”（p.2685）（这并不是斯卡利亚大法官唯一一次无端地攻击心理学）。

许多人可能会认同杰克逊大法官的立场，“每一份不同意见书都是公开地表明不接受其他大法官的意见，真正考验一名法官的是他在引领而非反对法院方面的影响力”（1961，p.28）。假如事实确实如此，那么斯卡利亚大法官经常都是失败的。当然，斯卡利亚不同意见的立场也在避免结盟。法学教授斯莫拉（Rodney Smolla）对斯卡利亚进行了如下分析：

> 最终是他的肤色和坦率决定了斯卡利亚大法官的优势和局限。他似乎不容易和他的同事们结成同盟。除了经常附和他的托马斯大法官外，斯卡利亚在最高法院并没有和其他大法官形成持久一致的同盟关系，包括具有共同的保守主义倾向的大法官，如伦奎斯特首席大法官和肯尼迪大法官。一些法院观察人士论证到，他宁愿在不同意见书中对他的同事进行嘲讽可能影响了他与同事们进行沟通从而形成固定的投票群体。（1995，p.11）

（二）少数意见和认知复杂度

所有的不同意见都和前面提到的斯卡利亚大法官的不同意见那样既简单又真诚吗？这可以以认知的难易程度为基础对不同意见进行分析。概念的复杂性（也称为整合的复杂性）建立在两种认知结构变量的基础上：差异与整合。心理学学者菲利普·泰特洛克（Philip Tetlock）和他的

同事解释道：

> 个体在复杂的过程中实现简单目标依靠的是严格的单一评价规则，并仅仅以主要的信息为基础做出决策。个体在实现复杂目标的过程中倾向于从多维度来解释事件，并且在做决策的过程中整合一系列的证据。（Tetlock, Bernzweig, & Gallant, 1985, p. 1228）

因此，考虑差异的个体会认识到，对问题的分析存在多重视角，而运用整合的个体会认识到差异之间的关联性（Gruenfeld, 1995）。

例如，当法官专注于一个问题或主题时，他会采用无差别的方式分析案件。在泰特洛克和他的同事们看来，体现在判决书中更具差异性的方法是认识到争议双方存在合理的争议点。他们写道："整合指的是在差异性 105
特征中发现复杂的联系。因此差异性是整合的必要条件。"（1985, p. 1231）

最高法院大法官公布的判决书可以在整合的复杂性基础上进行"评分"，这也是泰特洛克和他的同事所开展的研究。他们选择了 1946 年至 1978 年在最高法院工作过的 25 位大法官为对象，对每位大法官撰写的 8 份判决意见进行分析。4 份涉及经济问题，4 份涉及公民自由问题。大部分大法官撰写的判决意见都是他们在最高法院的第一个司法年度中撰写的。

判决意见中整合的复杂性所存在的差异具有什么样的性质呢？如前所述，不同意见与多数意见相比较是一种可能性。这种立场论证到，多数意见需要整合更多的复杂性，因为他们必须呈现存在部分冲突的观点。因此，他们的功能之一是策略性的。最终的多数意见是一份合作的成果。撰写多数意见的大法官需要回应并融合其他大法官的意见。多数判决意见潜在的目标是涵括不同意见，尽管多数意见涉及的范围可能很窄。进言之，多数意见是一个决策的过程。撰写多数意见的大法官要对所主张的立场负责。相比而言，不同意见体现的坚定信念是，大法官的意见没有表达在多数意见中。在一份对参议员的评价中，不过同样适用于持不同意见的大法官，泰特洛克和他的同事写到，持少数意见的大法官"可以很激烈地批评持多数意见的大法官"（1985, p. 1235）。

多数意见和不同意见之间的差异可以通过亚伯勒诉阿尔瓦拉多案（*Yarborough v. Alvarado*, 2004）体现出来，该案涉及未被告知米兰达规则讯问一名 17 岁的犯罪嫌疑人。多数意见认为，尽管他是由父母带至警察局并在警察局一个小房间内被讯问了两小时，不过他可以在任何时候离开。在讯问快结束时他承认自己在劫车导致杀人中的作用。肯尼迪大法官撰写的多数意见认为，控辩双方存在不少争论，并且“公正的法官在是否拘留阿尔瓦拉多的问题上会持不同意见”（Greenhouse, 2004c, p. A17）。不过这种调和的语调并没有说服布雷耶大法官，他撰写了一份充满强烈感情的不同意见书，并问道，“在那种场合下具备何种理性的人自己才会想，‘哦，只要我想离开我就可以站起来离开吗’？”（Greenhouse, 2004c, p. A17）

泰特洛克和他的同事也提出了第二个决定因素：政治理念。之前通过对美国参议院和英国下议院立法参与者的演讲进行研究得出的结论是，右翼支持者和温和派、左翼支持者相比在思考问题时更简单、更加愿意进行价值判断，并且在行为方式上更加专断（Tetlock, 1983）。以此为依据，右翼政治支持者具有一种第 5 章中描述的自我防御功能。他们会
106 采取简单看待事物的办法，对威胁的外部世界强加规则，而内心并不接受。尽管在政治理念谱系的两端存在的极端主义者在整合复杂性方面更低，泰特洛克和他的同事通过分析最高法院的判决书证明了坚定的右翼主张的假定(1985)。和保守主义者相比，最高法院的自由主义者和温和派更倾向于撰写整合复杂性的多数意见（事实上与涉及公民权利问题的案件相比，涉及经济问题的案件这种差异更大）。

不过多数意见在复杂性方面也与不同意见存在区别。后者更少整合的复杂性（integratively complex）。格林菲尔德（Gruenfeld, 1995）指出，在泰特洛克收集数据期间，主导最高法院的是自由主义和温和派。在过去的 30 年中，情况发生了改变。政治理念和整合复杂性之间是否仍然存在关联性呢？她尝试对这些因素进行研究。在她的第一项研究中，格林菲尔德考察了 1953 年至 1990 年 8 位持最自由主义立场和 8 位持最保守主义立场的大法官各自撰写的两份多数意见和两份少数意见书。她发现个体大法官在撰写少数意见书时比撰写多数意见书时表达的整合的复杂性要更少。不过，与泰特洛克和他的同事的研究成果（1985）相反，自由主义和保守主义大法官总的来说在整合复杂性方面差别不大。正如前面对不同意见动机的讨论所预示的那样，除理念外，少数意见具有更强的感情色彩（通过运用修辞性动词、斜体和标点符号进行判断）。

格林菲尔德考察的第二项研究是多数意见书中包容性的作用,她对多数意见书中一致同意和不一致同意进行了比较。后者具有更高的整合复杂性要求。正如所预测的那样,一致同意判决书和不一致同意判决书相比具有更低的整合复杂性要求。缺乏对不同意见进行分析并不影响对差异的认识过程。总的来说,格林菲尔德的分析支持了以下结论,即与政治理念相比,多数意见(相比少数意见而言)与整合复杂性之间的关系更为密切。

结论

在某些方面,最高法院的大法官们类似于一个杰出学术机构中一个小系的教师。大法官都有效仿并崇拜他们的法官助理,正如教师有他们的研究生一样。在上述两种情况下,导师和学生之间都有许多的合作与互动。两种机构都形成了密切的个人和职业关系。教师之间可能会也可能不会过多地交往,就像大法官之间的关系,但是许多信息会在不同教师的学生之间传播,就像不同大法官的法官助理之间会分享他们导师的八卦一样。和大法官终身任职一样,越来越多的教师获得了终身任职的工作保障。有的教师成员在某些领域是最终的权威。他们对学生课堂进行 107
管理,他们决定所有事项包括课程表、学分以及决定学生对成绩的申诉。他们花时间在一起开会,但是更多的时间他们是单独或与学生一道开展研究或准备研究报告。他们甚至名义上还有和大法官一样的暑假,尽管他们会告诉你说——正如大法官一样——他们因工作职责所在从没有完整地享受过。

甚至在合议讨论的问题上,小型学术研究团队也类似于最高法院大法官团队。许多部门中都有相当于斯卡利亚大法官式的人物——在部门会议上会有一位教授经常会不留情面地批评他的同事。不过此类评论都是可以接受的——“那就是他的行为方式”——任期的保证也类似于大法官的终身任职,这使他们认识到团队是相互依存的,团队成员之间要共事很长的时间。

总而言之,大法官和其他普通人一样,会把他们的工作作为一生的事业追求,这些工作给他们带来声望和权力,同时也会产生相应的工作
压力。 108

第5章
判决形成的心理学分析

摘要：本章讨论的问题是，大法官在撰写判决意见的过程中是否真的会考虑制宪者的意图和先例，随后分析了最高法院决策的法律模式、态度模式和理性选择模式。

关键词：最高法院；大法官；司法决策；宪法；法律模式；态度模式；理性选择模式

如果我被任命为大法官，我将做出承诺完全不考虑我个人的信念。 109

——伦奎斯特(1972年11月3日)

一、一位法官的判决意见书

托马斯大法官是在一片争议声中进入最高法院的。他撰写的一些判决意见呈现了他被任命为大法官过程中存在的争议。或许他受到的最大质疑，就是在最高法院第一个司法年度任期内针对哈德森诉麦克米兰案(*Hudson v. McMillian*，1992)撰写的不同意见。他的不同意见将用来阐释一种大法官如何形成判决的理论。

哈德森(Keith J. Hudson)是1983年路易斯安那州安哥拉州立监狱的一名囚犯。他起诉称他自一个囚房被转移至另一个囚房时遭到了狱警的殴打。其中一名狱警猛击他的嘴、眼睛、胸部和胃部,另一名狱警对他进行限制时有踢打行为。哈德森同时诉称,还有一名狱警监督官员没有制止殴打行为,事实上是纵容了其他狱警的行为。一项调查显示,哈德森的牙松动了,他的牙床已局部破裂,他的脸、嘴和唇部有淤伤和肿胀。

从这份调查报告来看,显然存在一个基本的问题:这些行为是否违反了他获得宪法第八修正案规定的权利保护即不得进行残忍和非常的惩罚?但是,当最高法院发出调卷令时,最高法院将该案限定于审查一个更为具体的问题:是否囚犯必须遭到"显著"伤害才可适用不得进行残忍和非常的惩罚条款。最高法院以 7:2 的投票判决"显著"伤害不是
110 必须的,甚至囚犯待遇未达到尊严、人权和文明标准也可以适用宪法第八修正案。该案多数意见书由奥康纳大法官撰写。

但是托马斯大法官(斯卡利亚大法官附和)持不同意见。他指出,负责调查原告主张的治安法官得出结论认为,哈德森的伤残程度属于"轻微"范畴,并且第五巡回法院(驳回了哈德森提起的受到了残忍和非常的惩罚的起诉)的判决并没有对调查结果提出挑战。因此,他的结论是,该案中"唯一的问题"是受伤的程度。他的不同意见甚至还不止于此。正如格伯(Gerber)所提到的,"最重要的一点是,托马斯大法官在不同意见书中公开主张第八修正案根本不适用于监狱环境"(1999, p. 120,原文为斜体)。托马斯大法官认为,制宪者和第八修正案最初的意图仅适用于法律或法官量刑所做出的令人痛苦的惩罚。直到 1976 年["第八修正案批准后的 185 年"(Hudson v. McMillian, 1992, p. 20)],法院才开始将该规定适用于在监狱中的囚犯[1976 年的艾斯特尔诉甘布尔案(*Estelle v. Gamble*)中,监狱拒绝为囚犯提供医疗救治]。

通过媒体对托马斯大法官不同意见的报道,他在人们心目中不仅对虐待囚犯表现得很冷血,而且很虚伪。鉴于在参议院司法委员会确认听证会上,他从平等就业委员会办公室窗口观察囚犯后发表的声明"这是上帝给我的恩典",一位《纽约时报》的编辑以"最年轻、最无情的大法官"为题对他进行了批评(Thomas, 2001)。

公允地看待托马斯大法官,应注意到他的不同意见书中强调狱警的此类行为是"不道德的"、"犯罪的"并且"可能通过联邦宪法的其他条款

进行救济”。此处需重复的是,案件所涉问题是适用第八修正案。他写到,该修正案“不是,也不应变成全国性的监狱监管法”(*Hudson v. McMillian*,p. 22)。他不断提到他感觉人们对他立场的误解,表明他所面临的挫折。正如他的传记作者托马斯(A. P. Thomas)所提到的:

> 数年后,针对媒体对他在哈德森案中的不同意见的批评,托马斯依然耿耿于怀。他在一次演讲中说道,“我不禁想知道是否我的批评者能看到这些媒体报道。我在[哈德森]案中的不同意见是给媒体宣传提供一种参考意见。好事的批评者却得出结论,认为我在该案中支持殴打囚犯……针对法庭上提出的小问题得出大结论如何进行解释超出了我的能力范畴,除非存在一种特殊的分析模式。”(2001,p. 479)

不过,在最近更多的不同意见中,例如霍普诉佩尔泽案(*Hope v. Pelzer*,2002)和德克诉密苏里州案(*Deck v. Missori*,2005)托马斯大法官给人的印象之一仍然是对囚犯缺乏同情心。第一个案件涉及阿拉巴马狱警的责任,他们用铁链将不服管教的囚犯锁在“拴马桩”上让他们在户外 111
忍饥挨饿。在一份受到残忍和非常惩罚的判决的不同意见中,托马斯大法官认为用铁链锁住囚犯符合合法刑罚的目的,“鼓励在履行工作职责的同时遵守监狱规则”(Associated Press,2002,p. A6)。第二个案件涉及密苏里州的诉讼程序,其中一名受到指控的被告在陪审团听审证据确定如何量刑时戴着手铐和脚镣。尽管法院判决该程序不得适用,除非“在特定的环境中”,托马斯大法官在不同意见中写道:“我的法定责任不是判断对被告戴手铐的必要性,而是判断一个纯粹法律问题。”(Deck v. Missouri,2005,p. 2023)

(一)法律模式

大法官在撰写判决意见的过程中真的会考虑制宪者的意图和先例吗?托马斯和斯卡利亚大法官是最高法院案件审理过程中依循法律模式的主要拥趸者。托马斯大法官 1996 年在堪萨斯大学的一次演讲中说道:“我们受到表达在宪法和法律中人民的意志的约束。”尽管他承认“理性的头脑对宪法会有不同的解释”,但他坚持认为“对法律问题存在正确和错误的理解”,并且“成为一名法官就要去除人性中的弱点”。布什诉戈尔案(*Bush v. Gore*)判决公布后的第一天,他对一群中学生说道,政治在法院判决中不起作用(Lewis,2000)。与之类似,伦奎斯特在大法官是否应在判决中考虑公共政策的问题上表达了自己的立场:

> 最高法院的大法官并无权染指公共政策并根据个人意愿推翻法律。最高法院的大法官拥有很大的权力,但是这种权力并非将个人意愿融入宪法之中。(Weaver,1990,p. 19)

法律模式认为,在涉及对宪法进行解释的案件中,案件判决结果通常
112 会从以下三个方面进行论证:

1. 制宪者的意图。正如斯卡利亚大法官(1997b)等原初主义者所主张的,宪法"在精通法律的人士眼中其含义是固定的"(p. 189)。例如,最高法院在马里兰州诉克雷格案(*Maryland v. Craig*,1990)中的多数意见认为,宪法中的对质条款并不是"绝对的"——因此允许遭受性侵害的儿童通过闭路电视作证而不会看到他们指认的攻击者——斯卡利亚大法官提出不同意见,认为多数意见是他们而非根据制宪者意图解释宪法。

2. 文字的含义。这种论证类似于第一种。具体而言就是根据文本形成时的含义来界定宪法的含义(Spaeth,1972)。例如,《权利法案》第 5 条宣布"未经法律的正当程序不得剥夺任何人的生命、自由或财产"。斯卡利亚基于此论证死刑的正当性。也就是说,他解释到,国家可以"剥夺个人的生命"表明,国父们隐含地认可了死刑。

3. 逻辑分析或逻辑推理。1932 年至 1938 年担任美国最高法院大法官的本杰明·卡多佐(Benjamin Cardozo)(1921)专门写了一本书对法官做出判决的决定因素进行分类。在他看来,逻辑分析体现在规则的运用或先例的运用和类比中。法官可能会问:这个案件和过去的案件相比具有多大相似性,可以运用什么样的原则或规则?通过研究先例的裁判规则,法官可以发现手头案件中的某些类似性。在此类方法中,先例居于核心位置。在卡多佐大法官看来,法官在不断地重申先例原则。许多法官不愿意推翻先例,也就是说,不愿意确立一个全新的规则。在 20 世纪上半叶一项广泛认可的规则是,南方和其他地方的黑人学校不会获得所有白人学校一样的资源,但是,最高法院在此时期仅在一些案件中驳回了基于不平等对待的程序,而非推翻 1896 年普莱西诉弗格森案(*Plessy v. Ferguson*)形成的规则。

不过卡多佐大法官也提到,在一些案件中先例可用来支持双方的观点。基于此种和其他原因,大法官可能会采用其他的因素来支持判决。例如,他们认识到社会的主要变化,而这些社会变化可能会使一些先例变得不合理。他运用了社会逻辑关系(sociological concerns)这一术语指的是意识到随着主流价值的变化要求对法律重新进行解释。例如,直到 20 世纪 90 年代,残疾人无障碍地进入公共场所、电梯和洗手间才得以明确地表述。

一旦法律模式没有成为判决的理论基础,政治保守主义者就会变得不安。他们担心有的法官会用自己的价值观取代制宪者的原初意图和 113
“法律清楚的含义”。在回应阐明同性恋者权利的罗默诉伊万斯案(*Romer v. Evans*,1996)多数意见时,专栏作者莫纳 · 夏朗(Mona Charen)写到:“法院中的六位大法官显然认为,他们可以假借运用法律原则而将个人偏好确立为规则……但是这不能解释为法院基于转变的政治和社会风向对法律进行解释。”(1996,p. 7B)与此类似,在认可斯卡利亚大法官的不同意见中,专栏作者乔治 · 威尔(George Will)认为,在解释宪法的过程中法官只有两种选择:“宪法的含义或者是由历史——由国家传统阐明的制宪者意图决定的,或者是宪法之外的大法官个人偏好所决定的。”(1996,p. C11)

21 世纪前十年的中期,对司法能动主义和缺乏坚持司法先例进行批评逐渐增加,在批评者看来,其中的后果是在判决中更关注其他国家的法律而非美国宪法。其中专门遭到批评的是 2002 年的劳伦斯诉德克萨斯州案(*Lawrence v. Texas*)扩大了男同性恋的权利,2005 年的罗珀诉西蒙斯案(*Roper v. Simmons*)推翻了对青少年适用死刑。十年前道格拉斯 · 金斯伯里(Douglas Ginsbury)法官在一本不知名的书评杂志上创造了“放逐宪法”(the Constitution in Exile)一词。一些观察人士认为,批评者称其为“放逐宪法”运动。不论有组织的运动存在与否(Greve,2005),但这个术语成为了一个有力的标签并让人们相信,一些大法官在近期的判决意见中忽视了社会公共生活中的宗教活动、州自治权以及充分保护财产权。该运动的支持者希望回归宪法在最高法院支持罗斯福新政之前所处的地位。有意思的是,对该运动进行高度的宣传正好发生在最高法院对三个案件做出判决之前,而这三个案件与“宪法回归”的目标有关。其中一个涉及财产权和征用(*Kelo v. New London*,2005),另外两个涉及在公共建筑中或周围展示十诫(*Van Orden v. Perry*,2005;*McCreary Country v. ACLU*,2005)。

期望回到新政之前的判决基础当然与最高法院斯卡利亚和托马斯大法官等“原初主义者”希望将宪法解释为1787年批准时的含义是相符的。

一些大法官认为(不是托马斯或斯卡利亚),宪法必须适应变迁的时代和社会环境。“活宪法”的支持者提到,对于制宪者而言,“人”这一术语指的是——而且仅仅指的是——拥有财产的男性白人。但是法律模式的支持者采取了灵活的方法体现了“非原初主义”,而斯卡利亚大法官把后者视为引入当前的社会价值(1997b)。在他看来,许多法官尽管在探
114 索宪法的原始意图,但事实上是在判决中融入了他们自己的偏好。他们甚至忽视了宪法“清楚的含义”。例如,斯卡利亚大法官提道,“在我担任大法官期间至少有三位大法官坚持认为死刑是违宪的,尽管适用死刑明确规定在宪法中”(1997a,p.46)。

不过,斯卡利亚大法官(1997b)也承认,甚至对于坚持宪法原初主义的法官来说,避免融入个人的价值是认真负责的法官最难的事,或许没有法官能完全做到。

(二)对法律模式的质疑

法律模式期望法官客观、不存偏见,并假定他们像法兰克福特(Felix Frankfurter)大法官在西弗吉尼亚州教育委员会诉巴内特案(*West Virginia State Board of Edcuation v. Barnette*)的不同意见中写的那样:

> 作为最高法院的大法官,我不会在判决意见中将个人的观念融入宪法中,无论我有多珍视这些观念或者忽视它们会有很大弊端……当一名法官在审理案件的过程中,永远都不能过分强调个人关于法律的智慧或邪恶的观点,这些观点应排除在外。(1943,pp.646-647)

但是这样做存在可能性吗?回答是肯定的,不过它取决于案件和个人。有的案件并不会引入个人的偏见或个人观念,对于这些案件来说法律模式就是有效的司法理念。例如,以2001年最高法院审理的堪萨斯诉科罗拉多案(*Kansas v. Colorado*)为例。该案系两个州之间因阿肯色河改

道产生的纠纷,似乎 1949 年由国会通过的阿肯色河协议对该纠纷有所缓解。但是数十年来,堪萨斯州投诉科罗拉多州违反了该协议。1995 年,最高法院做出判决后,该问题交由特别管理。但是堪萨斯州投诉科罗拉多州继续违反该规则。2001 年,最高法院再次判决支持堪萨斯州,要求科罗拉多州赔偿损失并支付利息。尽管解释第十一修正案的问题是案件争议的组成部分,但是法院做出一致性判决,案件直接体现出对法律的解释。

不过大部分案件并非如此清楚明了。劳伦斯 · 鲍姆(Lawrence Baum)认为,那些在宪法和先例方面缺乏一致性的疑难案件"给予了法官自由裁量权做出和他们的政策观点保持一致的最佳判决"(1997,p. 66)。法律模式中另外一个值得关注的问题是,这种模式假定制宪者的意图是清晰可见的。并非所有法官都认可这一假定。宪法的每个条款都相当简 115
明扼要。当制宪者写下"未经正当程序"不得剥夺"生命、自由或财产"时的具体含义是什么呢?

一些大法官承认个人的局限性(Simon,1998)。谈到最高法院,罗伯特 · 杰克逊(Robert Jackson)大法官曾说道:"我们不是因为不会犯错而成为终极权威,我们只是因为终极权威而不会犯错。"(Schwartz,1996a,p. x)在霍姆斯(Oliver Wendell Holmes)大法官看来,法律仅仅是"法院实际上将做什么的预言"(1897,pp. 460 – 461)。也就是说,机构和法律并没有清晰地规定允许和禁止的范围,正是由法官来决定什么可以说以及什么不能做(Segal & Spaeth,1993,p. 241)。

对于涉及解释法律的案件,法律模式强调的是或者分析法律的立法史或者分析法律"清楚的含义"。此处再次存在带着个人偏好进行解释的可能性。本书中法律模式的批评者强调的是:法官也是人,因此并不总是那么客观中立。艾伦 · 巴斯(Alan Barth)对此进行了有力的论证:

> 法官审理案件并非围绕一般性原则和理论进行。直觉、个人经验以及人类同情的激增也会影响判决结果。最终,法官也会像其他人一样,肯定会受到他们认为以及感觉是对的想法所影响。最高法院是一个对法律进行解释的法院,但也是一个由大法官组成的法院。因为大法官是法律的最终解释者。而法律仅仅是道德价值的体现。(1974,p. 192)

(三)一种更为激进的观点:作为理性化论证的判决书

杰罗姆·弗兰克(Jerome Frank)从来没有成为最高法院的大法官,但是他担任了多年法官并撰写了大量法学文章。在基层法院,他提出"事实"并不是客观的,"事实是法官认为的那个样子"(1963,p. xviii)。在上诉法院,他质疑法律模式的观点,认为法官在审理案件时其实是预设了一些法律规则或原则。他写道:

> 由于法官是人,而且没有人会在普通的思维过程中采取此类三段论推理得出结论(一些有限的简单情形除外)。因此可以认定的是,法官仅仅是披着司法推理的外衣,并不会采用如此认为的推理方法。司法判断无疑和其他判断具有类似性,在大部分情况下,都是按照初步形成的结论倒推开展工作的。(p.109)

也就是说,法官首先凭直觉形成结论,然后仅以此"倒推形成一个规则大前提和事实小前提以判断结论是否存在逻辑上的缺陷"(p. 184)。
116 弗兰克法官的分析获得了胡果大法官曾与道格拉斯大法官交流观点的支持:"你必须记住的一件事是,在我们审理的涉及宪法的案件中,90%的判决都存在情感上的抉择。我们所提供的理性推理都是用来支持我们的偏好。"(Douglas,1980,p. 8)

弗兰克法官认为,法官之间对于事实问题的分歧远大于法律问题。他引用了1862年至1890年在最高法院工作的大法官萨缪尔·米勒(Samuel Miller)的评论:"就我在由9位大法官组成的美国最高法院大法官会议上的经历而言,我很吃惊地发现,这些法官在法律问题上很容易达成一致,而在事实问题上则存在着分歧。"(Frank,1963,p. 115)

二、一个例子:案件事实是什么?

在上诉法院,案件事实被假定为并不存在问题。但是事实会夹杂着法官的生活经历并影响司法判决。阿克诉奥克拉荷马案(*Ake v. Oklahoma*,1985)表明,两位不同的大法官对同一个"事实"存在不同的解读。

(一)案件

阿克(Glen Burton Ake)于1979年被指控谋杀一位奥克拉荷马州的

牧师和他的妻子。阿克和他的同伙斯蒂芬·哈奇(Steven Hatch)以使用电话为由进入了这对夫妇的乡村小屋。他们立即拔出了枪,用重绳捆绑了家庭成员,并对他们恐吓了数小时。之后,妻子在求饶的过程中,阿克用枪打死了妻子和丈夫。两个孩子也因击中背部受伤。在审理过程中,法庭允许检方邀请的精神病专家出庭证明阿克神志清醒。但是阿克拒绝法庭指定的精神病专家为他进行辩护。他上诉到最高法院,认为正当程序规定如果被告没有能力提供精神错乱辩护,那么国家应提供相应的精神病专家。

(二)马歇尔大法官眼中的"事实"

在大法官会议上,瑟古德·马歇尔受指派撰写法院多数判决意见。以下是他在判决意见中撰写的案件事实部分:

> 1979 年年末,阿克被逮捕并被指控谋杀一对夫妇、伤害了
> 他们的两个孩子……他在审讯前的行为举止比较奇怪,法官裁 117
> 定由一名精神病专家对他进行检查以"向法院提出建议被告是否需要经历一段更长时间的精神观察"。负责检查的精神病专家报告称:"有时阿克显然存在幻觉……他自称是上帝的复仇之剑,他将在天堂守护在上帝的身边(sit at the hand of God in heaven)"。精神病专家诊断阿克可能患有妄想型精神分裂症,并建议做一次长期的精神评估以决定阿克是否有能力出庭受审。
>
> 3 月,阿克被送进一家州立医院检查"目前的精神状况"以确定是否有能力出庭。4 月 10 日,距离阿克被起诉不到六个月的时间,州立医院的首席法医精神专家告诉法庭,阿克不具备出庭能力。之后法庭举行了一次受审人能力方面的开庭审理,期间精神病专家证明:"阿克患有精神病……他的精神诊断是妄想型精神分裂症,目前处于加重期,此外……他处境很危险……因为精神病加重和情绪易怒、自控能力差、出现错觉,我相信他需要处于州精神病医院系统最大程度的安全戒备状态下。"法院查明阿克是一名"需要进行治疗的精神病患者"并裁定将他送进州精神病医院。
>
> 六周后,首席精神病专家告诉法院阿克有能力出庭。当时,

> 阿克已经摄入2000毫克抗精神病药物氯丙嗪,每天服用三次,精神病专家提示说,如果阿克继续服用该剂量,他的状况会保持稳定。然后州法院恢复了对阿克的审理程序。(*Ake v. Oklahoma*,1985,p.1090)

以上描述中没有任何地方表明阿克存在伪装或诈病行为。我们据此可以相信他的症状是真实的,法院裁定引用了药物治疗之前诊断阿克是妄想型精神分裂症的结论。马歇尔大法官和其他多数意见大法官一样认为,阿克有权获得州立精神病医院的治疗,如果他自称在审理过程中精神失常。

(三)伦奎斯特大法官眼中的"事实"

伦奎斯特大法官撰写了一份不同意见,其中他对法院判决所涉范围和多数意见对事实的解释提出质疑:"我不认为本案的事实可以确立上述
118 原则,我认为即便法院描述的事实前提是确定的,法院宣布的宪法规则也太宽泛了。"(p.1098)以下是伦奎斯特大法官对事实的描述:

> 1979年10月,上诉人阿克和共同被告哈奇辞去了在油田钻井的工作,借了一辆车并伺机寻找破门盗窃的地方。他们开车来到牧师和道格拉斯女士的乡村小屋,并通过诡计进入了牧师家中。他们用枪顶着牧师、道格拉斯女士和他们的孩子布鲁克斯和莱斯利实施抢劫。他们将母亲、父亲和儿子捆绑起来并堵住嘴,强迫他们躺在客厅地板上。然后阿克和哈奇在旁边的卧室中试图轮番强奸12岁的莱斯利。在各种企图失败后,他们强迫她和其他家庭成员躺在客厅地板上。
>
> 然后阿克用大威力手枪分别对道格拉斯牧师和莱斯利开了两枪,对道格拉斯女士和布鲁克斯各开了一枪,之后逃离了现场。道格拉斯女士因枪伤当场死亡。道格拉斯牧师因枪伤和捆绑窒息而死。莱斯利和布鲁克斯努力解开绳索向家附近的医生求助。阿克和他的同伙逃窜至阿肯色州、路易斯安纳州、德克萨斯州和其他西部大半个美国,一个月后最终在科罗拉多州落网。(pp.1098–1099)

(四)结论

即便是伦奎斯特大法官的描述也没有呈现阿克和哈奇犯罪行为的全

貌。他们持枪在俄克拉荷马州另外一个家庭中盗窃 1500 美元,对道格拉斯实施谋杀两周后,阿克枪杀了两名德克萨斯州的调查员,而哈奇拒绝这么做。最终,他们在科罗拉多州西北部将偷来的车开进了一个雪堆中被抓获。

和马歇尔大法官撰写的判决书(他甚至没有提到试图强奸莱斯利)相比,伦奎斯特大法官对真实的犯罪做了一番描述。他提到了受害人的名字,并做了个性化的描述。他使用了感情色彩的术语比如“残忍的谋杀”和“长达一个月的逃窜”(p. 1100)。和多数意见(避免感情色彩)相比,伦奎斯特的不同意见——尽管在法律评论的范畴内——尽力压制因多数意见允许阿克获得法院任命的精神病专家进行诊断所带来的司法不公引起的愤怒。很显然,伦奎斯特怀疑阿克主张神志不清的真实性。他提道: 119

> 1979 年 11 月 20 日,也就是阿克从科罗拉多押往奥克拉荷马前的三天,阿克向当地警察详细描述了 44 页内容的犯罪过程。在这份犯罪供认书中没有提到神志不清的问题。
>
> 12 月 11 日,阿克和他的共同被告出庭。当时,哈奇已经转到州医院做 60 天的观察以确定他是否有能力出庭。阿克或他的律师没有提出此类请求。
>
> 直到 1980 年 2 月 14 日法院正式传讯,这几乎是押监后三个月,用伦奎斯特大法官的话说,阿克才开始“分裂行为”。
>
> 1980 年 6 月在审理阿克期间,检方出具了阿克狱友的证词说,阿克曾告诉他准备“扮演疯子”。陪审团并没有听到狱友的证词。

伦奎斯特大法官因此得出以下结论:“除非人们对没有人会在正常情况下实施谋杀行为这一原则持怀疑态度,否则证据中……就不会提到神志清醒的问题。”(p. 1100)但是没有大法官附和伦奎斯特的不同意见。1986 年,案件发回俄克拉荷马州法院重审。法院任命的精神病专家证明他诊断阿克自 1973 年就出现了妄想型精神分裂症状。尽管有这个证词,重审过程中陪审团还是认定阿克有罪,最终阿克被判终身监禁。具有讽刺意味的是,他的同伙哈奇,并没有实施任何谋杀行为,通过单独审理被判处死刑,于 1996 年 8 月被执行死刑。

（五）从动机性推理的概念解释差异

两位大法官为何会对同一个案件产生如此大的差异呢？动机性推理提供了一种解释。社会心理学学者茜娃·昆达（Ziva Kunda）指出，动机可能会通过她称其为偏见认知的程序影响推理。因此，动机——被定义为“任何与既定推理任务结果相关的希望、期望或喜好”（1990，p. 480）——可能会影响印象的形成、证据的评价和决定的做出。也就是说，“人们凭据认知程序和行为表现获得他们期望的结论，但是动机在决定行为表现运用于何种场合中发挥着重要作用”（p. 480）。昆达写道：

> 人们似乎并不是随心所欲地得出仅仅是他们想要的结论。相反，我认为，人们出于获得一个特定结论的合理动机并对期望
> 120 的结论进行合理论证，这有助于说服冷静的观察人士。他们只有在足够证据的支持下才能够形成期望的结论……换言之，他们坚持一种“客观的表达”……最终他们探寻的是有利于支持他们期望的结论的素材。（pp. 482 – 483）

此类分析是否能够应用于最高法院的大法官，而他们都是手头所审理的案件所涉问题的专家并且非常投入地工作。昆达的分析得出结论，人们在深入分析信息的同时也可能存在偏见。面对阿克案的基本情况，马歇尔大法官践行的是保护被告和少数群体权利的终身承诺。影响他的事实是，检方有精神病专家，而被告方没有。与之相较，伦奎斯特在阅读案件基本情况时映入眼帘的是，阿克的“疯狂犯罪”和打算假装精神病脱逃。

三、态度模式

法律模式依靠的是先例。但是是否适用既定的先例于本案是一种主观性选择（Simon，2002）。例如，在拉西斯特诉社会服务部案（*Lassister v. Department of Social Services*，1980）中，法院多数意见认为，一系列先例“表达的是同一种观点”，然而少数意见认为并不是这样。司法决策的态度模式对法官是在冷静客观思考问题这一假定提出了挑战。

（一）态度的形成

西格尔和斯佩斯合著的《最高法院和态度模式》（1993 年出版，2002

年修订）一书中指出，法官基于案件事实做出的判决仅仅“根据的是大法官的态度和价值理念”（1993，p. 32）。克莱顿（Clayton）对该书的核心内容进行了归纳：

> 通过分析最高法院 30 多年的判决，西格尔和斯佩斯发现大法官对特定问题或政策的投票基本上存在一种“一维结构”（也就是说，大法官的投票模式在数十年间是稳定的），大法官的投票模式和他们此前的政策偏好紧密相关。（1999，p. 24）

对态度和价值的全面解释都会涉及这些态度和价值的形成。为什么是某种特定的态度或价值，它是如何形成的，这种价值或态度的形成需要满足何种条件或动机呢？

一种价值可能会被认为是做出判决的标准。不过，价值很宽泛并没 121
有特定对象。相比而言，一种态度通常被认为是对一种可表示的对象所进行的评价反应。此处的“对象”可能是具体、可见的或一般、抽象的。关于汽车的价值可以强调它的审美价值与外观。因此，某些人可能会对福特雷鸟或护航舰产生特别的偏好。但是对象也可以更为一般。法官可能会对观念、论证和结论都形成态度。尽管有时态度（attitude）和意见（opinion）之间存在概念上的区别，此处使用的态度术语更具一般性，而意见主要是适用于法律领域的术语。因此，判决意见是法官处理案件形成的书面内容，部分是基于法官的态度形成的——即他对刺激性对象（相应背景下的法律意见书）的评价反应。通过书面的形式，判决意见书成为态度的行为组成部分。

（二）态度形成的功能理论

社会学学者提出了两种非常相似的态度形成的功能理论，一种是由卡茨（Katz）和斯托特兰德（Stotland）提出的（Katz，1960，1968；Katz & Stotland，1959），另一种是由史密斯、布鲁纳和怀特（1956；对该理论的当代评论，参见 Eagly & Chaiken，1998，pp. 303 – 309）提出的。每种理论都主张态度具有以下一种或多种功能。

首先，态度具有工具性、调整性或实用功能。在卡茨看来，一个人对对象形成了一种积极的态度有助于满足他的需要。如果一个对象阻碍了个人的需要，他就会对该对象形成一种消极的态度。

其次，态度具有自我防御或外化功能。关于这一点，卡茨的理论受到了精神分析理论的影响。个人为了不向外界承认自己的核心事实或自己所面临的严酷现实,他可能会形成或改变态度。例如,对外群体和少数群体进行贬损的态度可能是一种确认自己重要性的方式。史密斯和他的同事(1956)没有运用精神分析理论,发现通过外化反应具有类似的态度功能。

例如,关于托马斯大法官在平权案件中的作用,一些观察人士发现了一个悖论。在专业学习和职业经历中,托马斯大法官受益于平权政策,然而他在法院中的判决和投票却坚定地反对这些政策。很显然,他并没有将平权政策视为他取得成就的原因。他曾经说过他人生最糟糕的经历是耶鲁法学院的白人学生告诉他,他仅仅是因为少数族裔名额才进入耶鲁法学院的(Thomas,2001,p. 141)(托马斯入学的时候,耶鲁
122 法学院为少数族裔预留了10%的入学名额。他们是彼此之间而并非和白人之间竞争入学资格)。正是在法学院期间他形成了平权政策对接受方所造成的令人厌恶的影响。他曾向朋友抱怨白人自由主义者对待他的高傲方式。他的坚定立场是否也可能发挥了一种自我防御的功能呢?

再次,是知识评价或对象评价功能。为了"赋予混乱无序的世界以意义",态度可能会发生改变(Katz,1960,p. 175)。这尤其发生在没有与态度相关的信息便无法解决问题的情况下。史密斯和他的同事将这种功能视为"从个人的主要兴趣和关注的角度对对象和事件进行'评估'方面提供帮助"(p. 41)。因此,对对象或事件进行分类会更有效率,而不必重新花时间在做出何种反应方面。对象评价因此"强调个体日常适应性活动信息收集方面的作用"(Kiesler,Collins,& Miller,1969,p. 315)。

简单说来,态度功能有助于我们的日常活动。我们每个人都需要对相关的外界活动进行"评估"。法官在面对案件基本情况时,会通过个人态度对其进行评估:案件的核心主张是什么,他们是否能得到逻辑、先例或过去经验的支持,他们的表述是否清晰,如果它们被接受其结果会是什么?与之类似,在最高法院出庭多次的律师——哈佛法学院的劳伦斯·却伯教授在最高法院出庭30多次——对于大法官来说会对这些有经验的出庭律师有所期待,不论是什么类型的案件。

最后,是价值表达功能。卡茨的理论认为,个体会通过表达自身的

态度而获得满足。一个高度愤世嫉俗的人可能会找到媒体中他认为荒谬的报道,并利用每个机会散发给他的朋友和同事。除此之外,态度的表达有助于形成自己对事物的看法。在这一点上史密斯和他的同事(1956)与卡茨存在最大的分歧。在他们看来,态度的表达特点并不意味着任何事物都需要表达而是个人的态度“反映了深藏的生活方式”(p. 38)。

同在一个合议庭的法官可能在价值观方面完全不同,这有助于解释在一些判决中彼此存在的分歧——例如,它们是否被认为是能动主义法官。思考一下沃伦首席大法官的表述:“大法官职业伊始是概括能力以及使个人的错误感受客观化。”(引自 Menez,1984,p. 2)可以将其与以下非能动主义(有时称为“严格结构主义者”)法官的表述相比较: 123

> “在公共福利的每一个缺陷方面宪法并不能包治百病”
>
> [哈兰二世大法官在雷诺兹诉西姆斯案(*Reynolds v. Sims*, 1964)中的不同意见];
>
> “宪法并不能为每一个社会和经济问题提供司法救济”
>
> [鲍威尔大法官在圣安东尼奥独立学区诉罗德里格案(*San Antonio Independent School District v. Rodrigue*, 1973)中的意见];
>
> 价值冲突的例证:迈克尔诉杰拉尔德案(*Michael v. Gerald D*,1989)。

有些案件中的多数意见和不同意见反映了大法官之间赤裸裸的价值观念和态度差异。以迈克尔诉杰拉尔德案(*Michael v. Gerald D.*)为例。1976 年 5 月,卡罗尔(Carole D.)是一名国际模特,杰拉尔德(Gerald D.)是一位法国石油公司高级主管,两人在拉斯维加斯结婚。他们居住在加利福尼亚的普拉亚德雷。1981 年,卡罗尔与杰拉尔德在一起生活时生下了第一个孩子。但是她与一位邻居迈克尔(Michael H.)保持关系,并且相信他才是她孩子的父亲。当年一项验血测试表明存在 98% 的可能性他是孩子的父亲。

从 1981 年到 1984 年,卡罗尔和她的孩子维多利亚(Victoria)居住在“各种准家庭中”,包括迈克尔家,偶尔在杰拉尔德家,有时是和其他男人生活在一起。1981 年 10 月,也就是维多利亚出生六个月后,杰拉尔德搬到了纽约,而卡罗尔仍然待在加利福尼亚。1982 年 1 月,她带着孩子到维尔京群岛的圣托马斯拜访迈克尔,他在这里有商业往来和住所。从 1983 年 3 月到 7 月,她和丈夫居住在纽约市,但是 8 月返回加利福尼亚后又和迈克尔在一起。1984 年 6 月,她和杰拉尔德和好搬到纽约居住,后来他们生育了两个孩子。

1982 年 11 月,迈克尔起诉要求确立他的父亲身份和探望权。杰拉尔德提出反诉。加利福尼亚法院驳回了迈克尔的请求。法院针对杰拉尔德的请求做出了简易判决,根据是加利福尼亚州法律规定,“妻子和没有生育能力的丈夫在一起生活,妻子所生育的孩子被推定为是婚生子女”(该法律早在 100 多年前的 1872 年就已经被采纳)。

迈克尔向最高法院上诉,最高法院受理了此案。法院要面对的问题是:一位(明显是)未结婚的父亲是否具有正当程序权利证明父亲身份以对抗已结婚的母亲和她的丈夫。

由斯卡利亚大法官撰写的多数意见支持加州法律规定。迈克尔的探视权被驳回。斯卡利亚大法官写到,宪法的目的是“防止下一代轻易地抛弃传统价值观念”(引自 Nagel,1994,p. 149)。斯卡利亚大法官在判决书
124 六个不同的位置将迈克尔和卡罗尔的关系描述为“婚外恋行为”。在他看来,家庭是一个神圣不可侵犯的概念,用他的话来说,家庭不是“一个已婚妇女和她的恋人所确立的关系,孩子和他们在圣托马斯逗留三个月,然后他碰巧在洛杉矶的话,接下来再一起待上八个月”(*Michael H. v. Gerald D.*,1989,p. 114)。

布伦南大法官针对斯卡利亚大法官撰写的判决书写了一份强烈的不同意见。不同意见中所体现的价值和斯卡利亚大法官一样明确。他将迈克尔和卡罗尔、维多利亚的关系描述为是一个“家庭”并提到他们生活在一起,维多利亚叫迈克尔“爸爸”。布伦南认为从宪法的重要地位考虑,结婚的法律地位显得“很苍白”。布伦南提出上述意见反映了他一贯的司法理念。例如,在艾森施塔特诉贝尔德案(*Eisenstadt v. Baird*,1972)中,他写道:“如果隐私权胜过一切,那么无论个人是否结婚都有生育孩子的权利。”(p. 453)

(三)支持态度模式的证据

一些观察人士认为,与地区法院或其他上诉法院的法官相比,最高法

院的大法官在以个人的价值观或公共政策目标为基础做出判决方面拥有更大的自由裁量权。其中一位态度模式的拥护者写道:“基于一系列的原因,最高法院的规则结构使得大法官比其他政治角色更加自由地完全以个人的政策偏好为基础做出判决。”(Spaeth,1972,p. 63)例如,他们任职终身,将他们撤职难度很大,他们不会寻求更高的职位(极少数例外),没有更高级别的司法机构推翻或者是批评他们做出的判决。

最早支持态度模式的实证研究是赫尔曼·普里切特(C. Herman Pritchett,1948)的著作。他通过对富兰克林·罗斯福政府时期最高法院的判决进行分析表明,某些大法官一直以同样的方式投票,而另外一些大法官一直都以不同的方式投票。普里切特得出结论,大法官是“基于个人的偏好采取行动的”(p. xii)。这种趋势在数年间一直如此。例如,如上所述,以 2004 年 6 月底结束的司法年度为例,斯卡利亚和托马斯大法官在 90% 的案件中意见相同(刑事案件达 96%),布雷耶和金斯伯格大法官在 92% 的案件中意见相同(刑事案件达 93%)。格兰登·舒伯特(Glendon Schubert)撰写的《司法思维》(*The Judicial Mind*,1965)和《司法思维重述》(*The Judicial Mind Revisited*,1974)对预测特定法官的意见做了进一步的分析。罗德(Rohde)和斯佩斯(Spaeth)(1976)的著作中明确提到法官的公共政策偏好反映在投票中,他们进一步得出结论,最高法院的结构赋予大法官更大的自由“完全以个人的政策偏好为基础形成判决意见”(p. 72)。

典型的相关研究是以国家主要报纸刊登的文章为基础对沃伦到肯 125
尼迪时期所有的大法官的价值观念所开展的研究(Segal & Cover,1989)。通过分析这些内容以反映大法官的立场是自由、温和、保守还是其他类型。以内容分析为基础,福塔斯、布伦南、马歇尔大法官被认为属于最自由的阵营,斯卡利亚、伦奎斯特大法官则被归为最保守的阵营。以价值观形成的 18 位大法官小组在公民权利投票中存在相互关联性。结论的关联度达 80,这表明存在高度的关联(公民自由问题涉及刑事程序、公民权利、第一修正案、正当程序和隐私。反映以下问题的投票被认为是持自由主义主张的投票:支持被告、支持公民自由或公民权利原告、支持穷人、支持美国本土人、基于正当程序或隐私反对政府)。

（四）判决主题的一致性：以伦奎斯特和布莱克门大法官为例

1. 伦奎斯特的价值连贯性

隐含在态度模式中的假定是，大法官进入法院之前就已经确立了“深层次的价值模式”，而这些价值通过态度体现在他们审理的具有连贯性的一系列案件判决意见中（H. Schwartz，1988）。部分是因为在法院任职的时间比较长——超过了 30 年——首席大法官伦奎斯特是这方面的一个例子。在那些支持态度模式的人看来，伦奎斯特大法官的著作几乎要追溯到 50 年前，远早于他被任命为大法官的时间，这些著作中体现了坚定支持财产权和各州权力的价值观念。

在伦奎斯特大部分判决意见中，他并没有支持个体和少数族裔的权利。典型的例子是他在 2001～2002 司法年度中的投票，该司法年度中最高法院审理了 9 个涉及被告人权利的案件。首席大法官伦奎斯特在所有 9 个案件中都投票否定被告人的权利。他在所有 4 个涉及第四修正案权利的案件中投票支持政府，反对公民个人。在 8 个涉及犯人权利的案件中有 6 个案件他投票反对犯人权利。甚至是在担任大法官期间，他“坚持否定女性、外国人、非婚生子女基于歧视提出的诉讼主张，无论这些主张是基于民权法律还是第十四修正案平等保护条款。他往往也否定基于种族歧视的主张”（Davis，1989，p. 20）。例如，他投票支持美国军队中的女性比在军队中服役的已婚男性在获得赡养费方面的标准更高（Schwartz，1988）。与之类似，他在整个职业生涯中都反对同性恋者的权利。25 年
126 前，他比较了同性恋者和麻疹患者（随后进行隔离）（Mauro，2004d；Murdoch & Price，2001，p. 203），自那之后他在审理的每个案件中都拒绝承认男同性恋者的权利。

态度模式认为，此类投票反映的是个人价值观念长期发展的结果。1954 年伦奎斯特担任杰克逊大法官的助理时，他就起草了一份备忘录捍卫 1896 年普莱西诉弗格森案（*Plessy v. Ferguson*）中的种族隔离制度。他写道：

> 有人认为“个体”权利比“财产”权利更加神圣不可侵犯，直接的回答是宪法并没有做出此种区分。瑟古德·马歇尔而非约翰·马歇尔论证到，多数人不会剥夺少数人的宪法权利，这个结论在理论上听起来似乎是合理的。但从长远来看，正

> 是大多数人决定了少数人的宪法权利。(Fiss & Krauthammer, 1982, pp. 14 – 15)

在大法官确认听证会上,伦奎斯特否认以前说过的话体现了自己个人的想法。他说道,相反,法院在审理 1954 年布朗诉教育委员会案(*Brown v. Board of Education*)的时候,他是站在杰克逊大法官的立场起草备忘录的(Schwartz, 1989)。但是在那份备忘录中伦奎斯特也写道:"我意识到受到我的'自由主义'同事批评的备忘录的立场并不受欢迎、也不人道,但是我认为普莱西诉弗格森案(*Plessy v. Ferguson*)是正确的,它值得重新肯定。"(引自 Adler, 1987, p. 44)然而杰克逊大法官的长期秘书埃尔西·道格拉斯(Elsie Douglas)否认了伦奎斯特的解释。理查德·克鲁格(Richard Kluger)在他关于废除种族隔离的鸿篇巨制《朴素正义》(*Simple Justice*)中做了进一步的解释:

> 埃尔西·道格拉斯(Elsie Douglas)女士是杰克逊大法官的秘书,是杰克逊大法官 1954 年 10 月去世前 9 年间的知己。她告诉华盛顿邮报记者,将主张种族隔离的备忘录观点归到杰克逊身上,伦奎斯特"玷污了伟大的大法官的声誉"。她驳斥伦奎斯特声称杰克逊让一位助理准备他在大法官会议上的声明的说法,特别要提到的是,杰克逊是公认的演说天才,他曾作为总检察长在最高法院出庭,具有丰富的口头辩论经验,并且参加了纽伦堡审判。她告诉《新闻周刊》记者,伦奎斯特的表述"令人难以置信"。(1976, p. 607)

在另外一份为杰克逊大法官准备的备忘录中,尽管他是助理,伦奎斯特写道(涉及南方一所全部是白人的小学):

> 法院是面对南方的白人不喜欢有色人种的时候了。通过国
> 家诉讼宪法限制白人不喜欢有色人种,但是毫无疑问的是,宪法 127
> 并没有指定法院每一次都对丑陋的个人歧视行为进行社会监督。(Yarbrough, 2000, pp. 2 – 3)

担任法官助理后的十年间,伦奎斯特在凤凰城从事律师职业,他再次以不同的方式展现他的价值观念。1957 年,他在《美国新闻和世界报道》(*U. S. News and World Report*)(Rehnquist, 1957)上撰写了一篇文章抱怨最高法院法官助理的"自由主义"偏见,认为他们"极端关注共产主义者

和其他刑事被告的主张,以州权力为代价扩大联邦权力,非常同情政府对商业进行管制”(Yarbrough,2000,p.5)。在20世纪60年代骚乱时期,他反对凤凰城地方条例规定防止在公共场所存在歧视。他所看到的问题是,为了让少数人自由地选择就餐地点,是否会“牺牲”财产所有人的自由权利。

作为尼克松政府时期检察长助理和总统法律委员会办公室主任,他拥护窃听、政府监控、预防性扣留以及其他与尼克松的“法律与秩序”施政理念相符的行为。1970年,他起草了一份宪法修正案提案,禁止在校车上废除种族隔离(Kluger,1976)。

伦奎斯特对州自治和州免受限制进行了评估,他试图对美国国会和联邦法院的权力进行严格的限制。评论家的结论是,“在他致力于实现州自治的过程中……他毫不畏惧地运用司法权限制选举部门的权力尤其是国会”(Fiss & Krauthammer,1982,p.16)。伦奎斯特大法官并不困扰于依据德克萨斯法律对因欺诈获利120.75美元的男子判处终身监禁的决定(他获得了修理空调的费用但是一直都没有去修理)。该男子此前曾因欺诈80美元和28.36美元而被起诉两次,并因数罪被判处终身监禁。伦奎斯特的回应是:“有些州要适应的是,在区别对待某些被告方面,比其他州要严厉得多。”(引自Fiss & Krauthammer,1982,p.21)

在1995~1996司法年度,伦奎斯特撰写的判决意见(*United States v. Lopez*,1995)认为,国会宣布在学校1000英尺范围内持枪违法是没有依据的,因为这不是一个州际贸易问题。该判决被认为是一个预兆。1996~1997司法年度末期做出的大量印象深刻的判决体现了伦奎斯特大法官重新确立州权力的基本目标。最高法院曾在一周时间内做出惊人的
128 判决,支持两个州的法律禁止安乐死、谴责国会支持联邦管理显然属于州管理的事务(售枪),并且支持另外一个州的法律,一些观察人士认为,这部法律对性侵害者的正当程序权利提出了质疑。认为国会从州和联邦法院篡夺权力是违法的,也废止了1993年的宗教自由恢复法(Carelli,1997)。或许伦奎斯特在法院判决意见中最重要的印记是裁定1993年布莱迪法的部分内容无效,该法律迫使州和地方警察对购买手枪的人进行背景盘查(*Printz v. United States*,1997)。

正如一位专家提到的,“这是一个最近的历史时期以来更怀疑联邦权

威的法院”(Carelli,1997,p. A16)。在伦奎斯特首席大法官任期内,国会通过的其他法律都因干预了州权力而被宣布违宪。

一篇评论伦奎斯特首席大法官撰写的关于最高法院历史的著作(1987 年首次出版)表明,概述的内容主要强调的是支持政府运用权力的判决,事实上忽略了沃伦法院时期扩大公民个人权利和限制警察行为的判决(Adler,1987)。罗德和斯佩斯(1989)通过分析得出结论,伦奎斯特 1986 年成为首席大法官后,他在案件判决中的态度和价值并没有发生改变。他成为首席大法官后对同事的影响力提高了,尤其是在 1997 年至 2003 年,在涉及国会和联邦主义冲突的案件中,他能够引领法院的多数意见。在最高法院工作的 30 多年时间内,伦奎斯特从早年担任大法官助理的“独行侠”——他担任大法官后的 15 年中创纪录地发布了 54 份单一的不同意见——转变为最高法院的“掌舵人”。

他直言不讳自己的观点。尽管不愿意接受媒体的采访,但他偶尔也会表达自己的立场,“我认为我是一个司法保守主义者……我非常信奉多元主义。不要将所有的权力置于一个地方……与各州权力相比,我不希望所有的权力放在联邦政府”(引自 Weaver,1990,p. 18)。

尽管伦奎斯特首席大法官的有些观点有所缓和,尤其是学校种族隔离和女性权利问题,一个 30 年前发表的分析报告仍然非常到位:

> 依然要强调的是,伦奎斯特从最初形成政治观点以来就是一位坚定不移的保守主义者,同时对公民主张自由权利和少数群体权利持完全容忍的态度。1974 年 10 月 13 日,经验丰富的华盛顿记者沃伦·韦弗(Warren Weaver)在一篇刊登在《纽约时代杂志》(*New York Times Magazine*)上关于伦奎斯特的文章中写道,“大法官对法律、宪法、歧视和犯罪的观点今天看来很难和他的朋友们回忆起他在青年时期的观点区别开来”。尽管大部分人的观点随着年龄的增长会发生转变,伦奎斯特在斯坦福大 129
> 学学习期间接受了保守主义后似乎就“速冻”了自己的价值观……一位在斯坦福法学院的同学,也是一位不加掩饰的自由主义者回忆:“伦奎斯特不只是在保守主义方面保持一致……”另外一位同窗观察道:“比尔是学校的保守主义者。我们中的许

> 多人对他有不同的看法。他是一位锋芒毕露、才华横溢的同学。但是在异乎寻常的政治方面他是个笑话。”(Kluger,1976,pp.608–609)

尽管此类结论通常一目了然,但伦奎斯特在最近的两个重要案件中的投票对他的一致性提出了质疑。第一,在第1章中描述他在迪克森诉美国案(*Dikckerson v. United States*,2000)中的多数意见,即支持警察运用米兰达规则。乍一看,该判决似乎和伦奎斯特大法官的“法律和秩序”方向相反,但是,正如第1章中所提到的,国会篡夺最高法院权力的问题似乎在形成他的判决意见方面是一个优先考虑的问题。第二,伦奎斯特首席大法官在布什诉戈尔案(*Bush v. Gore*,2001)中的附和意见在一些人看来似乎是拒绝了他长期信奉的州权力。我将在第7章中对该案的投票进行解释。

2. 布莱克门:一致的价值,不一致的投票

另外一个反映大法官价值观念一致性的例子是布莱克门。这个判断可能会让一些人很吃惊,因为布莱克门大法官在他24年的大法官任期内投票发生了急剧的转变。但是他内在的价值观却没有变化。其中的一个例子就是他对死刑的立场。甚至在提名出任巡回法院法官也就是任命为最高法院大法官十年前,他就表达了个人反对死刑的看法,他认为死刑令人“厌恶、反感、憎恨”(Greenhouse,2005b,p.114)。但是,在最高法院的最初10年中,他在多个案件中投票支持死刑,他转向与他的价值观念保持一致的投票模式是个渐进的过程。大约13年后,他才在一个案件中投票反对支持死刑,但在他即将退休的时候,他写道:“我认为在道德和理智上有义务承认死刑是失败的。”(*Callins v. Collins*,1994,p.1144)

在最高法院任期开始的时候,他支持各州运用死刑作为惩罚措施。刚出任大法官5个月的时候,他在麦戈瑟诉加利福尼亚州案(*McGautha v. California*,1971)中加入多数意见认为,宪法并没有阻止陪审团宣判被告死刑。但是在20世纪80年代,他开始发现司法制度中死刑程序存在的问题(Stewart,1998)。典型的是他在贝尔福特诉埃斯特尔案(*Barefoot v. Estelle*,1983)中的不同意见。在这个案件中,两位精神病专家在量刑
130 庭审中证明,被告人有实施进一步犯罪行为的可能性。在案件审理的德克萨斯州,如果被告人存在“实施暴力犯罪行为并对社会构成持续的威

胁”的可能性，陪审团将会判处被告人死刑（p. 884）。即使是美国精神病协会也不同意两位精神病专家做出的评估意见。布莱克门大法官发表一份措辞严厉的不同意见，谴责运用在他看来是错误的信息判处一个人死刑。他写道：“法院批准在死刑量刑审理中允许‘专家’医学证明既不可靠也不专业，违反了医学伦理的原则。”（p. 924，n. 6）

5 年后，他在达登诉温赖特案（*Darden v. Wainwright*，1986）的不同意见中表达了更为严厉的谴责：“今天的判决……表明法院不仅容忍不完美而且降低公正和责任的门槛，可能会让认真的检察官感到尴尬。”（p. 189）但是从这一点看，在 20 世纪 80 年代中期，他关注的是个别案件而没有在整体上谴责死刑惩罚。他最后对死刑问题发表意见是 1994 年，也就是他即将退休的时候。在柯林斯诉柯林斯案（*Callins v. Collins*）中，他发表了严厉的不同意见：

> 从今天开始，我不再摆弄死亡的机器……事实上，现在对我来说，明显的是，没有结合程序规则和实体规则的审理是无法将死刑从内在的宪法缺陷中拯救出来的……问题是不可避免的事实、法律和道德错误为我们提供了一种制度，让我们必须错误地杀掉一些被告，这种制度无法运送公平……可靠的依据宪法判处死刑。（p. 1145）

（五）态度模式的观点总结

在 20 世纪 80 年代、90 年代早期，大部分政治学学者优先运用态度模式来解释司法判决。如前所述，“法官根据态度投票”这种观点典型地体现在西格尔和斯佩斯的著作《最高法院与态度模式》（*The Supreme Court and the Attitudinal Model*）中，他们写道：

> 尽管态度具有认知、情感和行为的成分，我们关注的是大法官的投票，因此是态度中的行为部分。这些态度和与之相关的价值会促使大法官在行为上支持某些法律主张并反对其他主张，而其他的大法官则会以相反的方式行为。

尚不清楚的是，态度模式的拥护者是否明确说态度和价值是大法官投票的唯一决定因素。尽管偶尔的引用中好像是这么说的，但是我们怀疑它们是否有那么极端重要的作用。其中一个主要的支持者是这么表述 131
的：“没有研究司法制度的学者会否认的一点是，尤其是最高法院的法官在判决中至少部分的是受到了他们的价值观念的影响。”(Segal,1999,p. 237)与之保持一致的缓和观点是,一些大法官会承认,在一些案件中生活经历和背景会影响案件,但是他们不会将其完全归因于态度模式。布雷耶大法官曾告诉一些学生:

我是一个个体……因为我是一个个体,我自身的背景……我自身的观点、意愿当然会影响我。它们都会起作用。不同的生活经历在某种程度上会形成不同的观点。这会影响我看待事物的方式。但是这完全不同于说,“哦,我决定任何我想要的”。我理解的是,我的背景、视野、价值以及任何事情都会影响我。但是我不认为我可以自由地选择任何我认为是好的结果。这是一个复杂的回答,因为我想让你知道我是怎么思考的。(1997)

通过将大法官的投票作为因变量,态度模式的拥护者承担着一项雄心勃勃的任务。大法官的投票确实是可预测并具有终局性,因此他们的决定对于大法官和这个国家来说很重要。但是投票是行为,任何复杂的行为都有许多动因,这些动因超出了态度、价值和理念的范畴。另外,态度模式遭到批评的地方在于它们将投票行为的决定因素限定在它们自身:

局限于分析态度和做出有价值的判断之间的相互关联性,该模式忽视了以下情况,即为什么大法官会审理一些案件而认为其他的“没有价值”,或者为什么以前案件的事实会影响决定未来案件的态度,或者说是什么因素推动大法官形成支持(或者推翻)一部法律或先例的意见。(Crayton,1999,p. 25)

基于对态度模式的这些思考,理论家还在探索对司法决策做出更为全面的解释。

四、理性选择模式

前引西格尔和斯佩斯的著作中提到,态度模式强调的是大法官的投票。但是,正如我们在布莱克门大法官的例子中所看到的,有时投票并不能反映态度。甚至有的投票和大法官所期望的价值结果相反。为什么会是这样?原因之一是从第三方的角度来看,大法官按照人类行为的理性选择模式审理案件。他们追求多样化的目标。他们采取各种方式使得目标最大化。他们所在的机构有时会影响他们的目标。因此，有时他们必须做的事情，从短期来看，未必能达到他们的目标。但是，这些行动有利于实现他们的长远目标。因此，理性选择模式的核心是大法官的策略性投票现象。 132

以下是伍德沃德(Woodward)和阿姆斯特朗(Armstrong)的著作《同胞们》(*The Brethren*)中对布伦南大法官的判决意见的描述[问题在于是否值得对一名判处终身监禁的犯人重审，布伦南大法官的投票将成为莱曼·斯利克·穆尔(Lyman A. Slick Moore)拥有第二次机会的第五张票]：

> 布伦南的一位助理认为，如果布伦南大法官看过了马歇尔大法官提供给他的案件事实，他就不会投别的票。他走过去和布伦南交流，30 分钟后，又返回动摇了。布伦南理解马歇尔的立场是对的，但他现在不能再改变立场了，助理说。对于布莱克门来说，这并不仅仅是一个普普通通的案件。布莱克门在这个案件中花了很多时间，认真地阅读了审判记录。他很自豪于自己的客观性。如果布伦南转变了立场，布莱克门会感到自己被冒犯了。那就会变得很不幸，因为布莱克门后来似乎更加坚定地独立于伯格首席大法官。布伦南认为如果他现在投票反对布莱克门，那么他在堕胎案或者甚至是淫秽案件中会变得更加困难。(1978，p. 225)

对斯利克·穆尔(Slick Moore)没有进行重审。按照理性选择来解释大法官的投票行为，投票能反映一位大法官忠诚于另一位大法官而非案件的是非曲直，如果能通过投票让真正重要的案件继续走下去也算是对忠诚的回报。

态度模式将最高法院看作是一个自治的——甚至是与世隔绝的——机构，然而理性选择模式强调外部力量尤其是国会和公众总是大法官投票时要考虑的因素(Hall & Brace，1999)。根据理性选择模式，国会的偏好会限制法院判决。在过去的 10 年中，有大量研究成果支持通过理性选择模式平等正当的解释司法行为。因此，我会在下一章中阐述这种模式及其对最高法院投票模式的解释。

第6章
判决中的理性选择模式

摘要:本章考察了最高法院中理性选择的模式及其各自对投票方式的解释。本章所涉及的论题包括根据个体态度建立的模式的局限性、对理性选择进行研究的历史、同意调卷令的做出、撰写判决意见的心理,以及各种试图施加的影响和大法官们对其的反应。

关键词:最高法院;大法官;司法判决;理性选择模式;试图施加的影响

因为最高法院的判决都是9位大法官相互影响之下选择的产品。任何一位大法官意欲推出他所赞赏的法律政策的能力部分是建立在他采纳其他大法官选择的能力基础上的。 133

——李·爱波斯坦、杰克·奈特:

《大法官们的选择》(1998)

第3章探讨了关于最高法院是否能够掌控自己的日程问题。虽然一些专家持不同意见,大部分的社会学学者都认为9位大法官可以控制绝大部分。事实上,"日程确定"这一概念就是指由最高法院决定何种争议需要解决,何种争议可以置之不理。此种控制和自由裁量可能会走得更远，即“在大法官们同意审理某个案件后，他们可能会（经常如此）忽视解决当事人在他们上诉书中所提请的问题”（Epstein & Knight，1998，p. 88）。得益于在当事人所提交的问题中加以选择的这种特权，大法官们在他们判决的几乎一半的案件中显示出对问题的抑制性（McGuire & Palmer，1995）。

一、态度模式的局限性

第 5 章描述了司法裁决是基于个体态度模式的观点，对于这种解释持赞赏态度的社会学学者对上文中所提出的观点不会有争议，但是在何种程度上最高法院大法官“投票表明他们的态度”或在他们投票中反映他们的基本价值观？某些对态度模式提出批评的学者认为，态度模式是把“大法官们当作可以随意基于自己的意识形态表态的、不受限制的决定者”来看待的（Epstein & Knight，1998，p. xii）。如果大法官们意欲如此，他们真的可以无视事实和法律吗？

但是即使是态度模式理论的领军人物西格尔和斯佩思也表明如下
134 观点：态度决定行为的范围是受到限制的。例如，如果某项上诉本身没有价值，“没有一个自重的法官会只单单基于他或她的政策偏好决定受理该案件”（1993，p. 70）。然而这两位作者所举的以下这个例子与其在 1993 年出版的著作中的观点却构成了他们未曾预料到的反讽：“假如迈克尔·杜卡斯基提起一个诉讼，要求自己应被宣布为 1988 年总统选举的获胜者，接下来假如最高法院不得不对此案判决，我们不认为对该案的投票是基于大法官们在大选中投票给谁。”（p. 70）

二、理性选择模式的研究历史

与所有人一样，法官在他们的职业生涯中有各种追求目标。正如鲍姆（1998，p. 16）所提及的，大多数研究司法行为的学者都把注意力放在了离法官最近的目标上，这些目标绝大多数直接与法官在法庭中的审判行为有关。但是在不同程度上，法官也在法律圈子或整个社会中寻求受欢迎和被尊重，在法院中寻找权力，以及寻求提高自己的经济地位。虽然判决可能反映出法官意欲精准解释法律，但法官们的反应可能也表达了更个性化的，甚至是以自我为中心的想法，如与其他法官拥有良好的私人关系,或者减少自己的工作负担。

除此之外,法官的目标也可能表现为满足一部分公众的意愿。我们应该记得每一位联邦法官都是因为政治原因被任命的,由于显而易见地属于某个党派,他或她可能已经引起总统或者那些来自法官家乡州的参议员的注意。即使联邦的法官们不需要为获得再次选任而努力,在他们被任命(以及被确认)过程中所具有的政治色彩,意味着法官们对其党派的需求保持敏感度这一目标会如影随形。

对法官的目标进行分类折射出个性与职业要求的混合特质。例如,爱森斯坦和雅各布(1977)阐述了大法官们以及他们的工作人员所追寻的四个目标:伸张正义、保持凝聚力、处理工作压力以及减少不确定性。这种对于法官动机的多样化定义,而不是把法官的动机单一化似乎与人类行为的现实更加吻合。鲍姆的通达之作《司法行为之谜》(1997)的主题之一就是,致力于研究法官行为的多元化目标。事实上,鲍姆已经将态度模式的局限性标识为:将大法官思维形式单一化。他指出,态度模式的支持者最纯粹的立场就是:“大法官在法律政策的框架内践行的行为仅仅出于他们的利益。他们寻求达成好的政策而不是好的法律,而且他们对案件的投票结果是他们偏好的直接结果,而不会由于什么策略的原因偏离那些偏好。”(p. 25)

(一)理性选择模式各种学说的出处 135

1964 年,普林斯顿大学政治学教授沃特·墨菲出版的著作中将大法官们的投票行为描述为理性选择的结果。[人们应该注意“理性选择”在社会学领域有好几种含义。政治学学者丹尼斯·冲写道:“当人们选择相信对他们利益具有最大化、最可能的办法时,他们就是理性行为。”(2000,p. 12)沃特·墨菲所使用的概念在某种程度上与冲的概念中所蕴含的私利有所不同]。墨菲的研究目标之一是说明大法官们都是政治人物,他们与政府其他部门中被选举的官员没有什么不同。尤其是他提出,法官们希望看到某种公共政策被提出或者被确立,他们的行为就是为了完成这些目标。

墨菲的著作出版 40 年后的今天,一方面,它已成为了一部经典的、开创性的著作;另一方面,也经常因为其方法论招致非难(Epstein & Knight,1998,2003)。墨菲引用了一些例子(这些例子被批评者称为八卦轶事)来支持自己的观点,这些例子是大法官在说出自己的投票理由或者在试图影响其他法官投票时的所作所为。当政治学领域变得更关注行为的现实性之时,批评者要求看到八卦之外的更多证据。20 世纪 70 年代和 80 年代的学术界并不重视墨菲的观点,因为当时许多政治学学者都沉迷于态度模式理论。另外,那些研究司法判决的行为导向的政治学专家开始使用更多的案例,并且将研究成果应用到复杂的数据分析中。一些观察者认为,墨菲观点的基本信条“主要在于探讨司法判决的社会—心理学模式,与行为主义法学家(即法律模型的宣扬者)观点相冲突”(Hall & Brace,1999,p. 282)。

但李·爱波斯坦和杰克·奈特合著的《大法官们的选择》(*The Choices Justices Make*,1998)和弗瑞斯特·马尔兹曼、詹姆斯·F. 斯普利格斯以及保罗·J. 瓦贝克合著的《在最高法院弄法》(*Crafting Law on the Supreme Court*,2000)两本书的出版,对理性选择理论注入了新的动力。第一本书的作者提出:

> “大法官们不是那些不智慧的人,后者仅仅根据他们自己的政治偏好做决定。相反,大法官们都是战略家,他们清醒地认识到自己完成目标的能力取决于对其他法官偏好的考量,取决于他们希望其他法官所作出的选择,也取决于自己所处的制度环境。换言之,对大法官抉择的最好阐释是将其定义为战略行为,而不是他们个人的理念或政治哲学的简单反映……最高法院所创制的法律,是一个短期战略性判决的长期性产品。”(Epstein & Knight,1998)

136 第二本书的作者们提出,战略性的考虑支配着整个司法判决过程。两本书共同关注的是:最高法院所适用的规则、程序和制度理念都在努力限制大法官们简单化地将自己的态度、价值观和偏好转化为政策结果。

上述著作中所反映的理性选择模式存在如下的基本假设:

> 1. 包括大法官在内的社会角色扮演者做出选择是为了完成特定目标;
>
> 2. 包括大法官在内的社会角色扮演者其行为都具有战略性,他们的选择取决于他们希望其他扮演者所作出的行为;

3. 这些选择受到规范他们的制度环境的限制。(Epstein & Wright,1998)

(二)理性选择与战略性行为

在最高法院,战略性行为是什么样子呢?1990 年,最高法院在宾夕法尼亚州诉穆尼兹案(*Pennsylvania v. Muniz*)中有所体现。最高法院的判决是:虽然酒驾的嫌疑人在被讯问时,没有被告知其有保持沉默权的米兰达规则,但检察机关在庭审时提交了一份录像,显示他在被讯问时回答问题言语混乱。多数派意见认为"无法以一种清晰的方式说话这种身体上的无能"就像实物证据,如血液检测,而不是证言,因此就不属于宪法第五修正案所保护的人不能自证其罪的范围。这个判决所建立的先例规则在于,它第一次提出了米兰达规则的"常规警务手册问题"的例外情形(Maltzman, Spriggs, & Wahlbeck, 2000)(即立案例外,译者注)。在某种意义上,这个判决结果并不令人吃惊,因为最高法院至少在最近 35 年间,已经允许了多次对原原本本适用米兰达规则的例外。事实上,从 1969 年开始,最高法院在与米兰达规则相关的裁决中,倾向于支持政府执法部门的案件占 72%(Maltzman et al. ,2000)。

但令人吃惊的是大法官布伦南所撰写的判决意见。正像马尔兹曼及其同事(2000)所观察到的,这个判决意见与布伦南之前对宪法第五修正案不能自证其罪所做的宽泛的解释非常不一致。在布伦南担任最高法院大法官期间,对最高法院所审理的与米兰达规则相关的案件,布伦南只有 28% 的情况下支持政府。为什么布伦南大法官写下了一份显然违背其之前偏好的判决意见呢?马尔兹曼及其同事认为:

> "当我们钻研该大法官的私人文件时答案逐步清晰。1990 年 6 月 7 日,在一封写给马歇尔的信中,布伦南大法官告诉马歇尔,虽然'除了你和我之外,每个人愿意承认确认米兰达规则中常规警务手册问题例外的存在……我使用了策略性的判决方法以承认该例外的存在,但在判决意见中把该例外的范畴定
> 义得尽可能地窄,这是我可以控制的。'在这封信中,布伦南承 137
> 认,虽然他个人反对自己新近创设的米兰达规则的例外情况,他仍投票赞成多数意见,从而能在判决书中控制该法律原则的适用范围……布伦南看了马歇尔在穆尼兹案件所发表的不同

意见后，在接下来的一封给马歇尔的信中，布伦南写道：谢谢你，老兄，让我看到你在该案中的不同意见。我觉得非常好，我也完全理解你打算和我一起完成确立一项米兰达规则例外情况的想法，然而我仍然坚信，目前这是一个战略性的适当的行动。如果在这个问题上让桑德拉得手了，米兰达规则还能剩下什么，就天晓得了。”(pp. 3 – 4)

通过对最高法院公开的记录和私人的诉讼摘录笔记、备忘录，以及若干大法官（尤其是布伦南、马歇尔、道格拉斯和鲍威尔）投票记录进行分析，让这两本书的作者们能够提供支持其论点的大量的数据。他们的发现在调卷令决定、多数派意见的起草文件以及对这些文件的回应中都得到了印证。例如，在对从 1983 司法年度开始的案例分析的基础上，在那些讨论这些案件的会议中，48% 的评论都关乎政治热点（Epstein & Knight，1998，图表 2 – 1，p. 30）。

三、关于授予调卷令的决定

理性选择模式提出，作为以政策为导向的最高法院的大法官们，在他们是否接受一个上诉的审查决定中就反映了其目的。考虑到目前最高法院意识形态的归类，每一位大法官都有一些案件是他或她希望被授予调卷令，与此同时，则有另外一些大法官不愿意看到该案件被授予调卷令。爱泼斯坦和奈特指出，如果说是否授予调卷令的投票反映出法官们的政治目的，那么他们就会根据政治偏好接受那些他们希望推翻的案件。事实上，在 1953 年到 1994 年的司法年度中，最高法院推翻了其所复审的 6000 个下级法院判决中 61. 3% 的案件（Epstein & Knight，1998）（在最近的司法年度中，被推翻的案件已经上升到 70% 还多。参见第 10 章）。

当然，上文提到的推翻的案件占多数还有其他一些理由。西格尔和斯佩斯提出的理由包括：

“考虑到在一个确定的司法年度中可以被复审的案件数量有限，最高法院必须决定如何更好地利用时间，时间是最高法院最稀缺的资源。当然，推翻不喜欢的下级法院的判决比起维持一个自己喜欢的判决更具有影响力——相比较仅在诉讼当

事人之间的影响力。因此，在同等条件下，大法官们会审理更多他们不赞同的案件。”(1993, p. 191)

那些政治倾向促使其同意调卷，但由于没有能够获得必要的四票而失败的大法官可能不赞同最高法院不授予调卷令的决定。对 1982 和 1983 司法年度的分析报告证实了有 55 个案件在最初投票时没有达到授予调卷令的多数，然后就有一位(或多位)大法官在同僚间传递书面的不同意见书。在做出这些影响性的努力中，有 23% 是该大法官成功劝说第 4 位同事同意授予调卷令。在 1983 司法年度中，在大约 150 个最终被最高法院受理的案件中，有 9 个在开始时是不准备授予调卷令的(Epstein & Knight, 1998)。 138

其中的例子之一就是另外一个关于限制米兰达规则的案件、纽约州诉夸尔利斯案(*New York v. Quarles*, 1984)：

> “夸尔利斯案开始于 1980 年，当时一个妇女向两名纽约警察报案说她被一个高个的带枪黑人强奸了。当这两名警察驱车来到他们定位的袭击者本杰明·夸尔利斯所在地点时，命令他站住，并询问他的武器在什么地方。夸尔利斯回应道‘枪就在那儿’。此时警察逮捕了夸尔利斯并向他宣读了米兰达规则。但初审法官排除了夸尔利斯关于枪的证言，因为这是在他听到自己权利前说的。”
>
> “这个案件就这么到了最高法院。但是在 1984 年 4 月 4 日，大法官们投票否决了调卷。作为回应，伯格大法官写了一份简短的声明，说他不同意否决意见，从总体上而言更乐意推翻下级法院的该判决。大约一个月后，伦奎斯特大法官发布了一份不同意见书，在意见书中，他不仅敦促他的同事审理这个案件，也提出了他自己的关于最高法院应当如何判决这个案件的观点。伦奎斯特相信，纽约州检察人员提出的辩护意见，即大法官应该以公共安全作为米兰达规则的例外情况，值得‘认真考虑’。如果确实存在因‘紧迫情形’而让拒绝排除适用因为技术上对米兰达规则的违反具有合理性的话，本案中的情形似乎就是这些情形中的一种。”(Epstein & Wright, 1998, p. 64)

四、撰写判决意见中的心理学问题

选择写多数判决意见的人很重要。第 9 章讨论了首席大法官在指定判决意见起草人时在其头脑中所考量的因素(正像第 3 章所表明的,如果首席大法官并非多数意见中的一员,由多数意见中最资深的大法官指定写作者。但理性选择模式发现,如果某位资深大法官事先预计首席大法官将会与大多数意见不一致,他可能会采用某种形式的投票方法从
139 而让自己有机会决定谁来写多数意见。在之前提到的穆尼兹案件中,就显示了布伦南大法官是如何精心处理这件事情的)。

一旦一位大法官被委任起草最高法院的多数派意见,最高法院观察家们会就起草者的进程提出一系列问题。起草者是否数票了,如果数了,计票的结果是如何影响他或她精心起草判决意见的,最初投票的窘境是否影响到写什么样的判决意见,被指派的起草者是否经常发现他们无法写出满意的判决意见,多数派是否会变成少数派?判决意见写作者有可能成为一名日程安排人员,这份文件奠定了一个基准线,让大法官们随后在此基础上协商。除此之外,被委派写判决意见的人有权决定是接受还是拒绝来自其同事的变化意见。正像马尔兹曼和他的同事们所发现的:

> “写判决意见的人将其意见给他人传阅几乎经常性地开启了案件的第一步。其他大法官直到他们最终看到起草的多数意见之后,才能传阅自己的附和意见或反对意见。凭借着这个地位,被指定的写作者于是享有了确定日程的特权,这取决于他们从一系列的政策范围中选定自己政策立场的能力。随着撰写具有竞争性意见付出的精力越多,这个特权就越明显。因为大法官们都受到时间和工作压力的限制,为了避免另写一份判决意见所付出的精力,一个不同意该多数意见草稿部分观点的大法官可能就简单地完全同意了。”(2000,p.7)

写作者必须经常性地数数投票,而且他们写判决意见时必须认真仔细,以免陷入背离大多数意见的两难境遇。有时他们必须把自己最钟爱的观点放在一边,而为最高法院确定一个明确的裁决。爱波斯坦和怀特把下面的例子作为“一个可能的复杂意见写作的典型例证”,该案例是塞古拉诉合众国案(*Segura v. United States*):

“伯格把他写的多数意见的第一稿分发给大家，他发现多数意见阵营中有 3 个人叛逃到另外一个阵营中，而且知道了第 4 个人（奥康纳）正在考虑只是附和判决意见。为了保证最高法院的统一性，他提供了两个新的版本，一个与第一稿比较接近，另一个提出了一个理论，‘该理论或许为桑德拉所赞同，我和她为此交换过意见’。后一个版本他只是提交给了仍然待在多数意见阵营中的人。虽然在他的备忘录中，他说他喜欢 A 版本，他也表达了如下观点，即他‘准备着按照某 4 个人的意愿行事’。在进行了微调后，B 版本成为了最高法院的正式判决。”（1998，pp. 97－98）

对退休大法官的文件进行分析发现，在伯格入主最高法院的时间段内，超过 50% 的案件中最初的草稿与最终发布的版本之间存在显著差距。而在一些里程碑式的案件中，这个比例上升为 65%（Epstein & Knight，1998，p. 98）。下面是一些例证。 140

1. 巴列维诉佐治亚州案（*Ballew v. Georgia*，1978）：涉及问题是陪审团的最小规模，佐治亚州一直都使用 5 人陪审团。大法官布莱克门的最初草稿写了一大段解释为什么最高法院的判决不能溯及既往。最终的版本把本部分整体删除。

2. H. L 诉马喜森案（*H. L. v. Matheson*，1981）：涉及问题是犹他州法律的合宪性，该法律要求医生在堕胎前“尽可能警告”这个小生命的父母。马歇尔大法官作为多数派意见的起草者推翻了这个法律，但首席大法官伯格作为少数派中的一员对此做出的反应，引起了原来 5∶4 的格局中 2 个人倒向另一边，因此伯格支持该法律的观点成为了多数派意见。

3. 田纳西州诉加纳案（*Tennessee v. Garner*，1985）：一名孟菲斯市的警察在追赶一名很明显是抢劫了一个别墅的少年过程中，当后者企图翻越篱笆逃跑时警察开枪打死了嫌疑犯。该案涉及的问题是田纳西州法律的合法性问题。该州法律允许执法的警察开枪射击逃跑的疑犯，如果他们有致命的武器或者有可能让人相信该疑犯已经犯下暴力犯罪。怀特大法官最初的意见是支持该法律，但最终的判决书确立了相反的规则，即相信一个逃跑的疑犯拥有武器这个事实本身并不是开枪制止疑犯逃跑的充足理由。

4. 合众国诉尼克松案(*United States v. Nixon*, 1973):著名的水门偷录案件中,首席大法官伯格最初起草的判决意见写道:总统所宣称的行政特权只有在政府部门的"关键性职能"受到威胁时才可能成立。其他大法官对于这个限定并不赞同,最后,在一致意见中,该"关键性职能"提法被拿掉了。

5. 罗伊诉韦德案(*Roe v. Wade*, 1973):大法官布莱克门最初的起草意见基于一些微不足道的理由,尤其是法条语言的模糊性,推翻了德克萨斯州的法律(该法律规定免除责任的唯一标准是"挽救母亲的生命",在布莱克门看来,对外科医生而言这并不是非常明确)。但是正如在本章之后的详细论述中所描述的,布伦南大法官和道格拉斯大法官促使布莱克门大法官推翻该法律,原因在于它违反了宪法第14修正案中关于个人自由的概念。

当然,上述并非在最初的版本和最后的法院判决意见发生重大改变的唯一例证。伯纳德·施瓦茨在1984年、1987年和1996年分别出版了三本有影响的书,三本书分别呈现了沃伦、伯格、伦奎斯特作为首席大法官时,不同时期的10个案件的最初判决意见草案。这些书中阐释了所起草的意见在协商过程中是如何(有时是为什么)发生变化的。

141 **五、大法官会议后各种努力之影响**

虽然对于一件被接受的上诉申请可能会在12月召开一次口头辩论会,最高法院的判决有时候直到第二年的5月或6月才被宣布。在这么长的一段时间中,发生了什么?多数派意见的判决书起草一般只需要花费几个星期(虽然有些大法官比另外的法官干活更快一些),从那时起,相互交换各种意见以及修改建议可能要花几个月时间。理性选择模式是如何型构这个过程的呢?

(一)顺而赢策略

沟通理论专家使用了"顺而赢"这个术语来指代那些试图让别人按照自己意图行事的过程。对此术语有一个解释是:"这是一种努力,是某些行为者,即沟通的发起方,从一些目标对象,即接受劝说的一方,得到一个特定的、事先被预设的反应。”(Schenck-Hamlin, Wiseman & Georgacarakos,1982,p. 92)这种试图影响的努力可以发生于口头辩论阶段(针对一方当事人律师所提的问题,可能其真实的意图是为了影响其他大法官),或者发生在大法官会议时(虽然在伦奎斯特主事的最高法院,这种机会是被抑制的),但是更多是发生在大法官会议之后的阶段(在这个阶段中,交换备忘录或走廊聊天都反映出顺而赢的策略性努力)。

顺而赢在现实中明显是解决许多社会冲突的目标。迈威和施密特(1967)提出过一个问题:人们一般情况下如何赢得别人的顺从呢?他们列出了 16 个不同的手段,之后被米勒和帕克(1982)重新整合为两个范畴:

> 1. 激励或惩罚:例如,劝说者是否努力使用奖励或惩罚技术来获得顺从?
>
> 2. 沟通方—接受方之义务。也就是说,劝说者是否努力直接控制各种激励机制(此为“沟通方之义务”),或者他或她努力去刺激引发积极或消极自我劝说的技术,也就是说接受方之义务。(Perloff,1993)

后一个范畴,被上述学者简单化为“你欠我一个”或“如果你以我的方式投票了,你会对自己的感觉很好”之类的表述,这些似乎都隐藏在最高法院施加的各种影响中。我们在下面会看到。

(二)权力策略

还有另外一套策略范畴,可能更具有实用性,它们源自心理学学者托尼·法尔(1977)所做的研究。她要求接受实验者就“我如何达成所愿”写下一些句子,从中共提出了 16 个策略,包括讨价还价、欺骗、妥协、暗示、坚持、说理,或者简单劝说等。我们对这些反应中的要素进行总结如下:

> 1. 直接对应间接(例如,声明和简单陈述对应暗示和讨价还价);
>
> 2. 理性对应非理性(例如,使用说理和劝导方式对应使用进攻和威胁方式)

我们有必要认识到,诸如下述的影响他人的技巧虽然包含上述两个独立的维度,但也可能是: 142

> 1. 直接而理性,或者说坚持;

2. 直接而非理性,或者说威胁;

3. 非直接而理性,或者说讨价还价;

4. 非直接而非理性,或者说欺骗。

劝说受语境约束,也就是说,在不同的场合要使用不同的影响他人的技巧(Perloff,1993,Wiseman & Schenck-Hamlin,1981)。这些场合因当事人之间不同的亲密关系水平、关系类型(平等关系对应上下级关系),以及遭到抗拒的程度等而不同(Perloff,1993)。下文将说明这些技巧中的很多——包括非理性策略——都可以在最高法院大法官们的交流中得到印证。

顺而赢策略的使用过程也反映出个体的差异性。一般而言,在使用礼貌性或具有商谈性的顺而赢策略时,女性比男性用的更多(Baxter,1984,Fitzpatrick & Winke,1979)。一些人依赖计谋和欺骗,另外一些则不用这些心机。马基雅维利主义作为一种可计算的人际方法是由社会心理学学者理查德·克雷斯蒂和佛罗伦斯·L. 盖斯(1970)发明的一个概念,意指一个人有操控别人的激情,并且会不惜一切手段让别人服从。

(三)常规性影响或信息流影响

社会心理学学者莫顿·迪奥斯和哈罗德·杰拉德(1955)对决策团体所使用的两类影响形式做了另外一个区分,这个区分很明显可以适用于任何上诉法院思考问题的过程中。信息流影响是指那些意图使用事实、逻辑和数据进行劝说的一组成员行为所折射出的影响;常规性影响则是指一组成员吸引该团队中属于少数的人服从,理由是人多力量大以及由此而来的多数人代表着正确的意见。对少数人进行贬低这种情感上的号召力也被当作常规性影响中的一个例子。人们假设法院中信息流影响应占据主流,但下面的部分中也包括一些大法官试图使用常规性影响去说服同事的例子。

143 **六、对试图施加影响的一个分析**

让人印象深刻的是,那些政治学专家认为,最高法院中各种试图施加影响的努力都指向顺而赢策略,尽管他们并不使用该术语。例如,墨菲在1964年的一本书中花了一章的内容在谈这些过程。他写道:

“一位大法官有大量的机会对他的同事施加影响。他可以试图诉诸他们的利益—说服他们相信，他们的利益可以从他的利益中进一步引申出来，或者如果他们反对他，他们的利益就会受到影响；也可以诉诸他们个人和职业上对他的尊重，以及诉诸他们关于责任和道德义务的概念。”(1964，pp. 39 – 40)

墨菲接下来阐述了一位法官可能使用的施加影响的各种方法，甚至包括马基雅维利主义策略：

“首先，他可能使用理智的力量，劝服他的同事说，他所要的不仅对他们自己而言是最佳利益所在，对最高法院、国家、人性或者其他他们可能认可的价值目标都最有利，而且按照他所提出的意见行事在道德上也是义不容辞的。其次，某位大法官可能如此行事好让其他的法官喜欢他，那样他们在他认为至关重要的事情上就不好意思拒绝他。再次，他可能会试图使用引起恐惧法而不是吸引法，并试图通过他可能使用的惩罚手段威胁他们而迫使他们就范。最后，他或许会宣布最可行的满足他的目的的方法就是协商：与那些在本意上不那么反对他的人达成折中方案。”(1964，p. 40)

在他的书中，墨菲总结了对上述影响行为的反应类型：

1. 实质性回应，或者根据争议点所进行的劝说性努力。一个例子：“我怀疑我们在坎特维尔案(*Cantwell*)中的分歧很大，但为了你能够准确领会我的意思，我已经把他们写出来了，并封在这个信封中。”(墨菲引用的斯通大法官对欧文 · 罗伯特大法官所说的话，1964，p. 59)

2. 逢迎。一个例子：“您知道我是多么的渴望，嗯，实际上我已经这么做了，在我们的米尔克案(*Milk*)的意见中能体现您特别专业的观点——当然，我对任何进一步的意见都持欢迎态度。我只把这个发给您，没有给别的法官看。”(墨菲引用法兰克福特法官对弗兰克 · 墨菲法官所言，1964，p. 59)

在这个对话中，法兰克福特法官不仅展示了一种逢迎和奉承，还包括欺骗，因为他对墨菲大法官一点都看不上。法兰克福特是哈佛法学院的前教授，非常看重法律技巧。他相信墨菲既没有最为重要的法律能力，也 144
没有写作能力，而这两项是法兰克福特认为对法官而言最为核心的能力。

3. 讨价还价。一个例子：“我认真读完了您对肖特维尔诉摩尔案

(*Shotwell v. Moor*)的意见后,非常抱歉地、情非得已地说,意见书的第一部分(尤其是我已经在旁边做了记号的段落)与我的判断差十万八千里,恐怕除非它经过大量的修改,我将会提交一份单独的意见,附在备忘录中。"(墨菲引用的格雷大法官对米勒大法官所言,1964,pp. 55 – 58)

讨价还价会出现在判决意见做出的好几个阶段,甚至在对调卷令申请进行审议的第一次会议上。爱泼斯坦和奈特(1998)认为,做出是否调卷的决定本身就是鼓励讨价还价:

> "一项最终确定的判决意见包括所有经典的讨价还价问题的要素。首先,大法官们要对是否听证某案达成共识。如果他们一直不能达成共识,他们就无法完成要制定政策性宣言的主要目标。其次,大法官们通常对调卷或不调卷这样的决定哪个更好有不同看法。有可靠的数据表明,在近50%的最高法院讨论后拒绝调卷的案件中,至少有一个法官投票同意调卷,在最高法院同意调卷的案件中有98%,至少有一个投票拒绝调卷。最后,大法官们有各种手段让自己有能力和他们的同事讨价,其中一个潜在的能力是威胁说对不予调卷决定撰写一份不同意见。"(1998,pp. 58 – 59)

大法官会议一结束,甚至在起草好的判决意见开始传阅之前,讨价还价仍会继续。当大法官会议达成一个简短的合意时尤其如此(Epstein & Knight,1998,p. 69)。1976年布伦南大法官发给怀特的一段通信就是典型的讨价还价。这个通信部分内容如下:

> "我已经向你提到过,我赞成你对这个案件的观点,如果可能就加入你的观点阵营。如果你觉得下面的一些建议……可行的话,就像我在附后的附和意见中所陈述的,我会站在你一边。在你给我回复之前,我一般情况下不会将附和意见传给他人。"(Epstein & Knight,1998,p. 69)

讨价还价可以有各种形式,比如像布伦南大法官所为,私下里和起草判决意见的人接触提出一个谈价还价的观点,或者传阅一份单独的意见期待它能最终被写入判决意见书。爱泼斯坦和奈特在一份对最高法院于1983司法年度内所发表的备忘录的分析中发现,只有16%的案件没有经过备忘录传阅。一般普通的案件会有6个备忘录,有时提出的修改意见会多于 10 页。当然,并非所有的这些备忘都传递出讨价还价的信号。有些备忘记载的是写一份单独的意见书或反对意见书的意图。但令人吃惊 145
的大数量——一个案子会有 35 个这样的备忘——很明显揭示了,就像爱泼斯坦和奈特所说的"大法官对其他人的意见都会有反应"(1988,p. 72)以及"在大法官最后形成自己意见的过程中,讨价还价是一个常规的事情"(p. 74)。对伯格主政最高法院所处理的案件进行分析后(Wood,1996),有学者得出如下结论,有 85% 的比例是对起草判决意见的法官要求进行语言修改,这说明这些请求者对判决意见的参与是视情况而定的。

大法官们都明白什么正在发生,有时甚至在他们自己的备忘录中出现讨价还价的语言。下面是伦奎斯特大法官给其他 3 位大法官的备忘中所写的:"我已经和约翰·斯蒂文斯讨论有一段时间了,就是为了我在比尔迪斯科案(*Bildiso*)中的意见争取到第 5 个同意票。我已经同意在目前大家传阅的起草意见中做出如下修改,他也同意如果我这样做他就加入我们的意见。"(Epstein & Knight,1998,p. 74)

正像所预测的那样,重要的案件会有更多这样的交流。爱泼斯坦和奈特的结论是,"在 70 年代和 80 年代,2/3 还多的重要案件中,至少有一位法官试图努力和起草判决意见书的法官讨价还价—都是通过私人之间的备忘进行大量的沟通"(1998,p. 73)。

米利肯诉布莱德利案(*Milliken v. Bradley*,1974)、一个学校废止种族歧视的案件就是例子:

> 在最高法院以 5(伯格、斯图尔特、布莱克门、鲍威尔和伦奎斯特)比 4(道格拉斯、布伦南、怀特和马歇尔)推翻地区法院的判决后,首席大法官把写判决的任务派给了自己。甚至在把自己第一版的草稿传阅前,他就开始私下里和多数派意见法官进行交流。如鲍威尔就给他写信说了一个故事,这个故事是他"回忆起"的最近报纸上刊登的"结果是,参议员埃尔文当时正在举行一个听证会,听证反公交工具隔离的宪法修正案小组委员会的提案"。鲍威尔想知道,首席大法官是否会听信某些来自学校的官员所做的证明,后者都亲身经历了学校因为反对种族隔离而采取的措施。之后,在伯格传阅他的第二份草稿文件后,私人备忘汹涌而至。鲍威尔的修改清单有 10 多页,斯图尔特是 6

> 页,伦奎斯特的备忘直接送给了首席大法官,同时还给了鲍威尔一份密件副本,伦奎斯特和布莱克门的备忘分别是2页。很显然让多数派联盟毫发无损越来越困难。但到第三稿时,伯格显然要让它成功出台。尽管伦奎斯特把下述内容放进一份备忘中送给首席大法官,并复印给斯图尔特、布莱克门和鲍威尔,他说:"我认为您已经做出了实质性的修改,以和我们这些人中的其他人所表达的观点相吻合,我们都是这个案件大法官会议中投票站在您这一边的。……我由衷地希望我们最终能够形成最高法
> 146 院的意见。"然而,少数派中的4人并没有看到任何"吻合",他们接到的是讨价还价过程中的最终成果——各种不同版本的意见稿。(Epstein & Knight,1998,pp. 73 – 74)

在另外一种程序中,即某份单独意见书的传阅过程中,和判决意见起草者之间的沟通也会发生,作为起草者的他或她除非做出修正,否则就无法得到支持。但是,写这样的单独意见书还有两个可能的其他目的:可能是一种警示方式,让其他阵营的成员转向多数人立场,也可能是为将来的判决留一个记录,以证明关于某个问题的解决方案并没有达成。(Epstein & Knight,1998,p. 76)

综上,讨价还价经常出现,在伯格和伦奎斯特主政最高法院期间发生率在半数案件以上。除此之外,大法官们都认同这样的过程,他们相信"讨价还价可以达成更令人满意的结果。如果他们认为讨价还价的各种行为从未奏效,他们就没有理由去这么做了"(Epstein & Knight,1998,p. 76)。

4. 威胁和勒索。在日常生活中,对某些人讨价还价无效时,威胁随之发生。但对上诉法院的法官而言,勒索是否越界了呢?显然不是。例如,当罗伊诉韦德案(*Roe v. Wade*)在1971年12月开过大法官会议之后,首席大法官伯格请布莱克门大法官撰写法院判决意见,当时大家并不清楚首席大法官是属于多数派阵营的。在一份雄辩却简短的备忘录中,道格拉斯大法官质疑了此项委派,他说因为首席大法官曾站在少数派一边说话,伯格就应该请他,多数派意见法官中最资深的大法官来委派谁写意见书。道格拉斯威胁说将公开表达反对意见。下文就是部分威胁内容:

> "(你的行为是)在我的时代没有任何一位首席大法官会采

> 取的行为。因为长久以来的牢固传统就是多数派意见中的资深大法官委派写判决意见书的法官。……尽管如此,当少数派找机会控制这种委派时,在最高法院就会出现一股具有破坏性的力量。当一位首席大法官试图通过操纵判决意见写作分配权而将最高法院置于其意志之下,制度的统一性就危险了。”(Schwartz,1996a,p. 46)

首席大法官伯格并没有屈服。他回应说,在其备审案件目录文件中:“从文字看,没有足够的行数标记投票的精准情形”,因此他记录自己为没有投票(O’Brien,2000,p. 8)。他告诉道格拉斯大法官,这个案件是成功还是失败都取决于判决意见的写作,这也意味着很明显这个案件中的问题或者非常复杂,或者是基础性的,或者与情理有关,所以在起草的意见进行进一步交换之前,不可能形成多数意见。

这个案件的判决意见写作分配至今还蒙着一些神秘的面纱(Greenhouse,2005b)。有可能首席大法官并没有将其看成是委派谁写判决书,而仅仅是当作处理大量问题的备忘录。从任何角度来看,布莱克门大法官都发现这不是一个一般的任务。这是他晋升到最高法院的第 2 年,但他已经知道在起草意见书时要慢慢来。另外,这是他所处理的第一 147
个重要案件,也是他所面临的最大挑战。直到 1972 年 5 月 18 日,他才拿出了判决意见第一稿,而这已经几乎是 5 个月之后了。虽然他的草稿中支持废除德克萨斯州的反堕胎法案——道格拉斯对此很满意——但道格拉斯对布莱克门所写的判决理由非常不满意,因为它们没有涉及任何女性所拥有的宪法性隐私权问题。后者是道格拉斯以及布伦南大法官在 1971 年 12 月大法官会议上所指出的作为多数派法官意见的基本点。

与此同时,对道格拉斯大法官而言,另外一个问题也浮出水面。在 12 月早期举行的口头辩论中,两个刚被任命为最高法院大法官的人,伦奎斯特和鲍威尔,还没有经过参议院的确认,因此就没有投票。但现在他们已经是最高法院的大法官了,因此有人提出一个动议即推迟判决,在下一个司法年度,由全部的 9 人法院重新听审口头辩论。道格拉斯大法官眼瞅着自己的多数派意见要打水漂。他给首席大法官伯格发了一封言辞激烈的信,威胁说要将伯格处理这个事情的方式告知天下,并且实录“它所包含的悲剧”(O’Brien,2000,p. 9)。他会把最高法院隐秘的内部工作

机制公开,让珍惜自己公众形象的首席大法官难堪。他给自己的朋友、布伦南大法官发了一封自己起草的不同意见,里面写道:

> "关于案件重新听审的请求只不过是少数派为了压制多数意见的诡计,他们寄希望于时间的流逝会改变结果。当然这可能发生,即有大法官死了或者预计退休了。但是这种策略会让最高法院的紧密团结变得松散,然后使得我们这里的判决都在某位首席大法官的玩弄技巧之下产生。"(Simon,1995,p. 103)

这个威胁并没有达到目的。冷静的头脑占了上风。布伦南大法官意识到,如果道格拉斯的不同意见就这么公开的话,将会给最高法院造成巨大的损害。他督促道格拉斯把所引用的首席大法官的动议都删去了。当到了要决定是否在下一个司法年度重开辩论时,道格拉斯发表了他不同于大多数意见的异议,但他没有说和布伦南说过的话。尽管如此,他还是坚持布莱克门个人曾向他保证过,再次辩论结束后他不会改变自己的立场。延期决定实质上是和道格拉斯的目标相一致的,因为这样可以给布莱克门一个夏天的时间去研究这个案件中的复杂问题。1972 年 10 月举行的第二轮口头辩论结束后,布莱克门拿出了一份判决意见草案,与道格拉斯和布伦南在最初大法官会议中提出的基本原理是一致的。这个基本理由一直保留到最后的法庭判决中,该判决由布莱克门在 1973 年 1 月 22 日当庭宣布。

道格拉斯的威胁胜利了吗?最高法院的观察人士詹姆斯·西蒙相信确实如此。他在书中写道:

> "最终的结果是,道格拉斯大法官是最大的赢家。他持续发
> 148 飙使得他从布莱克门大法官那里得到了一个坚定的承诺,即坚持自己最初投票反对德克萨斯州和佐治亚州法律的立场。最高法院其他 7 位大法官最终签署了妇女隐私权这一基本权利,该权利足够大,大到可以让女人在她怀孕的早期做出流产的决定。这是道格拉斯在 1971 年 12 月最初的文本中所持的观点。"

七、大法官们是如何应对被施加的影响的

对一份判决意见草案的最共同的反应是同意,或者用最高法院相当腼腆的语言回应说"请算我一个"。通过对伯格在位期间最高法院审理

的案件进行分析,我们发现 79% 的时间里,在大法官会议上属于多数派阵营的大法官对判决意见草案的反应是在上面签上自己的名字。在同意的同时,他们可能还提出一些编辑上修订的意见,比如说,对亚瑟・高德伯格大法官所起草的判决意见,哈兰大法官请求用"废除种族隔离"取代"各民族混合"。他写道,"整个意见中,'各民族混合'会让南方人的眼睛中流血。"(O'Brien,2000,p. 288)与此相反的是,虽然布伦南大法官同意判决意见的要点,他还是给首席大法官沃伦起草的米兰达诉亚利桑那州案(*Miranda v. Arizona*,1966)的判决意见写了 21 页的修改意见。

有时,大法官们虽然有所保留,但还是明确同意加入多数派意见的阵营。例如,首席大法官伯格在 1971 年的一个案件中,给布莱克大法官的备忘中就说:"我并不是真的同意,但是这个案件除了对一个人外,本身意义并不重大。……我会加入你的观点,尽管我有所保留。"(Maltzman et al. ,2000,p. 22)有这种行为的大法官被取了个名字,正像怀特大法官和马歇尔大法官在一次交流中所说的:"我在殊途,但我默许,正所谓,墓地异议。"

(一)要求一致性的压力效应

当一个人的反应与试图影响他的努力一致时,社会心理学学者对其中发生的两种过程做了区分:服从与内化(Kelman,1958)。服从是明显的、公开默许地接受一些工具性控制,而内化是对施加的影响中所包含的价值或信仰的实际接受。把这个理论应用到分配写判决意见后的判决过程中,服从指的是一位大法官的投票与大多数人一样是因为某些理由而不是他自己内心深处的信仰,而内化则是指一位大法官从内心确认起草判决法官的意见是合理的。举一个例子,布伦南大法官有一次告诉斯图尔特大法官:"我在大法官会议上投的是反对票,但你说服了我。"(Maltzman & Wahlbeck 所引,1996,p. 581)与此类似的是,斯蒂文斯大法官有一次写信给布莱克门大法官:"虽然我在大法官会议上投票不同意,布伦南也请我准备一份不同意见书,你的意见书让我重新审视了案件的 149
关键点,我现在被说服了,你的论点更好,因此我希望能够加入你的意见中。"(Schwartz,1996,p. 56)假设这些表述是真诚的,影响力可以导致投票的改变,这就是内化。但我们也将会看到,有些改变并非真诚的内化反应。

(二)关于流变性的概念

要求一致性这种压力,是否对最高法院的大法官们投票施加了大量的影响呢?回答这个问题的一个方法就是,仅仅确定一下大法官们从大法官会议最初的投票到判决出台时所公布的最终投票,他们的投票改变了多少。伍德福特·霍华德(1968)显然是第一个提倡研究最高法院投票变动率,或者被称为“流变性”的政治学学者。在对能够收集到的备审案件目录表和其他的记录文件进行研究的基础上,他提出流变性是经常发生的,因此对司法判决的研究就应该聚焦于判决意见的改变,而不是假设判决一旦做出,就保持不变。霍华德的文章可以被看成是研究流变性的“呐喊”(Silvia,1997),但是他没能提供实证性的数据进行系统的分析总结。其他一些政治学学者,其中著名的是索尔·布伦纳和他的同事们,在霍华德之后收集了很多具有说服力的实证资料,并且更加精细地对流变性进行分析。例如,这些研究者已将投票的变动分为三种类型:

> 1. 一致票:在最初的大法官会议就投票同意多数意见,在最后投票时还属于多数票(这意味着两个投票是一样的,也就是说,在两次投票都同意或都不同意)。
>
> 2. 反转票:在大法官会议时投票同意多数意见,在最终投票即此时最高法院更喜欢两次投票结果一致时,站在少数一方。
>
> 3. 随最高法院整体改变而改变:这种变化可能包括从少数派到少数派,或者从多数派到多数派的投票。(Dorff & Brenner,1992)

1. 流变性的频率

最为根本的问题是:流变性的发生频率是多少?一个初步的答案是:至少有一半这样的情况。布伦纳(1980)首次分析了哈罗德·波顿大法官的备审案件记录,后者在1945年到1958年间在最高法院任职。布伦纳发现其在61%的案件中都发生了投票变动。布伦纳然后查看了汤姆·克拉克大法官的备审案件记录,后者于1956年至1967年在最高法院任职,其在55%的案件中有变动。不过,案件的重要性会对投票的变动可能性产生影响。在波顿的备审案件记录中,在重要案件中有52%产生了变化,而在不
150 太重要的案件中则有62%产生了变化。在克拉克的备审案件记录中,重要案件的比例是44%,不太重要的案件是56%。(Brenner,1982a)

这些数字验证了下面的假设:事实上的投票反映了一种“人—时代—情势”之间的互动。当大法官们知道某个判决将会被媒体和法学界审视时,可能会觉得责任比较重大,所以他们会更加注意主要问题和口头辩论,好让他们最初的投票更不易被否定。另外,某个案件的显著之处也可能与斯利安(1997)所谓的“意识形态关联度”有关。很少有大法官有兴趣接手税务案件或者专利纠纷,因为这些案件几乎没有突出之处。相反,与平权法、堕胎、死刑或者联邦问题有关的案件,无论是对身为保守派还是自由派的大法官而言,常常是有意识形态上的重要性的。在对他们而言与意识形态相关的案件中,大法官们对社会影响更具抵抗力。除此之外,不是判决本身,而是判决理由才是法官们所关注的,法官们关心判决意见草案中所列举出的法律原则,如果这些原则与他们的目标不符,他们可能就会改变自己的投票。在另外一些案件中,某位大法官最初的意见可能是不确定的,这就让这位大法官改变投票并且被同事游说改变投票留有余地。(Maltzman & Wahlbeck,1996b)

事实上,霍华德对流变性奠基性的研究成果说明了,不确定性是不争的事实:“观点的变化看起来是一个书记员或者法官额外的想法和功课所致,这些想法和功课研究了那些由于在最初的辩论、问题提炼或者时机并不充分而导致在一开始时只是呈现部分性的问题。”(1968,p. 47)毋庸置疑,当大法官们描述他们如何达成与自己最初观点不一样的见解时,他们会使用诸如“成熟的想法”或者“研究并且付出劳动”等表述。(Maltzman & Wahlbeck,1996b,p. 584)

鲍姆对此得出的结论是:“从大法官的论文和其他原始材料中收集到的证据显示,大法官们在通向达成集体意见的过程中,经常改变自己的立场。尤其是,为了争取战胜同事,采取修改判决书草案语言的方式最为常见。”(1997,p. 106)

2. 改变的方向

社会心理学学者所罗门·阿施(1958)所著的关于一致性压力的经典著作,记录了一个孤独的不同意见有时候是如何屈服于大多数意见的,即使当这个不同意见是正确的,而大多数人是错误的。对最高法院大法官投票改变的方向进行研究表明,大多数人有力量去吸引少数派,虽然不是所有的事实都与社会心理学学者的研究发现相吻合。鲍姆研究发现,大法官们“更可能放弃最初所在的少数派阵营而不是多数派”(1997, p. 109)。在波顿大法官主政最高法院期间,那些非常具有流变性的投票中有78%都转向了多数派,而在这些变动中,有86%的情形是多数派在
151 该大法官改变前就已经赢取了足够的投票(Brenner,1980)。通过对克拉克大法官的备审案件记录的分析可以发现,数据是相似的:84%的变动票都转向多数意见。通过对1945~1975年司法年度的多于24,000组的投票进行分析,多尔夫和布伦纳(1992,p. 764)发现,在多数派中有2.2%的大法官改变了观点,与此同时,26.9%的少数派大法官改变了观点。也就是说,大法官们从少数转向多数是多数转向少数的12倍之多。玛尔茨曼和瓦贝克(1996)对超过15个司法年度中最高法院在大法官会议时和最终的投票进行分析,发现最初投票属于多数派的法官只有4.6%会转变,而最初投反对票的法官则有18.1%会转变。

如此始终如一的模式说明了什么?鲍姆的观点是:

> 最为可信的解释是,大法官愿意成为大多数中的一员(Brenner & Dorff,1992)。反过来,这种爱好也可以反映系列动机,这些动机包括共同型构多数派观点,以及最大程度地明确法律的含义。清晰地辨别这些动机并非易事,而且我们对其相关的重要性也鲜有感知。(1997,p. 109)

向多数派的转变与大法官们的投票是否可以提前预测是相关的问题。第10章提供了最近的司法年度中最高法院的数据。这些数据表明,取得意见统一的压力是如何让对每一位大法官的投票预测变得五光十色的。

投票改变的动机之一可能反映出一种理念的觉醒,该理念反对“微弱多数胜出联盟”,也反对那些侥幸以5:4的投票数赢的判决。墨菲写道:“在司法裁判过程中,5:4的判决说明了失败方的力量并不弱,可能就会激励反抗和逃避。多数派的数量越多,表面上的肯定性就越强,在相似的案件中某项判决意见也就更可能被接受和被遵从。”(1964,p. 66)

微弱多数赢的判决点燃了人们不满意的怒火,会损害最高法院的权威形象。墨菲在40年前就布朗诉教育委员会案(*Brown v. Board of Education*,1954)所做的分析同样适用于有关总统行政特权案以及有争议的问题:“当有4个或3个,甚至于2个少数派法官意欲公开宣称‘隔离

但平等'是符合宪法原则时,人们就会有疑虑,并且想象学校废除隔离的判决执行起来将会多么困难。"(1964,p. 66)微弱多数赢的判决也无法满足最高法院意欲解决下级法院的矛盾之处并确立判例之目的。就像布伦纳、哈格里和斯佩斯(1990)所观察到的,一个 5:4 的判决"就好像最高法院的未定判例,该判例可能由于比例改变,或者一个原本属于多数派的大法官改变主意而被推翻。"(p. 309)

总而言之,在很多高度曝光的案件中寻求达成一致意见的理念是有力的。微弱多数赢对公众和那些将要执行该判决的人而言,确定性比较 152
低。正像西尔维亚所言,"意欲表现得更具权威性并非仅仅是为了司法的虚荣。"(1997,p. 9)

因此,我们可以预测,如果一个可能的 5:4 投票结果导致了少数派中产生流变性,那么当多数派微弱胜出时就有更多的证据可以证明,投票会趋于全体同意。布伦纳(1980)分析了伯顿法官的一些记录,支持了这个观点。对所有投票呈现流变性的案件进行统计后发现,如果最初的多数派人数是 7 或 8 时,就不会发现之后投票上的变化。但最初的投票结果是多数票为 5 或 6 时,最后全体同意就更多会出现。(Brenner,1980,表 3)不过这种情况也只到一定程度,而当赢方集团足够强大,具有合法性和权威性时,统一性投票反而会消失。

出现这个结局的原因之一是,起草判决意见的大法官可能不太愿意修订自己的东西,如果他或她已经有了多数人支持的保证。在第 5 章已经提到过的阿克诉俄克拉荷马案(*Ake v. Oklahoma*)中,瑟古德·马歇尔大法官将判决意见草案供传阅,该意见除了伦奎斯特和伯格大法官外都同意。伯格回应是请求仅仅加上 4 个字。马歇尔的意见书坚称,州应该为那些因精神障碍犯罪并且无力负担精神病专家的被告人提供一名精神病专家帮助。首席大法官伯格想要把这一要求限定在死刑案件中。但马歇尔大法官拒绝了,他向其他大法官递交了一份备忘录,上面写着:"既然我们中有 7 个人同意,我目前的计划是不按照首席大法官最后通牒的建议做出改变。"(Maltzman et al. ,2000,p. 95)最终,只有伦奎斯特大法官是少数,而首席大法官伯格撰写了一份单独意见书,同意最高法院做出的对阿克有利的判决。

如果不考虑动机——并且这些动机因某位大法官和某个案件的主题

而具特殊性——结论仍然是,流变性并不是随机的、非系统性的现象,反而是任何决策集团中都会体现出的一种反应性集团程序。玛尔茨曼和瓦贝克(1996b)基于1969~1985年最高法院所有案件的投票情况,重点研究了流变性由于情势的特殊性而具有的特征。投票数的变动在很大程度上取决于案件大法官会议时所出现的一系列观点和联盟。大法官们"如果发现自己与反对者联盟更接近——与那些仅仅是意识形态明显不同的法官相比,更可能转变。"(p. 591)

上述分析的风险之一是这些分析会传递一种印象,即在最高法院内部对影响的反应是简单化的,并且经常是消极反应。我们必须记住,以政策为导向的大法官们将他们的投票作为讨价还价的筹码。他们会站在多数派那里,但是要求判决书以某种方式书写,就像我们之前在罗伊诉韦德案中所看到的道格拉斯大法官的立场一样。他们甚至会将其投票转向一些不那么重要的案件上,从而与他们的长期目标相匹配,就像布伦南大法官在莱曼·摩尔上诉案件中所采取的行动,该案在第5章有描述。

153 **总结与结论**

沃尔特·墨菲于1964年首次提出了策略性投票和诚实投票之间的区别,爱泼斯坦和奈特(1998)以及玛尔茨曼、斯普瑞格和瓦贝克(2000)分别所著的重要书籍对此加以拓展。墨菲关于司法判决的理论充分利用了政治科学和经济学所提出的理性选择模式。他提出,上诉审法官通常在做出哪些案件应该审理以及应加入何种阵营的决定时,在他们的头脑中占领先地位的就是政策考量(这里提到的政策是指最高法院应当主张的关于诉讼的理由或宏观政策)。另外,法官是社会人,他们并不是在孤立的情况下做出自己的决定。他们必须留意其他法官的偏好。这样一来,他们所做出的决定和投票就不是直通通确定的,也不必是真实反映该法官喜好的"诚实"。策略性投票可能发生在最高法院诉讼程序中的任何一个环节——包括是否授予调卷令会议或者大法官会议,或者判决意见草稿完成后。在墨菲的著作出版后,其他政治学专家对其所提出的大法官投票经常具有策略特性的观点进行了一些整合。因为是基于对一些特殊案例(尤其是里程碑类的案例)判决所做的细致分析而具有的敏锐观察力,司法策略的各种要素被人们所承认并引用。但是在19世纪60

年代早期，就该问题很少有严谨的实证研究（当然，当时公开发表的司法记录也几乎没有）。

20 世纪 90 年代出版的书籍（以及这些著作所引用的研究成果）则给予墨菲理论以新生，方法是把他的理论放在一种现代的、跨学科导向的框架中。该框架与源自社会心理学的社会认知模式非常相似。或许更为重要的是，学者们对最高法院的备审案件记录文件已经做了大量的分析，从而可以支持墨菲的观点。爱泼斯坦和奈特力劝他们的同事们，在观察最高法院大法官时，不要把他们"看作不受限制的判决者，认为他们可以根据自己的意识形态自由发挥，而是要把他们看作墨菲所理解的久经世故的演员"（1998，p. xii）。政治学学者詹姆斯·吉布森曾简洁地表达了这样的观点："法官的决定是以他们的喜好为基础，调和他们认为他们应当做的，但是受到他们自己琢磨的最可行的方法的限制。"（1983，p. 9）

理性选择方法的一个关键的方面是将关注点放在了策略性投票后面的相互牵制上。个体的行为是基于他们对其他人行为的期待。有时上述考虑会让法官做出反映他们真实喜好的选择，但在另外一些案件中，策略性的算计就会让一位法官以并非反映他或她真实偏好的行为方式行动。他们更愿意支持"一个与他们的偏好比较接近的原则，而不是眼睁睁看着他们的同事采取一些远离他们理想的立场，并且看到其他的部门（如国会）完全推翻（最高法院的）判决"。（Epstein & Knight，1998，pp. 19 – 20） 154
在理性选择理论的视野中，讨价还价和对判决意见草案的类似反应从本质上都是战略性的：

> 那些陷入到讨价还价境况中的当事人们——无论他们是试图创建一个结盟的两个州的首脑，还是试图达成一个利益协议的雇主和雇员——在做出他们自己的选择时，都必须考虑其他相关角色的喜好以及他们希望采取的行动。（p. 58）

如果我们接受如下的观点，即策略性投票确实存在，那么那些处于摇摆状态中的大法官们就具有特殊的重要性。对某些大法官而言，成为重要的一票变成了一种具有吸引力的选择，这有可能导致他们成为意识形态中心人物（Epstein & Knight，1998，p. 128）。让我们以奥康纳大法官和她的倾向性为例。在最高法院期间，她在许多的 5∶4 多数时都站在多数票一方。政治学学者南希·玛维蒂把这种情形当作一个策略性投票的例

子："与多数派站在一起的花招性的策略通过讨价还价获得了影响力上的优势。"（Maveety，1996，p. 4）

鲍姆是一个最高法院的长期观察家，也写了几本关于最高法院的书。他得出的结论是，当法官们所支持的某个案件的结果是他们最喜欢的，而"不用考虑他们的投票对他们的法院的集体性意见所具有的影响"时（1990，p. 90），他们就会采取诚实性投票。法官们使用策略性投票时，就会考虑他们的选择对于"集体性意见"所产生的影响。也就是说，他们的动机是在自己的法院中以及在作为整体在政府部门中达成最理想的结果。（Baum，1997）有两个文献记载很全面的案件判决可能就反映了部分大法官的策略性投票。在1954年布朗诉教育委员会案（*Brown v. Board of Education*）的裁决中，有几位大法官最初并不认为宣布采取种族隔离的学校非法是最高法院的特权，但他们意识到这对国家最为有利，因此最终导致了首席大法官沃伦所追求的一致同意这样的投票结果（Cray，1997，Kluger，1976）。另外，就像本章最开始时所提到的，罗伊诉韦德案（*Roe v. Wade*，1973）的最终判决也与布莱克门大法官最初撰写的版本看起来大相径庭。

鲍姆在使用"策略性投票"概念时比较慎重。例如，他并没有将一位法官为了获得再次选任而违背他或她的偏好进行投票算入其中。在另外的一个例子中，一位法官可能会愿意放弃反映其喜好的少数派立场，从而避免花时间和精力撰写一份反对意见书。鲍姆并没有把这样的行为定义为"策略性的"。

当然还是有一系列的技巧可以被涵盖在这个标签中，"从旨在赢得某位同事支持而在意见书中进行辩论，到为了影响到其他法院的任命所做出的努力。"（Baum，1997，p. 92）就像我们已经看到的，威胁并非无法接受。大法官们直到他们的愿望得到满足之前可能会迟迟不加入某个意见中。甚至对最高法院和其他联邦法院之间关系的考量也会加入其中。例如，考虑一下是否写一份单独的附和意见还是直接加入多数派意见。在
155 一份写给大法官鲍威尔的备忘录中，首席大法官伯格力劝他的同事不要写附和意见："难道试试一个'统一战线'不比一大堆附和意见更好？现实是我收到越来越多来自全国各地的法官们对各种附和意见的抱怨。"（Epstein & Knight，1998，p. 42）

正如已经说明的,政策考量并非对每一位大法官而言、在每一个案件中都是首要的考虑因素。但很难对如下的断言提出质疑,即至少对大多数的法官而言,他们对一个判决所采取的行动反映了某种意识,即他们都是在一个制度背景下采取行动。理性选择模式的学者们关注制度性规范(如授予调卷令的 4 人原则,资深法官指派判决意见起草人)所起到的制约,使得大法官们不能简单根据他们个人的意识形态或政策偏好而行动。156

第 7 章
布什诉戈尔案

摘要:作为最重要的案件之一,最高法院审理的布什诉戈尔案(*Bush v. Gore*)将永远被世人所铭记。2000 年 12 月 12 日,最高法院推翻了在佛罗里达州重新计票的决定,这意味着乔治·布什当选总统。本章首先罗列了该案件的大事记。然后概括了判决意见,描述了批评意见和其他方面的评价,并通过本书此前描述的不同的决策模型对这个判决结果进行分析。

关键词:最高法院;司法决策;布什诉戈尔案

由法院来决定选举结果的日子,对于美国及其宪法而言并不是好兆头。 157

——乔治·布什首席律师詹姆斯·贝克(James Baker)在 2000 年 12 月 8 日佛罗里达州最高法院判决支持重新计票后所言

作为最重要的案件之一,最高法院审理的布什诉戈尔案将永远被世人所铭记。2000 年 12 月 12 日,最高法院推翻了在佛罗里达州重新计票的决定,这意味着乔治·布什当选总统。民主党质疑布什当选总统的合法性,而这个问题在 2004 年的总统竞选活动中再次出现。然而,对最高法院同意受理该案并判决支持布什的大法官的动机提出质疑的,并非仅仅是落败的政党成员。像亚伦·德肖维茨(Alan Dershowitz)等许多人对最高法院感到愤怒"与其说是因为谁当选,不如说是由他们自己来决定谁当选"(2001,p. 11)。

换个角度来看,该案的重要性在于对最高法院形象的影响。在文森特·布廖西(Vincent Bugliosi)看来,"这是否会导致美国公众降低对最高法院的信任?"(2001,p. 4)正如一些批评家所预言的那样,该案判决是否会永久地损害最高法院作为宪法堡垒的形象?显然不会。法院依然和以前一样运转,他们做出的判决和布什诉戈尔案(*Bush v. Gore*)以前一样具有同等的影响力。当然,该案判决后的数天、数周和数月里,和过去 50 年做出的判决相比,当然引起了更多人的讨论。其中许多讨论结果是对判决进行尖锐的批评,不过这其中也不乏作者的偏见,包括法学教授(用波斯纳法官的话来说就是"赤裸裸的党派之争",2001,p. viii)。因此,很难找到关于判决依据的客观评价。本章的目的在于对该判决退出历史舞台之前进行细致的分析,期望此番分析能够有助于我们了解最高法院决策过程的特点。

158 在 2000 年 11 月 7 日至 12 月 12 日的 36 个纷纷扰扰的日子里,充满了反映法院意见矛盾的分分合合的计票决定,而这些计票决定几乎是在一天中就发生了转变。因此,首先列举一份案件判决的大事记将是非常有益的。之后,本章概括了判决意见,描述了批评意见和其他方面的评价,并通过本书此前描述的不同的决策模型对这个判决结果进行分析。

一、2000 年 12 月 12 日判决的布什诉戈尔案大事记

2000 年 12 月 12 日的判决不能完全理解为没有考虑此前的一系列事件。至少有 58 起案件导致在三个联邦法院和五个州法院进行了 30 个独立的诉讼程序,累计达到 6000 页诉讼材料。下列大事记罗列了最重要的活动和判决:

11 月 7 日:选举日。

11 月 8 日:初始票数表明戈尔副总统在选民票中稍稍领先(约 200,000 票),不过,如果布什州长在佛罗里达州获胜的

话,他将赢得选举人票(electoral vote)。但是,布什在佛罗里达州 600 万选民票中仅比戈尔领先 1784 票,而该州在选举方面爆出了许多问题。例如,棕榈滩县采用的蝴蝶刷卡投票(butterfly punchcard ballot)就令人费解。许多民主党人离开了投票站后就怀疑自己是不是错误地把票投给了帕特·布坎南(Pat Buchanan)。布坎南在棕榈滩县获得了 3407 票,是他获得的全国选票的 20%。棕榈滩县大部分都是支持民主党的,据估计大约其中的 3000 张选票本该是投给戈尔的。而且,该县超过 19,000 张选票属于“双投票”(overvotes),也就是说,同时投了两位总统候选人。

11 月 9 日:根据《佛罗里达选举法》的规定,机器重新计票后布什的领先票数减少至 327 票(事实上,18 个县约占 100 万张选票,只是检查了投票的总数,并确定他们的投票机器功能正常,因此,没有将投票重新放进机器计票[Kaplan,2001])。民主党人士也要求在四个县重新手工计票。其中棕榈滩和沃卢夏两个县同意马上计票。尽管戈尔团队的要求是“计算所有的投票”,佛罗里达民主党人行政委员会并没有要求在 67 个县重新计票,该决定甚至受到了一些支持者的批评(Kaplan,2001;Toobin,2001)。各县提交投票数的时间已逼近期限。11 159
月 14 日,佛罗里达州政府秘书长凯瑟琳·哈里斯(Katherine Harris)宣布她无权延长期限(哈里斯曾是 2000 年布什竞选期间的州副主席)。

11 月 11 日:布什的律师向迈阿密的联邦地区法院提起诉讼,防止对存在争议票数的县重新人工计票,主张没有比自动计票更精确的计票方式。

11 月 13 日:佛罗里达南区地区法院驳回了限制人工计票的请求,认为这属于州事务,而非联邦事务。美国地区法官唐纳德·米德尔布鲁克斯(Donald Middlebrooks)在 24 页深思熟虑的判决书中得出的结论是:“联邦法官并不能决定州选举纠纷。”(Kaplan,2001,p. 96)在审理的过程中,他引用了联邦第十一巡回法院埃德蒙森(Edmonson)法官的话,这是一个可能对他的判决进行审查的上诉法院。埃德蒙森被认为是“南方的斯卡利亚”,联邦第十一巡回法院中一位非常有影响的保守主义者。同时,州秘书长哈里斯宣布,她的职位决定了不允许进行此类重新计票的行为。

11 月 14 日:佛罗里达首席检察官、民主党人士鲍勃·巴特沃思(Bob Butterworth)发表了一份咨询意见,认为应该允许人工重新计票。沃卢夏县(戈尔的律师列举的县之一)完成了重新计票工作,布什的领先票数减少到 300 张。泰瑞·路易斯(Terry Lewis)法官裁定,州秘书长有权决定是否接受重新计票期限后全州范围回收的重新计票。

11 月 15 日:佛罗里达州秘书长做出决定:来自沃卢夏、棕榈滩、迈阿密—戴德、布劳沃德县迟来的重新计票报告并不能证明推迟重新计票期限是正当的。布什就地区法院 11 月 13 日的判决向美国第十一巡回法院上诉。佛罗里达州最高法院驳回了州秘书长维持重新计票期限的决定。

11 月 16 日:佛罗里达州最高法院一致判决,手工重新计票可以适用于尚未完成的三个县。民主党人士要求里昂县路易斯(Lewis)法官查明佛罗里达州秘书长因为不予延长重新计票期限存在藐视法庭行为。

11 月 17 日:路易斯法官驳回了民主党人士前一天的起诉。海外缺席选票将布什的领先票数提高至 930 票(与大部分州不同,佛罗里达采纳选举后十天来自海外的缺席选票)。

11 月 21 日:佛罗里达州最高法院一致判决,手工重新计
160 票有效,并规定 11 月 26 日是修正后的确认选票的期限。

11 月 22 日:布什将前一天的判决上诉到最高法院。迈阿密—戴德县审核委员会取消对该县 650,000 张选票重新进行计票。理由是新确定的期限前无法完成重新计票工作。

11 月 23 日:佛罗里达州最高法院驳回戈尔提出继续在迈阿密—戴德县重新计票的诉讼请求。

11 月 24 日:美国最高法院就布什于 11 月 21 日佛罗里达州最高法院的判决提出的上诉发出调卷令。

11 月 26 日：棕榈滩县提出更多时间重新计票遭到拒绝。佛罗里达选举审核委员会发布选举结果：布什在 5,825,000 张选票中以 537 票领先。

11 月 27 日：戈尔诉称对审核委员会的证明存在异议，并对三个县的投票提出质疑。

11 月 28 日：桑德斯・索尔斯（N. Sanders Sauls）驳回了戈尔的诉讼请求。

12 月 1 日：美国最高法院围绕佛罗里达州最高法院判决延长确认选票期限举行口头辩论。佛罗里达州最高法院驳回了戈尔要求对棕榈滩县法院立即重新计票的诉讼请求。

12 月 4 日：在佛罗里达州最高法院撤回了 11 月 21 日的判决后，美国最高法院以 9∶0 的票数将布什上诉的案件发回佛罗里达州最高法院重审。索尔斯法官驳回了戈尔的上诉，认为戈尔未能证明重新计票会存在不同的"合理的选举结果"。

12 月 6 日：美国联邦第十一巡回法院驳回了布什要求禁止人工计票的诉讼请求。

12 月 7 日：佛罗里达州最高法院开庭审理戈尔针对索尔斯法官判决的上诉。

12 月 8 日：佛罗里达州最高法院以 4∶3 的票数支持戈尔的上诉，并裁定里昂县巡回法院对来自迈阿密—戴德县的 9000 张选票进行人工计票。同时裁定州秘书长将来自棕榈滩县的 383 票计给戈尔。布什针对这些裁定向美国最高法院上诉。

12 月 9 日：即便人工重新计票已经开始，美国最高法院以 5∶4的票数维持前一天佛罗里达州最高法院的判决。斯卡利亚大法官写到，重新计算这些选票会"不可避免地对上诉人（布什）造成伤害……这无疑是对选举应具有合法性的破坏"。

12 月 10 日：双方律师向美国联邦最高法院提交了案件材料。

12 月 11 日：美国最高法院举行了口头辩论，作为对 12 月 4 日美国最高法院维持判决的回应，推翻了索尔斯法官做出的判决，他认为州秘书长拒绝采纳重新计票结果是合理的。 161

12月12日：美国最高法院以法庭判决的形式（但是以5:4的票数）推翻了佛罗里达州最高法院12月11日的判决，并禁止进一步对存在争议的选票进行重新计算。佛罗里达州议会指定了代表布什的选民。

12月13日：戈尔终止了总统竞选并退出了选举。

12月14日：佛罗里达州最高法院驳回了美国最高法院发回重审的案件，认为佛罗里达选举法并没有规定对存在争议问题的解决程序。

12月18日：选举人团投票，布什获得271票（包括佛罗里达州25票），戈尔获得266票。

2001年1月6日：国会计算选举人票，并宣布布什获胜成为下一任总统。戈尔作为副总统，主持了这次会议。

二、布什诉戈尔案的案件摘要和口头辩论

上述大事记表明，总统竞选过程中的党派倾向和矛盾斗争集中体现在11月11日最高法院的口头辩论中。双方提交的诉讼请求和口头辩论中体现的基本主张是什么呢？

（一）布什州长的诉讼主张

布什州长的代理律师提交的第一项主张是，《宪法》第2条规定，州立法机关而非州法院，制定总统选举的规则。正如图宾（Toobin）所提到的，“基于极少运用的《宪法》第2条所做出的判决会让法院在不违反任何既定先例的情况下支持布什”（2001, p. 259）。但是肯尼迪大法官在口头辩论中对该观点给予了回应，他认为法院总是在对立法机构的规定进行解释，西奥多·奥尔森（Theodore Olson）在该案中为布什州长所做的辩护中也承认：“这并不是我们提交给法院的最有力的论证。”（p. 259）

第二项主张认为违反了第十四修正案的平等保护条款。该条款形成于内战后保护解放的奴隶。案件诉称，佛罗里达裁定重新计票挑战了“一人一票”原则，因为有些县的投票要重新计票，而另一些县却不用。但是布什在50页的诉讼请求中仅有5页提到这项主张。

（二）戈尔副总统的诉讼主张

戈尔副总统认为，对先前未计入的选票重新进行精确的计算并不违

反平等保护原则。但是,即便是戈尔副总统的许多支持者都觉得,他的律师在回应布什诉讼主张方面做得并不好。例如,11 月 10 日提交的 51 页回应布什诉讼主张的内容中仅有 1 页内容涉及平等保护问题。该回应中也没有引用任何一个案例。相反,戈尔的回应中草率地得出结论认为,对方的主张因缺乏统一的标准违反了第十四修正案“仅仅是因为没有法律依据”。相反,戈尔副总统在回应中主张,每个州对计算争议性选票的程序性规定各不相同,而赞同布什的平等保护主张意味着其他州的计票方法违反了第十四修正案。因此,该抗辩理由未能追问在佛罗里达州缺乏统一标准的情况下,是否有任何证据的存在更可能伤害布什州长而非戈尔副总统。 162

(三)口头辩论

双方律师在口头辩论中都没有出色的表现。尽管布什州长的诉求中提到了平等保护的主张,但是西奥多·奥尔森在口头辩论中未能对此进行详细阐述,他知道近年来联邦最高法院运用平等保护条款尽是推翻那些“明确歧视宪法规定的团体,最明显的是少数族裔”(Toobin,2001,p. 259)

口头辩论中的最差环节是由代表佛罗里达州秘书长的乔伊·克洛克(Joe Klock)律师创造的,当时他有十分钟来证明州拒绝重新计票的正当性。在苏特和布雷耶大法官提出多个问题后,斯蒂文斯大法官向克洛克提出了一个困难的假设性问题,克洛克答道,“嗯,布伦南大法官,困难在于……”他还没说完法庭已是哄堂大笑。笑声刚平息下来,苏特大法官插问道:“他们必须把他们的手举起来吗?”

“不,布雷耶大法官,我要表达的意思是……”

“我是苏特大法官。你得减少出现这种情况。”此时已是笑声一片。一分钟后,另一位大法官占据了焦点位置。“克洛克先生,我是斯卡利亚”,他说道,观众席再次爆笑一片。克洛克律师因搞砸了两次而面临职业生涯中最大的挑战。

代表戈尔副总统出庭的著名律师戴维德·博伊斯(David Boies)做得稍好一点。图宾对庭审互动情况做了如下评价:

> 博伊斯论证的核心本应围绕着肯尼迪和苏特大法官提出的不同县之间计票标准的差异性展开。是什么标准使得酒窝选票

(dimpled ballots)*在一个县得到认可而在另一个县又不予认可呢?“应该存在此种差异性,我认为我们有责任告诉佛罗里达州法院如何处理此类情况”,苏特说道。“基于这一假设,你会告诉他们如何处理呢?”

163 博伊斯出现了短暂的思维短路。这或许是法庭辩论中最重要的问题,但他却不知如何回答。数周缺乏睡眠,也没有充分的时间做准备,让他为此付出了惨重的代价。

“嗯,我想这是一个非常难回答的问题”,博伊斯简单地回答道。

斯蒂文斯大法官试图将博伊斯从尴尬中救出来。“通过一套经认真思考的程序,由相同的法官对所有的最终结果进行审查,难道不能获得一致的结果吗?”

博伊斯抓住了救命稻草。“是的。”“这正是我想要说的,法官大人。”

金斯伯格大法官就平等保护问题甚至需要一个更好的答案。确实,正如斯蒂文斯和苏特两位大法官所暗示的那样,路易斯法官对计票程序进行了公平的审查,但是在很大程度上,以前没有法院要求一个州采用同样的技术对待所有的投票,或者是采用同样的标准对所有的投票进行评价。当奥尔森站起来反驳时,金斯伯格说道,“嗯,奥尔森先生,不同县之间的投票是存在差异的。而这正是我对辩论过程中不太理解的内容之一。他们都是机器投票,他们是通过光学扫描,他们是完全不同的投票。我们知道的情况是既有蝴蝶投票也有其他的穿孔打卡式投票。存在如此多类型的投票方式,你如何能用一个标准来衡量呢?”

在奥尔森给予完整的回答之前,口头辩论时间已经到了。双方都进行了如果说不是平庸,那也只能算是合格的辩论……总的投票是5:4支持布什,没有任何迹象表明有哪位大法官改变了他们的想法。(2000,pp. 262-263)

---

* 有些选票未打穿但凹了进去被称为“酒窝选票”。——译者注

三、2000年12月12日的判决

随着口头辩论在12月11日中午12点半结束，当事人很快就会迎来判决结果。第二天晚上10点前判决有了结果。但是该判决有些不同寻常，包括程序和实体方面。例如，判决不是像正常情况下在庄严的法庭中由合议庭宣布的。实际上，判决宣布时大法官们已经回家了。相反，法院在媒体宣传室放置了多份65页的判决书复印件，供媒体了解、掌握并尽快地进行宣传，但起到的作用很有限。判决书甚至缺乏传统的"判决摘要"，通常情况下这会出现在印制的判决书的开头部分。

（一）判决的特点 164

用一位观察人士的话来说，判决的特点就是"半定量重新计票违反了平等保护的宪法条款，佛罗里达州不能做出重新计算选票的决定"（Kaplan，2001，p. 274）。但是是谁撰写了多数判决意见，又是哪几位大法官在判决书上署了名？不过这是一份未署名的法庭判决，还包括五种其他的判决意见：伦奎斯特首席大法官的赞同意见（同意斯卡利亚和托马斯大法官的意见）和四份不同意见，分别来自斯蒂文斯、苏特、金斯伯格和布雷耶大法官。判决体现的唯一结论是反映出最高法院保守主义和自由主义之间赤裸的5∶4票数。未署名的判决也被称为"法庭判决"。通常情况下，法庭判决书适用于没有争议的案件，判决书比较短，而且大法官的意见都是一致的。由于未署名，判决书不能归为是某一位大法官撰写的。但是这些特征不适用于本案。

最被认可的说法是，肯尼迪大法官是判决书的起草者，奥康纳大法官做了重要的补充。具有讽刺意味的是，在这个历史性判决的六份单独判决意见中，这是唯一的两位不出现在判决中的大法官名字。

通常情况下，出现了前述的重大案件时，首席大法官会自己撰写判决书。但是伦奎斯特大法官起草的判决书从未获得过两位秋千票的支持，仅仅会得到他的保守主义的忠实拥护者托马斯和斯卡利亚大法官的支持。那些对案件审理过程密切关注的人，后来通过匿名的方式向记者提到——显然是一些不在任的大法官的助理——肯尼迪大法官很早就开始关注平等投票出现问题后的解决办法（Margolick，Pereta，& Shnayerson，2004）。

(二)有限的适用性

在决定性的判决书中提到法院判决同样是非同寻常的,只能"有限地适用于目前的条件下"(原因在于"选举过程中的平等保护问题通常呈现出诸多复杂性"[Bush v. Gore, 2000, p. 532])。正如卡普兰(Kaplan)所指出的,"这并不是法院常规的工作方式"。他写道:

> 因为这是国家的最高法院,它每年审理并做出判决的案件不到100件,上诉到最高法院的案件既要对其他诉讼案件具有广泛的适用性,判决意见又要对下级法院的法官具有指导性(也包括最高法院自身)。判决仅针对特定的时间、特定的当事人——正如欧文·罗伯茨(Owen Roberts)大法官在1944年的一个著名案件的不同意见中所说,"限制特定的群体购买火车票仅仅有利于当时和特定的火车"——不仅浪费法院的时间,而且
> 165 会导致判决不具有原则指导性和结果导向。
>
> 斯卡利亚本该将这一切告诉肯尼迪。"美国最高法院不是坐着宣布'独特的'情况的",他在弗吉尼亚军事研究所男女同校判决的唯一不同意见中提出抗议。"它的主要功能是确立先例——也就是说,确立每个美国法院必须遵循的法律原则……这也是我们公布判决的主要原因。"然而,最高法院审理的布什诉戈尔案并没有创造先例,仅仅是具有决定谁当选总统的价值。(2001, p. 282)

法院如何能一方面确立一种新的宪法权利,另一方面又将其限定仅适用于特定的案件中呢?

(三)不同意见

四位相对自由主义倾向的大法官各自撰写了一份不同意见书。四位中的其他人分别加入每人撰写的不同意见中(例如,金斯伯格和布雷耶大法官加入斯蒂文斯大法官的不同意见),但重要的是,每位大法官都表达了自己的意见。

1. 斯蒂文斯大法官的不同意见

斯蒂文斯大法官认为,最高法院不应该干预总统选举。"该案最终呈现的联邦问题并不是实质性的。"(Bush v. Gore, 2000, p. 539)他写道:"佛罗里达州最高法院所运用的上诉管辖权完全符合《宪法》第2条的授

权。"(p. 540)

斯蒂文斯承认,关注到不同县运用类似的投票机制这个问题,确实在决定投票者意图方面会存在不同标准。但是他相信,通过一位公正的法官对此类行为做出裁决,会有助于缓和此类问题,"如果不是消除的话"。斯蒂文斯大法官在不同意见的最后一段中大量援引了批评法院判决的评论:

如果继续重新计算总统选票,那么构成上诉人运用联邦法院攻击佛罗里达选举程序的理论基础在于,对于做出关键性判决的州法官的公正性和能力缺乏信心。否则,他们的立场是完全没有依据的。最高法院多数意见为上述立场背书只会让人对全国法官的工作给予差评。这会让人们相信管理司法制度的人才是法治真正的骨干力量。时间会治愈这次判决对司法公信力所造成的伤害。但是有一件事是确定的。尽管我们永远都无法完整确切地知道今年总统选举获胜者的确切身份,但是失败者 166
的身份则完全是确定的。那就是公众对作为公正指引法治发展的法官的信任。

我恭敬地表示不同意。(Bush v. Gore, 2000, p. 542)

2. 苏特大法官的不同意见

苏特大法官在他的不同意见中提到,他同意另外三位大法官的不同意见,但是又单独撰写一份不同意见"仅仅是想表明摆在我们面前的问题是有多简单"(Bush v. Gore, 2000, p. 543)。他相信佛罗里达州最高法院依据《宪法》第 2 条所做的解释并没有提出任何实质性的问题。上诉中唯一的问题是价值问题,他写道:不同的县存在不同的选举投票标准。对投票者意图进行解释的不同标准产生了问题。但是苏特大法官的解决方案是,在佛罗里达法院的指导下运用统一的标准。他相信佛罗里达州能做到,并在选举人会议召开前的 12 月 18 日前计算出选票。

3. 金斯伯格大法官的不同意见

金斯伯格大法官的不同意见首先围绕着伦奎斯特首席大法官的附和意见展开,该附和意见认为,佛罗里达选举法"很可能承认存在多种解释方法"(Bush v. Gore, 2000, p. 546)。但是她找不到佛罗里达州最高法院解释法律存在问题的原因,她提道,"我们让州法院对联邦法做出我们可能不同意的解释并非不同寻常”(p. 546)。她甚至引用奥康纳大法官的文章来支持州法院法官有能力审理涉及联邦的宪法性问题。通常情况下,最高法院会“尊重并认真考虑州最高法院的意见”(p. 547)。

她提到,联邦最高法院彻底拒绝州最高法院对州法律的解释是极为罕见的。她指出,首席大法官“随便引用”表明伦奎斯特引用的三个例子是极为罕见“并且和目前的情况没有可比性”。事实上,这些例子都来自存在种族歧视的南方(Bush v. Gore,2000,p. 548)。

金斯伯格大法官也对多数意见的观点提出了质疑,即期望能够在截止日期前重新计票是不现实的。这是一种“法院自身的判决不被接受检测的预言。此类未经检测的预言不应决定美国总统的职位”(Bush v. Gore,2000,p. 550)。

有趣的是,金斯伯格大法官在她的意见结尾部分表述的是“我不同意”,而非传统的表述“我恭敬地表示不同意”。有人将此解释为对多数意见的指责,但是多年来在《纽约时报》上撰写最高法院评论的琳达·格林豪斯(Linda Greenhouse,2001a)指出,金斯伯格大法官经常采用这种“简约的方式”而非表达愤怒情绪。

167 4. 布雷耶大法官的不同意见

布雷耶大法官开宗明义地写道:“法院受理此案是错误的。准予暂缓是错误的决定。现在应取消暂缓决定并允许佛罗里达州最高法院决定是否应继续重新计票。”(*Bush v. Gore*,2000,pp. 550 – 551)他认为多数意见在针对重新计算酒窝选票方面的问题所采取的救济方式——完全中止重新计票——反应过度了。他说道,没有证据表明重新计票不能在截止期限前完成。

四、决策程序和依据是什么?

和往常一样,法院审议过程是秘密进行的。但是法院观察人士将法院审理的可能进程拼接到了一起。在《今日美国》杂志上对最高法院进行报道的琼·比斯库皮克(Joan Biskupic)进行了有效的总结:

> 五位保守主义大法官分裂为两大阵营:伦奎斯特、斯卡利亚和托马斯,他们继续认为佛罗里达法院的判决是非法的,侵犯了立法权。奥康纳和肯尼迪则认为给予任何一种不同的理由重新

计票都是不合理的——在佛罗里达不同的县采用不同的计票标准。他们认为这违反了宪法所保障的平等保护法律原则。同时,这两位大法官也受到了来自四位自由主义倾向大法官中的两位即苏特和布雷耶的压力,于是采纳了折中方案,即承认重新计票缺乏标准,但是同意按照新规则对存在争议的选票进行审核。

肯尼迪尤其对不同县在确定投票人意图标准方面表示了担忧,承担起了撰写未署名的法庭判决书的职责。但他在撰写过程中依然是左右为难。肯尼迪做事风格比较慢,到访法院的人有时会认为他有点冷淡。在佛罗里达案件中,代表多数意见对宪法原则进行解释对于感触敏锐的作者来说是困难的。最终判决书发布于 12 月 12 日晚上 10 点,距离截止时间还有两个小时,否则将会导致国会干预的后果,该判决简略地融合了先例和法律推理。法院判决阻止重新计票是对宪法保障平等保护条款的创新性解释,同时宣布该判决不应适用于其他案件。

支持该判决意见的是伦奎斯特、奥康纳、肯尼迪、斯卡利亚和托马斯,如果不是政治上的盟友,所有都属于保守主义阵容。自由主义者——苏特、布雷耶、斯蒂文斯和金斯伯格——则持不同意见。苏特和布雷耶认同的是全国范围内的标准,发现难以 168
形成一个折中方案。他们期望判决不要被认为就是一次政治上的计票决定。更重要的是,他们相信佛罗里达存在争议的选票必须重新计算以使得选举结果更具公信力。他们试图判断奥康纳和肯尼迪所关注的重点问题。但是,随着时间的临近,奥康纳和肯尼迪说,不存在一个迅速确定新标准的实际办法。在遭到拒绝的情况下,布雷耶和苏特失望地离开了法庭。(2001, p. 2A)

五、对判决的反应

对判决的反应存在很大的差异,其中许多是可预见的。正如雷娜特·阿德勒(Renate Adler)所指出的:"愤怒、高兴、满意、顺从,这些反应几乎能出现在演讲者从政治角度对每个案件所做的评价。共和党人和

‘保守主义者’赞成。民主党人和‘自由主义者’则不然。”(2001,p. 29)判决激发了政治科学家、法学教授和专栏作家撰写大量的专栏文章,以及公众给编辑的投稿。其中迪翁(Dionne)和克里斯托尔(Kristol)(2001)与桑斯坦(Sunstein)和爱泼斯坦(Epstein)(2001)编辑出版了两部非常有益的评论性著作。有好几本可读性很强,以大事记为序编排的著作对事件都有描述。由图宾(Toobin)和卡普兰(Kaplan)(2001)编辑的著作已经在本章中做了摘引。由律师编辑的著作中,艾伦·德肖维茨(Alan Dershowitz,2001)和文森特·布廖西(Vincent Bugliosi,2001)两位编辑出版的著作非常关键。波斯纳法官的著作(2001)则显得不那么重要。即便这些评论性著作与作者的政治偏见联系在一起,但这些著作通常都提出了富有挑战性的问题并深化了我们对问题的理解。

六、对判决的批评

本部分尝试对多数判决意见中最受诟病的每个问题单列出来并加以评价。

(一)法院不应发出调卷令

许多批评者提出最高法院本该简单地拒绝对布什州长的上诉发出调卷令。例如,法学教授伊丽莎白·加内特(Elizabeth Garrett)写道:

> [最高法院]本应将此事通过政治途径解决。更具体而言,国会有责任解决佛罗里达州选举过程中出现的任何纠纷。尽管
> 169 法院介入选举程序和政治问题已经有很长的历史,通常情况下法院会使情况变得更糟而不是更好。近年来,法院在处理涉及选举问题的案件中表现平平,其中的原因既与每个案件的裁决的局限性有关,又与法院对政治运转过程的天真看法有关。法院应在影响政治运转过程的案件中采取更少侵入的立场,只有在确保自由、平等地接近该政治运转过程时才介入其中。(2001,p. 39)

批评家支持发表不同意见的大法官的立场,最高法院本应将该案发回佛罗里达州最高法院重审,以此在全州范围内确立一个统一的标准,并继续重新计票直到12月18日截止期限。而12月12日的截止期限在过去是违法的。

（二）法院应认识到若卷入该案中自身形象会受损

大法官们必须意识到的是，他们形成的判决书会决定选举结果，因此会遭到政治派系之间的指责。该案所造成的特定影响有别于法院所审理的其他涉及选举法的案件和政治运转程序的案件（Garrett，2001）。大法官们本应意识到他们所做的判决会因上述争议而不可避免地损害到最高法院的形象。一些持自由主义立场的大法官的助理都非常吃惊。有人引述了其中一位的话，“法院期望公然通过这种政治途径丧失公信力，这让我们感到不可思议”（Margolick et al.，2004，p. 312）。

（三）判决的基础是错误的

批评家指出，以运用平等保护条款作为理论基础，在布廖西（Bugliosi）看来是一个“法律的噱头”（2001，p. 23）。通常情况下，违反平等保护条款的主张是由受到歧视被侵害一方的当事人提起的。欧文·乔姆伦斯基（Erwin Chemerinsky）教授指出：“伦奎斯特法院除了在平权法领域外，几乎从未运用过平等保护条款。”（引自 Bugliosi，2001，p. 45）正如金斯伯格大法官的不同意见中所提到的，法院所援引的先例运用于佛罗里达的投票争议案件中是存在问题的。没有佛罗里达的选民会认为他们是因运用了差别性计票标准而被剥夺了选举权提起诉讼的。反倒是布什州长主张自己在选举程序中受到了不公待遇而提起诉讼。

有些批评家甚至质疑布什州长是否具备提起平等保护诉讼的法律资格。由于他并没有在佛罗里达投票，他不能主张他个人遭受了损害。令人吃惊的是，戈尔副总统的代理律师并没有提出这个问题。

（四）该案判决和法院近来的联邦主义判决并不一致 170

美国国父预见到会有两股政治力量，即州和联邦。该二元主权原则依然主导着法院对案件的审理。正如前述多个章节中所提到的，最高法院近年来在伦奎斯特首席大法官的管理下，热情地支持州权而非联邦政府。这就是最高法院会允许执行上诉权用尽的州罪犯，即便有证据表明他们是清白的。相反，本案的判决中，引用一位批评家的话来说，同样的五位大法官“选择侵入佛罗里达州的选举程序……却总是主张是州权的捍卫者与‘司法能动主义’和‘司法越权’的敌人”（Dionne，2001，p. 288）。

金斯伯格大法官的不同意见体现了这种批评：

> 联邦法院尊重州高级法院对各州自身法律的解释。该原则

> 体现了我们都认同的联邦主义的核心……即法院中的其他成员都铭记在心的理念是,他们都处于二元主权体制之下,他们会承认佛罗里达州最高法院的判决。(2001,p. 549)

(五)有些大法官本应回避

第3章中阐述了回避的问题。其中提到,如果事实表明大法官应回避而没有回避时,法院并不会进行干预。此处提到的回避问题尤其和三位大法官有关。

1. 奥康纳大法官

奥康纳大法官和丈夫在选举的当晚正在和朋友一起关注选举结果。当媒体不正确地将佛罗里达置于戈尔的胜选区——和戈尔赢得的另外两个州密歇根和伊利诺伊放在一起——对她而言这意味着选举“结束”了,她惊呼到,“这太糟糕了”。两位证人向《时代周刊》杂志报告称,她丈夫说她很沮丧,因为他们想退休后返回亚利桑那州,而戈尔胜选意味着他们必须再多等四年(Thomas & Isikoff,2000)。

最高法院大法官在总统选举中投票并不违反法律的规定,奥康纳大法官支持共和党也是众所周知的(她曾经是亚利桑那州一位重要的共和党州立法委员)。但是如果她用“糟糕”来评价选举结果意味着对国家来说就很糟糕了,正如一些人所推断的(Dershowitz,2001),大量的利益冲突就出现了。但是,应注意到的是,即便共和党人确实在2001年出任总
171 统,奥康纳大法官并没有在布什的首个总统任期内退休(她在2005年退休时,她最重要的理由是需要照顾生病的丈夫)。或许,正如德肖维茨(Dershowitz)所提到的,她需要时间“重建她被玷污的声誉”。其他人认为,回避会让传言要退休的大法官比如奥康纳和伦奎斯特略显尴尬,因此让“他们指定他们的接班人”(Margolick et al.,2004,p. 358)。

2. 托马斯大法官

在11月选举期间和上诉的月份中,托马斯大法官的妻子弗吉尼亚·托马斯(Virginia Thomas)在文化遗产基金会工作,该基金会是一个和布什选举团有密切关系的保守主义团体。她的工作主要是收集布什过渡团队的简历(Dershowitz,2001)。她此前曾担任众议院共和党大会的工作人员,因此托马斯的妻子和选举结果之间存在实质性的利益关系。

3. 斯卡利亚大法官

斯卡利亚的两个律师儿子都在代理布什州长上诉案件的律师事务所工作。

艾伦 · 德肖维茨（Alan Dershowitz,2001）关于选举的著作中详细阐述了回避问题。他也提到伦奎斯特和肯尼迪之间可能存在利益冲突。事实上，这类细致的分析将我们带回到更早期的批评：如果五位大法官存在严重的利益冲突，法院应该受理此案吗？

七、对判决的支持

尽管评论者的批评大于支持，但也存在为该案进行理论论证的声音。此处提到三个角度的论证。

（一）解决冲突的必要

一种支持法院判决的理论论证是国家需要消除冲突状态，只有法院才能解决美国出现的宪法危机。波斯纳法官在其著作中将法院的此类行为论证为"对即将到来的政治和宪法危机所采取的一种务实的防御性回应"（2001，p. ix）。《华盛顿邮报》对最高法院口头辩论当天开展的一项民意测验显示，大约有一半（43%）的人希望最高法院中止人工计票（Washington Post,2000）。

1876 年，出现类似的总统选举争议情况，直到第二年三月初才解决选举争议（Morris,2003；Rehnquist,2004）。一些人认为需要终结 2000 年 172
的"五周重新计票战"（Dionne & Kristol,2001，p. 2）。判决的支持者认为，通过采取迅速的行动，法院解决了纠纷，结束了国家出现的混乱状况。

（二）佛罗里达州最高法院的判决超越职权

布什诉戈尔案（*Bush v. Gore*）判决的支持者毫不留情地批评了佛罗里达州最高法院，认为他们无视佛罗里达州州务卿（宪法指定的首席选举官）、两位州法院法官的意见以及美国最高法院此前的告诫性意见。而且，他们认为佛罗里达州最高法院超越职权设定了一个新的确认选票结果的时间。例如，波斯纳法官就得出结论认为，州最高法院"违反了《宪法》第 2 条的规定，即各州总统选举人应在州立法机构指导下得以任命"（2001，p. 3）。

（三）平等代表问题并未实现

在最基本的层面，平等代表条款追求的是公平目标。法院判决的支持者相信,人工计票在多个方面存在缺陷。它仅仅在一些县采用(民主党占主导的县),分配部分穿孔投票的标准存在不一致性,未识别的选票(undervotes)被计入,而多选票(overvotes)则不计入。

八、主张法院权威受到破坏

判决在极大地破坏党派政治后,法院权威是否依然如初?法院此前也做出过不幸的判决:德雷德·斯科特案(*Dred Scott*)、普莱西诉弗格森案(*Plessy v. Ferguson*),第二次世界大战期间做出支持囚禁11万名日裔美国人的判决、克林顿诉琼斯案(*Clinton v. Jones*)。但是对于一些人来说,该案的判决是独一无二的。因为最高法院自己将宪法分配给州和国会"具体来说不属于联邦司法机构的权力"揽入自己怀中(Adler,2001,p. 30)。

甚至波斯纳法官都承认"法院的多数意见……损害了法院的声誉,至少从短期看是这样"(2001,p. 175),尽管他也得出结论,不同意见通过指责多数意见破坏了公众对司法公正的信任度"表明法院是徒劳无益的"(p. 175)。但是一项研究通过比较判决前后公众对法院的看法表明没有纯效益(net effect)(Kritzer,2001)。在这项研究中,公众同意对最高法院进行多次评价,时间始于2000年5月,终于2001年2月。实际上,民主
173 党人士表达了更多的不赞成,而共和党人士则表达了更多的赞成态度,从纯效益的角度判断"基本为零"(p. 36)。

九、判决对法院内部关系的影响

观察法院日常运转并有充足时间写作的记者发现,尽管大法官之间需要花时间努力去消除彼此之间存在的紧张关系(Biskupic,2001)。"该案判决后,当大法官一月回到法庭举行第一轮口头辩论时,他们看起来既疲倦又焦躁。奥康纳……有时看起来对她的同事很没有耐心。"(p. 2A)

不过,尽管判决体现出重要性,不同意见中也表达了直接的讥讽,大法官们——至少是那些愿意讨论此案的大法官们——否认这种讽刺具有长久性。布雷耶大法官在8个月后的美国律师协会大会上谈到,所有的判决都会满足"最终判决都会获得广泛接受,即便我们可能会认为判决完全是错误的"(Associate Press,2001a,p. 7A)。斯卡利亚曾告诉一群法律专业学生:"如果你不能做到在没有怨恨对方的情况下表达不同意见,那

你最好是从事法律之外的其他职业。”(Greenhouse,2001a,p. A1)判决后不到三周时间,金斯伯格大法官和丈夫马丁、斯卡利亚大法官和他的妻子莫琳共同参加了新年晚宴,这是两对夫妇共度新年的一个传统(Greenhouse,2001a)。

最高法院的制度规范能实现和睦相处:“大法官们之间奉行的理念是,老调重弹或是心怀怨恨既不可取,也会导致效果适得其反。由于是终身任职,彼此之间存在分歧是难免的。”(Biskupic,2001,p. 2A)

十、对法院判决的解释

本书前面的章节中阐述了对司法判决进行解释的不同模式。每种模式如何用来解释本案呢?

(一)法律模式

第 1 章中阐述了托马斯大法官是法律模式的拥护者——案件的判决是以法律、宪法和判例为基础的。为了保持他的立场,他在法院判决后回答一群华盛顿中学生的提问时提到本案与政治无关。

首席大法官伦奎斯特提交的赞同意见中提供了多个先例以支持违反了平等保护条款。但是,如前所述,这些先例似乎用在该案中有些牵强。174
而且,法院此前从判决 1945 年的阿特金斯诉德克萨斯州案(*Atkins v. Texas*)开始的多个案件判决中仅仅将平等保护条款适用于存在故意歧视的情形。甚至是在最近的 1996 年的案件中,首席大法官伦奎斯特在判决书(*United States v. Armstrong*)的多数意见中写到,法院得出结论仅仅是因为被告表明的警察存在歧视行为并不充分。警察必须存在伤害的动机。法院甚至在类似涉及投票的案件中做出过判决。在 1980 年的阿拉巴马州汽车城诉博尔登案(*City of Mobile, Alabama, v. Bolden*)中,法院详细评估了选举市专员的程序而非个体的干扰,该选举市专员决定削减黑人市民的投票权。法院的判决认为,只有在故意歧视的情况下,才被认定为违反了平等保护条款。

(二)态度模式

正如一些观察者所提到的(See Adler, 2001; Dershowitz, 2001; Posner, 2001),运用态度模式最有利的测试就是,如果是戈尔而非布什基于同样的事实和理由提起上诉,法院还会做相同的判决吗?阿德勒

(Adler)得出的结论是“没有哪一位大法官会同意受理此案”(2001, pp. 29－30)。

至少,斯卡利亚大法官在12月11日法庭口头辩论之前就认为布什州长会赢得总统大选。在他支持终止重新计票的书面决定中(早于12月11日的口头辩论),他没有阐明理由在赞同意见中说道:“发出终止重新计票表明法院中的多数大法官相信,上诉人实质上有可能获胜,尽管不是在决定这个问题。”(Bush v. Gore, On Application for Stay, December 9, 2000, p. 1)

一些评论者建议采用态度模式来分析法院的判决意见。《美国观察杂志》资深编辑汤姆·贝瑟尔(Tom Bethell)在2001年2月发行的杂志上写道:“我们应向最高法院的奥康纳和肯尼迪大法官致敬,他们的投票在非常关键时刻体现出坚定地支持共和党。”(p. 14)

(三)动机推理模式

动机推理模式假定理性通常是存在的。在意识层面,如果行为被人做了负面的理解,那么行为者会对此感到无比震惊。最高法院发表多数意见的大法官们在12月12日起床时是否会对自己说“我将尽力让布什当选总统”?不会。肯尼迪和托马斯大法官在公众场合曾说过,他们很遗憾必须对这个案件做出判决,但这是他们的职责所在。不过,他们基本的价值理念导致他们去观察佛罗里达州最高法院的判决意见。他们形成一
175 个判决结论不仅是确保他们想要的结果,而且是证成自身所秉承的理念。正如一位内部人士对大法官的观察,“人们惊人的需要自我肯定”(Margolick et al., 2004, p. 358)。

此处引述的波斯纳法官的结论,似乎是支持动机推理模式的解释:

> 因此,我是否会相信,如果当事人角色互换,布什诉戈尔案(*Bush v. Gore*)会以同样的方式做出判决,即如果是布什挑战戈尔赢得了佛罗里达州大众选票胜利的确认呢?我怀疑任何大法官都不会贬低自己的身份故意转向支持自己喜欢的总统候选人。但是法官尤其是最高法院的大法官不可否认的利益,极可能会让大法官的同事和继任者规避布什诉戈尔案判决的特点。相比案件辩论中本应关注的问题,保守主义的大法官可能会对《宪法》第2条和平等保护条款更为敏感,而自由主义的大法官

则会更加关注辩论过程中的缺陷。由于法官拥有不同的价值和经验，会对案件产生不同的敏感度，因此在法官遴选过程中考虑背景的多元化才显得更有意义。(2001, p. 180)

(四)理性选择模式

理性选择模式的主张是，法官投票会基于他们的策略目标。加州大学伯克利分校的约翰·尤(John You)教授在他对法官投票结果进行解释的过程中体现了以下立场："我们应在短期内抨击法院合法性和是否……终止选举危机符合国家最好的利益之间进行权衡。"(Bugliosi, 2001, p. 47)

结论

本书一直强调的是司法决策过程中人的因素。大法官不可避免地对许多问题持有价值立场，正如本书要展示的那样，这些不同的价值体现在大法官对许多上诉案件的事实和诉求的判断中。尤其是在第 10 章中会展示自由主义和保守主义立场如何体现在大法官的投票中，特别是涉及被告和罪犯的权利、搜查案件以及民权案件。但是布什诉戈尔案(*Bush v. Gore*)的多数意见是一个远超出了观念分歧的政治判决。 176

第 8 章
作为个体的大法官们是如何影响判决的?

摘要:每位大法官都有独特的个性,这也是本书的主题之一,即大法官特殊的背景和性格影响着他或她在最高法院的作用。"作用"所包括的内涵很丰富:他或她的投票的质量、某位大法官所撰写的判决意见书所具有的持久重要性、作为最高法院合议庭一员的能力,或者仅仅是这个人如何适应压力很大的工作所带来的挑战。本章分析了 6 位大法官,他们曾在 20 世纪后半叶在最高法院工作,选择这 6 位大法官是因为他们体现了不同的个性和风格会有不同的司法决策。

关键词:最高法院;司法判决;大法官;司法作用

"我是肯塔基赛马中的骡子,我不期望凸显自己但我确实希望从这个组织中获益。" 177

——1956 年 10 月 1 日,威廉·布伦南被任命为最高法院大法官时对一位朋友如是说

一、类似的背景、不同的个性

在一些重要的方面,每一位最高法院大法官与另一位大法官都有相似之处。近期的所有大法官都受过大学教育,有法律学位。无论他们之前的从业经验

主要是在律师事务所还是在司法部或在竞选办公室,他们都被深深烙上职业律师的印记。显然,这些经验都会使他们特别关注司法裁判。还有就是如前所述,近期最高法院的大法官们的相似之处更加具体,在 2005 年 6 月该司法年度结束前在任的最高法院大法官中,除一个人外,其他人在被遴选到最高法院之前都有法官的职业经历。此外,所有的大法官都有政治倾向,即在某种意义上,虽然他们没有组织一个办公室搞竞选,也一直积极参与主流政党中的某个政党。

但是,每位大法官都有独特的个性,这是本书的主题之一,即大法官特殊的背景和性格影响着他或她在最高法院的作用。“作用”所包括的内涵很丰富:他或她的投票的质量、某位大法官所撰写的判决意见书所具有的持久重要性、作为最高法院合议庭一员的能力,或者仅仅是这个人如何适应这个压力很大的工作带来的挑战。在本章中,我认为“作用”是产生影响的能力,具体包括两个方面的含义。首先,是写判决意见的能力,这些判决对这个国家意义重大。我同意第 6 章中描述的理性选择理论,即认为大法官为实现公共政策目标而采取行动(Murphy, 1964;Epstein & Wright, 1998)。问题在于在最高法院判决集萃中,我们
178 能看到他们的目标实现程度有多少?其次,我认为是指能够影响最高法院其他同事的能力。某位大法官是否可以将别人引致他或她的立场?“说服力”可能是这种能力的核心,除此之外,有影响力当然也体现出第 2 章中所描述的一系列理想品质,包括清晰思考的能力、良好的工作习惯、高智商以及心理健康。

纵观历史,学者和专家们在“最好”或“最坏”中对大法官进行分类,这种分类主要是建立在他们的“作用”的基础上。尽管这样的判断无可否认具有主观性,仍然有人赞同。为什么有些大法官确实干得更好,是否因为他们刚好在“正确的时间”出现,还是他们拥有促使其成功的个人素质?我的观点是,即使在这些“伟大”和“近乎伟大”的大法官中,某些大法官与其他人相比,在影响力上还是更胜一筹。

本章分析了 6 位大法官,他们在 20 世纪下半叶任职于最高法院,选择这 6 位大法官,是因为他们反映了由于个性和风格的不同而导致的司法判决的不同。我并非是对这个时期内服务于最高法院的 27 位大法官进行随机选择,相反,我认为这 6 位大法官可以被当作最高法院中相对

具有影响力的一个小序列，而且我在这 6 个人中，并入了学者们所提出的在 27 位大法官中最有影响力和最没有影响力的大法官。6 位大法官中的一位非常不适应最高法院，仅在最高法院待了 5 年就辞职了；另一位则非常有影响力，即使他的大多数同僚与他的价值观相反，他也能够实现自己的政策目标（我没有将任何一位首席大法官考虑在内，因为他们的责任在某种程度上是不同的，而且关于首席大法官的角色在第 9 章会有论述）。

二、不适应者：查尔斯·E. 惠塔克

我从一个极端例子开始，这位大法官显然无法适应这份工作的要求。作为唯一一位在最高法院任职的堪萨斯州本地人士，查尔斯·E. 惠塔克在最高法院只做了 5 年大法官，从 1957 年到 1962 年，他离开最高法院是因为无能。当斯坦利·里德从最高法院退休后，艾森豪威尔总统任命了惠塔克，其曾在密苏里州的西部地区当了 2 年（1954～1956）的联邦法官，在第八巡回上诉法院任职不到 1 年［他由此成为第一个分别在联邦地区法院、巡回上诉法院和最高法院担任法官的人（Miller，2002）］。他被任命时 56 岁，是艾森豪威尔总统任命的 5 位大法官中的第 4 位。总统宣布任命后 17 天，参议院一致通过了对惠塔克的任命。惠塔克符合总统从任命第一位大法官（厄尔·沃伦）开始所建立的所有标准。艾森豪威尔坚持每位未来的候选人要 63 岁以下，有司法经验；此外，此人最好是对保守派观点持中立态度。惠塔克也确实声誉良好，作 179
为一位法律人，他努力工作，总是准备充分（Miller，2002）。不幸的是，其他——更为重要的——标准没有被考虑进去，包括智识。布劳斯汀和米斯盖（1978）认为，他属于“失败者”。在科米斯基（Comiskey，2004）最近的调查中，该调查邀请法律专家就 20 世纪被任命的 52 位大法官给予评级，惠塔克的评级分数为 1.11（评级范围 0～4），是所有大法官中最低的。多产的法律学者伯纳德·施瓦茨在他的《法律的清单》（1997）一书中，列出了他所谓的“10 位最差最高法院大法官”，惠塔克位列第二。施瓦兹写到，惠塔克“可能是有史以来被任命的最愚蠢的大法官”（p. 30）。他的结论是，“惠塔克做出的判决意见，没有一个成为了重要案例或是能从乏味中脱颖而出”（p. 31）（施瓦茨所列的“最差名单”中

的大多数被提名者都于1950年之前在最高法院任职，除惠塔克之外，只有谢尔曼·明顿一位大法官是从1949年到1956年在最高法院任职，还有一位首席大法官，弗雷德·文森任职于1946年至1953年，他们3位的任期延至20世纪下半叶）。

亨利·亚伯拉罕所著的令人赞叹的关于最早的108位大法官的著作中记录了惠塔克的出身。他是一个农场男孩，没有大学教育背景，书中将他描述为一个“麻雀变凤凰似的人物，在其背景和经历之上，是有希望成为一位杰出的大法官的”（1999，p. 203）。但艾森豪威尔政府的司法部长赫伯特·布劳内尔和颇受信任的顾问威廉·罗杰斯，都对惠塔克很冷淡，他们认为惠塔克是个好法官但并不杰出（Yalof，1999）。惠塔克得益于罗伊·罗伯茨对其强力推荐，后者是有势力的《堪萨斯星报》出版商，而且是总统密友。除此之外，符合艾森豪威尔多重标准的联邦法官寥寥无几，而作为来自密苏里州的法官，惠塔克为最高法院在地理上的平衡提供了额外的加分，因为之前最高法院大法官有跨越新英格兰州和加利福尼亚州的代表，但没有属于中西部州的大法官。

不过，对于这位被新任命的大法官来说，他的最高法院之旅从一开始就并不快乐。当他在1957年3月成为最高法院一员时，大法官布莱克曾问他：“嗯，你到这儿成为一位大法官感觉如何？”惠塔克回答道：“阁下，我害怕得要命。”（Atkinson，1999，p. 128）在工作开始的一个月内，他就觉得这是一个错误，尽管之前有司法经验，他对最高法院的工作就从来没适应过。他发现某些同僚，尤其是道格拉斯大法官和弗兰克大法官令人生畏，特别是涉及他们处理法律的灵巧的能力。即使每天工作到半夜，他也没能跟上。他的价值观显然和其他一些大法官不同。他似乎沉迷于遵循先例原则，他的判决“一直青睐被工人挑战的公司的管理者”（Miller，2002，p. 21），而这与他作为像铁路局这样的客户的私人律师时的思路是一致的。

作为大法官，惠塔克顽固地保留了一些不太好的习惯，这些习惯可追溯至他作为一个私人律师的岁月。他关注细节，拒绝委以他人。在律
180 师事务所工作的日子里，他“甚至拒绝让他的秘书粘信封上的邮票——他坚持要自己处理邮资事务，坚持亲自去寄邮件。”（Miller，2002，p. 28）他只有在最简单的事情中使用自己的助理，“甚至于当他告诉助理去查

找某个法律问题时，惠塔克可能会很快出现在助理旁边，查找同一卷材料”（p. 38）。

有一次惠塔克请他的法律助理们批评他所写的一份判决意见如何，结果是这样的：

> 他们对他的话信以为真。一个助理指出句子太长，另外需要加强事实与惠塔克所使用的用于达成意见结论的法律原则之间的关系。惠塔克变得非常愤慨，因为一个小职员竟然真的敢提出批评，他把那些纸扔向了这个助理，大声吼道，“如果你觉得你可以做得更好，就整出个高明的来”。为了抗议他的爆发，惠塔克的秘书走出办公室，回家待了一天。（Miller，2002，p. 54）

据报道，他认为他的工作是有期徒刑；他写判决意见非常痛苦。作为大法官，惠塔克甚至在投票时都非常挣扎。在具有里程碑意义的贝克诉卡尔案（*Baker v. Carr*，1962）中，法兰克福特大法官在大法官会议上整整给他讲了 5 小时，惠塔克几次投票都摇摆不定，最终弃权。道格拉斯大法官的日记给出了令人印象深刻的佐证：

> “惠塔克在辩论中可能已下定决心，但在第二天就被法兰克福特大法官改变了。在大法官会议上，当首席大法官或布莱克大法官说话时他是一个立场，法兰克福特大法官一说话他就改变了想法，其他大法官发表意见后又改了回来。这最终导致他‘神经崩溃’，1962 年退休就是因为长期的身体不适。没有一个人可以经常改变主意而不崩溃。”
>
> “惠塔克对法兰克福特大法官和他的飞行中队中的法律助理们而言是小菜一碟。在一个案件中，投票是 5∶4，惠塔克被分配撰写多数派意见。我已经写了不同意见，来到他的办公室，和他讨论一件完全不同的事情。我进去的时候，他正在办公室踱来踱去，噘着嘴唇，沿着书桌转圈好像着了魔。我问他出什么事了。他指着 5∶4 的判决意见，说他一直想写出多数意见就是做不到。”
>
> “那是因为你站错边了。”我说。
>
> “不是，不是。我是对的，但是我就是无法开始。”
>
> “你想要我给你一个多数派意见的草稿吗？”

> “你会吗？请。”
>
> 1小时后草稿出现在他办公室，当判决意见出来后（*Myer*
> 181 *v. United States*，364 U S410，1960年），该案是为数不多的多数派和少数派意见都是同一个人写的。（1980，pp. 173－174）

1957年，正当最高法院面临其第一个有关色情的案件时，有一天，法兰克福特大法官决定散发一个讽刺作品。他让其助理人员准备了一个假想的案子，该案的判决假装是法兰克福特大法官写的。这份判决被传阅后不久，法兰克福特就接到惠塔克的一张便条，说他加入法兰克福特阵营（Schwartz & Lesher，1983）。一位观察人士认为，惠塔克发现自己不可能适应最高法院的生活。他写道：

> “作为一名律师，惠塔克只是简单采用他的当事人的观点，对他而言通常没有必要在两个竞争性立场之间做出决定。但作为一位法官，他不得不花大量时间做出判断，这对他来说是一个持续性的难题。他曾经说过，在对案件做出决定的每周例会上发言，作为新晋大法官他必须最后发言，但第一个投票。这种安排是‘把新晋大法官当成猴耍。’他对于充当决胜局射手非常不舒服。”（Atkinson，1999，p. 128）

此外，当惠塔克被分配写多数派意见草案时，他不会修改其草案以回应其他大法官的评论。“一旦他表明了他的立场，其他大法官只能要么接受要么放弃。”（Miller，2002，p. 61）

在最高法院任职的第5年的1962年3月，他崩溃了，当时被描述为一种精神崩溃。实际上，在惠塔克开始他最高法院生涯的短短几个月后，大法官伯顿在他的日记中就记载了如下的先见之明：“惠塔克大法官一直处于精神崩溃的边缘，但其希望完成任期然后休养。”（Atkinson，1999，p. 128）虽然对公众一直保密，惠塔克一生中实际上一直在与抑郁症抗争（Miller，2002）。

在沃尔特里德医院的住院治疗让人很不满意。据他儿子所言，惠塔克一度想自杀（Atkinson，1999）。1962年3月29日，也就是他在最高法院刚刚任职5年之后，他从最高法院退休，他是第一个因为身体原因而退休的大法官。

康复后一年，他回到堪萨斯城，但不再从事法律事务。他于1973年去世。尽管他做过地区法院法官，而且主要是上诉法院法官，但最高法院大法官的职业生涯显然超出了他的能力范围。回顾一下，就很容易理解为什么他失败了。在地方法院这个级别，他所写的判决意见表明他只是一个简单的"法律工匠"（Miller，2002，p. 46），其视野仅限于州内。他对案件没有感觉，他机械地检查每个案件的事实和宪法规定，他做出的判决都建立在尽可能最窄的理由上。他在最高法院的判决意见平淡无奇，没有对结论进行法律依据的论证（Miller，2002）。在他任职最高法院的每个司法年度，仅仅能够写 7 个判决意见，远低于平均水平。在拥有各种创见 182
的、处于权力顶峰的最高法院，他有限的智识和悲观主义倾向都太难克服。他一定是 20 世纪下半叶最不成功的大法官。

三、沮丧的教授：菲利克斯·法兰克福特

回想起来，我们至少可以发现，惠塔克缺乏一些作为最高法院成功大法官所必需的关键性人格魅力和智力特征。但是，如果曾经有过一位新任命的大法官被视为拥有领导最高法院特质的话，这个人非菲利克斯·法兰克福特莫属。富兰克林·罗斯福总统任命法兰克福特到最高法院，总统顾问哈罗德·伊克斯曾告诉总统说："如果您任命了法兰克福特，他自身的能力和学习的本事非常强，在未来 15 或 20 年他会独霸最高法院。结果可能将是您去世之后，最高法院还是您的最高法院。"（1953，pp. 539 – 540）罗伯特·杰克逊（当时是司法部长，后来成为大法官）和哈伦·费斯科·斯通，当时就是大法官，都向总统强调过法兰克福特的能力足以在智识上与伟大的首席大法官查尔斯·埃文斯·休斯相抗衡（Mason，1956，p. 482）。

作为哈佛大学著名的法学教授，法兰克福特培养过许多法律人，后来都成为了杰出的法官（威廉·布伦南和哈里·布莱克门是他在哈佛大学法学院的学生，在他去世前不久，布莱克门大法官称法兰克福特是他在哈佛大学最好的两位教授之一）。当法兰克福特年轻时，他就将大法官奥利弗·温德尔·霍姆斯和路易斯·布兰代斯作为自己的导师，努力从他们那里吸收营养。他确信他的许多最好的学生能够担任最高法院大法官的助理。因为对法兰克福特教授评价是如此之高，在他被提名为最高法院大法官之前，首席大法官哈伦·费斯科·斯通曾打电话给他，让他教一位新大法官雨果·布莱克如何正确行事。“你了解布莱克吗?”斯通在1938年早些时候问法兰克福特,“你可以给予他大力的帮助。他需要比他更熟悉司法程序运作的人的指教。”(Urofsky,1991,p.45)

此外,在哈佛大学期间,法兰克福特就一直是富兰克林·罗斯福幕后的长期顾问,从后者当纽约州长开始,其当选总统后继续。在担任非正式的顾问一角时,他既是罗斯福的老师又是专家,其提供顾问意见的主题远远超出狭隘的法律问题(Hirsch,1981)。当罗斯福于1932年当选开始他的第一个任期时,法兰克福特为“罗斯福新政”中关键职位人选提供了名单。正如一位传记作家所指出的那样:“当时,许多他以前的学生和追随者都找到了他们通往华盛顿的道路,由此创建了一个有影响力的网络,法兰克福特的影响可以一直延伸到正在成长的政府的每一个关键角落。”(p.103)

183 总是渴望新想法的罗斯福被法兰克福特迷住了。他甚至安排了这位哈佛大学教授在1935年夏天的大部分时间住在白宫。他对一位助理说:“菲利克斯与任何一个我熟知的人相比,分分钟都有更多的想法。他有杰出的头脑,但它转的那么快,让我的脑子晕眩。我发现他特别有趣和令人激动。”(Lash,1975,p.46)20世纪30年代中期,法兰克福特“也许是美国政府最重要的非选举产生的官员”(Hirsch,1981,p.99)。这些都是他成为最高法院一员之前的事。罗斯福一直想任命他到最高法院,但数年来,一直有阻力无法如愿。直到1937年罗斯福当总统的第4年,他第一次有机会任命最高法院大法官。当时他没有考虑法兰克福特,而是任命了他在参议院时的忠诚卫士雨果·布莱克。法兰克福特直到1939年才被任命,而那时罗斯福就任总统已经超过6年,他仅仅是罗斯福任命的第3位最高法院大法官。坐在杰出的大法官约瑟夫·斯托里、奥利弗·温德尔·霍姆斯以及本杰明·卡多佐曾经坐过的位置上,法兰克福特在最高法院担任了23年大法官,时间是从1939年到1962年。他写了许多判决意见、大量的评议,对美国法律的发展产生过重大影响。但是基于他的智力、精力、经验和资历,他从来没有达到预期的影响力。当然没有人会把他当成一个失败者,而且一些专家对他的贡献评价相当高。伯纳德·施瓦茨(1997)没有把他列入自己心目中10位“最伟大”的大法官名单中,但确实把他纳入一个小范围的“落选者”之列。科米斯基(2004)分析的样本中，学者们给他的评级数是 3.27，换种说法就是在 20 世纪 52 位大法官中排名第 12 位。

法兰克福特为什么没有最终成长为一位成功人士呢？传记作家所描述的法兰克福特“充满活力、机智、迷人，热情、精力充沛、闪闪发光”(Hirsch，1981，p.4)。然而，他还拥有一些不太理想的品质：他会表现出激烈、傲慢和专横。他的一位传记作家发现，他不能接受“在他认为是自己专业领域内的认真的、持续的不同意见，他对反对其观点者持有报复性的敌意”(p.4)。

鉴于他在聚光灯下很多年，写了大量的东西，也有很多关于他的文章，关于法兰克福特为什么不是一位更有影响力的大法官的猜测并不少见。在我看来有两个原因非常突出。首先，法兰克福特未能适应新环境。他平生第一次不能因为自己智力超群和不可否认的能量而主导他的同事。一个观察人士写道：“最高法院……是一个不同于法兰克福特之前已然占上风的环境。他(被迫)与那些意志坚强的、有自己想法的人分享权力。法兰克福特不可能领导最高法院，更令他吃惊的是，他发现自己面对一个反对‘集团’。”(Hirsch，1981，p.6)他再也不能以一个自由顾问的身份有效发挥自己的作用。

法兰克福特不能有效参与最高法院工作的第二个原因与第一个原因 184
相关。在他成年后，法兰克福特一直依靠讨好和奉承来发挥自己的影响力。当他是一个年轻人时，他曾作为亨利·史汀生(后来成为罗斯福政府的国防部长)的先私人后官方的助理。史汀生成为法兰克福特奉承的最早的一批人之一。1908 年，28 岁的法兰克福特写道：

“亲爱的史汀生先生：

别人已经就您在政府工作和在确保使用摩斯密码的专业成就上表达了一致的赞赏，但是没有一个人像我一样能恰如其分地证实您的卓然不群和温和的公平品性，但最重要的是，力证您对下属的体贴、慷慨和忠诚。这些品质璀璨夺目，使得各种暴虐的冲突消失无痕。

如此的工作经历在过去的几个月已经成为我宝贵的财富并终身拥有——它使人谦逊又令人振奋。

非常感激您的

菲利克斯·法兰克福特。”

(Hirsch,1981,p.28)

当奥利弗·温德尔·霍姆斯大法官在最高法院时,他一直对其进行赞美。“我亲爱的大法官”,他写道,当时他30多岁:

“我经常冒着风险向我的同事们说,所有在法律写作上的‘现代化的’倾向——‘社会学法理学’、‘功能论进路’以及其他的法律行话——在您40或50年前的论文中都有涉及,即使没有明确表示出来。嗯,我们今天所做的许多工作不过是为您很久以前就规划好蓝图的大厦添砖加瓦而已。”(转载自Hirsch,1981,p.42)

在他为罗斯福做顾问时,他继续发扬逢迎的风格。一名传记作者发现:

“在公开发表的他们之间的772页的通信信件中,有几乎令人难以置信的内容是法兰克福特对总统的奉承。总统演讲后,他就会发电报,将罗斯福比作林肯。当罗斯福做出一个困难的决定后,法兰克福特会赞美总统的政治才能和勇气。在压力重重的困难时期,他会努力鼓励他的朋友伸张自我。”(Hirsch,1981,p.106)

那些见证了这种行为的人因其太过分而觉得不舒服。编辑法兰克福特——罗斯福信件的编辑(该人是法兰克福特的崇拜者)马克斯·弗里德曼承认,法兰克福特“是奉承的艺术家,有时,他忘记了其艺术性,变成
185 赤裸裸的阿谀。必须承认,这种奉承有时可能太过了,令人厌恶”。(1967,p.27)另外,有证据显示,虽然法兰克福特在他和别人的信中经常批评总统,但他从来没有直接向罗斯福提出任何批评。

法兰克福特一旦加入最高法院,他的奉承就无用武之地。他用建议和赞美(有时还夹杂批评)来攻陷他的同僚,但他同事们——诸如威廉·O.道格拉斯、雨果·布莱克、查尔斯·埃文斯·休斯,以及后来的厄尔·沃伦、威廉·布伦南和约翰·马歇尔·哈伦二世都是强势和有能力之辈——认为自己与他齐肩,并不需要这位前教授的帮助。事实上,“前”在上述句子中是多余的,法兰克福特继续扮演无所不知的教授角色,其他8位大法官被他视为需要得到问题解释的学生。

不过，显然他的奉承对于信心不足、能力不够的惠塔克奏效了。即使法兰克福特在惠塔克背后贬低他，法兰克福特还是会写给他如下的热情洋溢的便条：“假如明天我退休，随我而去的我的整个司法生涯中最令人喜悦的记忆之一，就是你在杨斯（*Yancy*）案（一个有关共产党的案件）中的表现。这是最好的司法行为。”（Schwartz & Lesher, 1983, pp. 136 – 137）

正如一个职员后来所回忆的，“最高法院的每个人，除了惠塔克自己，都很清楚他被法兰克福特利用，法兰克福特讨好他不过是为了确保惠塔克投自己的票”（Schwartz & Lesher, 1983, p. 137）。

与他未能在最高法院发挥其预期的影响的同时，他经常对同事要么过度表扬，要么恶意批评。正如一位传记作者总结说，“只要他们同意他的观点，他就奉承他们。一旦独立思考的迹象显现，他就会爆发。在他最高法院的任期内，没有人——只有罗伯特·杰克逊可能是唯一的例外——逃过他的蔑视”（Urofsky, 1991, pp. 62 – 63）。当他的嘲弄和欺侮转向惠塔克时，据惠塔克的儿子所言，这是导致他父亲精神崩溃的“一个主要因素”（Newman, 1994, p. 518）。而当威利·拉特利奇所起草的判决意见书与他的建议相反时，法兰克福特写信说：“为了阐述你所犯的所有错误，我可能会写一本小书，主要如下：（1）联邦管辖权问题，（2）宪法问题，（3）程序问题。”（Fine, 1984, p. 255）在不同时期，他开始疏远几乎所有的同事们。道格拉斯大法官曾一度决定不参加任何有法兰克福特出席的会议（Ward, 2003），他写出了其他几位同事共同的心声：

> “我们已经与法兰克福特分道扬镳。这并非一夜之间发生，
> 而是一个逐步发展的过程。笼统地说，法兰克福特刚刚失去布
> 莱克、我和墨菲的尊重。我们是慢慢发现他在智识上完全不诚
> 实，也就是说他非常狡猾。之前我们对他并不了解，但他整天在
> 最高法院的大厅中上蹿下跳，好像在清泉中放毒，试图挑拨一位 186
> 大法官反对其他大法官。他到我的办公室告诉我说瑞德或布莱
> 克是多么差劲的人，到瑞德的办公室告诉瑞德其他人有多蠢，诸
> 如此类。于是我们看到了这个人的伎俩和他做事风格的全貌。”
> （p. 297）

当然,他的智识风格和他的强硬都不是导致其无法达到雷克斯向罗斯福总统所保证的影响力的唯一原因。他的司法克制主义哲学越来越脱离社会的需要,尤其是 20 世纪 40 ~ 60 年代社会需求的急剧变化。道格拉斯大法官写道:

> “我们开始意识到,这个人并非朋友,也非公民权利的捍卫者,而是利用其在最高法院这一地位结党,但其拥护的宪法原则是我们不同意,也不愿意与之为伍的……因此,大法官会议时的激烈冲突变得越来越频繁,尤其是在他和布莱克之间,以及我和他之间,我们已经变得越来越怀疑这个男人的善良以及他智识上的诚实。”(Newman,1994,p. 297)

他的一位传记作家所做的总结,虽然对他的策略的效果轻描淡写,但还是全面反映了有失水准的各种原因:

> “法兰克福特并不缺乏洞察力,而是时代超越了他的眼界:上个世纪他可能会是完美的法官。他入职最高法院后似乎忽略了历史的潮流,忽略了这个国家社会和政治气候的变化。作为一个学术评论家时,他曾痛斥过 20 世纪二三十年代的保守法官,而他犯了同样的过错。他倒是始终如一,但一致性并不总是一种美德。”
>
> “法兰克福特未能在最高法院占据领导地位,不仅仅是由于他令人厌烦的个性。布莱克、道格拉斯、墨菲、布伦南、沃伦和其他脑力超强的大法官憎恨他傲慢的语气和学院派说教。他们也相信最高法院有保护少数民族权利和那些持不同政见者观点的特殊责任……(他们)折射出一种共同的情绪,即最高法院应该是《权利法案》的守护者。”(Urofsky,1991,p. 178)

尽管法兰克福特大法官在他漫长的最高法院任期内写了许多重要的判决意见,而且专家对这些判决经常是赞许的,但以发挥作用这一标准来分析,他被列为越来越失败。

187 **四、政客:弗兰克·墨菲**

如果惠塔克是一个不适应的最高法院大法官,菲利克斯·法兰克福特的适应度低于预期,那么对弗兰克·墨菲的定位可能是将一个方形物强行适应到一个圆孔中。近年来,最高法院没有一个人可以被贴上“政客”的标签，该标签最狭义的概念是一个人的职业生涯主要是在选举办公室渡过。“司法气质”是当下——当然一直也是——人们对最高法院大法官的期待，当代每一位大法官都有很多机会去沿着这个方向发展。

但是在过去，总统有时会选择那些明确符合“政客”标签的人，将他们任命到最高法院，厄尔·沃伦是一个当然的例子。对一些人来说，从政治导向转向司法导向并非易事。弗兰克·墨菲就是一个例子，他从 1940 年开始在最高法院任职，直至 9 年之后去世。墨菲在密歇根大学获得了法律学位，但不久之后即步入政界。在他被任命到最高法院之前，与其他大法官相比，他以法律为业的时间很少。他当选过底特律市市长，之后是密歇根州州长。1939 年，罗斯福总统任命他为内阁的司法部长。仅一年后，总统决定任命他到最高法院，许多人对此项任命提出了质疑。

甚至墨菲自己也曾怀疑过自己的专业能力。他的传记作者写道：“习惯了政治的粗暴和混乱，他在智力或学习能力上没有任何伪装。”(Howard，1968，p. 215）让挑战更加严峻的是，他将与那些在最高法院历史上最为聪明的权力法师——道格拉斯、布莱克、法兰克福特——共同出现在审判庭上。

有人认为，罗斯福总统对最高法院缺乏关注，并经常使用他的司法任命权解决他面临的其他问题，对墨菲的任命可能真是这样（Abraham，1999；O'Brien，1999）。墨菲在执掌司法部时就没有做好工作，白宫新闻秘书斯蒂芬·厄尔利将他视为“一个彻底的惨败者”（O'Brien，1993，p. 99）。司法部副部长罗伯特·杰克逊警告总统说，墨菲缺乏法官的气质。但墨菲不仅忠于总统的政策，也符合罗斯福的“人口统计标准”。他是一个天主教徒——7 岁时担任过祭坛助手——来自中西部，而此时皮尔斯·巴特勒的去世让最高法院的职位有了一个空缺。墨菲本人是反对“人口统计标准”的：

> “在我看来，认为某些信仰应该由另一个类似的信仰继承是完全没有价值的观点……最高法院的成员并非因为代表某种利益、某个集团，或者某个地区或某个阶层的人而被召集或者被期待，他们为整个国家代言。因此即使不能完全去除，也应将基于区域或阶层利益、信仰或种族出身的考虑置于次要地位。”(Howard，1968a，p. 216）

188 但令墨菲大为遗憾的是,他还是被任命为最高法院大法官并被批准。任命之后,他的自我评价似乎变成了自我写照。的确,在很多方面他都无法与法官的理想标准看齐。他让自己的法律助理撰写他的大部分判决意见,以至于演变成如下地步,他的助理被嘲弄地称为“大法官赫德尔森先生”和“大法官格雷斯曼先生”(Fine,1984,p. 161)(与其他大法官使用助理相反,墨菲大法官聘用的一个助理服务时间长达6年)。

甚至在最高法院之外的生活中,墨菲也与典型的“司法气质”相去甚远。当大多数大法官们享受他们私生活的匿名化时,人们却经常在聚会、餐馆、剧院看到墨菲——在其整个成年时代—陪伴其的经常是一个有吸引力的、轻浮的女人(他从未结婚)。他的随行人员通常包括秘书、顾问,甚至是记者。当他在罗斯福内阁任职时,一位罗斯福新政中的知名人物对他如何同时认识那么多漂亮女人感到非常惊奇(Howard,1968)。由于他一个接一个地就任政治职位,开始“敏锐地意识到良好公众形象的价值”(Fine,1979,p. 2),于是频繁地举行新闻发布会。

菲利克斯·法兰克福特——其对每一件事和每一个人都有看法——认为墨菲在其判决意见中参杂了太多情绪化的内容,他相信墨菲在涉及穷人和少数族裔的案件中的投票是动了真情。法兰克福特在写给另外一位大法官的信中提到:“这样干的问题是,明天您宁肯被人看到正午时分在杜邦广场裸奔,也不愿今天听墨菲的絮絮叨叨。”(Schwartz & Lesher,1983,p. 132)墨菲在其他大法官中的声誉——尤其是他们认为他懒惰和法律上的简单化——导致首席大法官斯通以及之后的首席大法官文森,几乎不指定他写判决意见草案,特别是在一些重要的案件中。有一次,墨菲在把他的“迄今唯一被委任”写的判决意见交给文森时抱怨说:“我已经尽力写了一份判决意见,让那些在开会时和我一样投票的多数派可以接受。但我没有完成这个任务,多数票现在转投另一边。”(O'Brien,2000,p. 282)

甚至他的传记作家伍德福德·霍华德(1968)将他作为一个大法官的回忆描绘为“杂烩”。他写道:“既非法律专家也非法律工匠,他被批评为走心不走脑、重结果而非法律推理、倚重法律职员而非自己努力、深情独奏而非团队合作。”(Howard,1992,p. 568)但这并不是说大法官墨菲是

20 世纪最糟糕的法官之一，他在科米斯基（2004）的调查研究中评分是 2.63，略高于所有大法官的平均分 2.46，他也并未入选伯纳德·施瓦兹的“最后 10 名”名单，并且他的价值观和司法哲学在某些方面类似于厄尔·沃伦，后者在墨菲死后仅仅 4 年成为首席大法官（纯粹主义者会说，沃伦也缺乏某种“司法气质”）。亚伯拉罕的评价如下：“很有可能因为他在最高法院的关注点和所表达的观点本质上是一维的，无论这些观点多么高尚和激励人心，考虑到司法的丰富性，最高法院观察人士给予墨菲的评级是‘平均值’。”（1999，p. 174）

尽管有其局限性，墨菲虽然排名一般，但仍然值得被肯定，因为他倡 189
导个人的权利，特别是在政治上无权利的少数族裔。因为在松丰三郎诉美国政府案（*Korematsu v. United States*，1944）中斩钉截铁的不同意见，他值得永远被铭记。在该案中，最高法院的多数派意见（包括大法官布莱克、道格拉斯和法兰克福特）认为重新安置和关押超过 11 万日裔美国公民是合宪的，这个判决意见被墨菲大法官在他的不同意见中称为“种族歧视的合法化”（pp. 241 – 242）。墨菲于 1949 年去世，但他的一系列的不同意见预示着最高法院在之后 10 ~ 15 年的转变，随之而来的是承认少数族裔和刑事被告人权利的判决。

五、学者：约翰·马歇尔·哈伦二世

约翰·马歇尔·哈伦二世于 1955 年到 1971 年在最高法院任职，由艾森豪威尔总统任命，他是共和党，其对最高法院功能的看法使其在最高法院的大部分时间内都属少数意见。然而，他获得并维护了某种受尊敬的——有时是具影响力——的声望，原因在于其司法判决书的学术性和深思熟虑的特质（Bourgignon，1980）。当学者们研究他在最高法院时期审理的案件时，都会关注一下他写的是多数意见、附和意见还是反对意见，因为他对案件所涉问题的分析总能提供智力上的贡献。在 20 世纪下半叶最高法院的所有大法官中，他是“法学家中的法学家”。此外，他在法兰克福特于 1962 年退休后承担起司法克制主义的代言人（Abraham，1999）。由于上述理由，他可以被归类为有作用的大法官。事实上，在科米斯基在法律专家中发起的调查中，该调查于 2004 年出版，哈伦大法官的评级是 3.55，这让他在除了霍姆斯、布兰代斯和布伦南之外的 20 世纪

的大法官中位居前列。

哈伦出身贵族——富裕家庭、私立学校,之后是普林斯顿大学和牛津大学,这些都让其在学业结束时可以在位于华尔街的一家大律师事务所找到一个职位。在最高法院的任命之前,他主要在联邦第二巡回上诉法院担任法官。他的祖父约翰·马歇尔·哈伦一世在最高法院当了34年大法官,时间是1877年到1911年。

他的法律职员的回忆录(由 Dorsen & Newcomb 收集,2002)可以相互印证。他们中的诺伯特·A. 施莱说:“最高法院的工作对哈伦大法官而言不只是重要而且神圣。为了得出公正的判决意见,即确保每个句子都切中要害,并且没有任何疏忽,他付出再多的努力都在所不惜。”(p. 146)另一个人说:“从一开始当书记员,我就被哈伦大法官源自其出身的优雅做派所折服,他对所有的人,无论他们的地位,都非常有礼貌和体贴有加。”(p. 147)

伍德沃德和阿姆斯特朗合著的《同胞们》一书,是立足于大法官们的法律助理们(而且很明显至少还有一位是大法官)这样的最高法院内部人士意见基础上的。该书对哈伦的描述如下:

190 “像他的祖父一样,哈伦视法律为近乎宗教式的召唤。尽管——也是因为——在最后的几年中,哈伦近乎失明,他仍然是最高法院最勤奋工作的一员。他每分钟读将近150个字,弯着腰,眼睛几乎触纸。他还是最高法院最多产的作家。无论反对意见多么微不足道,案件多么轻微,为了学术上的诚实,哈伦拼尽全力写出他的观点。”(1979,p. 45)

当被问及其在最高法院破纪录的36年任职期间合作过的最为杰出的大法官是谁时,威廉·O. 道格拉斯(1980)列出了7个人,其中包括哈伦。即使是在大多问题上与哈伦观点不同的布伦南大法官,也喜欢告诉他的助理说,哈伦是其在最高法院的时间段内“唯一真正的法官”,哈伦是唯一“用足够的冷静衡量法律问题”的大法官。(Woodward & Armstrong,1979,p. 223)

在某种程度上,甚至当其他大法官没有跟随自己的道德律令时,哈伦充当了最高法院的良心。他捍卫三权分立立场,并且避免其所有的观点为某位现任总统背书。例如:

> “哈伦拒绝在总统选举(或任何其他选举)中投票,从来没有赞许过总统的国情咨文。1967 年,哈伦拒绝承续一项最高法院的传统,即在每个司法年度开始的第一天,大法官们戴上高帽子,穿上燕尾服去白宫向总统表达一年一次的尊敬……哈伦说服了别的大法官(除了大法官福塔斯)放弃了拜访总统的做法,以免约翰逊总统试图利用他们让他发动战争的努力合法化。”(Woodward & Armstrong,1979,p. 127)

理查德·尼克松就任总统后不久,因为首席大法官厄尔·沃伦的辞职,他面临任命一位新的首席大法官的机会。当时总统的一个顾问帕特·布坎南力劝总统任命哈伦。但布坎南的动机显然不是因为哈伦无可挑剔的品行,而是因为哈伦当时 69 岁,据说健康状况不佳。布坎南的理由是,哈伦很快会死,从而使尼克松总统在他的第一个任期内有任命两位首席大法官的机会(Yalof,1999,p. 244)。

然而,尼克松总统在 1969 年还是任命了沃伦·伯格为首席大法官,哈伦在最高法院又待了 2 年。作为一个纯粹主义者,哈伦对伯格作为首席大法官感到心神不安,因为他发现伯格几乎不关注法律推理,而哈伦则认为这是必需的。哈伦曾明确告诉他的助理,伯格总是没有深挖案件的逻辑基础或宪法基础就对案件下判决。在一个案件中,伯格撰写了多数派意见草稿,该意见在哈伦看来,结果正确但未提及大多数基本性问题。经过仔细审查,哈伦准备了一份附和意见。伯格从哈伦的附和意见中套 191
用了很多后修订了其草稿,但他忽略了哈伦所引用的最高法院之前的判例,以及哈伦对过去的立法史和有关行政决策的认真评述。哈伦收到首席大法官的修正版后,将自己的附和意见改短但坚持将该意见分发给其他大法官,无视伯格不喜欢附和意见的事实(尤其是将附和意见附在他写的多数派意见之后)。但是哈伦坚持保持“他谨小慎微的标准”(Woodward & Armstrong,1979,p. 59)。

根据他的助理所述,当哈伦得知首席大法官伯格已经决定,最高法院可以告诉某个州如何解释自己的法律而无需提供宪法理由时,哈伦非常震惊。但伯格和他说:“我们是最高法院,我们可以做我们想做的事情。”(Woodward & Armstrong,1979,p. 61)

即使当他被诊断出患有脊柱癌症晚期时,哈伦继续将医院的病床变

成了他的办公室从而可以继续履行职务。伍德沃德和阿姆斯特朗根据他的职员的描述,写下了如下场景:

> "他几乎失明,他甚至看不到自己香烟灰,但他仍顽强地为即将到来的司法年度做着准备。一天,一个助理带来了一份紧急上诉书。哈伦在床上和助理讨论这个案件。他们的共识是申请应该被拒绝。哈伦弯下腰,他的眼睛几乎挨着纸,写下他的名字,然后把纸递给助理。助理却发现没有签名。他看着哈伦,'哈伦大法官,您刚才签在被单上了'。助理指着亚麻布上的潦草签名轻轻地说。哈伦笑了笑,又试了一次,这次签在了纸上。"(1979,p.157)

当他发现自己再也无法做这项工作时,他推迟了退休,以防因为自己的退休将人们的注意力从他的朋友兼对手雨果·布莱克退休这件事上引开。哈伦写信给布莱克的儿子:

> "我不得不退休了。但是我不想做任何事破坏人们对你父亲退休事件的关注。我没必要告诉你,他是我们最高法院历史上最伟大的大法官之一。他与超过1/3的最高法院的大法官们共过事。没有人的判决超出其右,他的判决是最好的……我坚持到你父亲的退休被认可和评价后再退,正是我该做的。"(Atkinson,1999,p.145)

哈伦大法官在1971年9月退休,于3个月后的1971年12月29日去世。

六、秋千投票人:桑德拉·戴·奥康纳

奥康纳作为第一位被任命为最高法院大法官的女性,将永远在美国
192 历史上独树一帜。但在最高法院就任的最新的司法年度中,她占据着一个非常独特——虽然不是独一无二——的位置。她"是9位大法官意识形态的中间点"(Donahue,2002)。在大法官们不同的派系中扮演着秋千票投票者,而且她的投票往往就是那个决定哪个派系获胜的一票。例如,在1996~1997年司法年度,在18个5:4的投票中,除了一个案件,她都属于获胜方。在2002年6月结束的司法年度中,她至少在2/3的5:4判决中属于决定性一票(Greenhouse,2002a)。无论她是否追求这个目标,

她成为策略性投票的一个范本；是政治学学者南希·玛维蒂（1996，p. 4）所谓的，“在讨价还价中，与大多数人站在一起的顺而赢的战术，让影响力更为突出”指的就是大法官奥康纳。

这种现象与奥康纳大法官的背景、她的个性，或者她是一个女人这个事实有关吗？桑德拉·戴是在亚利桑那州 250 平方英里的牛牧场被抚养成人的。她父母的房子没有室内厕所、电力，也没有自来水，最近的镇子在 35 英里之外，她不得不长途跋涉去上学。她与她的弟弟（O'Connor & Day，2002）共同撰写的自传，描述了她从小如何骑马，以及在她童年时期将牧场的牛仔（他睡在她家房子的有屏风的门廊上）当作她最好的朋友。她父亲是一个完美主义者，天性保守，一直致力于反对政府对农场主加以限制（Perry，1999 b）。他不断与对其土地和水资源加以限制的土地管理局进行斗争的行为，这是否影响了他女儿看待联邦政府权力的态度？答案是很有可能。当然她的书描绘了普通人通过艰苦的工作和常识照顾自己的能力。在一次推广该书出版的访谈中，大法官奥康纳表示：“我们在很小的时候就学会欣赏某些人所拥有的能力，即问题一出现就解决它。我们努力学习自己也这么做。”（Donahue，2002，p. 2）

桑德拉·戴 16 岁上大学，本科学业结束后在斯坦福大学获得法律学位。在法学院读书期间，威廉·伦奎斯特是她的同班同学，也是她主要约会对象（不过，她嫁给了另一个未来的律师约翰·杰伊·奥康纳 III）。尽管在斯坦福大学，她有着模范生的记录和各种荣誉，她向律师事务所递交的申请还是被拒，原因是她的性别（一个律师事务所确实给了她一个法律秘书的职位聘请函）。所以她只能做合适的工作，大多数的工作是政府律师，她的 3 个孩子都小的时候，她甚至做非全职工作。

作为亚利桑那州活跃的共和党政治家（就像威廉·伦奎斯特一样），她做过州议员（她是当选这个国家中州参议院多数党领袖的第一女性），后来被任命为亚利桑那州上诉法院法官。因此，当她在 1981 年被里根总统提名到最高法院时，她有一些司法经验。在美国历史上的动荡时期，新提名的大法官有机会就法律如何影响妇女和少数族裔施加影响。然而，作为一个可能的倡导者，她是一个矛盾的人物。学者们指出，她的个人司法议程并没有以性别问题为重点，取而代之的是联邦主义和司法克制主义（Cook，1991）。原因在于，尽管她被主要的大律师事务所拒绝录用，然 193

而她在自己家农场所有的财产利息以及她丈夫待遇优厚的律师工作,意味着她在一个传统的家庭中拥有一份舒适的生活,她并没有经历许多妇女在工作场所所面临的经济剥削。

一位观察人士指出,“没有证据表明,奥康纳像很多她的同龄人在20世纪60年代所做的那样,有一个意识觉醒时期。在其提名听证会上,奥康纳承认,她也关注工作和工资待遇不平等,但解释说男性和女性之间工资的差异是由于女性所从事的就是低工资工作”(Cook,1991,p. 244)。面对让其举出其所“致力于公平正义”的若干例证的问询,她回应时提及自己作为一名州参议员时,在一些小型的住宿点成功处理了一些有关性别歧视语言和女性工作时间的问题。

她相当模糊的形象也体现在利益集团对其被提名到最高法院的反应上。女权主义者很高兴看到一个女性被选中(而且这个女人签署过《平等权利修正案》),但也都很清楚她是被一位反对《平等权利修正案》而且无论如何也不会支持女权主义目标的总统选中的(女权主义者也注意到,当亚利桑那州没有批准通过《平等权利修正案》时,奥康纳并没有采取任何打算让立法机关重新考虑该决定的行动)。反堕胎支持者欢迎另一个保守派到任最高法院,但不清楚她对推翻罗伊诉韦德案(*Roe v. Wade*)是否有所担当。在对其批准的议会听证会上,她拒绝表明她是否致力于推翻这项事关堕胎的判决。她表达了她的个人观点,认为堕胎令人生厌和令人反感。而当她在亚利桑那州立法机关期间,堕胎并非一个突出的问题,所以当时她的投票记录几乎没有提供任何线索。在一位观察人士看来,她在含蓄和直率之间保持平衡是“一个典型的政治性表演”(Cook,1991,p. 244)。

当她被批准进入最高法院后,她对最高法院的影响是慢慢浮出水面的。从1981年到1986年,首席大法官伯格不会在任何重大案件中委派她撰写多数派意见(Cook,1991)。至少在她任职最高法院早期,她的影响力更多显示在她的投票模式中,而非她撰写的多数派意见。在听证会上,她形容她的工作方式是把每个放在她面前的案件当作一系列独特的事实。后来她在很大程度上据此来操作,恰恰因为这样,对其投票的预测准确度要低于那些政策立场已经完全成型的大法官。但她仍然显示出一些偏好,例如,在联邦和州法院关系问题上,她主张,联邦法院应当尊重州法院[在布什诉戈尔案(*Bush v. Gore*)其观点例外],州法院法官与联邦法院法官在能力上相当(O'Connor,1981)。不过,她对同样来自斯坦福大学和凤凰城的同事伦奎斯特大法官对联邦主义的理念也很赞同,尤其是最高法院所独有的"排他性权威,可以决定在美国什么是非法和不被允许的"的观点(Rosen,2001)。

她早期的投票(1981～1986 年)反映出最高法院的保守色彩,包括堕胎和平权诉讼问题。但是她一直努力把自己放在中间派的位置。例如, 194
她与斯卡利大法官的某些最为严厉的意见保持一定的距离,当她就韦伯斯特诉生殖健康服务集团案(*Webster v. Reproductive Health Services*, 1989)撰写一份附和意见时,拒绝附和在判决意见中重新审视罗伊案件,斯卡利亚大法官将她的想法定性为"不负责任"、"非理性"和"不会被重视"(Gottlieb,1996)。在之后的仍然涉及堕胎合法性的一个案件中,即东南宾夕法尼亚州计划生育部诉凯西案(*Planned Parenthood of Southeastern Pennsylvania v. Casey*,1992),奥康纳与肯尼迪大法官和苏特大法官面对面进行了讨论,谋划某种程度的妥协,即保留罗伊案判决的核心部分,同时允许对堕胎施加一些限制(Simon,1995)。

在科米斯基的调查中,她的评级是 2.66,刚刚高于平均水平,但我希望随着时间的推移对她的评分将上升。一些学者甚至认为,在近年来的大法官中,大法官奥康纳一直是最高法院最具影响力的成员,在一个又一个的案件中能够精巧地设计标准从而站在多数一方(Coyle,1999)。"她涉及面狭窄的观点起到一种保护作用,使她在未来的案件中拥有转变思想的能力"(Rosen,2001)。她的一位前法律助理告诉一位采访者:"她非常努力去避免宽泛的规则,以防止如果你说话太宽泛,你可能会在未来自我束缚。"她在最高法院的最后一个司法年度即 2004～2005 司法年度,时隔她在批准听证会上发表言论 20 年后,她裁判的方式依然是"务实地一个一个案件做出决定,每个案件中事实和细节对结果都非常重要。"(Coyle,1999,p.14)例如,尽管在 1999～2000 司法年度尾声时,她对内布拉斯加州的"半生产式堕胎"案(*Stenberg v. Carhart*,2000)的投票虽然属于多数派,然而她在其撰写的附和意见中表明,其他州的半生产式堕胎法是可以被接受的。

七、联盟缔造者：小威廉·J. 布伦南

布伦南在最高法院是一个异类。作为一个由共和党任命的民主党人，他在日益保守的最高法院充当一名自由派。尽管最高法院占据主流的意识形态偏见是保守主义，他仍可以精巧地建立联盟，使得他的政策偏好通常可以达成。布伦南从 1956 年到 1990 年担任大法官 34 年。他是 20 世纪 60 年代沃伦主政的最高法院的自由派多数的一个部分，当时产生了更多的保护少数族裔和刑事被告人的权利的判决，但到他退休的 1990 年，最高法院只剩下 2 位由民主党任命的大法官，作为其中之一的拜伦·怀特通常与共和党任命的人投票一致。

布伦南的背景和性格是什么？这些因素是如何使他成为最高法院的最终说服者的？

布伦南 1906 年出生在新泽西州的纽瓦克，他的父亲是一位爱尔兰天主教徒，1896 年移民到美国，成为劳工组织者。因此布伦南在儿童时就
195 近距离见证了在一个大型移民人口聚集地人们所遭受的痛苦和社会动荡。布伦南获得了一项奖学金才得以进入哈佛大学法学院（在那里他的教授之一是菲利克斯·法兰克福特），之后在他的家乡进入了一家律师事务所。他被任命为州初审法院法官，后来被任命到新泽西州最高法院。正如第 2 章中所述，当谢尔曼·明顿在 1956 年退休时，艾森豪威尔总统打算任命一位属于民主党派的天主教徒，该人要有司法经验，要相对年轻（布伦南当时 50 岁）。布伦南是为数不多的——不包括艾森豪威尔政府所做的系统调查——合格者。据推测，艾森豪威尔和布劳内尔是被布伦南在新泽西最高法院当法官时的一个演讲中所反映出的保守主义特质误导的。这个演讲不是布伦南写的，只是代替生病的新泽西州首席法官阿瑟·范德比尔特简单地念了一遍（Friedelbaum，1991）。

是什么原因让布伦南大法官如此成功？（伯纳德·施瓦茨将其列为最高法院史上十佳法官之一，科米斯基的调查把他放在 20 世纪大法官中第三的位置，评级是 3.56）。多年来，布伦南写了 428 份最高法院判决意见和 258 个附和意见。在自由主义占主导的 20 世纪 60 年代，布伦南写了一些最高法院最有影响力的判决，包括关于重新任命的贝克诉卡尔案（*Baker v. Carr*，1962）、关于学校反种族隔离的库珀诉亚伦案（*Cooper v.*

Aaron,1958),以及事关诽谤的《宪法》第一修正案权利的《纽约时报》诉沙利文案(*New York Times v. Sullivan*,1964)。但是,尽管他属于自由派多数,但并不极端,其更谨慎的做法是事后算账,特别是当其他自由派法官被保守派大法官所取代时。他在最高法院任职的后期,当时他是第一资深大法官,在首席大法官隶属少数派的那些案件中,他会安排一个判决意见撰写者。当沃伦担任首席大法官时,雨果·布莱克是最高法院各种判决的一个决定性力量。但是"由于莱布克的不妥协,和其对于宪法话语'专制性'建构的坚持,事情往往演化成由布伦南担任对立集团之间的调停者"(Friedelbaum,1991,p. 100)。用一位传记作家的话,他拥有"不可思议的天赋,可以在他弟兄们不同的,甚至是充满火药味的观点之间建立共识"(Clark,1995,p. 6)。

布伦南大法官试图避免在他的判决中以绝对性作为基础,他试图在冲突利益中找到"平衡",因此即使在对手看来,他也被当作一个思想非常开放的人。他的个性也许是他构建联盟的最大力量;他"友好,并且精神活跃"(Warren,1966),而且以真正的兴趣和关注对待每一个人。他对所有人都和蔼可亲,从未使用过强力开疆拓土。

施瓦茨和莱舍(1983)关于沃伦法院的书一开始就描述了布伦南著名的红色方背式大众轿车,它看起来似乎适合某个无忧无虑、谦逊的人。一位传记作家对他的风格描述如下:

> "最重要的是,布伦南很容易就成为大法官中最热情和最自然的法官。在谈话中,布伦南会离你很近,詹姆斯·约翰逊式风格。他谈话时使用各种手势,并且经常碰碰他的谈话对象。他 196
> 不仅认识法院的法律助理们,连电梯操作员和保安也认识。作为一个习惯做笔记的人,布伦南给几乎他认识的所有的人致函表达感谢或欣赏。他继承了他父亲的许多自然的政治本能。正因为他有某种不可思议的记忆力,布伦南从来没有忘记任何人的名字。这些品质中有些令人觉得很甜腻,导致华盛顿特区巡回上诉法院法官大卫·巴特隆最初对布伦南的印象是满嘴'奉承话'。随着他对布伦南了解的加深,甚至将这位大法官引入到一些商业交易和房地产投资中,巴特隆发现他最初的印象完全是错误的。布伦南对每个人都一样,对待每个人都是平等的。

巴特隆总结道:在他身上找不到错处。”(Eisler,1993,p. 102)

不过,布伦南也拥有两个至关重要的其他品质,从而决定了他在最高法院的成功:学术自律并愿意考虑别人的观点。他自己的观点既有学术性又严密论证。我们回忆一下第 1 章提到他在蒂纱尼诉温尼贝戈县社会服务部门案(*DeShaney v. Winnebago County*,1989)中的不同意见,与大法官布莱克门所说的“可怜的约书亚”不同,他逻辑严密地论证了社会工作者采取行动失败在辩论中是站不住脚的。

布伦南始终有着清醒的底线意识,他常常被援引的一句话是“在最高法院,5 票可以做任何事情”(Schwartz & Lesher,1983,p. 224)。他表现出来的商谈意向令人印象深刻,同样令人印象深刻的是他根据同事(包括那些比他更保守的人)的评论修改他的草案的技巧。典型的做法是,他会就案件给其他大法官写私人信件,而不是使用面对面冲突的方式(Clark,1995)。他一稿一稿地修改着,把潜在反对者的观点结合进去。他在 1989 年德克萨斯州诉约翰逊案(*Texas v. Johnson*)中成功达成大多数意见,也许是他有能力成功结盟的最引人注目的例子,当时保守主义占据了最高法院。正如在第 1 章中已经提到的,1984 年格雷戈里·李·约翰逊当众焚烧国旗以抗议里根政府的政策,当时共和党全国代表大会正在达拉斯召开。根据德克萨斯州的法律规定,有意亵渎州旗或国旗的行为是犯罪。他被判有罪并判处 1 年的监禁,约翰逊对此提起上诉。

布伦南认为对约翰逊的判决违反《宪法》第一修正案所保护的思想自由表达的权利,即使对那些具有攻击性或让大多数公民讨厌的人而言。除可以预见到的言论自由的捍卫者马歇尔和布莱克门大法官外,他撰写了一份能得到大法官斯卡利亚和肯尼迪支持的判决意见。(大法官伦奎斯特、怀特、斯蒂文斯和奥康纳反对,但布伦南赢得了他的 5∶4 多数)

他将自己的个人观点适应于实现长期目标的程度是一个有关合理性
197 的问题。在第 5 章中提到的大法官布伦南在“斯利克”穆尔所提起的上诉案中的投票,就提供了一个例证,即在某个特殊的案件中,为了维护与一个摇摆不定的同事之间的关系,他愿意以牺牲正义的方式投票。即使在 1956 年他入职最高法院的国会确认听证会上,布伦南就用不怎么坦率的方式面对参议员乔·麦卡锡所提出的敏锐问题,答非所问。应该承认,参议员麦卡锡在提问一开始就对布伦南怀有偏见,他并不愿意国会批准布伦南。他告诉委员会说：

"我个人从未见过布伦南先生。我在这里所说的任何事都不是出自个人的情感。我请求在这个委员会发言，只是源于一个，也是唯一的一个原因。正如这个委员会所熟知的，最高法院在未来几个月中会面对一系列关于共产主义者的密谋以及有关国会努力揭露这些密谋的案件。国会能否继续其对共产主义分子的调查，在很大程度上取决于这些案件是如何判决的。因此，我认为对这个委员会而言，对参议院而言，乃至对美国人而言，至关重要的是要让大家知道那些将决定这些案件的法官，是否倾向于反对国会对共产主义分子的调查。基于我所掌握的部分文件记录，我相信布伦南大法官已经表现出某些对国会试图揭露共产党阴谋行为的潜在的仇视。我能够得出的结论是，他在最高法院的判决有可能会危及我们与共产党斗争的成果。因此，除非他今天能够说服我所掌握的关于其观点的材料并非真实，我将投票反对其就任最高法院。我想要知道，大法官布伦南是否在其公开演讲中，提到国会对共产党分子的调查时，真的使用了诸如'萨勒姆女巫狩猎者'、'审讯'字眼，并指责国会专门委员会'野蛮'。"(Eisler,1993,p. 109)

布伦南回应如下：

"参议员大人，我不仅同意(这样的国会调查)，而且就个人而言，我认为国会最重要的功能就是其各个委员会的调查功能，而且我也想不出对任何一个委员会的调查而言，还有什么比根除政府中的颠覆分子更为重要或关键的目标。"(Murphy & Prichett,1961,p. 96)

但他拒绝就任何的以任何方式将诉至最高法院的可能的案件有关的问题作出评论。

若考虑一下司法决策的理性选择模型，可以认为布伦南大法官是终极游戏玩家。尽管如此，在一次采访中，他声称自己不是他所谓的"场上进攻组织者"(Friedelbaum,1991,p. 122)。他用他的高度有效的人际关系技巧推进其政策目标(Eisler,1993)。在这样做的时候，他清点选票，撰 198
写用于维护脆弱的多数的判决意见，并将其他人的观点纳入他的草稿。

此外，他避免写过多的反对意见书，只要有可能，就加入那些他的大部分同事都同意的观点。令人难以置信的是，在一个司法年度中，他没有写一份反对意见书。然而，与此同时，他对将《权利法案》国家化、反对死刑，以及让第一修正案更具效力的忠诚从未动摇。他意志坚定，即使在 1978 年（当时他 72 岁）开始忍受喉癌化疗，他仍然在最高法院又工作了 12 年。

一位观察人士将他的贡献总结如下：

> 布伦南大法官成为了最高法院首位社会改革家和评论家，作为一名敏锐的和雄心勃勃的鼓吹者，他为一个中立的、有时保守的最高法院带来不同寻常的进步。如果说宪法的某一部分在理念上和实务中可作为他的指引，那一定是《宪法》第十四修正案的平等保护条款。他尽了很大的努力拓展了那些贫困者、那些追求具体平等权的人、那些平权法案的支持者以及歧视行为的受害者提出诉讼的理由。他不屈不挠地反对死刑是其同样的社会工作议程的一部分，旨在改善贫困和不公正的影响。他在某个毕业典礼上发表的演讲中，异常坦率地表达了他的观点，该观点挑战了为消除社会中的“法律不公平现象”必须有人做出牺牲的“成见”，要做出真正的努力，而不是“仅仅为了安慰自己的良心的毫无意义的小打小闹”。否则，他警告说，可能会引发弱势群体被“暴力和革命的倡导者”所诱惑。（Friedenbaum，1991，p. 123）

八、最高法院不同个性法官所带来的影响

上述小型传记可以导出一个结论，即谁成为最高法院大法官对判决的过程和结果都有重大影响。如果艾森豪威尔总统在 1956 年任命的人不是威廉·J. 布伦南，最高法院这一法律的疆域，今天在一些特定的方面将有所不同。当某位大法官同时也是首席大法官时，其个性的影响力将会上升，第 9 章将讨论这个话题。

第9章
首席大法官：比其他大法官更具影响力吗？

摘要：本章研究首席大法官的功能。它检视了最近的首席大法官们在应对这个职位所带来的挑战时是如何改变的，然后对这个职位的性质进行心理学分析。我们应该明确的是，不是所有的首席大法官在履行这个职务时使用同样的技能，甚至考虑到这个职位在过去的200年里性质的变动，我们能做的仅仅是评估每一位履职者在完成这个领导工作职责时做得如何。

关键词：最高法院；首席大法官；影响力；领导；威廉·伦奎斯特

> "告诉首席大法官，我不是为他工作。"
>
> ——大法官詹姆斯·麦克瑞纳德说此话是为了回应首席大法官查尔斯·埃文斯·休斯对他在最高法院口头辩论会迟到所说的话 199

历任总统在第二个任期的就职仪式具有通常的炫耀和仪式性，普遍缺乏悬念。但对于热衷于最高法院的观察人士，乔治·W. 布什第二个任期伊始——就职日是2005年1月20日——就有所不同。美国首席大法官会出席吗？2004年10月末，首席大法官伦奎斯特被宣布诊断出患有甲状腺癌并接受化疗后，他就不再出席公开场合（尽管他偶尔会在他的办公室工作，并参加大法官会议）。他没有主持在11月和12月举行的口头辩论，也没有参加最高法院举办的一年一度的圣诞晚会，而且已经宣布了他将不会参加11月听审案件的投票。尽管如此，他还是答应了履行首席大法官的职责，在总统就职日见证就职总统的宣誓。他做到了。那天他最后到，拄着拐杖，用清晰但沙哑而且不寻常的声音见证宣誓誓言。他在那里仅待了13分钟就离开了（Greenhouse，2005）。

2004～2005司法年度将是他最后一次作为首席大法官。2005年7月中旬，伦奎斯特出人意料地宣布，只要他的健康允许，他将继续担任首席大法官，但两个月后他去世了。

200 **一、首席大法官的权力：真实的还是想象的？**

从1789年约翰·杰伊成为首任算起，到2005年，只有17人担任过美国首席大法官。约翰·马歇尔令人吃惊地在此职务上待了34年，但其他人（罗杰·特尼28年、梅尔维尔·富勒22年、沃伦·伯格17年）也服务了令人印象深刻的很长一段时间，这其中包括威廉·伦奎斯特，2004～2005司法年度任期是他的第18年。

学者们都承认，作为最伟大的首席大法官，约翰·马歇尔确立了司法权作为联邦政府第三个“同权”部门的权力。但是自马歇尔在1835年去世后，首席大法官的角色已经显著改变。回顾当时，最高法院工作负担很轻，首席大法官有机会撰写大多数的判决书。马歇尔选择这样做，他的同事们也默许了。此外，他们也很少写反对意见或附和意见。从那时开始，诉至最高法院的案件类型已经发生了变化，分裂的投票和异议的数量增加了，首席大法官要服务于各种不同功能的需要也相应地增加了。与任何行政首脑一样，理想的首席大法官需要使用大量的人际关系技巧以及行政技巧。

以在任的首席大法官的名字命名最高法院已成为惯例（如“沃伦法院”、“伦奎斯特法院”）。这种方便的叫法意味着首席大法官在权力和威望上超过他的同事们。这是真的吗？有些人会说不。像其他任何一位大法官一样，首席大法官只有一票权。首席大法官不能雇佣或解雇其他大法官，甚至不能决定为他们加薪。首席大法官的办公室工作人员非常有限，几乎不比任何其他大法官多（一名行政助理的职责是负责最高法院外部的绝大多数事务）。

尽管如此，在最高法院主持工作，首席大法官有两个职权使拥有这个位置的人有了额外的权力：主持所有的会议和口头辩论，以及如果在大法官会议上投票隶属于多数派，就决定谁起草多数意见（除了负责最高法院，首席大法官还有其他责任。实际上，他的头衔并非最高法院首席大法官，而是美国首席大法官。首席主要的职责还包括主持美国的司法会议，该机构是包括所有联邦法官在内的联邦司法系统的管理机构；主持联邦司法中心 4 年一度的年会，该机构是一个研究和培训机构；监管美国法院联盟的行政办公室；作为国家美术馆、赫塞豪恩博物馆和雕塑花园以及史密森尼学会信托董事会的一员。尽管要做所有这些额外的耗时的工作，首席大法官目前的工资比其他大法官只高 8700 美元）。

但如果我们只考虑最高法院的监督功能，问下面问题就很合理：主 201
持会议和分配判决意见写作者的功能是否给予了首席大法官更大的权力以及更高的声望？在改变首席大法官的就任者就能改变最高法院氛围的意义上，是的，首席确实有更大的影响。但是作为领导是否就有更大的机会说服其他大法官？在众多认为这个职位带有额外的影响力观点的支持者中，前大法官阿贝·福塔斯是其中之一："这种优势不仅在一般意义上影响公众、律协和法院，也使首席大法官与同级的同事或者高级管理人士或专业人士相比，在更大程度上对最高法院的判决产生影响成为可能。"（1975，p. 405）斯蒂默（Steamer）指出，"由学者组成的最高法院观察人士联谊会普遍都接受这样的观点，即首席大法官是最高法院老大。"（1986，p. 10）简而言之，首席大法官定下了最高法院的基调，并以很微妙的方式极大地影响着最高法院的判决和氛围。

将首席大法官的职务影响力和其本人分开有时候很难做到。但即使是在一个执行人的职位权力有限的情况下，如首席大法官职位，一些在职者也能够不仅对其他大法官，而且对整个国家施加有效的影响。正如一位评论员写道："（某位）首席大法官必须并非从其职位，而是从其带给这个职位的品质获得真正的显赫。他必须拥有神奇的领导力。"

(Cray,1997,p.268)。这个职位确实有其影响力.作为其他大法官中的老大,首席大法官会受到特别的关注(O'Brien,1997)。与其他大法官相比,首席大法官的声明、言论和行为会被更多的媒体和学者关注。首席大法官休斯对此的解释是:

> "公众的兴趣自然是围绕首席大法官这一最高法院名义上的领袖。他是最高法院的执行官,主持开庭和会议,并宣布其命令。由于最高法院独特的功能,他是世界上最重要的司法官员。他是美国首席大法官。"(p.47)

甚至对其他大法官而言,首席大法官也被区别对待,大法官们在非正式场合彼此之间直呼其名,但无论谁是首席大法官总被称为"首席"。

为什么有些在任的首席大法官能够利用该职位为社会带来变化,而有些则做不到这些?就像第8章中就有关大法官的分析所显示的,每位首席大法官都以不同于其前任的方式在其有用性问题上发挥影响,但只有少数成就卓越。对法律学者们的民意调查发现,16位首席大法官中值得被标记为"伟大"的只有3位——约翰·马歇尔、查尔斯·埃文斯·休斯和厄尔·沃伦(伯纳德·施瓦茨的"10"位最伟大的大法官——普通大法官和首席——就包括这3位首席大法官,还加了第4
202 位,罗杰·坦尼)。但当艾森豪威尔总统在1953年秋天任命首席大法官沃伦时,几乎没有人预见到他将会是在这个职位上最有影响力的3位中的一位。他甚至不是总统的第一选择。在其他的人选中,约翰·福斯特·杜勒斯和托马斯·E.杜威在备选者中是最早被考虑的。当然,沃伦在加州的公共服务领域拥有杰出的职业生涯,先是一名地区检察官,然后是地区司法部长,后来是州长。他1948年竞选美国副总统失败,因为与托马斯·E.杜威在同一张选票上。他的背景在许多方面都类似于大法官弗兰克·墨菲,后者作为一名政治家的经历,让其面临需要满足反映"某种司法气质"需求的挑战。与墨菲类似,沃伦从不被当成知识分子,他从来没有撰写过任何法律评论类文章或重大的政策分析。此外,他在许多年中都没有从事过法律实践,甚至没有出过庭。当著名记者约翰·巩特尔出版他的拥有广大读者的反映美国生活的编年史书《深入美国》(1947)之时,也就是沃伦到最高法院短短的6年之前,他是这样描绘当时的州长沃伦的:"他永远不会做出惊人之举,他像所有他这个类型的美国人一样，受知识背景欠缺、政治哲学思想的深度或广度不足的限制，他是这样的一个人，可能在其一生中从来没有因为抽象思维苦恼过两次。”（1947，p. 18）甚至当沃伦被提名为首席大法官时，一些观察人士将其作用归结为主要是平息争吵，是一个有能力但毫无光彩的管理者，是被扔到当时控制最高法院的诸如菲利克斯·法兰克福特、雨果·布莱克、威廉姆·O. 道格拉斯之类知识上的重量级人物中的（Steamer，1986，p. 49）。

艾森豪威尔总统期望沃伦所做出的判决能反映自己温和的共和党人背景，那些判决不会给自己捣乱。然而与此相反的是，沃伦在最高法院引领了一个关键性的转变，在判决时重新解释了《权利法案》。他创造了一个团结的最高法院，充分发挥每一位大法官的长处。他是一位“伟大”的首席大法官，因为他所锻造的最高法院的若干判决，在 50 年后的今天仍继续影响着美国人的生活。对他的任命完全可以理解为是艾森豪威尔总统任期最具影响力的行为。

在沃伦被任命之前，最高法院在取消学校种族隔离问题上是分裂的。由沃伦取而代之的、突然去世的弗雷德·文森首席大法官曾在大法官中做了一个调查，发现 3 个南方人对认定隔离学校违法问题上持有强烈的保守意见。第 4 位大法官菲利克斯·法兰克福特也已表达了对激进主义性质判决的担忧，他写道：“从情感上我们中的任何一个人都可能相信拥护这样的种族隔离政策……[是]不公正和短视的，然而如果仅仅因为这种个人的原因他就宣布这项隔离政策违宪，那么他就超越了他的司法权限。”（Cray，1997，p. 282）尽管在知识上有所欠缺，但沃伦对自己很了解，同时也有能力用自己的权威换来同事的忠诚和尊重。他游说反对者，因为他寻求反对种族隔离学校的全体一致投票。在一年的时间中，他就把这个争议不断的大法官集体带到了新的境界，一致通过了 203
最高法院历史上一个最重大的决定。

相比之下，最近的 6 位首席大法官中有 3 位在重要方面都失败了。哈伦·菲斯克·斯通，下文中我将详细描述他，就不能有效掌控案件投票会议，不仅导致效率低下，而且让他的同事们充满挫败感。杜鲁门总统任命了弗雷德·文森，原本希望他可以将一个充斥着矫情的自以为是的人的最高法院整合起来，他无力做到。尼克松总统任命的沃伦·伯格，让最高法院的判决远离对公民自由和被告人权利的支持，也不像尼克松所期待的那样成功。有一本著名的书，挑逗性地给了伯格法院一个头衔“革命，非也”(Blasi,1983)。

本章考察了近期的首席大法官在应对其职位带来的挑战时的变化，然后对这个职位的性质进行了心理学分析。我们应该明确的是，不是所有的首席大法官在履行这个职务时都使用同样的技能，甚至考虑到这个职位的各种要求在过去的200年里性质的变动，我们能做的仅仅是评估每一位履职者在完成这个领导工作职责时做得如何。

二、充当口头辩论和大法官会议主席的首席大法官

首席大法官主持所有最高法院的会议。在口头辩论中，首席大法官宣布案件开始，让每一方当事人进行陈述，当他们陈述超时时终止其陈述。通常这样的终止是突然的。有律师声称，在一个辩护律师刚刚说出“如果”这个词时，首席大法官休斯就说时间到了(O’Brien, 2000, p. 259)。然而，首席大法官在律师们盘问时不一定非要主导。在口头辩论中，首席大法官介入程度取决于他的个人风格和议程。但可以肯定的是，首席大法官作为象征性的领导者，有额外的影响力，因此其与律师之间的互动会受到额外的关注。例如，在某种场合中，当首席大法官伦奎斯特觉得一位律师没有履行他或她在口头辩论中的责任时，会收起他通常亲切的风格。下面是一个例子：

> “1995年2月，在一个疫苗责任的案件中，首席大法官和一个尴尬的准备不充分的罗伯特·莫克斯利律师之间发生了交锋……莫克斯利代表一个据称受到疫苗伤害的年轻女孩的家庭，在他回应不同的大法官向其提问的同一个问题时，答案不一致。最终，愤怒的伦奎斯特脱口而出：‘你怎么能站在最高
> 204 法院的辩论席，给出这些完全不一样的答案？’”
>
> “莫克斯利的回应是‘对不起，尊敬的首席大法官’，这进一步激怒了首席，批评他到，‘当然，你应该道歉’。莫克斯利试图安抚强压怒火的首席大法官，说，‘我本意并非为了造成最高法院的困惑’。伦奎斯特更愤怒了，对准这个恐惧的律师‘好吧，你还没令我们多么困惑，只是让我们认真地想知道……

你是如何准备这个辩论的'。当莫克斯利试图摆脱他自掘的陷阱时，伦奎斯特突然并且愤怒地宣称：'你的时间到了。'托尼·毛罗事后报道说，莫克斯利粗俗地描述了其在最高法院被公开羞辱时的感觉，'我觉得我被一个大公牛的屁股弹开了'。不足为奇的是，大法官们最终以 9∶0 的投票反对莫克斯利极烂的辩护理由。"(Perry,1999a,p.109)

在审查调卷申请的会议上，首席大法官必须事先做功课，以确定哪些申请值得考虑。第 3 章描述了提交作为"讨论"清单的众多材料的一个小例子。在所有的会议中，首席大法官必须严控时间，不同的大法官有不同的方式让自己牢牢驾驭最高法院这艘船。据报道，首席大法官休斯试图限制每个调卷申请审议的讨论时间为 3 分半钟，这样做很大程度上是成功的，因为根据欧文·罗伯特大法官的说法，"他的总结非常完整，以至于在许多案件中，他的同事不需要增加任何内容。"(O'Brien,1997,p.39)

在口头辩论结束后的大法官会议上，首席大法官对每个案件进行介绍，并给出一个意见，然后大家开始讨论。首席大法官伯格描述这个过程如下：

"首席大法官简要总结一下案件的基本情况、他对该案怎么看、案件的问题是什么，然后就这些问题中的某些问题表明他的观点。情况并非总是如此，因为当大家围着桌子开始讨论问题时，发言是从首席大法官到资深大法官按照资历排序的，然而某位大法官说他在得出结论前想听到完整的讨论这种情形并非罕见。这可能意味着，他要一直等到新任大法官发表意见后再说话，然后常规讨论才可能开始。"(O'Brien,1997,p.43)

查尔斯·埃文斯·休斯被列为"伟大者"之一的原因是他在案件会议上所显示出的主导风格。观察家们对他的智识能力和对讨论意见的评论大加赞赏：

"事实上，以他的奇妙的集中精神过程(他可以吸入一张纸)、他的敏锐的智慧、威严的仪表以及突然迸发的急智，……休斯可以主宰任何聚会……胡果·布莱克大法官告诉一名传记作家，休斯是完美的会议主持者……你可以肯定(当他阐述 205

某个案件时)一定是正确地阐述。他可能对4个或5个可能的判决结果进行区别,然后声称,‘我认为我们应该遵循第一个。它会让我们远离别人制造的麻烦问题’。”(Newman,1994,p. 281)。

虽然首席沃伦缺乏休斯的细致的认知能力,在这些会议上,他只是简单地把问题罗列出来,然后轻松主持会议。据他的传记作家所言,当其他大法官不同意他的观点时,他倾向于不予争论。与其类似,首席大法官伦奎斯特保持“在会议中有一个严肃的时间表”(Perry,1999a,p. 109)。但他会给其他大法官提出不同意见的机会,甚至那些不同意他观点的大法官也很赞许他的公平和公开。

在最近的这些首席大法官中,沃伦·伯格曾经收到就对其主持的大法官会议最严厉的批评。正如前面提到的,与遵循首席大法官有优先投票权的惯例相反,他有时会暂不投票,看看哪一方吸引到了多数,然后他就投票支持多数票,这样——根据他批评者所言——他将有机会决定谁撰写大多数意见草案。我将在本章中说明首席大法官伯格在汇集其他大法官的力量参与决策时所使用的其他办法。

三、指派判决意见起草者

可以说,首席大法官最重要的职能是指派某位大法官撰写多数派意见。撰写首席大法官沃伦传记的克雷指出:

> “只要他属于多数派,首席大法官就可以选择一个人,该人可以扩大判决的影响,也可以缩小判决的影响。他可以点一位与自己观点近似的大法官。他可以挑一位惯于妥协或拥有坚强理念的大法官。他可以将一个案件给一位专于此领域的或希望在该领域可能会成为专家的大法官。他可以通过有意识的安排,培养同盟军或在反对者中挑拨离间。他可以把最重要的案件安排给他最喜欢的极少数人,包括自己,或者他可以给每一个人在司法界成名的机会。聪明的首席大法官在安排撰写人时,还会注意到政治影响——因为最高法院永远不会远离政治。”(Cray,1997,p. 268)

首席大法官有时也要评估一下被指定撰写判决意见人的能力,因为不合格的某位起草者——写得太宽泛或太过拙劣——会浪费投票，甚至导致多数派转向另一边。此外，大法官们如果在撰写意见的分配中被忽 206 略时，尤其在重要案件中会特别在意——或者当首席大法官只分配他们写那些“拦路虎”案件。

四、领导权是什么？

每位首席大法官都是一个独特的个体，我们已经看到的一些迹象表明，恰好是他们之间的不同导致了他们在这个职位上的工作效率。但到底是什么让某人成为该职位的成功领导者，而另一位则会失败呢？在 20 世纪 20 年代和 30 年代的早期对领导科学的研究中，学者们试图发现那些达到一定高级别领导职位的领导者的内在特征，这些特征在非领导者中不明显。这种方法最终被证实在解释是什么让一位首席大法官成为“伟大者”方面的价值很有限。首先，每一位首席大法官被任命时就是一个领导者。更为根本的是，这种建立在一系列材料基础上的方法并没有提供什么洞见，只有非常少的共同点出现在不同环境中不同领导者身上。仅有 4 个——勤奋、主动、外向和有幽默感——经常出现，可以被贴上“领导的一般特征”标签（Bird，1940，p. 380）。

但将这 4 个特征与那些杰出的首席大法官所共有的特征相比较，答案昭然若揭。虽然 3 位公认的“伟大的”首席大法官们生活在不同时代，来自不同的背景，他们还是有一些共同的特征。斯蒂默（Steamer，1986）评价说首席大法官马歇尔、休斯、沃伦共有的特征如下：

> “所有人都有着指挥者的外表；所有人都有强健的身体以适应辛苦的工作。休斯是天生的，沃伦和马歇尔则是应需要而生，后者只在短期内出现。所有人都是模范爱国者，对美国的体制深深敬仰，自认有保护它的使命。他们对前景的预期基本上是保守的，但都愿意根据自己的信念，在不同程度上让判决更有弹性，这个品质在美国上诉法院法官身上司空见惯。每个人都有某种与生俱来的尊严。马歇尔和沃伦喜欢绝大多数人，大家反过来也很喜欢他们，但他们两人都有所保留，这些保留只有亲密的人才可能体会。休斯的保留与外部表现比较接近，事实上是非常接近，他的性格通常被描述为个性冷漠，是个冷冰冰的人，

但许多接近他的人发现他迷人而温暖的个性，一点都不像他所呈现出的公众形象。”

“这些人都严格自律，休斯不苟言笑，马歇尔和沃伦没休斯那么刻板，但严谨规划自己的生活以完成手边的工作。所有人都看透命运和生活的戏剧性，他们是并没有把自己当回事的严
207 肃之人，这种人从来不强调自己的重要性，这种品质足以使他们认清自我的表面化和肤浅。约翰·甘道夫写到，约翰·马歇尔是‘最不装和最不自以为是的人’，这同样适用于厄尔·沃伦和查尔斯·埃文斯·休斯。或许更为重要的是，这些人都是直率和有道德的人，无论个性、职业以及公开场合都很清廉。大法官斯托里对马歇尔的评价是他永远成不了‘阴谋家’，他也可能这样说休斯和沃伦。他们中没人是惯耍阴谋的小气政客，也没人是具攻击性的谋权者。虽然有略微的不同，马歇尔更愿意参与到公共事务中，而休斯和沃伦更注重对首席职位的掌控，但后两位都并非急吼吼的自我养成政客，而是因为生于追逐竞选职位的社会环境中。”(1986，pp. 37 - 38)

学者对于少量描述性的“领导特质”的理论有若干解释性发展。环境要素与个人要素相比更能决定一个领导者如何有效力。我所谓的环境要素，是指对团队而言可以利用的资源、工作的难度、团队成员之间工作关系的性质，以及领导者控制之外的其他一些方面。例如，一位新任的首席大法官可能会发现该最高法院由意识形态各异的大法官组成。我在下面将详细论述这个问题，这里首先我们用心理学方法考虑某位领导者身处其中的环境的特质，其次用个人——环境互动概念以分析不同的首席大法官。

五、领导权功能

领导权由若干功能构成。对领导权定义进行细分反映了这种清醒的认识。从20世纪中期开始，许多研究就围绕着领导者的功能展开，其中具有影响力的研究成果来自哈佛大学的贝里斯，以及俄亥俄州立大学的人事研究中心的约翰·亨普希尔、拉尔夫·托格迪尔及其研究团队。这些研究成果的创新之处在于将注意力放在了“影响”上，将其当作领导权独有

的、最为重要的一个方面。例如，托格迪尔将领导权定义为“在团队目标设定和目标完成时，影响团队各种行动的过程（行为）”（1950，p. 3）。对领导者“目标导向”功能的关注引发了各种对团体任务和领导者任务的分析。对领导行为所具有的维度的罗列应运而生，有的时候是 7 个维度，有时是 208
9 个或更多。但是对领导者行为的要素分析发现了这样一个结论，即领导权中的两个特质——如果你愿意的话，可以把两个物质当作影响力的决定性内容——在成功的领导者和失败的领导者众多差别中独占鳌头（Halpin & Winer，1952）。第一个特质被标记为“关心”，这个品质代表着领导者的行为，在一定程度上表现出在领导者和其他团队成员之间具有“友好、相互信任、尊重以及温暖”（Halpin，1966，p. 86）。领导者真正的关心表现为领导者对团队每一位成员的需要都非常了解。根据霍尔平与维纳的分析，关心在领导者行为变量中占据几乎一半的分量。

第二个领导特质被称作“角色建构”（或译为“定规”）（initiating structure），这个在后来被定义为“领导者在勾画自己和团队成员之间关系时的行为，以及在努力界定良好的组织模式、沟通渠道和各种程序方式中的行为”（Halpin，1966，p. 86）。于是，“角色建构”就是指领导者让团队朝着其预定目标前进的能力。这个特质在领导者行为变量中大约占 1/3 的分量。

重视领导者各种功能的研究者，将一些类似的分类融合进两个主要的范畴中。贝尔斯（1953）的研究成果是，领导权功能可能因“任务导向”（努力完成组织目标）还是“组织维持导向”而有所不同。后一种情形中，领导者关心的是建立或者提高组织成员的道德感和凝聚力。因为贝尔斯（1958）和其他研究者（Fleishman，Harris & Burtt，1955）各自的研究都认可了上述观点，因此我们可以得出结论，即“角色建构”和“关心”是领导行为的两个主要维度，而且二者之间并不是简单相互排斥关系（Gibb，1969）。

有没有可能某位领导者对角色建构和关心都很在行？当然可能，但一些领导者发现很难同时满足这两个功能。来自工作环境的压力影响可能会妨碍同时完成两个功能，而且有些人仅仅是缺乏同时完成二者的愿望或能力。首席大法官的工作负担非常重，并且可能会更注重实现组织维持功能。例如，首席大法官沃伦的备忘录中就描述了他的计划和工作负担：

> “我们尤其不能接受到别人家里做客的邀请，因为那意味着要回请，这就会让我们的夜晚变得很忙碌，就不能做我的工作了。我几乎每天晚上都工作的比较晚，即使在那些我们参加白宫或大使馆晚宴的夜晚。尽管是这样一种节奏，我从来没觉得我可以完成我的阅读。我对于一些重要的材料读起来比较慢，而最高法院需要这样阅读的材料数量巨大。当我第一次到华盛顿时，我就怀疑自己是不是能够熬过去。那时最高法院在中午
> 209 开会，下午 2 点的时候休息 30 分钟吃午餐，然后就一直开会到下午 4 点半。这就是从星期一到星期五听口头辩论的时间安排。然后周六上午 10 点，我们会集体开会，除了 30 分钟的午餐时间，会议会开到我们工作完成，可能到 5 点、6 点甚至 7 点。”（1977，p. 345）

由此可见，虽然沃伦大法官能够同时完成“角色建构”和“关心”的目标，然而为了这样做，他的个人生活和家庭时间却被牺牲了。在他的备忘录中，首席大法官沃伦也将自己的日程安排标记为“累死人的”，他的上午消耗在行政工作上，包括管理工作和前面章节所列的委员会工作。他每天晚上把简报和备忘录带回家，经常阅读到深夜。他很早就醒了，在动身去最高法院前看 1 个半小时材料。在担任首席大法官 16 年间，他只有 1 天因为生病没去工作。

如果某位首席大法官不能同时完成两个功能，就会出现其他大法官代替领导完成“关心”的职能，有时人们称其为团队中的社会情感领导。这个人有时候是最高法院最招人喜爱的人，他通常厌恶冲突并极力避免在最高法院发生这种冲突（Danelski，2002）。在极少数的场合下，首席大法官可能成为社会情感领导者，而另外一位大法官作为任务领导者。达尼尔斯基通过对最高法院的分析，他认为霍华德·塔夫脱担任首席大法官时就是如此：

> “塔夫脱是社会情感型的领导者，他指定自己的好朋友万·德文特充任任务领导。关于万·德文特的声望和充当任务领袖的证据非常多。塔夫脱一次又一次地声明万·德文特是最高法院最有能力的法官……有时，万·德文特的能力确实让塔夫脱挺尴尬的，并且这位首席开始怀疑让万单独主持大法官会议是

不是不太好？”(pp. 663 - 664)

有些领导者完成两个目标都有困难，因为他们发现完成任务与关心相互之间是竞争关系。以任务为导向的领导者对团队中成员“轻松的”工作节奏可能无法忍受，有这样导向的领导者，当他发现其成员的行为偏离了团队方向或有过度的言谈，他一定会不断地把成员们的注意力转回团队目标。领导者经常反映说，同时既以任务为导向又关心他人非常困难。因此团队中其他成员就可能成为团队维持的专家，致力于调解由于任务导向而产生的争议，释放张力，并且倾听每一位成员的牢骚或者拍拍他们的肩膀。但有时候某个特定的行为也会同时满足两个功能，如某个带领团队解决了难题的领导者，也可能通过这个行为提高了团队的凝聚力和道德水平(Cartwright & Zander, 1960, p. 496)。

六、首席大法官职能的各类应用 210

不同的首席大法官，可以根据他们在以下两种行为中的成功程度进行比较：角色建构和关心。下面看看两位首席大法官在处理调卷令申请时不同的可比较的方式：查尔斯·埃文斯·休斯大法官开会是有备而来的，他不仅把所有的申请看一遍，还将那些在他看来毫无价值的申请直接拒绝。他几乎不能忍受争辩，而且也不鼓励其他大法官花更多的时间去研习这些案件中的问题。与他相反的是，哈兰·菲斯克·斯通大法官会以一种平常的方式提出自己的观点，鼓励充分讨论和争辩，他“允许自己被随意打断，而且经常允许延期”(White, 1978, pp. 226 - 227)。

首席大法官可以用各种方式展示他们“角色建构”的技巧和各种各类的“关心”。就角色建构而言，有一个指标——正如我们之前在比较休斯和斯通时所显示出来的——是让大法官们能够按照自己对案件的日程安排快速完成程序。斯蒂默发现首席大法官爱德华·道格拉斯和哈伦·菲斯克·斯通与其他大法官有同等的智慧，但他俩都无法缔造一个紧密结合的最高法院。他写道：

> “斯通接任休斯之后执掌的最高法院只能用一个词‘混乱’来描述。大法官会议成为了辩论之地，大家都情绪失控，充满紧张气氛，大法官们无休止地争论，让本来是认识上的分歧演化成个人恩怨。斯通不是在开了几个小时后宣布散会，而是放任其

> 开上几天。怀特是个和蔼可亲的、招人喜爱的人,也无法(并且)没有能力牢固掌控大法官会议的进行。一旦遇到疑难案件,他就知道说:‘这是一个难对付的案件。我不知道该怎么对付它。上帝帮帮我吧。’显然这样开篇言论对讨论一个案件而言,给了大法官同僚们无休止争论的宽泛余地,直到他们中的一人意识到首席大法官的领导角色已经被放弃。”(1986,p.28)

斯通无力完成角色建构的可能理由之一是,在他成为首席大法官后,他仍然以一般大法官的身份行事(Danelski,2002)。这不仅表现在他出席大法官会议时为了某个方案据理力争,还表现为他在讨论过程中参与评价其他大法官们的行为。他会说:“杰克森,那真他妈的胡扯”或“道格拉斯,你应该知道更多。”(p.665)最终,是大法官胡果·布莱克在斯通就任首席大法官期间担当起完成任务的重任。

但是其他大法官们的性格也会影响角色建构的成功与否。有一个例
211 子是其他大法官对首席就某个案件的观点同意的程度有多少?根据这个概念,首席大法官出现在少数派中的频率越高,他完成该功能的程度就越低。如果持不同意见确实表明了领导能力的欠缺,那么首席大法官斯通再一次保持了这一最坏纪录。他在几乎一半的案子中都与他同事们的多数派意见相左。约翰·马歇尔则正相反,他在任的34年间,只有微乎其微的6次不同意见(马歇尔在最高法院就任期内,写了数千份判决意见中的一半还多)。作为首席大法官,厄尔·沃伦无论是否写判决意见,他有1/4时间持不同意见,但是在重要的案件中他几乎都属于多数派(Steamer,1986)。

但是如果将太多的关注放在将不同意见率作为角色建构能力高低的晴雨表,是很危险的,因为它无法识别首席大法官所处的环境以及被关注案件的类型。例如,在2001~2002司法年度,首席大法官伦奎斯特在几件被广泛公开的涉及刑事法律和《宪法》第一修正案的案件中持不同意见,但是在每一件涉及联邦主义的案件中,他都属于多数派。斯蒂默发现:

> “首席在某种意义上就是时代的囚徒,即案件所涉问题具有如此大的争议性——平权诉讼、堕胎、通过巴士校车混合学校种族歧视、死刑——以至于这个国家中最具超凡魅力的领导者也

无法劝说8位独立的同事达成一致的观点。”(1986,p.8)

渐渐地,最高法院四分五裂。这种分裂可能在1995~1996司法年度达到最高级别,以1996年6月两个案件的判决为标志。案件之一是推翻违宪的德克萨斯州3个选举区选票案,投票记录是5∶4。奥康纳大法官撰写了决定性的判决意见,但只有两位大法官(伦奎斯特和肯尼迪)站在她一边。托马斯和斯卡利亚大法官投票结果一样但理由不同,其理由在托马斯撰写的附和意见中得以呈现。

第2个案件判决涉及有线电视黄色节目问题,共阐述了6个独立的观点,写了118页。投票可以总结如下:布雷耶大法官宣布了最高法院的判决,其所呈交的最高法院的判决中第3部分是斯蒂文斯、肯尼迪、苏特和金斯伯格的观点,第1、2部分和第5部分是斯蒂文斯、苏特的观点,第4、6部分是斯蒂文斯和苏特的观点。斯蒂文斯和苏特还写了份附和意见,奥康纳写了一份部分同意、部分不同意的意见,肯尼迪写了一份部分同意的意见,金斯伯格加入该意见,托马斯写了一份部分同意、部分不同意的意见,伦奎斯特和斯卡利亚加入。

角色建构的一个重要方面是首席大法官要有领导智慧。如果在任的首席大法官在智识上不是大拿,他就需要能够充分利用同事中与其意识形态类似的大法官。作为能够有效将其他大法官的观点集中在自己这里的首席大法官厄尔·沃伦——正像之前提到的——并非智力超群。除了分析某个问题的各种法律观点,他会自问:“怎么样才公平?”他的一位同 212
事波特·斯托尔特描述沃伦所判决的案件都有利于“寡妇或者孤儿或者弱势群体”(Howard,1997,p.33)。当问题涉及法哲学问题,他会借力布莱克或法兰克福特大法官的观点。

斯蒂默对首席大法官职位进行了大量研究,其结论是只有两位首席大法官,即约翰·马歇尔和查尔斯·埃文斯·休斯,“最接近理想状态,即同时作为人格上和智识上的领导者。”(1986,p.27)他说:

> “我们并不知道约翰·马歇尔在执掌他的最高法院时的具体措施,但我们确实知道他温和、有吸引力,其同事认为他令人尊敬、有魅力和名声卓著,而且,当然,还有他卓越的工作成果。休斯的书面记录保留得很好。在不同的时间段内,几乎所有弟兄们都赞赏休斯的领导能力以及他特殊的控制大法官会议的行

> 为。休斯对秩序的强烈嗜好和他照相机般的记忆力，让他在每次大法官会议都几乎令人害怕地有备而来。在准确和全面地总结案件之后，接下来他将建议某个案件应该如何判定，在某些情况下这就是关于该案的唯一的讨论，因为大法官们会按照首席大法官建议的处置方式进行投票。当某位大法官确实想发言时，他就让他们按照大法官的资历顺序发言，并且不能打断，这意味着只和首席大法官交换意见而非与其他大法官交换意见。”(pp. 27－28)

领导力的第二特质“关心”可以体现在很多方面。首席大法官就像任何领袖一样，必须解决琐碎的纠纷，让日常决策的方式避免被指控为偏袒或专断。当大法官里德1957年退休时，有人告诉首席大法官沃伦，法兰克福特大法官更喜欢里德的办公室而非自己的。在同意这个请求之前，首席大法官先和布莱克大法官商量了一下，因为他比法兰克福特大法官资历老。然后，他写信给其他的大法官告知将里德的办公室分给了法兰克福特，并补充道：“除非你们中的某一个人愿意搬到法兰克福特大法官空出的房间内，该套间将分配给新的大法官。”(斯蒂默1986年从首席大法官沃伦1957年2月8日的备忘录中援引，p. 21)沃伦·伯格与厄尔·沃伦做事风格相比则大相径庭。夏天的时候，当其他大法官休假不在时，伯格决定把一间长期用作会议室的房间，大法官们在该房间内可以私下讨论如何判案，变成自己的正式办公室和私人餐厅(Woodward & Armstrong，1979)。

有时首席大法官所做(或不做的)这样的“小事”，是拥有或缺乏关心的最强指标。据首席大法官沃伦的一位法律助理所言，他有一条行为原则：“如果你想和别人谈话，不要让他们来你的办公室……去他们办公
213 室。”(Cray，1997，p. 283)这一放弃权力和愿意在对方的“地盘”见面的原则，反映了沃伦对他人需求的敏感度。同时，沃伦多年来尝试说服国会拨出资金为每一位大法官配备专车和司机(首席是唯一有这个“额外待遇”的大法官)。沃伦提出，法兰克福特70岁了，里德、布莱克、伯顿、明顿和杰克逊都60多岁了，不应该再自己找辙应对华盛顿的拥堵交通。尽管他的努力并不成功，但他的同事很欣赏他的这些作为，他们认可他对别人需求所表现出的某种基本的关心。

与此类似的，当大法官道格拉斯于 1947 年住院后仍坚持做他自己的分内工作时，新上任的首席大法官文森非常理解道格拉斯的工作狂倾向，但为了对他身体好行事，正如下面信中所言：

"亲爱的比尔：

已收到您的关于编号 715 的俄克拉荷马州诉美国(*Oklahoma vs. The United States*)的便签。我也收到了您 11 日的关于坚持做更多的工作的便签。我已经留下了一些案件没有分配给别人写判决意见，但大家都明白这些案件是为您准备的，一旦您的身体允许。实际上，老前辈，我这一个星期左右一直在犹豫，是否分配案件给您，除非您非常肯定你可以不冒哪怕是最轻微的风险来做工作。所以，不要着急，好好养病。病毒已经激活了，而且没有任何一个弟兄想要阻碍您早日康复。

在汤姆·克拉克的聚会上非常想您，米尔德里德在聚会上好像并不高兴。

哈罗德(波顿)帮您把案件分类，干得很好……

所以，再说一次，不要着急，恢复健康再回来。如果您健康状态良好，我们将和您一起进入冲刺阶段；否则，您甚至到不了赛场。

弗雷德"

(斯蒂默援引，1986，p. 20)

七、领导权的权变理论

关于心理学的方法在理解领导权问题上的作用，我的研究已经表明，对领导者基本性格特征进行追根溯源无法获得统一的答案。这种失望导致我对该问题研究的方向转变——转向对领导者行为的功能或维度进行分析。与此同时，对领导者工作的有效性以及上级、同事和下级对领导者的评分之间的关系进行记录。但是仅有功能分析是不够的，经过社会心理学学者弗雷德·E. 菲德勒(1967、1969、1971)研究，性格特征方法才与功能分析进行了有意义的整合。

菲德勒对领导者的定义是，团队中的某个人，他被赋予了对与任务完 214
成有关行为的指导和协调任务。菲德勒的理论被称为领导权的权变理论，因为它把领导者的成功程度与团队所处的情境结合起来。具体地说，该理论预测对领导者团体贡献的效度既依赖于领导者的性格，也取决于情境对领导者有利的程度。在菲德勒看来，并不存在唯一的成功领导者类型，任务导向的领导者可能在某种情境中成功，而在其他情境中则不成功。一个以人们之间的关系为导向的宽容的领导者在一个团体中是成功的，却可能在另外一个团体中因为情境变化而不成功。

菲德勒所谓“情境对于领导者有利度”是什么意思？他提出，领导者对情境的控制程度与三个情境要素有关，它们分别是领导者和团体成员的个人关系、他或她职位所拥有的权力以及团队任务的结构性程度。下面根据领导者的这三个相关情境要素对首席大法官进行分析。

（一）领导者与团队成员的私人关系

第一个情境因素指的是团队的气氛和团队成员对领导者所抱有的信心程度及其吸引力程度。领导人和团队的关系可以从非常好到非常差来回变动，当然这部分是领导者个性使然，但也可能是关系的某些方面超出了领导者的控制范围。领导者可能取代某个很受团队欢迎和喜欢的人。例如，当沃伦·伯格取代厄尔·沃伦，大家将对于这种取代的怨恨直接指向新领导人。琳达·格林豪斯（2005 b）所著的一本引人入胜的书对大法官伯格和布莱克门之间的终生关系进行了描述，揭示出伯格大法官有许多理想化的人格：他在压力之下也能做好工作，他能站在自己的立场上仔细思考问题，他能够表达他的感受。但伯格任职之始，并没有达到这样理想的状态，因为他正在取代一个如此受人尊敬的领袖。菲德勒认为，领导—团队关系在一个小的团队中是领导者效能最重要的一个决定性因素（Fiedler，1964，p. 159）。如果团队气氛是积极的，成员信任领导人并且与领导人和谐相处，领导—团队关系就可以定义为良好。在某种程度上，拥有良好人际关系的领导者可以克服由于第二个情境要素，即他们的职位权力的程度比较差的局限性。

近期的这些首席大法官们在与其他大法官的私人关系上有明显的不同。威廉·伦奎斯特由于他的幽默感得到其他大法官的欣赏，而无论他们是否赞同他。厄尔·沃伦是体贴的外交型领袖，他的一位同事表示，他
215 “从未引发不和、不耐烦、急性子或恶声恶气。他会创造一种友谊的氛围，即使在人们情绪激动，以及直言分歧时”（Fortas，1975，p. 412）。他受到

极高的尊敬，以至于被冠以"超级首席"——大法官道格拉斯给他贴的标签——反映出他从其同事那里所获得的真正的尊重和钦佩。（Fortas，1975）

相比之下，沃伦·伯格与其他大法官的关系就是菲德勒框架中的"可怜"关系。首先，如前所述，他取代的是获得高度敬意的沃伦；此外，他早期做了一些非常不受欢迎的判决；而且，如第 8 章所述，一些大法官（包括约翰·哈伦和其他保守派）认为他是一个自命不凡的知识轻量级人物。

首席大法官伯格在大法官会议上专横的控制方式和分配案件判决意见写作任务反映了其缺乏对他的同事的关心，他的行为有时会引发其他大法官的指责。甚至他的多年好友哈里·布莱克门也对这位首席抱怨，说他不分配自己撰写足够的判决书。布莱克门大法官在书中写到，他在私下和公开场合都会感到丢脸（Greenhouse，2004、2005 b）。另一个例子是，1972 年 4 月瑟古德·马歇尔大法官写给其同事的信中说道：

> 我对于在自己缺席的情况下就召开案件辩论会议深感不安。我知道，这事在我在最高法院待的这几年从没有发生过，除非所涉大法官生病无法出席，即便是后者，也要得到所涉大法官的同意。我曾以为，这是这里的常态。
>
> 我担心的不是这次会议我缺席了，而是像我缺席一样，这成为将来的一个先例。像已故的约翰·哈伦一样，我，作为一名法官，担心最高法院的一些历史悠久的传统正在被改变。（Cooper，1995，p. 43）

伯格分配判决书写作任务的方式很独特。有几次，道格拉斯大法官声称，首席大法官很随意地算错了大法官会议的投票，并基于此分配判决书撰写任务（Cooper，1995，p. 43）。有一次，道格拉斯是当次大法官会议上属于多数派意见的资深大法官，他发现伯格之前就擅自把撰写判决书的活分给了另一位大法官。道格拉斯对首席大法官的斥责如下：

> "你显然是理解错了。劳埃德案已经分配给了瑟古德，他已经在撰写该案的判决书。至于他是否将引领多数派，没人知道。"
>
> "根据宪法和国会制定的法律，并没有关于分配判决书撰写任务的条款。从历史上看，首席大法官如果属于多数派，他必须

进行分配。从历史上看,如果首席大法官属于少数派,由多数派中的资深大法官分配判决意见写作任务。"

"你让大法官会议成为反对惯例的战斗,这是你的特权。但如果首席大法官不属多数,由多数派决定谁写判决也是多
216 数派的特权。因此,劳埃德案过去和现在都是这样被分配的。在这个简单的程序问题上妥协的悲剧在上个司法年度的斯万案(判决)中已显露端倪。当时你是少数派两个中的一个,却保留了自己的意见并写了少数派意见,多数派当然不接受。波特写了多数派意见,大多数人都认可。我们并没有马上将此观点传阅,因为我们认为你应该看看它。在多番努力之后你才改变了自己的少数派观点,大多数人的观点占了上风,判决结果是一致同意。"

"但斯万案显示出浪费了大量的时间和精力,以及不遵循传统的案件分配程序所带来的同事关系损耗。"

"如果大法官会议想要授权你来分配所有的判决意见撰写,这将是一个新程序。虽然反对,不过我将默认。但除非我们确实推翻了之前的政策,任何属于多数派的团体应该而且必须有写作分配权。"

"这是一把'双刃剑'。拜伦很可能领衔最高法院5名多数之首,而你和比尔·布伦南、波特·斯图尔特还有我就是少数派,并且我们可能强烈地感觉到这一点。但在那种情形下就该由拜伦来分配判决意见的写作任务。对我们少数派而言,我们不能为了智胜拜伦就说'我保留我的投票,然后为了控制分配权再重新来一次',这只会令最高法院关系磨损和痛苦,并且陷入不必要的压力和争吵中。"

劳埃德案的判决意见撰写任务仍分配给了瑟古德。(pp. 44 - 45)

之后,我考察了不同的首席大法官在领导者个人与团体成员的关系维度上的其他例子,它不仅是决定领导者影响力的通常三个要素中最重要的因素,而且它也是区分不同首席大法官的重要因素。第二个情境要素,即职位权力似乎较缺乏变动性。

（二）领导者的职位权力

一个领导者因其职位所提供的权力和权威有多少？领导者有权雇佣或解聘职员吗？领导者是否能够通过升职或加薪给某个人奖赏，或者领导者在规制其他成员行为上是否受限？职位权力高的领导者都拥有一些单独的职衔或者地位，从而有"势力"，相比而言，职位权力低的领导者则不能通过降低同事的其职位或地位来惩戒他们。菲德勒将职位权力列为领导效能三要素中最不重要的一个组成部分，因为团队的成功往往源自结构化任务的完成或一个受人欢迎的领导人，即使该领导者缺乏权力或权威。首席大法官拥有多少职位权力？立宪者的智慧安排是，就规制其他大法官的行为而言，几乎没有。斯蒂默曾设想过，如果在《纽约时报》 217
"工作招聘"栏目中登一个首席大法官的广告，它可能会包含如下内容：

> "虽然首席大法官需要在其他 8 位大法官中分配判决意见的撰写者，他（或她）没有任何法律上的权力免除其他大法官的职务或者以任何理由对其他大法官施以哪怕最轻微的惩戒行为。如果他们中的任何一个人是懒惰的、衰老的、令人讨厌的或者职业能力极差，首席大法官处理这些急迫问题的方法只能依赖其劝说的效力。"（1986，p. 3）

正如已提到过的，首席大法官既不能雇佣也不能开除其同事（虽然首席可在幕后努力让一位上了年纪的大法官退休）。其他大法官拥有最大的职业保障和固定薪酬这些都是国会规定好的。他们自己挑选自己的法律职员和办公室职员。如果某位大法官在撰写判决意见时迟迟不交差，首席并不能以常规意义上的老板角色去督促该大法官完成任务。

当做出司法判决时，首席大法官投票的权重与其他大法官一样。关于这个领导职位权力的唯一的例子是他有权安排谁写判决意见，只要他属于多数派。一位首席可以利用这个权力去奖赏或惩罚其他的大法官。正如大法官道格拉斯在之前提到的对判决意见分配的反应一样，即使那只是一个非常有限的权力，首席大法官也可能会被其他大法官视作巧取豪夺。

但是不容忽视的是，首席的职务职位是终身的。首席尽管不能解雇其他大法官，他们也不能解雇他，比较而言，在许多组织中，领导者职务权力较低可能意味着脆弱的职位保障。首席大法官们倾向于工作很长时间。如果我们忽略掉最早的 3 任首席大法官——当时最高法院还没有被宪法明确规定——之后的13位首席的平均任职年限是15年。

(三)任务结构

根据菲德勒的研究,某个团队被分配完成的任务中结构的数量是该团队领导效用的第三个情境要素。领导者对于任务如何进行是否清楚呢?某些类型的任务有着非常明确的目标,如对大多数运动类型的团队而言,每一个运动员对需要完成的任务都很清楚,至少是可以学习的。相反,一些临时性的委员会、政策制定委员会和从事创造性活动的团队的任务往往缺乏清晰的目标和结构——没有人知道该组织的目的是什么,更不知道该组织应该如何运行。任务结构的第二个要素是它解决问题方案的精细程度,也就是说,对于团队任务的解决而言不止有一个正确的解决方案。任务结构的第三个方面是解决方案的可证实程度,即一旦做出某
218 种决定,团队有多清楚该决定是正确的?某个任务结构的上述三个方面共同在决定不同类型领导者效能上扮演着重要角色。菲德勒的理论提出,那些完全结构化的任务会让领导者拥有更多的控制力。尽管如此,任务结构显然与职务权力是相互作用的。如果一个任务的结构很明确,领导者只需要较少的职位权力就可以完成任务,因为团队中每个人的责任已经被明确化。

上诉法院法官团队所面对的任务结构化程度如何呢?该任务的要求对团队内的每一成员而言都明确了,每个人都知道任务是什么,对完成该任务的方法几乎没有更多的选择,而且对现存的任务只有有限的几种正确解决方案。另外,对最高法院或上诉法院这样的团队而言,团队已经运行很长时间,运行程序已发展完善,法官们都知道如何行事。最高法院的职责与那些高度结构化的任务在组成上只有一个不同,就是可证实性,即对任务而言并没有一个正确的解决办法。对判决的可证实性可能不同的案件都会不同。有时宪法和法律的语言是明确的,正如我们所见,1/3很多的案件是以9:0的投票结果判决的。但是在那些投票结果是5:4或者6:3的案件中,从定义上而言,可证明性或许就比较低。

但是做事情有一个固定的方式可能对某位具有创新性的领导者的不利之处有所帮助。那些试图改变已经牢固建立的程序的领导者——即使是随机的或者细微的改变——会发现他们所拥有的职位权力是多么弱小。在伦奎斯特成为首席大法官之后不久,他有一次将口头辩论的时

间在规定的时间外延长了 15 分钟，这样就使得大法官们的午餐时间延后到中午 1 点。有两位大法官非常愤慨，在那位律师仍在做其口头陈述时走了出去，其他人则抱怨对既定程序的偏离。事后，首席伦奎斯特告知他的同事们，他再也不会让任何耽误他们吃午饭的事情出现（O'Brien，1993）。

为了简化和便于分析，菲德勒把每个情境的三个方面都一分为二。领导者—成员之间的关系或好或坏；职位权力或强或弱；以及任务结构或明确或不明确。正是因为在三个方面都有了两个范畴，我们可以想象一个有八个分类(2 ×2 ×2)项的体系，可以涵括这些方面所有可能的组合。菲德勒这样做的目的是看看哪种领导者的类型在每一个情境中表现最好。事实上，他还增加了第九个分类以便涵盖领导者—成员关系特别差的情形。

菲德勒的组合模型主要的假设是，领导者的效能是领导者类型和三种情境因素共同作用导致的。在领导者类型问题上，他区分了任务导向和关系导向的领导者。任务导向的领导者通过完成团队的任务而获得满足感以及自我评价，即使该领导者在为了达成此目的时遭受糟糕的人际关系困扰。有一个例子是一位足球教练，他的队员都恨他，但他的团队赢得了所有 219
的比赛。对比而言，对关系导向的领导者而言，其满意源自快乐的、合意的团队关系，至于所谓的以产出衡量的“成功”，却并不突出。

菲德勒假设，对领导者有利的情境的程度与领导者类型相互作用。有利的状态产生于那些允许领导者对团队施加大量影响的环境。菲德勒提出，任务导向的领导者，在条件对领导者或者非常有利或者非常不利的情形中都最为有效。也就是说，在那些领导者有很多的影响力和权力的条件下或者在领导者毫无领导力和权力的条件下。关系导向的领导者，则在条件一般性有利或不利时最为有效，此时领导者的影响力和权力都是混合和中等程度的。

有些分析学者已经就菲德勒的权变理论的有用性得出了一些具有一般性积极意义的结论，菲德勒也发展了他的理论，添加了领导者的认知性要素和其他情境要素，如工作的压力（Fiedler & Garcia，1987；Peters，Hartke，& Pohlmann，1985；Strube & Garcia，1981）。通过对实验室中模拟团队的研究，任务导向的领导者比关系导向更为有效这种现象非常突出。

作为对比,在真实环境中的团队,上述差异并非那么清晰。不过,权变理论仍然是在对领导者效能进行评价时的一个压倒多数的方法(Chemers,1997)。该方法对于最高法院是否有启发性价值?

八、权变理论在最高法院的应用

权变理论是如何适用于最高法院这样的工作环境中呢?考虑一下情境的三个要素,以下的结论似乎是对的。首席大法官的职位权力很差,让其他大法官按照首席的意愿行事可能性很小。该团队的任务结构最为明确;关于任务程序有一个长期的传统存在,团队的工作议程被递交到最高法院的上诉书激活,"结果"由团队成员投票决定。如前所述,团队决定的可验证性是一个妨碍任务结构清晰度的问题,而事实上,团队决定的正确性是争议的主要问题。在一些偶然的场合,某位大法官会事后披露,他或她早些时候的一个决定是错误的。大法官刘易斯·F. 鲍威尔在鲍尔斯诉哈德威克案(*Bowers v. Hardwick*,1986)中,对将同性性行为定性为犯罪投下了决定性的一票,4 年之后他宣布他这样做"可能犯了一个错误"(Jeffries,1994,p. 530)。

在领导者—成员关系这个维度上,从一位首席大法官到另一位首席
220 存在差异。如果我们能确定,首席大法官的工作就是这么一个职位权力很弱,任务结构清晰,领导者和成员之间的关系因为不同的首席也在好与坏之间变动,那么我们就会发现,最高法院符合菲德勒所谓的要素混合——用菲德勒的语言是"混合的或中性的"——从而创造了一种情境,在这里面菲德勒发现关系导向的领导者比任务导向的领导者效能更高。

(一)任务导向和首席大法官

但难道不是所有的首席大法官都是任务导向的吗?任何一个获得如此有声望职位的人难道不希望他的同事们按照自己的指令行事并且富有成效吗?是的,但只在某种程度上如此。事实是,在背景、卓越程度上确实存在差异,甚至那些在任首席大法官的任务导向程度也不同。我之前提到过厄尔·沃伦作为一个政治性公务员的背景,他的行为显然具有创新性和任务导向。他的背景与莫里森·韦特似乎形成了鲜明对比。当后者在 1874 年被格兰特总统任命为首席时,莫里森·韦特在国家层面是个无名之辈,在他的家乡俄亥俄州以外几乎无人知晓。他唯一在全国被人

记起的是作为担任美国派驻日内瓦仲裁法庭的三个代表之一，解决了美国阿拉巴马州索赔案。他在自己的家乡只当过三个小官，从未在任何法院执业，最多只是一个在托莱多市的成功律师。当时在最高法院任职的斯蒂芬·菲尔德大法官听到韦特的任命时，他写道：“他是一个新人，除了格兰特总统外永远不会被任何人想到可以去就任那个职位。”（Steamer，1986，p. 115）具有讽刺意味的是，恰恰因为他是格兰特总统对该职位的第七位备选人士，他才得到参议院的确认。格兰特的首选是两个他最亲近的朋友和助手，但是参议院反对。在四位著名政治家——包括三位参议员和当时的国务卿——拒绝了他的意欲让他们担任最高法院首席的提议后，绝望中的格兰特想到了韦特，而且参议院轻轻松松通过了确认（Steamer，1986）。

莫里森·韦特从 1874 年至 1888 年担任首席大法官。他刚获得这个职位时，团队中的领导者——成员关系可能处于最低点。正如斯蒂默（1986）所观察到的，他是带着三个显著硬伤来到最高法院的：他是由总统格兰特任命的，而格兰特以任人唯亲和任命的随意性而闻名；他在全国籍籍无名，而且他所加入的最高法院，在当时有一些现任大法官正积极寻求被任命为首席大法官的机会，并且显然认为自己比这位新就职者更牛。尽管入职时很艰难，韦特还是成为了一名合格的首席大法官——所谓合格通常不是指一个伟大的人，而是一个令人满意的人。他并非才华横溢，或特别聪明——他的写作风格相当平淡无奇——但他努力工作，他分配判决意见写作相当公平和理智，而且他写了很多判决意见。即使至少有一位大法官，即塞缪尔·米勒因为自己被跳过没有成为首席而不接纳他， 221
韦特在实现最高法院平稳运行上显示出其出色的外交技能（Magrath，1963）。

（二）关系导向的差异

也许不同的首席大法官最为显著的区别是他们在关系导向上的程度不同。如前所述，当沃伦·伯格成为首席大法官时，他就最高法院的程序性问题做出了一系列决定，并没有征询其他大法官的意见。他把司法会议室开辟为自己的办公室；他把法庭中桌子的形状从长方形变成了回飞镖形状；他甚至试图把大法官的椅子变成统一的规格。他单方面做决定的模式意味着其并不关心自己与他人的关系。相反，首席大法官塔夫脱,如前所述,是最高法院的社会情感型领袖。他想被人喜欢,他重视与共事的每位大法官的友谊,即使是和詹姆斯·麦克唐纳德这样的被他描述为“爱闹脾气”的大法官。塔夫脱一次与麦克唐纳德发生争执后写信给自己的一个儿子,“与你不得不长时间一起共事的人相处的最好的办法,就是控制你的不耐烦,并且相信自己无疑有试试成为别人的怪癖。”(Danelski,2002,p. 663)

塔夫脱带领的最高法院就是一个例子,即首席大法官不必成为任务导向的领袖,如果他是一个成功的关系导向型领导的话,别人就会提供有效的结构和完成任务,甚至像布兰代斯这样挑剔的大法官对塔夫脱主持的大法官会议也很满意。而且任务确实完成了,在50多年中第一次,塔夫脱做首席大法官期间,最高法院几乎将其积压的案件都结清了。

九、对权变理论若干结论的总结

在美国律师协会的一次演讲中,首席大法官伦奎斯特回忆说,当有人告诉他某位加拿大首席大法官在口头辩论中,一旦他想要自己的法官同事不再问那么多问题时,他就会用他的铅笔敲法庭的桌子。伦奎斯特若有所思地说,“我偶尔希望在我们的法庭中我也有类似的权力”(Associated Press,1996,p. 7A)。

领导权的权变理论对于一位领导者诸如此类的抱怨是有灵活性的。对于首席大法官角色而言,这一理论对理解领导者效能做出了两个贡献:

> 1. 某些类型的领导在某些情况下更有效能,其他类型的在其他情况下更有效能。在上述情形中,任务结构清晰、职位权力有限、领导者与团队成员关系的性质在很大程度上决定了他或
> 222 她的效能。
>
> 2. 被人喜欢并尊敬的领导者不需要正式的职位权力,即使在具有挑战性的环境中,他们也能完成符合他们目标的任务。

如果使用心理学理论的术语,职位权力——首席大法官的“权威”——是有限的。但首席仍然是一个有着相当声望的被指定领导人。如果现任首席大法官有着某种个人气质和资质,他就能在某种程度上说服其他大法官,而非寄希望于该职位的微弱职位权力。简而言之,仅仅是

在任的人不同就会产生巨大的差异，最为恰当的例证就是，当沃伦取代文森之后，最高法院在布朗诉教育委员会案（*Brown v. Board of Education*）中的转型。

十、首席大法官的理想品质

上文强调了，有许多因素会导致某位我们所讨论的首席大法官的工作效能。现任首席的相貌产生影响吗？法兰克福特大法官写道："最高法院大法官应该高个子，宽肩膀，有点像凸出的窗户。他们应该像斯通那样。"（Phillips，1960，p. 62）首席大法官伯格不仅有堂堂的外表，还有着可以引发关注的低沉的声线，但在 20 世纪的 10 位首席中，伯格和斯通是效能最差的人中的两位（怀特和文森是另外两位）。所以最好还是转向内部因素，我们可以使用它来生成一种评估清单，用以评估不同的首席大法官成功与否。如下品质是评估应当关注的。

（一）愿意和能够努力工作

至关重要的是，首席大法官要做好以下几项工作：包括为讨论是否授予调卷令的会议和接受什么样的口头辩论摘要做好准备，同时写至少一个多数派意见中的某一个恰当的部分。首席大法官休斯开调卷会时充分准备，因为他已阅读了所有的上诉书，并将那些他认为毫无价值的内容过滤掉。他的有关没有价值的上诉书的"黑名单"很少被人质疑。相反，当斯通担任首席大法官时，他鼓励对调卷申请进行充分讨论，而且他自己也提交最与众不同的分析报告（White，1978）。结果是，斯通主持的会议会持续数小时，而且通常会不必要地延续到周末，那时的最高法院成了 20 世纪最爱争论的法院。

（二）智力上够格

专家看一个领导者时是希望其能够提供某种视野，某种"远见"。以首席大法官为例，这包括为最高法院判决意见盖棺定论，或说服其他 223
大法官采纳一些突破性原则。首席大法官的效能意味着一种连贯性的司法哲学从而让下级法院能够得到可靠指导。作为首席大法官的沃伦·伯格就未能施加持续性的保守派影响力。例如，在重大的如堕胎和平权法问题上，他作为领导者所施加的影响往往不足（Greenhouse，2005 b，p. 157）。相比之下，首席大法官沃伦则提供了一个高效能的例子。尽管有些不负责任的关于他知识水平有限的传言,他还是保持着一贯的司法理念,该理念在一项对刑事司法体系会产生长久影响的判决项目中得以执行,同样在一般性的社会政策中也得以执行。甚至更重要的是,虽然约翰·马歇尔并不是第一位首席大法官,(他是第4位,1801~1835年在位),他还是因为其所具有的远见卓识,即如果美国联邦要想生存下去,各个州的立法者的狭隘的地方观念应该受到联邦法律的约束,从而确立了最高法院司法审查者的角色(Smith,1996)。首席大法官马歇尔的视野,为在联邦政府和各个州之间分配权力这一具有挑战性的任务建立了指导原则。

(三)合理分配判决意见写作任务

一位精明的首席大法官会利用该职位有限的权力分配判决意见写作人从而可以影响最高法院(Murphy,1964)。但是这个过程很微妙,有人声称"分配判决意见写作人对首席大法官的行政技能是最大的考验"(Magrath,1963,p.262)。

我们都知道,首席大法官在分配判决意见写作人时有很大的自由权,应该避免偏心眼和企图破坏既定程序。首席大法官沃伦曾说:

> "假如分配判决意见写作任务不公平,就会造成对最高法院的巨大的扰乱。在我任职最高法院的这些年中……我试着让大家工作负担一样……每个人,不管他们在最高法院待多长时间,都会有一个公平的机会撰写重要案件的判决意见。"(Rohde & Spaeth,1976,p.173)

然而,乌尔姆1970年的一个分析表明,法兰克福特大法官一直不被首席大法官沃伦待见,也许是因为法兰克福特好辩的天性和两人之间日益恶化的关系。(Schwartz,1981)

首席大法官塔夫脱在分配撰写判决意见任务时,主要依靠三个因素:对该大法官能力的估计、对该大法官观点的关注以及对该大法官气质的理解和对其健康状况的了解。(Steamer,1986)当其中一位大法官健康状况不好,塔夫脱会减轻他的负担并且自己承担由此产生的额外判决意见写作任务。

一些首席大法官,包括富勒、塔夫脱、休斯和沃伦,会将最无趣和无聊的案件分给自己(Menez,1984)。但同时,对判决意见的写作分配经常也会由于某个法官特别的专业方向而分给他。沃伦在分配判决意见写作时会征求一下雨果·布莱克的意见(Cray,1997)。在塔夫脱法院,布兰代斯大法官被分配写税收和税率类诉讼案件,范·德文特负责土地类和印第安人诉讼案件,萨瑟兰德负责的案件包括边界线问题、水权和灌溉项目。专利案件会特别累人,因为它们技术性强,非常复杂,所有大法官们都试图躲开这些案件(Mason,1965)。然而税务类案件显然已经取代专利类案件,被当成最高法院当前的"拦路虎"。鲍姆曾记载过苏特大法官的笑话,他说他愿意应首席大法官伦奎斯特的请求在最高法院圣诞晚会上唱颂歌,因为"我必须唱。否则,我会接到所有的税务类案件"(1977,p. 114)。

(四)掌舵一艘组织化的大船

最高法院的主要目标之一是审理案件。这可以高效地完成,也可以一种特别随意或悠闲的方式完成。首席大法官爱德华·道格拉斯·怀特本性随和,允许长时间辩论,这加剧了大法官们之间的紧张关系,同时也延误了案件的处理。前文提到的大法官休斯则是另一个极端,他作为最高法院会议的主持者的技能从未被人比肩。保罗·弗洛伊德是这样写他的:

> "他朱庇特似的形象似乎天生就占据中央位置。他有百分百的集中力,他锐利的眼神看穿律师,时不时快速眨动的眼皮,暴露了他意欲干预律师的意愿。一旦他干预了,他就显示出一种非凡的能力,让辩论集中在某一点,直取对方要害。他偶尔也会将那些遭受到法庭上各位大法官连珠炮似问题攻击的律师救出苦海。"(1967,p. 13)

与他的前任相比,首席大法官伦奎斯特"有效地执掌着最高法院,会议时间大幅缩短,也更集中,而且分配判决意见写作任务丝毫不含糊。在伯格时代的再开庭辩论这种几乎一年来一次的'仪式'极为罕见"(Greenhouse,2005 b,p. 234)。

(五)保持对他人的敏感度

被任命的领导者被寄予的希望很多,不仅作为任务领导人,而且还要关心团队其他成员的福利和维护持续积极的团队气氛。当厄尔·沃伦被突然提名为首席大法官时,他意识到他没有上诉法院的经验而其他大法官都是经验丰富之辈。因此,他请大法官布莱克代为主持大法官会议直到他学会了所有程序。沃伦还意识到,法兰克福特大法官是一个有瘾的
225 法学教授,于是他刚开始时一直让法兰克福特把他当作一个有前途的但未受教育的学生,需要成长的时间(Howard,1997)。

(六)开发和维护某种同侪氛围

在开始每一天的口头辩论或大法官会议之前,9位最高法院的大法官们会互相握手,这个传统是由首席大法官梅尔维尔·富勒于1880年晚期倡导的(King,1950)。无论大法官之间存在什么样的意识形态冲突,这个举动强化了他们之间的联系。但是首席们在创造同侪氛围时有程度上的不同。首席大法官伯格鲁莽地改变程序就是破坏同侪氛围的一个不幸的例证。

(七)和解的精神

首席大法官为了寻求在参与者之间保持一种友好的气氛,当冲突出现时,他必须经常带头减少紧张局势——首席必须走得更远。伦奎斯特做首席时,经常是亲切随和,并且夸赞多数意见写作者,即使他并不赞同。当莫里森·韦特在1877年成为首席大法官后,他把重要案件中的一个分配给了一位大法官写判决意见,这引起了另外一位希望得到这个任务的大法官的愤怒。首席大法官韦特以一种和解的方式回应,这让心烦意乱的斯蒂芬·菲尔德大法官收回了他的一些最初刺耳的话,但仍然坚持应委派给他写判决意见。当时韦特回答说:

> "没有人比我更欣赏您有力的行为风格,但是出于对如下的考虑(即判决意见应该由与案件当事人没有较近关系的大法官写),我很庆幸我把这个原则适用在本次事件——而且虽然我很遗憾您不像我一样看待这个问题,我只能说我的判断是为了我们所有人的最大利益……我当然打算在我的工作处于最微妙,也是最为重要的时期,公平对待所有的弟兄们。如果我不这样做,错的是脑袋,而不是心。我很高兴得知是我误解了您之前写给我的便条中的一些内容,同时如果我的行为值得的话,我期待着能保有您的友谊和尊重。"(Steamer,1986,p. 131)

虽然对某位首席大法官来说,任务导向和关系导向可以分开作为单
226 独问题予以关注,然而每种导向都会有助于在位者的效能,即每种导向都

会对首席大法官获得与政策目标相匹配的多数决的能力有影响。

十一、作为首席大法官的威廉·伦奎斯特

当尼克松总统遭受一系列针对他对最高法院提名的否决之时，威廉·伦奎斯特正在白宫办公室充当法律顾问。在他成为总统提名最终选择之前不久，伦奎斯特告诉一位记者他"没有一点机会"被提名，因为"我不是南方人，我不是一位女性，而且我不平庸"(Dean，2001，p. 191)。当了首席大法官之后，伦奎斯特表现出他真的不"平庸"。伦奎斯特与之前的 15 位首席大法官中为数不多的"伟大者"相比如何呢？伦奎斯特成为首席 5 年后，下述发表的文章是有先见之明的：

> "在推动最高法院迈向一个新的宪法时代过程中，首席大法官伯格和他的继任者之间的差异可能是巨大的。伦奎斯特拥有更大的领导潜能，因为他拥有更强的分析技巧、连贯的司法哲学、清晰的写作风格和温暖的风度翩翩的举止。除此之外，他领导的是更多的保守派。将 1969～1986 年最高法院称为'伯格法院'，仅仅是为了方便，也或许是一个任意的标签以识别一大段历史。而对于伦奎斯特法院却可能并非如此。首席大法官伦奎斯特可能拥有推动最高法院进入一个新的宪法时代所有必须的技能和同盟军。"(Lamb，Halpern，1991，p. 447)

如果领导权的关键是施加影响，那么在 2001～2002 年司法年度，伦奎斯特将他的领导权发挥到极致。经验丰富的最高法院观察家和《纽约时报》的记者琳达·格林豪斯写道：

> "如果有一个词最适合描述最高法院于上周末结束的本司法年度，它就是：伦奎斯特的胜利。在标志着首席大法官出现在最高法院 30 周年纪念的本司法年度，最高法院走得很远，实现了他的长期目标，即降低教会和国家之间的屏障以及通过扩大主权豁免权概念提升各州的权力。"(2002，p. A1)

从那个司法年度之后，并不是所有的重大案件都符合首席大法官伦奎斯特的目标。主要的例子包括劳伦斯诉德克萨斯州案(*Lawrence v. Texas*，2003)，是关于同性恋权利的，在第 10 章中有描述，另外一个是密歇根大学的平权行动案。然而伦奎斯特在首席职位上完成了其在最高法

院目标,所以他获得大量的认可,都同意其为第4位"伟大"的首席大法
227 官。例如,法学教授杰弗里·罗森(2005 b)在《大西洋月刊》发表了一篇文章,题目是《伦奎斯特,最伟大的?》,并列出了他如下贡献:

> 1."他本质上是一位实用主义者,相信保守主义的某些核心价值——主要是各州的权力和对刑事犯定罪——但他是如何实现他的目标的并没有让他太过烦恼。"(p.79)
>
> 2.他能够与意识形态对立者和平共处。他是公正的,他本性善良,对他的同事们的需求保持敏感。
>
> 3.他有"无与伦比的组织技巧:他能迅速获得各种意见,让各种争论在法庭内外都能及时呈现"。(p.80)

总之,罗森总结说:

> "伦奎斯特总是拿走半条面包而并非一条都不拿。而且作为首席大法官,与他的大部分同事相比,为了法院更好,他已经证明了自己非常愿意支持那些他并不同意的看法。
>
> 伦奎斯特作为首席大法官的成功为未来该职位上的人上了实用的一堂课:拥有某种司法气质比拥有一套司法哲学更为重要。"(2005 b,p.90)

其他人无论同意伦奎斯特的观点与否,都承认他的影响。前总统克林顿政府的总检察长沃尔·德灵格称他为"美国历史上占主导地位的首席大法官之一"(Garnett,2005,p.34)。著名的法学教授卡斯·桑斯坦说过:

> "作为首席大法官伦奎斯特的成功,为大家提供了一个必须被当作法律的巨头之一的伦奎斯特,因为他主持了最高法院,并且从根本上改变了最高法院以前对宪法的理解……(虽然)伦奎斯特法院并不总是按照伦奎斯特的观点行事……但它已经戏剧性地在他选定的方向上前进。"(2004~2005,pp.32-33)

第 10 章
最高法院的判决是否能被预测?

摘要:本章探究对案件结果以及每一位法官投票结果预测的真实性程度。本章提出了三个有关结果预测的假设,这三个预设已被证明是正确的。预测的准确度在那些涉及意识形态倾向问题的案件中会非常高,有些大法官(绝大多数是保守派)比其他法官好预测,统计模型在大部分类型的案件中都表现良好,但专家们的预测几乎是随机的。然而,没有什么预测机制是完美的。在 2002~2003 司法年度的 72 个案件中,有 7 个(或者说几乎 10%)案件,最高法院的判决与统计模型的预测结果相反,与华盛顿大学预测项目所聘请专家的预测也相反。

关键词:最高法院;司法决策;判决结果;大法官

我和我的助理们玩了一个游戏……他们都非常 229
聪明。我让他们猜猜大法官会对正在审理的案件投什么票。他们很少猜得对。

——克拉伦斯·托马斯大法官(1996)

一、似曾相识的感觉又来了

2002 年年底,最高法院同意审理劳伦斯诉德克萨斯州案(*Lawrence v. Texas*,2003),许多长期关注最高法院的观察家毫无疑问的反应就是“什么？又来了”。就如我们将要看到的，该案的事实与16年前最高法院所判的一个案件有不可思议的相似性。德克萨斯州休斯顿警察局，接到一个报警——事后证明是假的——说隔壁公寓中有一个持枪男子“要疯了”（打电话的人事后被宣判为报假案）。警察进入该公寓，撞见两名男子正在进行性行为。约翰·格迪斯·劳伦斯和特伦·加纳因为违反德克萨斯州禁止同性之间口交的法律而被逮捕。这两个人都被羁押了一个晚上，以违反德克萨斯州同性性行为法律为由被控轻罪，之后二人认罪，被罚款200美元。事后他们首先向德克萨斯州上诉法院上诉，后者判决该州的法律并没有违反平等保护权利原则，因为该法禁止所有的人从事该行为，而且同性恋者并非一个被保护的群体。

在州最高法院拒绝复审这个案件后，这两名男子上诉到联邦最高法院，声称州法律违反了《宪法》第十四修正案所保护的平等保护权和隐私权（直到2003年，有13个州法律禁止了口交行为——其中4个州仅禁止同性伴侣间的口交行为，其他9个州则将异性恋伴侣的口交行为也
230 入罪）。最高法院对劳伦斯诉德克萨斯州案（*Lawrence v. Texas*）的判决是在2002～2003司法年度几近结束时宣布的，该判决指出，对这两名男子而言，州法律仅将同性间的口交行为规定为犯罪是歧视性规定。

（一）两个相似的案件——它们有相似的结果吗？

有似曾相识的感觉是因为上述事实和所适用的州法律与1986年最高法院判决的鲍尔斯诉哈德维克案（*Bowers v. Hardwick*）相似度极高。这个早期的案件事实如下：1982年7月5日的上午，麦克·哈德维克离开了亚特兰大的一个男同性恋通宵酒吧，他在那里工作了整个晚上，又累又渴。他离开后，拿着一瓶啤酒，一边在人行道走一边大口饮酒。一名警察拦下他并开了一个在公共场所饮酒的罚单。哈德维克稍后支付了50美元罚款，但在有关他出庭受审的文书中，并没有出现那个警察曾经威胁过他的话：“我笃定你会被送上法庭。如果没有，我觉得你就是在当面嘲笑我。接下来我会找到你，把你铐起来。”（Harris，1986，p. C4）

这个警察觉得自己被轻视了，于是开始寻找哈德维克。与德克萨斯州案例中的那两个执行公务的警察一样，他在执行一个错误的任务，只是抓了两个男人的现行。有人在哈德维克家门口碰见了警察，并且让他

进去。这个警察进入客厅中，卧室的门半开着，屋里点着一根蜡烛。在卧室里，他看见哈德维克和另一名男子正在口交。两个人都被逮捕并以口交罪被起诉。每个人都面临可能 1～20 年的监禁。

美国民权联盟支持哈德维克代表同性恋人群向佐治亚州的禁鸡奸法律发起挑战，后者同意了。1985 年 5 月，联邦上诉法院第 11 巡回法院 3 名法官组成合议庭，以 2∶1 裁决佐治亚州法律侵犯了哈德维克的隐私权。佐治亚州提起上诉，最高法院同意再审此案。哈德维克案件的法庭之友文献中有几个基本的论点：

> 1. 同性恋的性取向并非病态，口交行为同样并非病态。
>
> 2. 刑事惩罚对有上述性行为的人而言具有损害性的心理影响。恐惧和受到刑事追诉的威胁会损害同性恋者的精神健康，因为社会和他们自己会为他们贴上有害的标签。女同性恋与男同性恋被污名为“不正常的人”，被当作拥有不受欢迎形象的人。

但最高法院的多数意见并没有采纳上述观点，在 1986 年 6 月 30 日，又是在该司法年度最后所宣布的判决中，最高法院裁断：即使是在他们自己的家里这样的私人领地，宪法并不保护两个达成共识的成年人之间的同性关系。佐治亚州的法律于是得以维护。在很接近的 5∶4 投票中，多数派大法官是怀特、伯格、伦奎斯特、奥康纳和鲍威尔，持不同意见的大法 231
官是布莱克门、布伦南、马歇尔和斯蒂文斯。大法官怀特所撰写的多数意见将重点放在了英国普通法的“远古根基”上，即这些法令都将同性性行为视为犯罪。他写道：“当最高法院法官所缔造之宪法性法律几乎很少或没有可辨识的根基是扎根于美国宪法的文本或制度设计时，最高法院就非常容易受到攻击，并且濒临非法的边缘。”（*Bowers v. Hardwick*，1986，p. 2847）

考虑到之前的判决原则，大法官怀特明确了如下观点：各种在宪法条文中没有被明确的“基本权利”不能未经“合法程序”被免除。但他也得出结论，所谓基本权利受到那些“深深扎根于这个国家的历史或传统的”以及“明确的自由概念中所暗含”的东西的限制（Taylor，1986，p. A19）。显然，同性性行为对首席大法官伯格而言是令其憎恶的，所以他写了一份附和意见，并没有增加其他的内容，只是强调了对同性性行为的限制是

“牢固根植于犹太教和基督教道德和伦理标准的”(*Bowers v. Hardwick*,1986,p. 2847)。

当鲍尔斯诉哈德维克案(*Bowers v. Hardwick*)中多数派意见拒绝接受由精神病专家所提出的辩护意见时,由布莱克门大法官所撰写的少数派意见对此则持赞同态度。一位观察家(Melton,1989)发现,布莱克门的不同意见主要依据就是一份由全美精神病学协会所准备的法庭之友文件。大法官布莱克门写道:

> “尽管对同性性行为有一些传统的看法,但对研究精神健康问题的专业人士而言,其并非‘疾病’或身心机能失调。看看全美精神病协会和美国公共健康协会所提供的法庭之友8~11意见吧。但很明显,同性恋也并非经过个人深思熟虑后加以选择的一个简单问题。同性性行为取向可能恰好构成了某个人人性中的一个组成部分。”(*Bowers v. Hardwick*,1986,p. 2850)

就鲍尔斯诉哈德维克案(*Bowers v. Hardwick*)而言,对同性恋者权利的宣扬者以及众多自由派和精神病专家而言,多数派意见很明显是令人失望的,但对其持续性抗议可能已经引发了细微而逐步起作用的效果(几年后,为此案中多数派意见投下决定性一票的大法官鲍威尔,意识到其之前做出的是一个错误的判决,他充满了挫败感和对自己的失望)。鲍尔斯诉哈德维克案判决10年后,最高法院再次思考有着同性恋倾向的人群的权利问题。罗默诉伊文思案(*Romer v. Evans*,1996)的判决就并非仅仅和早期的判决不一致——它甚至都没有引用这个判例。当然,这两个案件的细节问题并不相似,但是罗默案的结果是否预兆了劳伦斯诉德克萨斯州案(*Lawrence v. Texas*)的结果?

(二)预测案件结果的诱惑

当最高法院同意对劳伦斯诉德克萨斯州案(*Lawrence v. Texas*)进行调卷,长期观察最高法院的观察家马上开始估计案件的可能投票和最终结果。两位在鲍尔斯诉哈德维克案(*Bowers v. Hardwick*)中属于多数派的大法官,即首席大法官伦奎斯特和大法官奥康纳仍然在最高法院任职,还有一位当时持不同意见的斯蒂文斯大法官也在任。长期关注最高法院的约翰·比斯丘皮克提出了如下观察结论:

232

> “在那个案件之后入职最高法院的大法官大概可以分为两

个阵营。安东宁·斯卡利亚和克拉伦斯·托马斯已经提出他们将支持鸡奸禁令。苏特、金斯伯格以及布雷耶已经表明他们更愿意推翻这个法令。肯尼迪大法官可能在某种程度上处于中间地带，而且可能成为德克萨斯州案的关键性投票。”

“肯尼迪撰写了 1996 年的一份判决［就是上文提到的罗默诉伊文思案（*Romer v. Evans*）］，否定了科罗拉多州的宪法性的修正案，该修正案禁止各个城市采取措施以保护男女同性恋免受歧视。尽管如此，在那个案件中，6 位大法官构成的多数派（也包括奥康纳）并没有引用 1986 年的判例原则。”（2002，p. 4A）

最高法院对某个与之前的案例在事实和法律上都非常相似的一个上诉授予调卷令这个事实，是否意味着最高法院可能——或甚至于更愿意——推翻 16 年前自己的判决？琳达·格林豪斯的观点是：

“当然没有任何最高法院计划推翻德克萨斯州法律的保证，该州法律定义‘脱离正常性交的行为’包括口交和肛交，然而现在那些一直关注同性恋权利的律师的共识是，除非大多数的大法官已经同意是时候重新审议这个问题了，最高法院是不会费劲去涉入这个案子的。”（2002c，p. A27）

如果判决结果有利于上诉人劳伦斯和加纳，就可能出现以下问题：同意调卷令的决定在多大程度上可预测该案件的结果，最高法院愿意承认自己之前的错误吗，在何种情形之下它愿意否定自己？在宾夕法尼亚州东南部计划生育部门诉凯西案（*Planned Parenthood of Southeastern Pennsylvania v. Casey*）中，最高法院说推翻之前的判决应该是基于一些特殊的理由，而不只是简单地相信之前的案件判错了。最高法院对是否推翻自己的判决提出了四个条件：

1. 裁判规则的可实施性；
2. 公众在何种程度上依赖该规则；
3. 法律原则的相关变化；
4. 事实有变化或关于事实的观念有了变化。

当然，自从鲍尔斯诉哈德维克案（*Bowers v. Hardwick*）之后的 20 年间，关于事实的观念（如果不是事实本身）已经改变了。对人口中有相

233 当多的部分有同性恋倾向的认知已相当普遍[回到 1986 年,当最高法院在审理鲍尔斯诉哈德维克案(*Bowers v. Hardwick*)的过程中,大法官鲍威尔告诉他的一位法律助理说,他从来没见过任何一位同性恋,然后他问了这个相当尴尬的法律助理一些细节问题,比如那些有同性恋倾向的男人的性特质和如何性唤起等]。认为同性恋是身体系统"怪异的"反应而非自己的选择的观点获得了广泛的接受。立法层面也已反映了这些觉醒的意识,例如,与 1986 年有一半的州都判定鸡奸违法相比较,到 2003 年只剩下 13 个州还如此规定(具有讽刺含义的是,佐治亚州在 1986 年获得最高法院支持的法律,被 1998 年一项州法院的判决所推翻,所以经过双方同意的同性间性交在佐治亚州不再被禁止)。

但遵循前例对某些司法判决而言具有强大的约束力,而且还有一些大法官仍然认同首席大法官伯格的关于同性恋不道德的观点。在最后结果宣布之前,观察家觉得很有可能对这个案子的投票数会非常接近,可能是 5∶4,也可能是 6∶3。问题在于:朝哪个方向?

(三)劳伦斯诉德克萨斯州案的结果:多大程度上可作为蓝本?

劳伦斯诉德克萨斯州案(*Lawrence v. Texas*)的实际投票结果是 6∶3,这个结果在好几个方面被之前所引用的最高法院的观察家准确地预测到了。4 位相对自由派的大法官:斯蒂文斯、苏特、金斯伯格和布雷耶都投票推翻州法律,3 位最保守的大法官:伦奎斯特、斯卡利亚和托马斯都投票维持州法律。正如预测的一样,大法官奥康纳和肯尼迪属于秋千票,决定了最后的结果。

如果我们把这个案例作为蓝本,我们将得出的结论是,大多数大法官的投票结果是完全可预测的,但这个结论过于简单化了。本章的目的是探讨对案件结果预测在事实上的准确程度,以及对每一位大法官投票结果预准的准确程度有多少。

二、预测在理解案件结果中的角色

劳伦斯诉德克萨斯州案(*Lawrence v. Texas*)并非专家探寻进行结果预测的孤例。对于即将发生的投票进行观察是不可避免的:在最高法院出庭辩护的律师们会坚持不懈地关注投票的结果(Urofsky,1997,p. 133,提供了某个重要案件的例子);媒体专家会关注这个事;法学教授会关注这个事，政治学学者和心理学学者也不会对这类猜想置之不理。在这些人之外，社会学学者难道不期待能够预测人类的行为吗？

然而，预测投票是那些寻求理解最高法院工作的人的主要目的吗？当然不是。但是试图预测结果是有合理性的，因为这些判决会对我们的日常生活产生巨大的影响。而且每一位大法官的每一票都给予了我们进 234
一步的线索，让我们能够明白他或她对某项法律的基本倾向。

三、预测中的各种难题

你可能认为预测最高法院投票结果会很容易。因为我们有大量的关于每一位大法官的背景、他们投票记录的信息，并且经常会有他们在审判之外的一些观点的信息，这些在公开的演讲、法律评论文章或书中都有显示。第 3 章已让我们知道，两项最近的调查表明，仅使用少量的案例就会发现，只要简单算一下大法官问双方辩护律师问题的数量，结果通常就可以预测了。但是，正如我们将看到的，投票常常可以被预测，但仅仅是在一定程度上。

（一）“单项否决权”案：召唤专家预测

做出准确预测是有难度的，这在 20 世纪 90 年代的一个重要的案件中有所显示。《国家法律杂志》曾请 3 位著名的宪法学教授预测一个案件的结果，最高法院在 1997 年 5 月举行了一个针对该案的特殊会议听取了当事人的口头辩护。这个案件即雷恩斯诉伯德案（*Raines v. Byrd*, 1997），事关 1996 年《单项否决法》的合宪性问题，该法律授权总统在预算问题上有更大的权力，具体而言，该法授权总统可以对下面三种预算项目予以“全盘否定”：弹性预算中的美元总数、直接花费中的新项目、有限的征税收入（Coyle，1997）。总统实行对这些特殊项目的否定权，必须在法案签署的 5 个工作日内完成。

有 6 位国会议员在该法生效之后对其合宪性提出了挑战，这让最高法院面临的问题之一是判断挑战该法律的人是否有请求权基础，即他们是否应该证明他们由于该法律受到损害或利益受损？这个问题在 1997 年 5 月所举行的 70 分钟特殊会议的口头辩论中被提出。第二个要解决的问题是，甚至于在总统根据该法授权有所行为前，人们是否可以要求最高法院对其合宪性进行裁决（Coyle，1997），因为直到 1997 年 8 月，克林顿总统还没有行使过单项否决权。

毋庸置疑,克林顿总统是支持该法的,而且美国司法部副部长在最高法院出庭辩论过该法的合法性。但是挑战该法的那些国会议员认为,它授予了总统某种“否决、修订和废除联邦法律”的权力,而这有违《宪法》第1条规定的权力分立原则。他们宣称他们有“请求权基础”,因为这个法令改变了他们投票决定的“法律意义上和实际意义上的结果”,并且剥
235 夺了他们被宪法赋予的撤销法律的权利,从而使他们遭到损害(Coyle,1997,p. A22)。地区法院接受了他们的辩护意见,撤销了这部法律,于是案件上诉到最高法院(*Raines v. Byrd*,1997)。

(二)专家们的预测与单项否决权案的结果

在美国律师协会的一次会议上,大法官斯蒂文斯在演讲中强调,预测法官如何判决案件是非常容易出错的,即使他对自己同事投票结果进行预测也经常出错。而这3位专家预测单项否决权案的结果如何呢?用心理学的术语,他们没有信度。也就是说,一位预测者与另一位预测者之间不存在内部一致性。有2位专家估计最高法院的结论是请愿者有请求权基础,而第3位专家则认为这并不一定,甚至是高度怀疑。他们预测的效度如何呢?1997年6月晚些时候,该案的实际结果对外宣布了,最高法院以7:2的投票结果判定请愿者没有事实上的请求权基础,因为他们没有遭受到任何个人的损害(Pear,1997)。首席大法官伦奎斯特撰写了多数意见,他提示说,某个原告如果由于该总统实施了某个单项否决权而遭受私人的金钱或利益上的损失,就有权起诉。奥康纳大法官、斯卡利亚大法官、肯尼迪大法官、托马斯大法官和金斯伯格大法官在首席大法官的意见书上签了名。苏特大法官投票时同意首席大法官,但写了自己的意见。布雷耶大法官和斯蒂文斯大法官反对,布雷耶一如既往地标新立异,而斯蒂文斯大法官甚至走得更远,直接宣布该法律违宪。布雷耶大法官的不同意见在这个根本性问题上没有表达观点。

相比之下,3位专家中有2位已经预言最高法院将宣布请愿者有请求权基础。这表明对预测专家团队而言大法官布雷耶是最好预测的。例如,劳伦斯·特莱布教授准确预测到布雷耶可能会提出这些国会议员们有法律请求权基础,因为他是“实用主义者,与他的同事们相比不太关注形式主义”(Berkman,1997,p. A10)。

这个问题在1998年4月再一次被提交到最高法院。这次是纽约市

和爱达荷州一个马铃薯种植协会对该法提出了挑战。这个案件提交最高法院之前的前身是克林顿诉纽约市案(*Clinton v. City of New York*,1998)。1998 年 6 月,最高法院宣布了自己的判决,6∶3 否定了《单项否决法》。大法官斯蒂文斯这回是多数派意见,他判定,总统通过对某一项单独的财政支出行使否决权在实际上改变了法律,而这是宪法所禁止的。与斯蒂文斯大法官一起投多数票的包括托马斯、苏特、肯尼迪、伦奎斯特和金斯伯格。持不同意见(支持该法律)的是奥康纳、斯卡利亚和布雷耶大法官。

3 位专家中有 2 位预测正确,即《单项否决法》并不会获得支持。但他们对大法官个人投票的预测却脱靶了,除了对布雷耶预测正确外,对斯卡利亚预测部分正确外。

四、如果大法官是人,难道他们在某种程度上不可预测吗 236

本书的主题是大法官们是人,即使在他们的法院判决中,他们也反映出许多人类的特质。前面提到的例子可能并非最恰当的证明大法官们投票可预测性的测试,因为大法官们被标签化地分为保守派和自由派,该例子没有围绕这个分类展开。但这就是本章重点:大法官们只在有限的范围内可以被预测。法律哲学观和个人态度在预测过程中的作用只那么多。环境因素可能会产生干扰。我们是否能够找到方法来提高预测的程度,或者这根本就不可能?

我相信,所谓“可预测性”需要进行更深入的细节分析,因此我提出以下三个假设,并在本章中进行检验:

> 1. 某些大法官比另外的一些更容易预测。某些大法官意识形态观深厚以至于在很多种类型的案件中都会影响到他们的投票。另外一些大法官对于案件则是一案一态度。
>
> 2. 某些案件比另外一些案件更易预测。某些案件所提出的问题更为基础并且比较直接,另外一些案件则处理复杂的问题或更为特殊而且具有专业性的问题,如破产法律中的具体规定。
>
> 3. 某些预测的方法比另外一些方法更准确。有两种基本方法可供比较,一种是实证的方法,即基于以前类似案件的投票结果的方法,另一种是更为“临床分析”或“屁股坐在哪里”的方法,该方法依赖印象和思考。

五、对 2001 ~ 2002 司法年度投票的分析

本章将使用几种方法对大法官决定的可预见性进行研究。方法之一就是确定大法官投票是否遵循某种可靠的模式。

为了提供更多关于投票趋势的信息，萨拉·西姆森在我的指导之下 2003 年完成了她高等荣誉学位论文，该论文分析了最高法院在 2001 ~ 2002 司法年度审理的 75 个案件，以发现在反应模式中的一致性。在这 75 个案件中，27 个(36%)是一致通过的，是 10 年最低的比率。最高法院在 21 个也就是 28% 的案件中分裂为 5:4。在这些案件中有 10 件，5 人的多数是伦奎斯特、斯卡利亚、托马斯、肯尼迪和奥康纳，4 人则是斯蒂文斯、金斯伯格、布雷耶、和奥康纳。正像上文所提到的，奥康纳是在 5:4 投票中最经常出现在多数中的法官，在 21 个案件中有 17 个都是。与此相适应的是，奥康纳大法官所撰写的不同意见最少(9 件)，与肯尼迪法官最接近(10 件)。斯蒂文斯大法官写的不同意见最多，有 23 件，与其最接近的是斯卡利亚大法官，有 21 件。对多数意见撰写者的指定反映了一个
237 相对平均的工作负担：伦奎斯特，有 10 件，布雷耶和金斯伯格都是 9 件，托马斯有 7 件，其他人都是每人 8 件。

(一)保守派和自由派的区别

大法官们有成双成对以同样方式投票的倾向，如在西姆森对 2001 ~ 2002 司法年度的研究中发现，托马斯大法官和斯卡利亚大法官在 89% 的案件(刑事案件中是 94%)中都意见一致，与此类似，苏特大法官和金斯伯格大法官则在 92% 的案件(刑事案件中是百分百)中意见一致。

对最高法院观察人士甚至于对一般的公众而言，这些一致性并不令人吃惊。但我和西姆森关注的不仅仅是发现这种一致性的程度，而且要找到不一致发生时涉及的问题是什么。我们预设，对投票的预测准确度就某些案件而言会比其他案件要高一些。例如，考虑一下如下的典型分类——大法官斯卡利亚、托马斯、伦奎斯特是保守派，大法官奥康纳、肯尼迪是秋千派(玛西亚·柯伊尔在其对 2001 ~ 2002 司法年度的评论中称奥康纳大法官“现在很明显是要加以考虑的秋千票”)(2002, p. C1)——大法官斯蒂文斯、金斯伯格、布雷耶和苏特则是相对的自由派。我们提出的观点是，相对于民事诉讼程序、行政法或州之间的争议以及州与联邦之间

的争议之类的案件，上述分类对那些个体对抗政府案件以及刑事案件——尤其是被告人的权利和被监禁人员的权利——更具有适用性。在做这些分类时，我们借鉴了劳伦斯·鲍姆所提出的对司法问题所持的保守派和自由派立场之间更为细致的划分：

“在刑事案件中，相对而言，自由派比较维护刑事被告人和他们的程序性权利；而保守派则将重点放在刑事司法体制在惩治犯罪的有效性上。

自由派较为支持个体的自由权利，如言论自由、宗教自由和隐私权。保守派则对与这些自由相冲突的价值，如公共秩序和国家安全更为支持。

针对弱势群体，如黑人、妇女和穷人权利的拓展和地位的提高，自由派会更加大力支持。保守派则对这些拓展和提高所付出的代价，如对私营机构行为自由的侵蚀和因公共福利而引发的金钱支出，相对而言更为看重。

自由派更喜欢政府为了完成诸如环境保护目的，而对一些商业行为进行规制，保守派则更为保护商业自治。

在商业组织和个人的经济冲突中——如一个保险公司和一个受伤的汽车驾驶员之间的纠纷——自由派更倾向于支持个人，保守派则相反。”(1990，表 1.3，p. 13) 238

具体而言，我们预计在下列类型的案件中会有最棒的预测率(这些案件我们认为受意识形态指引)：

1. 被告人权利(在 2001 ~ 2002 年司法年度有 9 个)；

2. 犯人的权利(8 件)；

3. 宪法第四修正案案件(4 件)。

我们预计另外一组案件的预测准确率呈平均数。这些案件如下：

1. 个人诉政府机构的案件(11 件)；

2. 挑战《美国残疾人法》不完善性的一些诉讼(5 件)。

第三类我们把其当作其余组，我们认为，法官的意识形态分类对其完全无效。这一组包括：

1. 联邦司法管辖权案件(4 件)；

2. 对联邦和州法律的解释(21 件)。

综上,我们总共分析了7种类型案件中法官的投票行为。在下文中,将详述我们的发现。

(二)所涉问题受意识形态影响案件的投票

1. 事关被告人权利

就9个与被告人权利有关的案件和8个与犯人权利有关的案件中的投票,我们记录了哪些大法官投的是多数票,哪些投了反对票,然后把每一个投票按照有利于刑事案件被告人或犯人,和反对被告人或犯人进行了分类。在9个案件中有5个判决是不利于被告人的,4个有利于被告人。1个案件是全体同意(*United States v. Ruiz*,2002),另一个(*United States v. Vonn*,2002)差一票就全体同意,因为斯蒂文斯大法官发表了独立意见,其中部分同意其他人,部分不同意。但是这9个案件中有3个是5∶4的投票结果,这其中有2个案子(*Kelly v. South Carolina*,2002以及*Alabama v. Shelton*,2002),奥康纳大法官加入了4个相对自由派大法官阵营,从而让判决转向对被告有利。另外一个5∶4投票结果的案件所具有的模式特征并不明显,其中托马斯大法官与自由派站在一边,反而是金斯伯格大法官站在了保守派一方。在这个案件(*Harris v. United States*,2002)中,两个秋千投票人都得出了有
239 利于政府的结论,因此被告的上诉被驳回了。对比而言,在阿特金斯诉弗吉尼亚州案(*Atkins v. Virginia*,2002)中,两位秋千票大法官站在自由派一方,创造了6∶3的多数,从而推翻了对智力有障碍的刑事犯罪分子适用罚金的判决。

在这9个有关被告人权利的案件中,首席大法官伦奎斯特在每一个案件中都判决不利于被告人,斯卡利亚大法官在8个案件中如此,托马斯大法官则是7个。作为对比,斯蒂文斯大法官除了1个案件,其余都支持了被告人的辩护。

一项针对个人态度等级进行评价的统计公式可以用来判定在大法官投票时是否有可重复再现的模型。我们选取了路易斯·格特曼在1944年研发的一个公式,用它来判定与个人态度相配的一套指标是否是单向性的,亦即我们能够根据他或她的个人态度等级表上的得分,再现其在每一次态度声明中的反应?对该公式几乎百分百对应的例子是有关被告人权利的案件。在该9个案件中,如果我们把投票最为一致性地不利于被

告人（*United v. Ruiz* 案）到投票最为一致性地支持被告人（*Ring v. Arizona* 案）进行排序，就可以根据大法官们所有投票的性质对大法官进行明确的 rank 函数排序，他们的所有投票都符合一个完美的模式，只有 3 票例外。

格特曼发明了一个简单的公式来计算一系列反应的再现率。公式如下：再现系数 = 1 - 误差数/回应总数。

对照上述案件，只有 3 票例外，就是所谓的“误差”，于是再现系数就是 1 - 3/81（即 1 - 0.04），也就是非常高的再现率系数 96%。

另外一种评价预测度的方法是，就大法官们支持被告人权利的频率有多少，对三种意识形态的法官群体进行比较：

> 伦奎斯特、斯卡利亚和托马斯大法官很少支持被告人权利，在 27 个案件中有 3 票支持，或者说平均 9 个案件中有 1 个；
>
> 肯尼迪和奥康纳大法官在某种程度上更为支持被告人权利，18 个案件中有 5 个投支持票，或者说平均 9 个案件中有 2.5 个；
>
> 4 位相对的自由派大法官在绝大多数时间都支持被告人权利，36 个案件中有 24 个投支持票，或者说平均 9 个案件中有 6 个。

于是，在涉及被告人权利问题的案件中，大法官投票的模式就具有可预测性了。

在这个基础上的分析结果虽然呈现出了单向性，但经验丰富的最高法院观察家对于一些死刑案件的结果还是非常吃惊。例如，在麦肯诉泰勒（*Mickens v. Taylor*，2002）案中，最高法院判决被判处死刑的被告人将无法获得再审的权利，而该案中初审法官并没有就利益冲突进行质证，其利益冲突事实是被告人的律师在被害人被谋杀前几天还曾代理过被害人。另外，在贝尔诉寇恩案（*Bell v. Cone*，2002）中，最高法院也没有对被判处死刑的被告给予赦免，该被告声称自己没有得到有效的律师辩护（他 240
的律师在陪审团审理阶段没有提供可以减轻刑罚的证据，或者没有做结案陈词）。

之前，金斯伯格和奥康纳大法官都在公开场合表达过对执行死刑判决时发现的漏洞的关注，而且一些学者希望“这些言论将会被列入最高法院判决中的多数意见”，但是，正像美利坚大学法学教授艾拉·罗

宾所提到的:“我们真的没有看到任何与此类似的表述”出现在这些判决意见中。(Coyle,2002,p. C4)

鉴于一致性的程度很高,有必要考察一下这个模型中偏离的3个投票。有2个偏离性投票的哈里斯诉美国案(*Harris v. United States*)中,多数派意见是如果出现某些特定的事实(在这个案件中,是挥舞枪和开枪),法官可以在法律的限度之外提高惩罚下限。本案中,与其他的保守派相比,托马斯大法官支持被告的主张。但金斯伯格大法官转向另一方的投票平衡了前者的改变。另外一个“偏离性”投票是奥康纳大法官在林诉亚利桑那州案(*Ring v. Arizona*)中的投票,该案产生了一个重要的判例规则,即只有陪审员,而非法官才能决定死刑判决。很明显奥康纳大法官担心的是,因为当时有9个州允许法官在死刑判决中有说话的余地,如果否定法官死刑决定权,这些州的法院将会诉讼泛滥,因为有700个被判死刑的在押犯人将会对他们之前的死刑判决提出挑战。

2. 事关犯人的权利

8个有关犯人权利的案件,反映出类似的模式。斯卡利亚和托马斯大法官在8个案件中都否认了犯人所诉请的权利。肯尼迪大法官在7个案件中如此,首席大法官伦奎斯特则是6个。最高法院的判决书是半数案件认可了犯人的权利,半数否决。8个案件中有5个是5∶4的投票结果,奥康纳大法官在5个案件中都是决定性第5票投票人。这类案件中没有需要解释的投票模式偏离,再现率系数是1,最高值。

三种意识形态集团的差异反映出如下可预测性:

> 3位保守派几乎不支持犯人权利,只投了2张支持票(在24票中),也就是在可能的8个案件中每个案件中占2/3。
>
> 2位秋千投票人投了5张(16票中)有利于犯人权利的票,也就是说对每一位大法官而言平均是8个案件中有2.5个的平均水平。
>
> 4位自由派大法官投了28票(32票中)支持犯人权利,即每位大法官在8个案件中有7个如此。在意识形态集团之间的分歧是十分显著的。

241 即使没有需要解释的偏离,某个特殊案件中投票的分歧会揭示大法官们的价值观以及他们投票的理由。凯里诉萨福特案(*Carey v. Saffold*)

就是个很好的例证，投票似乎围绕着对“待决”这个词的定义展开。

3. 事关公民个人的宪法第四修正案权利

我们预料具有较高可预测性的第三类案件是有关个人的宪法第四修正案权利的案件。只有 4 个案件可归入这个类别。他们是：

(1) 美国诉阿维祖案(*United States v. Arvizu*, 2002)，案件是有关边境巡查人员阻止并搜查了一辆卡车，在车上搜出 100 多磅大麻的合宪性问题。

(2) 美国诉奈特案(*United States v. Knights*, 2002)，解决的问题是，对一个缓刑犯的无令搜查是否违反了第四修正案，尽管该侦查出于合理的怀疑并且以侦查为目的，而非针对缓刑。

(3) 美国诉德雷顿案(*United States v. Drayton*, 2002)，提出的问题是，有关部门如果不要求警员向巴士乘客告知他们有拒绝合作和只有同意后才可对其搜查的权利，是否合宪。

(4) 教育委员会诉伊尔斯案(*Board of Education v. Earls*, 2002)，是关于要求那些参加学校课外活动的初中和高中学生提交一份随机的毒品检测的合宪性问题。

在这 4 个案件中，最高法院的意见都否认了请求者所声称的第四修正案权利，其立场与近期司法年度的多数意见一致。在这些案件中有 2 个的投票是全体通过的，第 3 个案子是 6∶3，第 4 个案子是 5∶4。所以，如果分析局限于这种案件的分类法，再现率系数又一次是 1，或者说又一次完美。但是如果另外适用传统意义上的自由派对保守派的分类预测法，就需要注意布雷耶大法官与保守派一道投票否认了第四修正案的保护，奥康纳则与少数派投票一起，给予了林赛·伊尔斯这些权利。

下面就三个意识形态集团进行比较：保守派在 12 个投票中全部严格限制第四修正案权利的适用。秋千票投票者是 8 票中有 7 票同意限制适用，自由派是 16 票中有 10 票同意，百分比分别是 100%、87% 和 62%。可以看出，在不同的意识形态集团之间的区别并不像之前所提到的那些案件类型那么大，原因在于这类案件中，即使是自由派有时投票也会反对诉请人适用第四修正案所保护的权利。

(三) 其他类型的案件

对其他另外两种类型的案件结果检索，发现在这些类型的案件中以意识形态为基础的共同性比较少。在涉及联邦管辖权的案件中，法官之间因为不同的意识形态而导致的不同并不显著，这在大量的对联邦法律
242 和州法律进行解释的案件中尤其如此。而当某个个人对大型机构——某家商业集团或一个政府机构——起诉时，保守派和秋千票支持政府的比例几乎是一样的，分别是79%和82%，但自由派中支持比率往往比较低(52%)。

六、对2001~2002司法年度案件分析的总结

对2001~2002司法年度投票的分析，让我们得出结论：如果严格限定案件类型的话，大法官们的投票可以被放在单一维度中，即保守对自由维度。当上诉人是刑事被告或重刑犯，意欲在他或她的案件中寻求适用对其有利的宪法原则时，大法官的意识形态观念就扮演了一个相当重要的角色。在此类型案件中，对投票的预测准确性达99%。不过，2001~2002司法年度共75个案件中，只有21个可以划归这个范畴。其他类型的案件，单向性并不明显，保守派投票与其他法官相比没有明显的不同。

但这个分析并没有回答一个最基准性的问题：什么是某个案件的结果？是最高法院决定维持或推翻下级法院的判决吗？而且，尽管该分析给出了大法官投票走向的大致可能性的一些信息，但它并没有精准预测出每个案件的投票数或结果。正因如此，我们还需要某个不同的方法，将在下面进行论述。

七、预测2002~2003司法年度判决

位于圣路易斯市的华盛顿大学法学院所做的“最高法院预测项目”，为任何一个对预测最高法院上诉判决结果感兴趣的人，提供了一套鲜活的数据(Ruger, Kim, Martin, & Quinn, 2004)。对于2002~2003司法年度所有案件而言，项目组成员在一个仅仅使用了6个常用的直接变量的统计公式基础上，研发出一种对投票数和判决的预测。6个变量如下：

1. 最初的巡回法院；

2. 案件所涉问题的领域(使用了由斯佩斯在2003年采用的问题领域)；

3. 上诉人的类型(如联邦政府，或者某个雇员，等等)；

> 4. 被上诉人的类型；
>
> 5. 下级法院判决的意识形态倾向(自由或保守)；
>
> 6. 上诉人是否以某个法律或行为违宪做辩护理由。(鲁格 243
> 等,2004,p. 1165)

上述信息被安排进分类树(树型分类,译者注)中,然后对每一位大法官的投票进行预测从而得出案件的结果。每一位大法官的分类树都不同。对某一位大法官的判决树至关重要的一个变量——如上诉人的类型——可能在“另一位大法官的判决树中相对而言并不重要或者完全没有体现”(鲁格等,2004,p. 1165)。

项目研究人员也确定了一个由 83 位专家组成的民调库,其中 71 位是法学教授,12 位是上诉律师(这里面包括 38 位前最高法院法律助理)。针对每一个案件,最多咨询 3 位对于所询问类型案件有专业知识的专家,让他们预测投票数和结果。

项目组只请求专家们就那些属于其专业领域的案件预测结果。与统计公式的预测相似,所有由专家进行的预测都在口头辩论程序之前完成。专家会得到下级法院判决的复印件以及当事人双方在最高法院的诉讼摘要的引证,但他们可以随意参照任何他们认为有关的信息来源。

对这些预测数据的分析结论发表在《哥伦比亚法律评论》2004 年 5 月刊上。对投票数结果的预测在研究项目组的网站(wusct. wustl. edu)上可以访问,我就是使用从该网站上得到的信息,在看到杂志上的文章之前做出了一些分析。

本部分就案件结果进行分析,下一部分则关注每一位大法官的投票数,本部分内容就下列问题提供了答案：

> 1. 最高法院推翻下级法院判决的案件比率是多少,维持的比例是多少？和哪一个联邦巡回法院的判决引发的上诉有关系吗？
>
> 2. 在预测结果时,数据模型是否好用,专家分析是否靠谱,案件类型是否影响预测的成功？

(一)样本案件

总数为 76 个的案件提供了基础性数据,这些数据包括 2002 ~ 2003 司法年度所有被签发的最高法院判决意见,只有麦康内尔诉联邦电气公司案(*McConnell v. FEC*)例外,这个案子从技术上划分应该是跨2002年度,因其口头辩护是在2002司法年度刚开始前完成的,其判决则直到2003年秋天才宣布。最高法院预测项目组的研究人员(鲁格等,2004)所做的样本分析,把76个中的8个案件从其研究总数中剔除出去,因为这8个案件都被驳回了,或者因投票数一半一半,或者因为结果非常复杂,无法用“维持”或“推翻”来进行分类。

244 (二)更倾向于推翻而非维持

如果有人站在局外,问最高法院对那些已经给予了调卷令的案件是更愿意维持还是“推翻”,我建议合乎情理的答案是推翻。有人提出这是一个“幼稚的假设”,但是我相信这个答案比他们给的这顶帽子更有价值,它是在逻辑和实践基础上的慎重表达。正如之前文章中所提到的,最高法院目前在其所收到的上诉申请中只会给予不到1%的上诉以调卷令。有时接受一个案件的理由之一是至少有4位大法官所持有的信念是,下级法院所做出的判决是不正确的。这当然不是授予调卷令的唯一理由,许多案件还反映出两个巡回法院之间的判决冲突,以及宪法性问题有待解决,这对国家而言都非常重要。另外,如果仅仅因为下级法院犯错了,这并非上诉方会得到有利性重审的保证,但这确实是一个理由。有实证的数据支持这个理由。在过去10个司法年度中,之前的判决被推翻的案件平均为70%(在2001~2002司法年度,是75%,之前的司法年度是67%)。在本部分所分析的司法年度,即2002~2003司法年度已判决案件中是74%,包括全体同意的案件。罗杰和他的同事们(2004)所分析的68个案件中,其比例是72%。

因此,如果有人被请求预测结果,而且他或她对案件其他都一无所知,他或她的预测结果应该是:最高法院将推翻案件。我们可以运用71%这个从之前司法年度所得出的平均推翻率,来和使用各种不同方法得出的预测进行对比。我的分析发现,统计模型所预测的推翻率非常高,有87%,它预测结果是只有9个案件将会被维持(这9个案件中有5个是正确的)。作为对比,作为整体的专家组成员预测推翻率占案件总数的58%(3个专家组的百分比分别是55%、61%和57%)。因此,统计模型对推翻的频率预测过高,而专家组则预测不足。

(三)对哪一个巡回法院的调卷最多

一个有趣的不太相关问题是:那些给予调卷令的上诉都来自哪些地

方？除了 9 个案件之外，绝大多数都来自联邦巡回法院。在 13 个巡回法院中，有 40% 来自同一个巡回法院：第九巡回法院（加利福尼亚和西部州），该法院以自由派巡回法院而著名。第九巡回法院是目前最大的巡回法院，因为它管辖 9 个州和美国 1/5 的人口，所以该法院位列被签发调卷令法院之首并不奇怪，对来自第九巡回法院被授予调卷令的 22 个案件中，最高法院推翻了 17 个，占 77%，与总体推翻率并没有大的出入。其他巡回法院所做出的判决被最高法院抽中审查的不超出 7 个，但一旦调卷令被签发，第九巡回法院的自由派名声似乎并没有影响最高法院的判决。

八、比较不同模式对结果预估的准确性 245

接下来我们要考虑关于预测结果准确度这一最根本性的问题。总体而言，树型统计模型准确预测了 2002～2003 年司法年度 75% 的判决结果。与此同时，作为整体的专家组的准确率只有 59.1%（鲁格等，2004，表 1，p.1171）。华盛顿大学的项目小组研究人员还做了更为细致的分析，有如下发现：

1. 对那些最终全体一致投票通过的案件，人们可能期待对其预测的准确度有所提高。然而，树型统计模型的准确度变化幅度非常小，从 75% 到 72.4%；专家组预测确实有所提高，从 59.1% 到 75%（以 31 件全体投票一致的案件为基础）。正如研究人员所提示的那样，"从结果论而言，那么看起来'简单'的一致通过的决定，并非如预期那样明显可预测"（鲁格等，2004，表 1，p.1172）。

2. 专家组 59.1% 的准确率是建立在专家们对 68 个案件各自独立的 171 次判断上的（或者说 1 案子有 2.51 个专家。）如果将对每一个案件的专家中的多数预测都算作一个全部一致性预测的话，专家预测的准确性程度又会如何？用这种算法确实提高了专家预测的准确率，即从 59.1% 上升到 65.5%，但仍然低于树型统计模型。

3. 与一般专家比较，那些曾经在最高法院做过法律助理的专家，总体而言其准确率水平并没有更高，平均大约 60% 的准确性（鲁格等，2004，p.1178）。但是 12 个上诉律师对结果的预测准确率却非常高（92%），比较而言 71 个法学院教授则较低（53%）。要求预测的案件并非随意分配，上诉律师们可能被分配预测的案件不均衡地集中在那些更为直接的案件。但是,正如之前提到的,“直接的”案件——至少是那些判决结果为一致通过的案件——并非更容易预测。正像罗杰及其同事所发现的:

“两组人员在他们的预测准确性上有明显的不同貌似有合理性。参与课题项目的律师们都是上诉审的律师,他们经常在最高法院出庭。为了给客户提供建议以及提高辩护策略,对最高法院判决结果进行预测是他们职业角色中重要的一个组成部分。比较而言,对绝大多数的法学研究者来说,即使那些学术研究围绕最高法院展开的人,对案件结果进行预测仅仅是其研究工作的极小组成部分,从时间和重要性程度上都如此。”(pp. 1178 - 1179)

我选择去搞清楚在数据模型和专家之间的预测不同是否在不同类型的案件中具有一致性,是因为西姆森的研究发现,在上一个司法年度一致性并不存在。最高法院预测项目小组的人员也觉得某些类型的案件更有可能被嵌入大法官的意识形态,从而更容易预测。这里要提醒大家注意

246 的是,我在本书中所提供的对案件类型的划分,与罗杰及其同事或《国家法律杂志》或其他法律出版物所使用的分类并不完全一致。举个例子,某个可能被我归入到“被告人权利”的案件可能被其他人划入“宪法问题”类,如果它含有宪法问题,例如,米兰达忠告类案件。罗杰及其同事的分析使用更多综合性范畴,但其结论与我使用一个单独的范畴是一样的。“两种方法的相对成功主要取决于所涉问题的领域。”(鲁格等,2004,p. 1175)例如,预测项目小组使用了一种“经济性行为”类别,在这个领域内,统计模型对案件的预测准确率是87.5%,对比而言专家的准确率是51.3%。在民事权利和刑事程序分类范畴的大量案件中,统计模型也更为准确。但在涉及联邦的案件中,统计模型和专家的结果几乎是一样的(但是都只有60%的准确度)。在“司法权力”类的案件中做比较,专家们准确预测结果的比率是73.7%,统计模型是50%。

我使用了7个类别,它们相对应的案件数量如下:

1. 事关犯人的权利,2002~2003年司法年度有5个这样的案件;

2. 事关被告人的权利,12个案件;

3. 事关民事权利(歧视、种族问题、性别歧视、印第安人案

件、平权法诉讼），9 个案件；

4. 涉及前重罪犯或者外国人的案件，3 个案件；

5. 事关个人对抗大型组织，如某家公司或政府部门的案件，14 个案件；

6. 涉及宪法第一修正案案件，4 个案件；

7. 涉及知识产权案件，3 个案件。

上述总共 50 件案件基本涵盖了最高法院在 2002 ~ 2003 司法年度所判决案件总数的 70%。总体而言，统计模型对这些案件结果预测准确率在 76%（与其对该年度所有案件预测准确率 75% 非常接近）。专家预测准确率是 55%，与他们总体的 59% 的准确率相比略低（卡方检验测出的值是 6.31，表明统计模型的准确率与专家预测非常不同，值差是 0.05）。在上述 7 种类型的案件中，统计模型除了在“个人对抗大型组织”这一类型案件外，都完成得很好。在该类型案件中，它只成功预测了 6 个案件的结果，有 8 个案件的结果是错的（在这个类型的案件中，与其他类型的案件相比，最高法院并不倾向于推翻案件，6 个案件被维持，8 个被推翻——这或许与数据模型预测准确度不高并无关联性）。

（一）统计模型预测案件结果的成功度

在 7 个类型中的 4 个中，统计模型对每一个案件的全部结果都预测正确——5 个事关犯人权利案件，4 个涉及第一修正案案件，3 个涉及前 247
重罪和外国人权利的案件，以及 3 个知识产权案件。在另外 2 个类型的案件中，对绝大多数案件的预测是成功的——12 个被告人权利案中有 10 个，9 个民事权利案中有 7 个。

（二）专家在预测不同类型案件结果时的准确率

虽然专家总体而言做的稍微差些，但他们在事关犯人权利的案件（13 个中有 11 位专家预测都是正确的）和在涉及前重罪和外国人权利案件（9 个中有 6 位专家预测准确）表现良好。他们在涉及被告人权利的案件中表现一般，19 人正确，12 人错误。他们在预测关乎个体对抗大型组织的案件结果时比统计模型的预测实际上要成功许多（统计模型 6 次正确，8 次错误，作为比照，18 位专家正确，13 位专家错误）。但是在 3 个类型中——民事权利、第一修正案案件和知识产权案件——只有很少数的专家正确预测了结果（分别是 25 个中有 12 个，10 个中有 2 个，7 个中有 1 个）。

（三）知识产权案件的预测结果

在知识产权案件类型中，统计模型和专家的预测显示出最大的分歧。诚然这个类型只有3个案件，但是统计模型在所有3个案件中都对了，而7位专家中只有1位对了。这3个案件非常值得探讨，其中之一是“这些年来被最近距离观察的知识产权案件”（Greenhouse，2003，p. A22），第二个案件受到了广泛关注，而第三个至少有娱乐价值。

1. 埃尔德雷德诉阿什克罗夫特案：版权延展是否可以追溯

埃尔德雷德诉阿什克罗夫特案（*Eldred v. Ashcroft*，2003）中，最高法院维持了哥伦比亚特区巡回法院的判决，即将版权扩展持续时间延长为20年的1998年颁布《索尼波诺（原文如此）版权期限延长法》，可以溯及既往适用于颁布之前的版权保护。国会当时通过法律将版权保护再扩展另外的20年，这显然是迪士尼公司促使的，因为其担心公司的经典故事，如白雪公主和七个小矮人，和经典人物，如米老鼠将很快成为公共领域的一部分（这也意味着索尼波诺财产继承人直到2068年将一直可以收取“你是我的，宝贝”这首歌的使用费）。这样一来，现在标准的版权期就是作者的一生，加上70年。本案上诉人埃里克·埃尔德雷德想在自己的网站上放上一本书，其中的一些诗歌是罗伯特·弗罗斯特创作，最早出现在1923年。尽管上诉人的律师据理力争，最高法院认为，上述法案并没有违反《宪法》第一修正案，而且国会颁布此法是根据版权条款合理行使其权力的。

248 统计模型准确地预测到最高法院将维持判决，而两位专家中每一位都预测将推翻。金斯伯格大法官撰写了维持的判决意见，多数派法官还包括大法官伦奎斯特、奥康纳、斯卡利亚、肯尼迪、苏特、托马斯。史蒂文斯和布雷耶大法官发表了不同意见。统计模型准确预测到了每位大法官的投票，除了金斯伯格大法官。相比之下，第一位专家不仅预测结果将推翻而不是维持，而且错误地预测了9位大法官中7位的投票，只是预测对了伦奎斯特和苏特的投票。第二位专家只是好一点点，预测对了3位法官的投票（分别是史蒂文斯、伦奎斯特和金斯伯格）。

为什么专家在埃尔德雷德案中犯错了？在一位观察者、法学院版权法讲师贾斯汀·贝克看来，专家知道得太多了。他写道：

“事后来看，很容易理解为什么专家在埃尔德雷德案中错了。他们对版权法知之甚多，也对其很关注。1999 年，为了纪念已故的索尼波诺（他去世时是一名国会议员），和回应由迪士尼和其他媒体巨头发起的密集的走廊游说，国会将现有的版权的保护期延长了 20 年。版权法的学者无论多么愿意纪念索尼波诺，通常都被这个延展的期日所激怒。没有一个法律纯粹主义者希望看到他或她的专业性被政治说客所俘获。根据长期建立的先例中对宪法中版权条款的解释，版权被授予有限的期限是为了鼓励创造新作品，而这最终将丰富公共领域。作家和艺术家（以及媒体巨头）得到报酬对公共利益而言是次要的。延长现有版权的期限并不会鼓励新的作品出现，而且与已经完善的宪法框架不易吻合。不幸的是，最高法院大法官几乎没有版权纯粹主义者，对版权问题也并没有强烈的感情，大多数只是遵从国会和对已故索尼波诺的回忆。专家们预测错误是因为他们非常了解版权法，并错误地假设最高法院将分享他们的愤慨。”（2003，p. 19）

在埃尔德雷德案的口头辩论期间，一些大法官似乎意识到 1998 年的法律是一个糟糕的法律（尽管可能不是违宪）。事实上，在金斯伯格大法官所撰写的多数意见中，她写道：“总之，我们发现《版权期限延长法》是一部理性的法律，虽然该法富含争议，我们并不能随意事后批评国会的决定，并对这部法律做出政策性判断。”（*Eldred v. Ashcroft*，2003，p. 789）此案之外，最高法院近年来并不情愿对抗在其看来是超越了国会立法权的联邦法律（自 1995 年以来，最高法院已经否决了 30 多个联邦法律，这些 249
法律在它看来超越了宪法明确列出的国会权限）。因此，专家们有理由预测案件会被推翻，但他们错了。

2. 达斯塔诉 21 世纪福克斯公司：未经允许使用进入公共领域的素材

第二个知识产权案件，达斯塔诉 20 世纪福克斯公司（*Daster v. Twentieth Century Fox*，2003），判决结果是一致同意推翻第九巡回法院的判决，并创设如下规则：内容为禁止对货物或服务的原产地进行虚假标识的《兰哈姆法典》，是允许对进入公共领域的素材进行复制而不须指出原始创作人员名字的。第九巡回法院之前的判决支持了地区法院的判决，后者对达斯塔判其从一套录像带中获利的 2 倍，大概 160 万美元的罚款。

从头说起,该案源自达斯塔在 1998 年决定在市场上出卖一套录像带,是关于第二次世界大战的,其中包括 20 世纪福克斯公司在 1949 年推出的电视系列剧《欧洲圣战》,该剧是以艾森豪威尔总司令同名书籍为基础创作的,他在该套录像带中没有写明并致谢 20 世纪福克斯公司。达斯塔为这个录像带组合取名为《第二次世界大战欧洲战役》,达斯塔的带子有一个新的片头,并非全部使用了电视剧的素材,但确实是使用了其中的一些部分。新带子的结尾的演职员部分仅列出了达斯塔的工作人员。虽然福克斯公司对此剧的著作权在 1977 年已经到期,但它还是起诉达斯塔公司“反向假冒”,或者说把其他人的工作成果当成自己的,这个行为违反了《兰哈姆法典》。代理 20 世纪福克斯辩护的黛尔·森达利说,如果判决有利于达斯塔,将会引发她出版“黛尔·森达利的战争与和平”,这样就可以将托尔斯泰的杰作声称为自己的作品(Greenhouse,2003)。

但在最高法院看来,法律中“货物的原产地”这一段的意思是只适用于有形物质,如仿制的手表,不适用于某个作者的思想、概念或者在那个货物中嵌入的交流观点。在达斯塔案件中,8 位大法官投票推翻第九巡回法院的判决,并将案件发回重审。布雷耶大法官自行回避了(他哥哥查尔斯是参与这个案件原审理的联邦法官),斯卡利亚大法官写了多数派意见,他的结论是:要求将所有的原作品的创作人都列明是不现实的,他还发现,福克斯公司本可以通过续展版权获得保护,但公司没这么做(具有讽刺意味的是,5 个月前最高法院对埃尔德雷德案的判决是对公共领域的限制,把现有版权保护期延长了 20 年)。

统计模型准确预测到全体一致的投票结果。专家中的一人也准确预测到了这个结果,甚至对每一位大法官的投票都正中目标。但另一位专家预测最高法院将维持判决,而不是驳回,投票结果应是 7∶2。

学者贾斯丁·贝克关于此案判决的意见如下:

> “达斯塔案的结果具有可预测性,即使两位专家又出错了。
> 250 最高法院在分清商标法和版权法上没有问题。制作达斯塔录像带的是复制者,而不是版权法中的作者。准确表明一件作品的作者与准确表明一个复制作品的制作者并不是相同的事情。因为被告准确地说明其只是制作了这些录像带,所以就不存在商标法中所谓的对原作的仿冒。”(2003,p. 19)

3. 莫斯里诉维多利亚的秘密产品目录案：版权何时“被淡化”

第三个知识产权案件也很著名，仅仅是因为案件当事人一方是维多利亚的秘密。在莫斯里诉维多利亚的秘密产品目录案（*Moseley v. Secret Catalogue*，2003）中，维克多·莫斯里与他的夫人凯西 1998 年在位于肯塔基州的伊丽莎白镇的一个运动服商场开设了一家零售店，主营性玩偶、色情音像制品和类似商品。开始时他以自己的名字给店铺取名“维克多的秘密”。之后有一个当地居民，对该店的“淫秽、庸俗商品”很反感，就把商店的宣传资料寄送了一份给维多利亚的秘密。这家卖女性内衣的公司以激烈的措辞要求商店更换店名，所以莫斯里先生就把名字改成了“维克多的小秘密”。大公司维多利亚的秘密并不满意，一纸诉状告莫斯里侵犯其商标权，依据是 1995 年国会通过的《联邦商标反淡化法》。坐落于辛辛那提的第六巡回法院签发了一项禁令，禁止该店主使用“维克多的小秘密”这个店名。我们或许可以猜想莫斯里先生是希望因为与那个著名的名字为伍可以使他的商店得到认可并吸引更多的客户，尽管他否认这种说法。但是当维多利亚的秘密起诉时，是否已经造成了实际的损害？

最高法院对上诉授予了调卷令，因为不同的巡回法院对晦涩的术语“商标淡化”的认定以及某个驰名商标持有者对其被淡化所遭受的损失（如经济上确定有损害）的证明程度的认识有冲突（法律对淡化的定义是弱化了“驰名商标标识其拥有者产品的能力”）。在另外一个一致同意的判决中，最高法院推翻了第六巡回法院的裁判规则，该规则认为只要商标极具特色，也构成商标的“淡化”（最高法院将本案件发回下级法院重审，与此同时，莫斯里也把自己店铺的名字改为了“凯西的小秘密”）。由史蒂文斯大法官撰写的判决意见相对短小（只有 16 页），认定联邦法律规定要有实际损失的证据，尤其是它“毫无疑问地要求有实际的淡化证据”——而不是仅仅有损失的“可能”。

再一次地，统计模型的准确预测不仅体现在对结果的预测上，也体现为预测出全体一致的判决意见。3 位专家的预测错得不能再错了：每一
位都预测最高法院会维持下级法院的判决，3 位中有 2 位预测的是与实 251
际结果相反的全体一致，第 3 位专家则预测了 7∶2 的投票结果，方向错了。

差异的原因是什么？贾斯丁·贝克猜测：

“下级法院发现使用那些名字是对维多利亚的秘密商标的弱化和丑化，而且实际损失的证明并非必要，因为弱化与丑化一个驰名商标就是淡化的关键。专家预测下级法院的判决将成立，因为将一个著名商标与粗俗的‘成人专用’的商品联系在一起很明显是淡化。（但是）大法官们读了法条后得出的结论是，法条明确写明需要证据证明驰名商标的价值被损毁了。如果没有其他证据，只有证据证明年轻的消费者没有经过思索就产生与驰名商标的联系或者驰名商标持有人并不喜欢消费者所产生的这种联想，是不够的。专家们错在哪里？同样的理由，他们知道得太多了。他们清楚地了解反淡化法律的目的是规制搭便车行为，他们很难接受法律可能会遗漏掉某些搭便车的，尤其是因为当没有产生混淆时，对一个驰名商标而言很难证明实际的损失，于是专家们很自然就会假设该法律为防止所有的搭便车行为提供了有效的救济。然而令专家们感到不幸的是，最高法院并没有假设任何事情，而是考虑了该法律表面追求的价值。”（2003，p. 19）

另外，需要提醒大家注意的是，有一半以上的州都通过法律规定，如果有证据证明产生了“可能”的损害，就允许获得损害赔偿，与最高法院所要求的“实际上的淡化”相比，这个标准更为宽泛（Kurz, Crowson, & Kurian, 2003）。或许这些法律在专家们的预测中是参照物吧。

九、对 2002～2003 司法年度个人投票的预测

每一个司法年度都有几个案件会引起媒体的关注。其中一个是劳伦斯诉德克萨斯州案（*Lawrence v. Texas*），在本章一开始提到过，是关于同性恋权利的。前文说到的 3 个知识产权案件则受到了商业团体的广泛关注。或许在 2002～2003 司法年度涉及面最为广泛的案件是两个有关密歇根大学的平权法的上诉案。在这些公开的案件中，预测的准确率是多少呢？

（一）对广为公开的案件中个人投票的预测

你可能还记得在劳伦斯诉德克萨斯州案（*Lawrence v. Texas*）中的投
252 票是 6∶3，有 2 个秋千票偏向于上诉人。统计模型预测的结果是正确的，
仅对 1 位大法官的预测错了，即认为肯尼迪大法官会站在保守派一边。3

位专家中有 2 位也预测到最高法院会推翻下级法院的判决，这 2 位对每一位大法官的投票也预测精准。不过，第 3 位专家认为奥康纳大法官和肯尼迪大法官会站在保守派阵营，因此对结果预测错误。正如之前已经提及的，对这个案子的预测反映了一种经常会重复出现的模式：3 位保守派一边，4 位相对自由派在另一边，大法官奥康纳和大法官肯尼迪决定最后的结果。但是之前也强调过，这个模式在某些案件中适用，其他则不适用。

密歇根大学两个与平权法有关的案件是格拉茨诉博林杰案（*Gratz v. Bollinger*，2003），涉及本科录取，以及格鲁特尔诉博林杰案（*Grutter v. Bollinger*，2003），涉及法学院的录取。最高法院以 6 : 3 的结果否认了录取本科生所使用的程序。两个秋千票投票人站在了保守派一边，像布雷耶大法官一样。统计模型和 3 个专家对结果的预测都是对的，统计模型和一位专家对结果预测正确，但对布雷耶大法官的投票预测错误。另外 2 位专家预测到投票结果是 6 : 3，但他们对少数派中的投票者预测有所偏离，对布雷耶预测也不对。在法学院案中，最高法院以 5 : 4 的投票接受了平权录取的程序，奥康纳大法官又一次站在了多数派中，不过这一次是站在相对自由派而非保守派一边。统计模型和 3 位专家中的 2 位对她投票预测错误，因此结果也是错的。只有 1 位专家得出了正确的结果，因为那位专家对奥康纳的投票预测是对的。对于该案的预测非常戏剧化地表明了如何因为预测一个人的投票错误而导致的全盘皆输，同时也再一次说明了奥康纳大法官的关键性影响力。

（二）哪一位大法官更容易被预测

是否某类大法官更容易被预测？斯卡利大法官所表现出来的强势意见是否让其更容易被准确预测其投票结果？是否“秋千票投票者”的标签让奥康纳大法官更难被预测？是否对布雷耶大法官在格拉茨案中的错误估计反映出对该人所做出的选择进行预估会比较困难？

我选取了 2002 ~ 2003 年司法年度中 76 个案件中的 50 个，把统计模型和专家们对每一个投票的预测做了一个表格（与之前西姆森所做的分析一样，这 50 个案件被分为了不同类型）。总体上看，统计模型对每一个投票人的投票预测准确率是 70%，或者说 450 票中有 317 票正确。专家的预测准确率是 67%，765 票正确，369 票错误（1134 的总数少于 450 的 3

倍,即1350,因为这个研究项目没有能够获取3位专家对每一案件的票数预测)。

统计模型对某些大法官的投票习惯预测比较准确,对其他大法官则不准确:对托马斯大法官和伦奎斯特大法官而言,在50个案件中39次正确或者说78%的正确率,但是另一个极端是对金斯伯格大法官的准确率只有62%(50个案件中31个正确)。统计模型对其他大法官的预测准确率如下:奥康纳,74%;斯卡利亚,72%;肯尼迪和斯蒂文斯是70%;苏特是66%;布雷耶,64%。值得注意的是,统计模型在预测相对自由派大法官的投票(平均正确率65.5%)时,比起对保守派大法官投票(平均正确率76%)的预测,更加费力。

专家们的预测在某种程度上针对不同的大法官有所不同。他们对斯蒂文斯的预测最为准确(77%,或者97次正确,29次错误),这样一来,他们与统计模型相比对这位大法官的预测更准。他们对奥康纳大法官和苏特大法官的预测最不准确,都是60%。对其他大法官的预测准确率如下:斯卡利亚,72%;伦奎斯特,70%;金斯伯格,67%(都比统计模型预测的强),布雷耶,63%;肯尼迪,62%。与统计模型相一致,他们对自由派法官(66.5%)的预测准确率比保守派法官(72.3%)要低。

所以,对每一位大法官投票预测的不同方法有多准确?仅此而已。诚然,他们的预测都在50%以上,这也就是猜的水准而已,但是对几位大法官他们的准确率是60%,也仅仅高一点。平均准确率是70%和67%说明,准确的结论只能在某种程度上达到。

与我使用的我觉得都涉及意识形态领域相关问题的50个案件相对比,最高法院预测研究项目组将其分析建立在68个案件之上。他们的结论在某种程度上有所不同,即专家们在对大法官个人投票的预测上比统计模型要更准确一些,前者是67.9%,后者是66.7%。对此进行分析发现了几个很有趣的结论:

> 1. 专家们对居于意识形态对立阵营两端的大法官预测更准。斯蒂文斯是一个阵营的一端,伦奎斯特、托马斯和斯卡利亚是另一端,对他们的预测准确率都高于70%。比较而言,专家们对奥康纳大法官投票的预测准确率是最低的,大约62%;对苏特、肯尼迪和布雷耶都是65%上下。

> 2. 与我的分析相似，统计模型在预测保守派法官时比预测自由派法官做得更好。（Ruger 等，2004，p. 1174）

十、会出现趋向一致同意的压力吗

在巡回法院由 3 人组成的审判庭审理的案件中，一致性是存在的，因为 3 位法官彼此的投票会相互影响（Schkade & Sunstein，2003）。但在最高法院这个级别上，会出现类似的现象吗？我在最高法院预测项目组所 254
选取的 2002～2003 司法年度中的 72 个案件，将来自专家和统计模型所预测的投票做了一个表格，将预测投票分别以 9∶0、8∶1、7∶2、6∶3 和 5∶4 分类，然后和 72 个案件的实际投票比进行对照。在 72 个案件中，总共有 32 个案件是以一致同意判决结案的，但统计数据的预测结果仅仅有 7 个会如此结案。事实上，只有 4 个 8∶1 的最高法院判决结论，而统计模型预测的数值是 20 个。卡方检验测出这些差别的卡方值是 0. 0001。

专家在预测一致同意结论的结果时比统计模型更为精准。有 43% 的实际判决是一致同意的（与上一个司法年度相比有 36% 的上升），专家预测将有 22% 是一致同意，统计模型则预测为 10%（3 位专家的预测比例分别是 28%、21% 和 17%）。但是没有哪个方法预测到最终判决有近一半是一致同意的。老实讲，我理解统计模型是针对每一位大法官的投票而设计的，并没有建立一个应对趋向一致同意压力的修正体系。而每一位专家对压力因素的考虑程度当然也不太可能被确定。

十一、对上述预测方法的一次重复使用

华盛顿大学法学院的最高法院预测项目小组对下一个司法年度（2003～2004）的案件做了统计模型预测。不过，被预测案件不到 50 个，也没有聘请专家预测。同样地，这些预测数据使我们有机会去检验一下，之前司法年度的一些发现经过时间洗礼后是否仍然可靠？总体而言，他们是可靠的，例如：

> 1. 考虑到案件的结果，统计模型预测又一次在 75% 的案件中预测正确。令人惊奇的是，这与上一个司法年度的比例值完全一样。
>
> 2. 再一次，9∶0 结果的案件数量远远超出了统计数据模型

的预测。数据模型预测是46个案件中有11个,事实是24个,比一半还多的是一致同意的结果。统计数据预测有18个案件将以8:1投票结案,实际上只有3个这样的案件。对于其他组合的可能的投票结果,统计模型与实际数据比较接近。

3. 同样与上一个司法年度一致的是,最高法院对来自第九巡回法院的案件授予的调卷令远远超出其他巡回法院,共有22个,是74个案件中的30%。然而同样与之前一致的是,最高法院对该巡回法院审理的案件最终推翻的比例与其他巡回法院几乎一样,当时是77%(对13个巡回法院中的6个而言,最高法
255 院对其重审的该院案件全部推翻)。

4. 在46个案件中,有35个是统计模型预计最高法院将要推翻的,与之前相比并不高。最高法院确实推翻了这些案件中大约75%的案件。

5. 最高法院在总计74个案件中有41%的案件的投票结果是一致同意,是一个特别的百分比。

研究发现,统计模型一直比专家预测表现更为出色,这与心理学学界一个长期以来的结论是相一致的(这个结论50年前由保罗·米尔首次提出),即保险精算之类的预测(即那些将基于预先设定的、以经验为基础的决策规则的信息结合起来的预测)比临床的预测更为准确,后一种情形中,决策者要审查所有的信息,然后以一种直觉或者至少是非确定的方式将信息集中起来(Dawes,1994;Grove & Meehl,1996;Grove,Zald,Lebow,Snitz,& Nelson,2000;Meehl,1954;Westen & Weinverger,2004)。与心理学学者发现的临床预测所具有的局限性类似,此处的问题似乎是基础概率问题。法律人预测者考虑每一个案件后,会假定下级法院的判决将会被维持,这比实际数量要多。

结论

本章提及了关于结果预测的3种理论假设,每一个都在文中进行了测试。预测的准确度在那些涉及意识形态问题的案件中更为突出;一些大法官(主要是保守派)比其他大法官更容易被预测;统计模型在多数类型的案件中表现良好,而专家预测比撞大运好不到哪里。

然而，没有什么预测系统是完美的。在 2002～2003 司法年度的 72 个案件中，最高法院对 7 个（几乎是 10%）案件的判决结果与统计模型和每一位华盛顿大学最高法院预测项目小组聘请的专家预测结果相反。我们从这些错误中能得到什么教训呢？

7 个案件之一是内华达人力资源部诉希布斯案（*Nevada Department of Human Resources v. Hibbs*，2003）。该案的事实如下：威廉姆·希布思是该州政府雇佣的社会工作者，他要求根据《家庭和医疗请假法》（FMLA）请假照顾其在车祸中受伤的妻子。他在雇主已经告知他超过了假期后由于没有重返工作岗位而被解雇。他声称雇主的行为违反了《家庭和医疗请假法》的规定，该法允许额外的休假时间。内华达地区法院直接驳回了他的起诉，结论是内华达州政府根据《宪法》第十一修正案享有豁免权，该修正案授予州政府免于受到个人根据联邦法律所提起的针对州的诉讼。但是第九巡回法院推翻了该判决，于是内华达州上诉到最高法院。

统计模型预测最高法院会以一致同意的投票推翻巡回法院的判决，以 256
利于州政府的结论结案。所有的 3 位专家也预计会推翻，虽然他们每一个人预测的投票结果都是 5∶4。有趣的是，3 位专家中的每一位都预测保守派和秋千票会站在内华达州一边，自由派则会支持作为个体的州雇佣人。但实际的投票是 6∶3 维持原判，奥康纳和伦奎斯特大法官与预计中的 4 个自由派属于一个阵营，支持希布思先生。鉴于首席大法官伦奎斯特主持了最近一系列的判决，这些判决都拓展了州的豁免权，从而严格限制了国会的权力，因此他的投票最叫人大跌眼镜，更叫人无法预料到的是，他选择自己写多数派意见（Greenhouse，2003b）。同样地，对伦奎斯特大法官而言，这个决定与他一贯的倾向于支持男女平等的一系列观点相冲突。统计模型是否应该预测到这个？那就太困难了。有些案件实在太复杂了，让人无所适从。

第 11 章
评估最高法院的运行过程

摘要：作为最后一章要提出的问题是最高法院“运行过程良好”吗？“运行过程”包括一系列方面：提名和确认大法官的遴选程序、大法官离职的程序、审理案件的筛选程序、对筛选的上诉案件进行审理的过程，以及最高法院所判决的案件的效果。对这些问题的效果的回答都被认为具有主观性，但是，如果没有考虑上述各方面，那么对最高法院的把握可以说就不够到位。本章也针对有些学者提到的审判程序方面的修改提出了改革建议。

关键词：最高法院；司法决策；司法过程；司法改革

我最担心的对象是联邦法院。 257

——托马斯·杰斐逊，在 1821 年致朋友信中所写

托马斯·杰斐逊并非唯一对最高法院不满意的美国总统。前文阐述了富兰克林·罗斯福总统受阻的“法院填塞计划”，以及尼克松和克林顿总统对法院的指责。如前所述，西奥多·罗斯福总统对他推荐至最高法院的大法官的投票极为愤怒。杰拉德·福

特任总统前,曾在众议院发起了一次弹劾道格拉斯大法官的运动,但没有成功。哈里·杜鲁门曾在一次访谈中毫不讳言地提到他的朋友和他任命的大法官汤姆·克拉克:“与其说他是一个坏人,倒不如说他就是个愚蠢的狗娘养的。”(Purdom,2005,p. A1)

尽管不是那么尖锐,联邦立法机关也会发泄它的苦恼。国会中的共和党人公开反对法院“能动主义”的判决,并再次威胁要弹劾某些大法官或者做出任期限制或者对最高法院审理的案件类型进行限制等方式加以报复。2005 年下半年的三个月时间内,最高法院出现了两个大法官职位空缺。随后在考虑候选人约翰·罗伯茨和塞缪尔·阿利托的确认听证和参议院投票的过程中,通常不为人所知的政府各部门之间的冲突通过这个过程全都公之于众。正是由于我们经历了这个加剧动荡的时期,因此特别有必要退一步对最高法院的运行过程做一个客观的评价。

简而言之,本章作为最后一章要提出的问题是:最高法院“运行过
258 程良好”吗?“运行过程”包括一系列方面:提名和确认大法官的遴选程序、大法官离职的程序、审理案件的筛选程序、对筛选的上诉案件进行审理的过程,以及最高法院所判决的案件的效果。对这些问题的效果的回答都被认为具有主观性,但是如果没有考虑上述各方面,那么对最高法院的把握都是不够到位的。本章也针对有些学者提到的审判程序方面的修改提出了改革建议。

一、提名以及确认程序

最高法院迟早都会出现大法官职位空缺的情况。提名以及确认这两个程序能将最好的大法官候选人送进最高法院吗?

(一)提名程序

宪法除了规定大法官由总统提名、参议院简单多数确认外,对遴选大法官没有做出更详细的规定。乔治·华盛顿是唯一有权一次性提名所有最高法院大法官人选的总统。自艾森豪威尔总统以来,还没有总统能有提名四位以上大法官的机会,只有极少数的总统有机会同时提名两位大法官。让我们假定现任总统有机会和华盛顿总统一样,可以一举提名所有的大法官。总统应该从他的党派中提名所有的九位大法官吗?

或许总统的理由是我之所以当选总统,是因为我所秉持的价值理念。因此,将与我具有相同价值观的候选人提名并任命为最高法院大法官具有正当性。回顾最近的总统竞选过程会发现,一些候选人清楚地表达了一旦当选,他们会倾向于——所谓的石蕊测试(litmus tests)——提名并任命某类人为大法官。

或许总统应考虑选民的特点。近年来的总统选举显示美国是一个力量均衡(有人说是“高度分化”)的国家。如果总统有机会提名九位大法官,由保守主义者和自由主义者混合组成是否是最好的决定,或者总统是否应从任命大法官的目标即多样性和代表性来考虑提名候选人,总统是否应确保提名候选人中包括有不同种族、少数族裔和女性代表,或者如一些人所说,最高法院是否应有“犹太人的席位”,是否应确保最高法院出现拉丁裔等少数族裔的席位?

总统在提名大法官候选人时是否仅须考虑提名在下级法院有任职经历的法官,或者如克林顿总统没有成功地提名州长马里奥·科莫(Mario Cuomo)那样考虑提名政治家作为大法官候选人,以及是否应考
虑被提名人的性格,他们是否能很好地合作共事?正如赫希(Hirsch)所 259
观察到的,富兰克林任命到最高法院的都是“性格复杂、品质非凡的人物——布莱克,道格拉斯,墨菲,杰克逊,以及法兰克福特。他们都具有反复无常的一面,几乎不可能实现富兰克林期望他们在最高法院与其他同事和平共处的初衷”(1981,p.4)。

第 2 章阐述了不同的总统在提名大法官候选人时所运用的程序和标准,从杜鲁门的非正式的“伙伴系统”,到艾森豪威尔的年龄限制、司法经历、宗教多样性、政党身份认同等标准,再到里根围绕“石蕊测试”进行综合评价,以及克林顿要求候选人志趣相投,提名大法官候选人的最佳方式是什么呢?

提名大法官的决定当然不应像杜鲁门的做法那么任性。2004 年 10 月,首席大法官伦奎斯特宣布重病后,布什政府开始准备大法官候选人名单,很显然甚至考虑到了这些提名人的志趣。在大法官离开最高法院前,这一切都安排得井井有条(2005 年 7 月 1 日,奥康纳大法官辞职,显然白宫政府和其他所有人一样极为吃惊,一般都会认为,在该司法年度结束时离开最高法院的应是首席大法官伦奎斯特)。最高法院突然出

现大法官空缺时,潜在的被提名人名单会不可避免地浮出水面。但是在空缺实际上发生前,布什政府对于其所倾向的候选人非常保密。同时,布什总统在公布被提名人前与两党主要参议员交流时,对参议院“提出建议或给予同意”极为敏锐。但是,他没有像克林顿总统那样走得更远。克林顿面对自己第一次任命大法官的机会时,他告诉当时在司法委员会中的少数族裔的共和党参议员奥林·哈奇(Orrin Hatch)他可能的选择。参议员哈奇告诉总统他的提名会遭遇巨大的阻力,克林顿总统最后决定提名更有可能被共和党人接纳的金斯伯格(Hatch,2002)。

(二)确认程序

总统如何能最大程度地确保提名获得参议院的确认呢?考察共和国建立之初总统提名大法官候选人到最高法院的历程,我们会发现目前对于总统提名大法官的对抗性特征凸显。华盛顿总统曾提名出任首席大法官的候选人约翰·路特里奇(John Rutledge),被他的政敌指控患有精神病(他情绪低沉,一度想要自杀,尽管如此,华盛顿利用休会任命的机会让他进入了最高法院)。历史上仅有约翰·泰勒(John Tyler)总统提名的大法官候选人遭到参议院的拒绝。不过从 19 世纪末到 20 世纪中叶,最高法院的被提名人“事实上都被推定为具备任职资格,所有的被提名人都得到参议院的确认,几乎毫无争议,通常也没有投票记录”
260 (Carter,1994,p. 14)。正如第 2 章中所提到的,只是在最高法院 1954 年对布朗诉教育委员会案(*Brown v. Board of Education*)(激起了南方有影响力的参议员的愤怒和不满)做出判决后,参议院才开始要求被提名人接受司法委员会的质询。自那以后,许多被提名人都接受了询问,包括瑟古德·马歇尔、罗伯特·博克(Robert Bork)、威廉·伦奎斯特(尤其是他被提名出任首席大法官时)以及克拉伦斯·托马斯。博克法官因参议院 58∶42 的票数被拒绝出任大法官,而托马斯大法官则仅以 4 票的优势通过参议院确认程序。

自 1994 年提名布雷耶出任最高法院大法官以来的十多年里,尽管总统没有机会向参议院提名大法官候选人,但是克林顿和布什总统在任期间提名下级联邦法院的法官显然已经出现了激烈的争论(Epstein & Segal,2005)。虽然两位总统提名出任下级联邦法院法官的大部分提名人都获得了确认,在参议院司法委员会的辩论通常都延长了确认程序的时间。作为一种折中方案,2005 年中期参议院允许对布什提出的好几位长期的被提名人(longstanding nominees)进行投票表决。在此之前,布什总统不得不依靠休会任命的机会将他的提名人暂时安排到联邦巡回法院。

一旦此类党派之争日渐凸显,文明和理性如何能得以重建呢,冲突化解心理学能提供什么帮助呢?对总统的一个提示是提名更具中庸态度的法官。例如,克林顿总统提名的金斯伯格和布雷耶大法官和之前提名出任最高法院的大法官相比,在判决中投极端票的情况更少。如果总统选择的被提名人是现任的巡回法院法官,而且近年来大部分的被提名人就是如此,那么就要考虑被提名人此前在审理案件时的投票记录。崔(Choi)和加拉蒂(Gaulati)(2004)最近的文章中提出了一种客观合理的方法用来评估哪一个巡回法院的法官是工作最有成效的。文章建议,如果总统考虑提名巡回法院的法官出任最高法院大法官,那么应收集他或她的判决意见来回答以下三个问题:

1. 他或她的判决意见是否经常被之后的判决所援引?

2. 该法官的工作量是多少?

3. 该法官的判决意见是否独立于政治意识形态?

理查德·戴维斯(Richard Davis)(2005)最近的一本著作专门研究了提名程序。他提出了其他的建议:

1. 总统在提名前应保持谨慎不要明确表示要对所有的候选人进行"石蕊测试"。尽管类似承诺可能会带来候选人的忠诚,戴维斯认为基于两个理由结果会适得其反:最终选定的被提名人可能并不符合此前所描述的标准并发现存在缺陷,而且宣布法院需要某种类型的人会损害法院的声誉和地位。 261

2. 总统应避免公开表达他们与某些候选人进行面谈。如果必要,面谈应私下进行。事实上,戴维斯论证道,"总统进行面谈的作用被高估了,应放弃这样的做法"(2005,p. 160)。

3. 当一位大法官离职时,应及时提名填补人选。总统等待的时间越长,利益集团游说的机会就越多。

在提名罗伯茨接替奥康纳的职位时,布什总统采纳了戴维斯提出的好几个建议。仅在宣布大法官空缺的 18 天后,布什总统就公布了被提名人的名字。尽管媒体和利益集团推测了被提名人的可能人选，白宫并没有向公众公开“压缩名单”(short list)上的名字。在宣布被提名人之前，布什总统限制了他选择候选人的标准，即作为法官只是“解释法律，而非制定法律”。布什总统选择罗伯茨令那些希望选择一位女性大法官的人(包括他妻子和奥康纳大法官)颇为失望，令本来希望选择一位拉丁裔大法官的拉丁裔美国人颇为吃惊，但是却巩固了他的政治基础，因为他明确地选择了一位保守主义者。而且，罗伯茨非常有风度，他曾担任过伦奎斯特大法官的助理，他在担任副检察长和华盛顿一家颇有声望的律师事务所合伙人时，曾在最高法院出庭代理了39个案件(其中25个案件胜诉)，他在两个政党间都有很多朋友，因此他可以非常顺利地通过确认程序。

戴维斯也建议对确认程序进行修改。他得出的结论是，许多参议员提出的问题都在反复啰嗦，考虑自身利益，毫无用处。他建议应由司法委员会的多数和少数顾问而非参议员自己向被提名人提问。或许他最具煽动性的改革是提议被提名人“愿意对问题表达个人的观点”(2005，p. 167)。这并不是说他们会对特定的案件表明投票态度，而是表明他们的价值观和基本立场。这是一个激进的提议。最近一次对被提名人采用上述提问方式的是罗伯特·博克，后来遭到参议院的拒绝。同时，对于被提名人而言，宣称他或她从未“讨论”特定的重大问题，正如克拉伦斯·托马斯在被问及罗伊诉韦德案(*Roe v. Wade*)的判决意见时那样，这完全是一种托词。

二、终身任职

所有联邦法官，包括最高法院大法官，终身任职是一个相当理想的安排。这给他们提供了经费保障(正如第1章所提到的，尽管目前大法官
262 19.4万美元的工资无法和他们在私营部门的收入相比)。更重要的是，如果他们的判决意见触怒了公众、总统或国会，他们不会即刻被撤职。《宪法》第3条第1款规定，联邦法官“如果尽忠职守应继续任职”。仅有一位最高法院大法官萨缪尔·蔡斯(Samuel Chase)在1805年遭弹劾[另外两位差不多要遭弹劾。詹姆斯·威尔逊(James Wilson)大法官在因债务问题被起诉前去世，福塔斯大法官因公开了他与一位受指控的银行家有牵连关系后辞职]。蔡斯大法官被认为是一位杰出的(尽管固执己见)

法学家,但是国会中的杰斐逊派(Jeffersonian)共和党人对他感到愤怒,不是因为他公认的能力,而是因为他所持的能动主义和党派偏见,尤其是他发起支持联邦主义候选人的运动,在判决中支持约翰·亚当斯任总统时所采取的措施。他被众议院弹劾后,蔡斯大法官面临着参议院[由副总统阿伦·伯尔(Aaron Burr)主持,他本人因前一年在决斗中杀死亚历山大·汉密尔顿而成为两个州的逃犯]的质询。但是他的参议院对手,尽管由 25 位共和党人和 9 位联邦党人组成,无法召集 2/3 的多数票指控蔡斯,而他被宣布无罪则被认为是司法独立的胜利(Bork,1990;Presser,1992)。人们认为蔡斯如果被查明有罪,共和党人会打算对包括首席大法官马歇尔在内的每一位大法官提出弹劾(Rehnquist,2001)。

因此,如果大法官不打算离开最高法院,要撤销大法官的职位是一件非常困难的事。问题包括两个方面:存在什么机制可以撤销不称职的大法官的职位,以及谁来决定一位大法官应退休。

在不称职和令人讨厌的大法官方面,很显然,至少用现代眼光来审视,查尔斯·惠特克是一位极不称职的大法官(第 8 章详细阐述了他在审理案件时能力不足)。幸运的是,因工作压力和精神疲惫导致他仅在最高法院工作五年就过早地退休了。

威尔逊总统任命的詹姆斯·克拉克·麦克雷诺兹(James C. McReynolds)大法官则例证了另一类不同的问题。他在最高法院任职近 30 年(1914 年到 1941 年)。没有证据显示他的审判能力有问题,但是麦克雷诺兹大法官是一个很难相处的人。他粗鲁、缺乏耐心、爱挖苦人。他是一位种族主义者和反犹太人士。他拒绝和两位犹太裔大法官布兰代斯和卡多佐握手甚至合影(鉴于此,最高法院大法官在 1924 司法年度没有拍全家福)。他不能容忍并侮辱女性律师。他在最高法院漫长的任期内有 19 位法官助理。最高法院流传的故事是他的助理“一忍再忍地”为大法官工作(Douglas,1980,p. 169)。麦克雷诺兹终身未婚,去世时无人在场,其他任何大法官都没有出席他的葬礼。

约翰·诺克斯(John Knox)在 1936～1937 年担任麦克雷诺兹大法官 263
的助理,60 年后,他出版了自己的日记,这让我们能更多地了解麦克雷诺兹大法官与他的助理之间的关系。诺克斯在日记中写到,麦克雷诺兹观察了他的书法并确认他不吸烟后聘他为助理。麦克雷诺兹实际上对待诺克斯像仆人一样,仅有一次请他起草法院判决意见。诺克斯花了数天时间完成后,将拟好的判决意见草稿交给了大法官。麦克雷诺兹瞥了一眼就把它扔进了垃圾桶,并说道,"现在我们开始来起草一份真正像样的判决意见。"(Greenfield,2002,p. 81)

麦克雷诺兹大法官是去世前五年才退休的,此间也曾做过替换他的各种努力,或者至少是抵消他的影响,但最终都失败了。不过他确实具有影响力,在新政早期,他曾作为"四骑士"之一推翻了多部复苏经济的立法。

三、从最高法院离职

有的大法官身体残疾甚至老态龙钟仍拒绝退休。道格拉斯大法官在1974年最后一天中风,导致他身体部分瘫痪。他的表达能力变差了,一只手臂和一条腿无法活动。他缺席了1974～1975司法年度许多案件的审理,1975年秋天才返回工作岗位,但是已无法做到全程参与最高法院的案件审理。事实上,他经常搞混别人的名字,甚至根本无法做出回应。最终在新的司法年度开始后不久,他被送进了医院。经医生诊断,康复的可能性不大,于是他在1975年11月向福特总统提交了辞职信。但是辞职后一个月他又回到了最高法院,他做好了对他退休前还在审理的案件进行投票的准备,他无法接受已无权对案件进行投票的事实(Simon,1980)。

加布里埃尔·杜瓦尔(Gabriel Duvall)曾于1811年至1835年担任大法官,后因耳鸣导致交流困难,这使得他参加法院的口头辩论变得毫无意义(Atkinson,1999)。但是他拒绝辞职,直到他被确切地告知有与他价值观相似的人选可以取代他为止。阿特金森(Atkinson,1999)专门写了一本法官长任期的著作,其中提到好几位任期很长的大法官。其中包括杜瓦尔、罗伯特·格里尔、约瑟夫·麦克纳等并非家喻户晓的名字,但是阿特金森认为,瑟古德·马歇尔和道格拉斯大法官(或许还包括胡果·布莱克)是20世纪下半叶最高法院任职时间很长的杰出大法官代表。与之相比较,近年来好几位大法官的退休表明大法官已经意识到该退则退。怀特、伯格、布莱克门、布伦南和奥康纳就是其中的代表。

因此,是什么原因导致大法官会离开最高法院呢?阿特金森列举了以下原因:被弹劾的危险、诱人的退休金(大部分大法官全额工资退休),不满意、疲倦、身体不佳或者体力、精力下降,或者是家庭压力(1999, 264
p. 1)。不过,虽然有退休金的诱惑和工作的压力,大法官仍然工作到 70 岁甚至 80 岁才退休。奥康纳大法官退休时已 75 岁。斯蒂文斯大法官 85 岁退休。2004 年 10 月,首席大法官伦奎斯特被诊断患有甲状腺癌时,他正要满 80 岁生日。

是否有办法解决大法官们即便是丧失能力后仍要继续留任最高法院这一问题?有些时候,大法官的同事们会委婉地建议出现问题的大法官放弃他们的职位,有时这种做法是奏效的。例如,麦克纳(McKenna)大法官 80 岁后头脑思维能力明显下降。"他有时对案件不得要领……判决意见书还要交给他返工,自那以后几乎没有让人满意的判决意见书,有时不得不任命另一位大法官来撰写判决意见书。"(Atkinson, 1999, pp. 93 - 94)首席大法官塔夫脱因此变得非常沮丧,他曾写信给他哥哥:"我不知道应对他采取什么办法,或者应分配什么样的案件给他。我必须收回上周六分配给他的案件,因为他不会按照法院投票的结果撰写判决意见书。"(p. 94)塔夫脱和麦克纳聊了好几次,麦克纳大法官最初否认自己的思维能力在衰退。他最终同意辞职,但是这个过程花了两年时间。他退休后仅一年就去世了。

有人建议在某个年龄例如 65 岁、70 岁或 75 岁实施强制性退休。但是人们对于老化过程对个人能力的影响之间的关联性存在分歧。正如阿特金森(1999)的研究所表明的,一些能干的大法官在高龄时仍然可以做出重要的贡献。1932 年,霍姆斯大法官退休时已经 90 岁。(一年后,新就职的富兰克林·罗斯福总统前往这位杰出的退休大法官家中去做礼节性拜访。总统发现霍姆斯在图书馆中阅读柏拉图,罗斯福问他原因。91 岁的霍姆斯答道:"提高我的思维能力,总统先生。")

阿特金森通过考察从最高法院辞职的每位大法官得出以下结论,"当今高龄大法官留任最高法院的危险性小于最高法院早期的大法官"(1999, p. 169)。尽管这已经得到了确认,但是无助于解决问题。最近有国会议员提出议案,规定大法官的任期限制或强制退休年龄。我认为,该议案只会束缚高龄大法官所能发挥的作用。

四、最高法院的规模——这是合理的人数吗?

我们现在转向一个更为程序性的领域:最高法院的规模。人们会认为"九位大法官"是板上钉钉的事,但是宪法中并没有明确规定大法官的数量。国会曾规定最高法院的大法官为6人。1807年,杰斐逊总统增加到7人,1837年增加到9人。1863年,林肯总统增加了第十位大法官。
265 三年后,安德鲁·约翰逊总统试图任命他的司法部长填补大法官空缺,国会的反应是将大法官的人数从10人减为7人。格兰特总统任职初期,国会将最高法院大法官的人数稳定在9人。如前所述,最高法院曾阻碍了罗斯福的新政实施,为此罗斯福曾发起了一次试图扩大最高法院规模的重组计划,但并没有成功。

因此,9位大法官是一个好的规模吗?为了避免出现争议,奇数当然要好过偶数。当然,显而易见的是,大法官的数量越多,更能代表不同的政治派别、种族、宗教、族群和不同性别群体。从这种意义上说,7位大法官组成的最高法院规模显得有点小。但是由11位或13位大法官组成的更大规模怎么样呢?人数越多,全体大法官形成一致认识的机会就越低,法庭进行口头辩论和大法官会议的时间就会更长。9位大法官似乎是一个不错的折中方案。

五、重新评价调卷程序

最高法院所审理的案件是它应该审理的案件吗?最高法院的调卷程序"管用"吗?这些问题都具有挑战性。首先因为问题涉及价值判断,其次因为回答这些问题的必要信息都不容易获取。我相信大部分观察者都会认识到,每年收到的8000份上诉书中的大部分都是毫无意义或者不值得由最高法院审理的。但是合法的上诉是否会被遗漏呢?我确信如果有10位博学的观察者认真考察了筛选后的上诉书,每个人都会发现其中有些上诉书是值得最高法院审理的案件。10个不同的人可能会筛选出10种不同类型的案件。

(一)优化审理进程

在过去的数十年里,大法官被迫减少了由最高法院审理的案件数量。1925年,国会通过了通常所称的调卷法。法律规定审理下级法院的判决——以前是强制——仅在最高法院同意审理时才会发生。当时,大法官自己审查上诉、案件摘要以及每份上诉的复印记录,并且每位大法官都会对每份上诉书撰写一份备忘录。每个上诉的案件都会在每周的会议上进行讨论。但是在 20 世纪 20 年代,每个司法年度只有 350 ~ 400 份上诉申请提交至最高法院,平均每周 7 ~ 8 个案件,这是一个可控的数字(Estreicher & Sexton,1986)。但是到了 1947 年,上诉申请剧增,首席大法官开始分发一份"死亡清单",即确认某些不值得讨论的上诉申请。从 1950 年开始,"讨论清单"取代了"死亡清单"(Provine,1980)。

如果最高法院每年收到 8000 份上诉申请,这相当于平均每周会收到 160 份。除了斯蒂文斯大法官的助理外,其他大法官的助理会对所有的 266 上诉申请进行分配,平均每位法官助理每周要审查 5 份上诉申请(斯蒂文斯大法官的助理当然要审查更多,因为他们要对所有的上诉申请进行审查)。我们知道,法官助理还有其他的职责,但是每周审查 5 个左右的上诉申请是合理的,这样,法官助理可以对每个上诉申请都能够集中精力。法官助理会对每份上诉申请都撰写一份备忘录,然后这些备忘录会发给 8 个会议室中的每位法官助理。大法官会要求助理对这些备忘录进行划分并做审查,目标是对这些上诉申请授予还是拒绝调卷令提出倾向性意见(Rehnquist,2001)。

依然可能会出现问题。正如第 3 章中所提到的,法官助理知道什么是时髦的话题,他们的价值观,和大法官一样,可能会具有他们所选择的色彩。这个程序的最终结果令人不安。只有两个人参与了最初的上诉申请审查,其中一位助理来自于调卷池,另一位是斯蒂文斯大法官的助理。大法官会怎样认真地审查助理们的备忘录呢?回想一下,助理每周要处理的上诉申请在 150 ~ 160 份(在每个司法年度的开始,大法官们要召开一次马拉松式的会议决定累积到夏天的所有上诉申请——接近 2000 份)。某些重要的上诉申请被忽略是可能的,即便如此,正如下文所述,上诉申请还有机会重新被考虑。

(二)首席大法官的作用

在组织大法官讨论对上诉申请是否发出调卷令的会议上,首席大法官发挥着领导作用。虽然是首席大法官,伦奎斯特会发出一份他希望在会议上讨论的上诉申请案件清单。这份清单可能包括那周讨论的 160 份上诉申请中的15~30份。每位大法官都可以将上诉申请案件加入“讨论清单”中。但是,这是否是惯常做法,我们不得而知。一般情况下,如果一份上诉申请没有在会议上进行讨论,那么这份申请就会自动被拒绝而不会留下任何投票记录。每年大约有80%或者6500份上诉申请案件遭此命运。浏览多位大法官的会议记录都会表明,有很大比例的上诉申请案件,用首席大法官伦奎斯特的话来说就是“毫无价值”。他估计这个比例在1/4~1/2(Rehnquist,1987a,p.264)。但在每个司法年度仍会有大量的并非“没有价值”的上诉申请案件不会在调卷令会议上讨论。

(三)“四票规则”

一个上诉的案件要在最高法院进行审理,必须在会议上获得4位或4位以上大法官的投票才能发出调卷令。正如第3章中所提到的,“四票规则”似乎是一个很好的妥协。不符合该标准但是却很重要的案件数量很难确定。每次调卷令会议上讨论的上诉申请案件清单都是公开的,《法
267 律时报》(*Legal Times*)等媒体会定期报道某些似乎符合“四票规则”但没有获得调卷令的上诉案件。有的时候,但极为罕见的情况是,一位没有参与四票投票的大法官会公开地表达他的失望或愤怒。

(四)对程序的批评

概括地说,对调卷程序的批评来自两个方面:助理的权力太大,大部分的案件大法官根本就没有审查。首席大法官对上述批评一一予以回应:

> 这让我有机会向对最高法院的工作运转感兴趣的人们阐述一下调卷程序,我偶尔会发现调卷程序中有那么一两个方面会令人不满意。曾有人问我是否在调卷池(*cert.* pool)中使用法官助理并不代表放弃了大法官的职责而变成了一种法院内部的官僚主义。我当然不这么认为。个体大法官完全可以忽略调卷池中的法官助理在备忘录中所推荐的案件,也包括大法官自己的助理所推荐的案件。但这并非是对批评的完整的回应。你自己完成工作是一回事,而仅由你批准别人完成的推荐工作则是另一回事。但是和如何在审理案件的过程中做出判决相比,决定是否授予调卷令是一个更具“渠道性”(Channeled)的决定。调卷令决定中其实只会包括两到三个事实:与其他法院的判决相

> 冲突、具有普遍的重要性、发现最高法院的先例判决是错误的。一位经过良好训练的法官助理可以对这些事实的每一个事实进行评估。当然,大法官在年复一年的案件审理过程中对于授予调卷令的案件中所涉及的问题是相当熟悉的。(2001,pp. 234 - 235)

首席大法官对第二个批评做了以下回应:

> 我听到的另一个批评是,大部分的调卷申请从未在会议上讨论,未经大法官提议便遭否定。我不认为这是有力的批评。自 1925 年调卷法制定以来的 60 年来,最高法院在重大理念方面出现了分化,比如一些大法官可能倾向于审查某类案件,另一些大法官可能倾向于审查另一类案件。如果有人意识到,九位大法官(通常在案件重要性的判断以及如何进行审理方面都存在分歧)中的任何一位可能会要求讨论一份已列入“死亡清单” 268
> 上诉案件(“死亡清单”案件是与列入“讨论清单”案件相对应的)。这仅仅意味着九位大法官都不认为案件值得在会议上进行讨论并说服四位大法官授予案件调卷令。在会议上讨论此类案件毫无意义,因为没有大法官会支持授予调卷令,它会比写这段文字的时间还短地被拒绝。(2001,p. 235)

(五)决定值得审理的案件

不到 1% 的上诉案件会被授予调卷令。2005 年 6 月结束的司法年度中,最高法院对 74 个案件做出了判决。《最高法院规则》第 71 条规定:“对是否发出调卷令进行审查并不是一项权利,而是一种司法自由裁量权,只有在存在特别重要的理由时才会发出。”(Estreicher & Sexton,1986,p. 42)但是什么是“特别重要的理由”呢?正如埃斯特赖歇(Estreicher)和塞克斯顿(Sexton)所观察到的:

> 事实上所有人都会同意,现代的最高法院已经不再是司法的最后救济渠道,不能在每一个司法案件中都确保公正。但是这一点正在被人们不情愿地认识到。许多……评论者坚持认为我们的制度基本上是错误的,因为最高法院不能或者将不会审理涉及联邦法中重要问题的每一个案件。(1986,pp. 41 - 42)

如前所述,最高法院的目标并不是纠正下级法院的错误。如果两个下级法院的判决不同,《最高法院规则》第 17 条规定,最高法院具有裁决纠纷的功能。与之类似的是,需要对明显与宪法冲突的法律进行审查。但是甚至首席大法官伦奎斯特都承认任务具有挑战性。“是否投票支持授予调卷令对我而言是一个相当主观的决定,一半是出于直觉,一半是基于法律做出的判断。”(2001,p. 234)

但是所有的联邦巡回法院之间的冲突性判决都会被授予调卷令吗？答案是不会。所有涉及宪法性挑战的案件都会被授予调卷令吗？答案是不会。在一些大法官看来,尽管案件的争议双方通常会主张案件涉及宪法性问题,但事实上并不存在。大法官也是人。有时最高法院“很大程度上是出于智识的魅力(intellectual fascination)授予调卷令”审查某些问题,或者是出于解决假定的问题这样的目标(Estreicher & Sexton,1986,p. 5)。通过对 1982 司法年度所审理的案件的考察,埃斯特赖歇和塞克斯顿得出了以下结论:

> 1982 司法年度最高法院授予调卷令的案件中近 1/4 是没
> 269 有合理地主张法院审理时间的案件。
>
> 1982 年司法年度最高法院仅有 48% 授予调卷令的案件是必须在当年审理的案件。有超过一半的最高法院案件日程是自由裁量决定的。
>
> 1982 司法年度中不到 1% 被拒绝授予调卷令的重要案件是本该在当年由最高法院审理的案件。(1986,p. 6)

但是在 20 世纪 80 年代,最高法院每年审理的案件数量为 170 件,是近年来案件量的两倍多。这是否意味着最高法院选择案件的裁量性空间更小了？

六、对案件审理程序的评价

审理案件是最高法院最重要的活动。本部分考察审理案件程序的充分性。

(一)审理活动中可获得的诉讼材料

在授予案件调卷令 60 天内,当事人双方要向最高法院提交不超过 50 页的案件摘要,期望提交法庭之友摘要的组织也须遵循以上时间要求。大法官可以从最高法院图书馆获取先例判决以及已经公开的联邦或州法院判决的复印件。

在口头辩论前，大部分大法官会让他的助理准备一份案件备忘录，大法官可能会和助理讨论案件。从现有的证据来看，大部分大法官为口头辩论做了充分的准备。

（二）口头辩论的作用

如果我们需要对口头辩论的程序进行设计，其基本规则会是什么呢，口头辩论需要多长时间，还是说该程序应完全弃之不用？

联邦司法中心（Federal Judicial Center）的一项调查显示，100%的联邦和巡回法院法官会将口头辩论的时间限定在 15 分钟或 20 分钟，其中 90%的法官会完全取消口头辩论（Rehnquist，1984）。但是第 3 章的实证研究显示，口头辩论在最高法院审理案件过程中发挥着重要的作用。大法官不只是在书面的案件摘要中获取案件信息。他们在口头辩论中提出的问题构成了大法官会议讨论的重要组成部分。当案件结果存在疑问时，口头辩论的内容能为书面的判决提供参考（Johnson，2004）。而且，有证据显示，口头辩论期间提问的数量和类型可以预测案件的最终判决结果。

这并不是说口头辩论没有批评的声音。主要的问题是口头辩论是否 270
能充分地发挥两个功能：首先，允许大法官在他们认为案件摘要没有完全做出回答时进行提问。其次，允许双方的律师总结他们的诉讼主张并回答大法官的提问。

口头辩论程序的基本规则是大法官可以随时打断，这在理论上有利于实现第一个功能。但是实际上，这个目标并不总是能够实现。律师可能会收到一些大法官连珠炮式的问题。而律师还没有完全回答一位大法官的问题时，另一位大法官可能会打断他并提出另一个或许不相关的问题。

第二个问题是大法官可能并不是基于前述目的提问题，而是为了说服另一位大法官。甚至在某些罕见的场合，是为了高谈阔论或者斥责律师。尽管大法官彼此注重在互动中以礼相待，但是在向律师提问时似乎变成了攻击对象，只有在极为罕见的场合首席大法官才会出面缓解这种局面。

第 3 章讨论的问题是，口头辩论是否会经常改变大法官的想法。我们应退一步问:大法官在口头辩论之前应形成一份判决意见吗？我不太关注他们是否已经形成了判决意见,大法官在面对新证据时只要持开放态度,他们就会改变观点,这似乎是人们通常的认识。口头辩论在改变判决方面应该占很小的比例。体现在案件摘要中的资料,包括案件信息、法律法规、判例、诉讼主张以及先前的判决比 30 分钟彼此间的辩论要重要得多。因为口头辩论是公开进行的并且有媒体在场,因此它被赋予了超过本身作用的重要性。不过它确实发挥了实质性的作用。

(三)大法官会议

大法官会议通常安排在口头辩论的同一周,一般是在周五,只有大法官出席会议。首席大法官阐述了会议程序和会议讨论的案件情况:

> 如果一位大法官要参加一个有收获的会议,大法官本人必须了解所要讨论的问题并提出他对案件争议点的意见。一些案件可能相当复杂以至于需要书面的笔记来提示不同的要点,但是某位大法官过多的朗读书面意见会给其他八位同事造成不好的印象,注定会削弱他的发言效果。(2001,p.253)

首席大法官通过查明事实和下级法院的判决开始进行讨论,“概括他
271 所理解的可适用的判例,并表明他投票支持下级法院的判决还是推翻此判决”(Rehnquist,2001,p. 254)。每位大法官用来阐述立场的时间各不相同。首席大法官伦奎斯特观察道:

> 真实的情况是,甚至在最疑难复杂的案件中,也不会存在九种不同的意见。我们所有人都感到有必要达成某种程度的合意以体现在书面的判决意见中,至少是支持最高法院的多数意见。缺乏对案件背景、相关性、合理性的交代都会降低讨论案件的效果,但是这就是资历制度的代价之一。在极少的例外情况下,每位大法官从头到尾的发言是不被他的同事打断的,在大部分案件中,到最资深的大法官结束他的发言时,很显然就会形成最高法院的多数意见,或支持或推翻下级法院对此案的判决。(2001,p. 254)

近年来,在案件讨论会议上很少出现妥协的情况。作为首席大法官,伦奎斯特做了如下的分析:

> 最高法院的每位大法官在会议讨论前就期望案件的多数意

见应接受他的观点。这并不是一次即席的闲谈，而是要表达深思熟虑的观点。我们所有人在审理案件过程中看到的是同样的诉讼材料，审查同样的案件摘要、同样的案件，出庭进行同样的口头辩论。新上任的大法官在案件审理过程中归纳的要点可能其他大法官已经进行了认真的思考并且发现不具有说服力。这并不是我们在寻找一个化圆为方的办法。在资历较浅的大法官面前，其他大法官都会装模作样地承认他们无法找到办法。然后资历较浅的大法官解决了这个谜团，其他大法官会惊呼"找到了，他找到办法了"。法律顶多是一门不精确的科学。最高法院要审理的案件通常都是能干的下级法院法官意见不一的案件。许多疑难案件中涉及的问题都不存在一个简单明确的"正确"答案。(2001, p. 255)

案件讨论会改变大法官的投票吗？首席大法官伦奎斯特做了以下回应：

我不认为会议讨论改变了大法官的许多投票。我也不认为首席大法官发言的影响力必然和发言的长度成正比。我无意于给人们留下一个印象是，案件的每次讨论都存在九种不可调和的观点。有的时候，一位或多位大法官在开始讨论案件时表达 272
了自己的意见，后来发现自己的意见和多数意见不一致时，可能会在多数意见的影响下改变自己最初的意见。但是这并不存在什么迫使他们这么做的工作机制。不同意多数意见绝不会令人气馁。人们只需要阅读最高法院的判决就知道那是我们所有人共同完成的。(2001, p. 256)

这听起来是一个运行良好的程序，不是吗？或许是。但是经常表述的法院"合议"可能是以牺牲完整的表达自由为代价的。伦奎斯特大法官承认他很重视最高法院出现的科层制结构。他写道：

我认为非常重要的一点是，最高法院的所有成员在任何交叉询问或被打断前能够有机会表达自己的意见。我想把这一想法传达给我的同事……在一些罕见的场合下，一位已经发表意见的大法官可能会向正在发言的大法官提出一个特别的问题，但是这么做潜在地破坏了讨论中最高法院每位成员有序地参与

讨论。(1987a,p.293)

(四)大法官会议投票

在大法官会议上讨论案件快结束时,如果明确的话,首席大法官会记录每位大法官的投票,但是通常并不明确。伦奎斯特大法官一语中的地指出,此类投票不具有也不应该具有约束性:

> 会议讨论案件的结果当然在明确性和具体内容方面会存在差异。如果案件相对简单,其中仅包括一个法律问题,通常最高法院的每位大法官对这个问题的意见会非常明确。但是我们审理的许多案件都是复杂案件,交织着许多不相关的问题,不可能简单地将九位大法官对涉及复杂宪法性问题的回答格式化为是或不是。一位大法官可能会认为对于案件最初几个问题持否定态度,在逻辑上自然就不需要回答后面的问题,对第一个问题持否定态度就不必再多说什么了。但是如果多数意见对第一个问题的回答是肯定的,那么最高法院的意见将会转而讨论其他的问题。从会议讨论中并不能清晰地发现对于这些其他的问题第
> 273 一位大法官是否同意多数意见。在讨论的过程中通常会听到“有些问题需要在撰写判决意见时才能明确”,这种态度体现在很多案件的讨论过程中。(2001,p.257)

这番话为我们提供了最高法院合议盛行的另一条线索。大法官对问题发表意见,但是他们知道这仅仅是个铺垫。不同意见的真正战场是起草判决意见书。正如伦奎斯特大法官写道:“口头讨论一个复杂的案件通常每位大法官只是会发表一个大致的意见,但是非常不充分,最终他们还是会在书面的判决书中对多数意见、不同意见进行调整。”(2001,p.257)

案件会议的程序实现了它的目标吗?首席大法官伦奎斯特认为实现了目标。这个回答并不令人惊奇,但是他也承认存在我此前阐述过的结构性问题:

> 我们的会议是一种相对松散的机制(relatively fragile instrument),不过运行良好,基本能实现会议的目的,但也存在重大局限性。正如我所说过的,或许每位新任职的大法官,以及担任了一段时间的大法官会期望在会议上直率地交流意见而非论资排辈地(structured)陈述九种意见。我毫不怀疑传统上由

三名法官组成的法院,比如联邦上诉法院,在开庭审理后可以在更为轻松、非正式的场合下讨论案件。但是事实上,我们是在有9位大法官而非3位、5位或7位大法官的情况下制定的程序性限制。我们彼此每周、每年都在一起讨论、分析美国最重要的法律问题。我们中的每一位都了解另外8位大法官的基本观点,而且有时我能确信,我们中的每一位在听完了另外8位大法官的发言后都会有一种"好像以前听过"的感觉。如果真正地展开深度讨论能导致一位或多位大法官的观点产生关键性的转变,那将会是一场既耗时又激烈的讨论。但是我在最高法院的任期内让我相信的是,会议讨论案件的真正目的不是通过富有激情的辩护说服某位同事转变观点,而是听取每位大法官表达自己的观点,由此决定最高法院的多数意见。这并不是说会议上的想法没有发生改变,当然会发生变化。但是这是一种例外情况,而且也没有规则可循。如果人们对此进行了深入的思考,那就不会令人感到奇怪了。(2001,p. 258)

(五)指派判决意见起草人 274

会议最重要的任务之一就是指派一位大法官起草判决多数意见,假如多数意见已经明确的话,尽管有时在案件会议上并不清晰。首席大法官会指派85%的起草任务,包括所有的一致意见和首席大法官赞成的多数意见。(在2003~2004司法年度,首席大法官在74个正式判决中投了15次不同意见票)撰写判决多数意见的机会对每位大法官来说都非常重要。"由每位大法官撰写的正式判决意见很大程度上是在最高法院唯一可见的工作成果,正如大法官撰写一篇关于宪法重要问题的意见一样,虽然撰写判决意见书并不会有额外的回报。"(Rehnquist,2001,p. 260)

谁会得到撰写判决意见书的任务呢,在指派任务时主要的考虑是什么呢?平衡工作量是一个目标。首席大法官不会指派所有的判决意见书撰写任务,因为他需要监督司法年度中的任务进程。近年来的司法年度中基本实现了平衡工作量的目标。在2002~2003司法年度和2003~2004司法年度,每位大法官平均撰写了6~9份判决意见书。在2001~2002司法年度,首席大法官撰写了10份,托马斯大法官撰写了7份,其他每位大法官撰写了8份或9份。在2000~2001司法年度,5位大法官平均撰写了9份,4位大法官平均撰写了8份。

七、最高法院的不足之处

最高法院的每份判决书都会受到批评。毕竟这是一种对抗制的结果。但是从更广的角度来看,我们必须要问的是,最高法院是否有时并没有完全发挥它的功能。有时最高法院会选择审理公众关注的案件但却没有以明确的方式加以解决。1972年,最高法院审理的弗曼诉佐治亚州案(*Furman v. Georgia*)就涉及重要的死刑问题。虽然最高法院的多数意见判决当时实行的死刑违宪(四年后再次重申),但是大法官们在一些重要的法律问题上无法达成一致意见。如前所述,九位大法官撰写了九种不同的意见,五种属于多数意见,四种属于不同意见。这个国家需要更为明确的指南。2003年,一对父母起诉了她女儿所在的学校,原因是效忠宣誓。这是学校日常仪式的组成部分,其中包括"在上帝的引导下"。第九巡回法院支持了他的上诉后,最高法院同意审理此案,但是在2004年春天,最高法院裁定父亲迈克尔·纽道(Michael Newdow)没有诉讼资格,因为他不是学龄期女儿的监护人[艾尔克·格鲁夫联合学区对纽道案(*Elk Grove Unified School District v. Newdow*)]。这给公众留下的问题是效忠宣誓时包括"在上帝的引导下"是否合宪?

一些批评者认为,最高法院更多地应该"回避审理重大有争议的宪法性问题"(Kloppenberg,2001,p. 1)。此类回避有时是基于不愿意干预政
275 治敏感部门的一些行为。有时则是不想落下"能动主义"的口实。为了调和此类问题,批评者发现此类回避并不是那么一以贯之。例如,在布什诉戈尔案中,出于尊重下级法院的做法应驳回此案。最高法院显然扮演了一个"能动主义角色"。

与之类似的是,有人批评最高法院判决的适用范围相当有限。著名的法律教授卡斯·桑斯坦(Cass Sunstein,1999,2005)称其为极简主义并做了如下阐述:

> 许多法官都是极简主义者。他们希望在必要的限度内审理案件。司法极简主义会引向两个不同的方向。首先,极简主义者支持用肤浅代替深刻,他们回避审理最具争议性的宪法性问题。他们试图达成未完全系统化的共识,而最基本的问题都没

有解决。他们最喜欢选择能够吸引具有理论立场或不确定的理论立场的群体支持的结果和意见。从这个角度来看，极简主义法官回避了言论自由的保障的含义或者宪法保护的“自由”的范围，或总统作为武装部队总司令的准确权限范围等最重要的问题。

第二，极简主义支持用窄度代替宽度。在审理一个案件的过程中，他们的目的就是解决手头的案件，并不打算解决与此相关的一系列其他问题。从普通法法院的行为方式来看，极简主义法官会偏爱于集中解决手头的特定问题，而不会冒险去解决案件中存在的未经授权的更大的问题。(2005，p. 48)

并非所有的法官都是极简主义者，并非所有近年来的判决都是极简主义的表现。但是近年来有些判决确实存在缺陷，以至最高法院自身不得不迅速采取措施予以弥补。对被告的量刑问题就是一个例子。在2000 年的阿普兰迪诉新泽西州案(*Apprendi v. New Jersey*)中，最高法院判决提高“法定最高”量刑的任何事实必须经由陪审团审理并证明超出了合理怀疑限度。布莱克利诉华盛顿州案(*Blakely v. Washington*，2004)审理了四年后做出的判决，法官在定罪阶段进行量刑时不能以未向陪审团展示的事实为依据。也就是说，“任何提高法定最高量刑的事实必须经由陪审团进行审理并证明超出了合理怀疑”(Stith，2005，p. 222)。该判决废止了华盛顿州法官使用的量刑指南。因此问题产生了，即这些判决是对联邦量刑指南的应用性的质疑吗？依据量刑指南的规定，联邦法官在判决时只须考虑损失的数量和被告在犯罪中的作用等因素。专家和法官 276
可以对此存疑。但是法院必须及时做出判决。在布莱克利案判决后的两个月内，最高法院向两个涉及联邦量刑指南的案件(后合并审理)发出调卷令。最高法院加快了审理程序以至这两个案件的口头辩论安排在2004 年十月新的开庭期的第一天。最高法院的判决是在 2005 年 1 月 15日做出的[合并后的案件名为合众国诉布克尔案(*United States v. Booker*)]。

但是该案又是一个相当有争议的判决。一方面，最高法院以 5∶4 的投票认定联邦量刑指南与布莱克利案判决的陪审团而非法官应评估用于延长量刑的事实相冲突。但在另一个 5∶4 的投票中，最高法院也明确指出，联邦法官可以在“对抗制”方式下运用联邦量刑指南得出“合理的”量刑结论。判决的两个部分是由两位不同的大法官撰写的（分别是斯蒂文斯和布雷耶大法官），支持第一部分中多数意见的五位大法官并不完全就是支持第二部分中多数意见的那五位大法官。量刑差异是几十年来存在的问题。实施了同样犯罪的两个人是否应处以同样的刑罚？最高法院判决的合众国诉布克尔案（*United States v. Booker*）似乎并没有给出最终的答案。

结论

最高法院对量刑问题的处理方式再次反映了大法官们的人格特征。当媒体、学者和联邦法官反对布莱克利案中不确定的范围时，最高法院及时做出回应，其目标就是提供一个明确的界限。除了大法官个人对惩罚作用的理论偏好外，一些大法官还会对未来的量刑指南存在特定的个人偏好。例如，布雷耶大法官曾是司法委员会参议员爱德华·肯尼迪的首席顾问，并且是联邦量刑指南的起草人之一。布雷耶大法官——人称“司法的柔术高手”（Rosen，2005a，p. 10）——有能力说服他的同事们作为联邦法官的“顾问”，而他的大部分同事都投票终止了指南的强制约束力特征。

随着两位新的大法官上任，其中包括一位主持最高法院的新任首席大法官，最高法院开启了一个新时代。正如马克·图什奈特（Mark Tushnet）所提到的，“研究最高法院就像是对一个移动中的靶子进行射击”（2005，p. 347）。每一个新的司法年度——甚至是每一个新的重要的判决——我们都能更多地学习到最高法院是如何审理案件的。随着新的大法官进入最高法院，更为广泛地改变是不可避免的（这种改变更多的可能是法院运行本身而非其投票。值得注意的是，2005 年 6 月结束的司法年度只有 12 个左右的案件未审结。首席大法官伦奎斯特仅在 6 个案件中投出了决定性的票数）。但是，大法官的人格特征以及他们做出的判决依然会伴随我们。这就是最高法院的运行方式，未来它还会这样运行下去。

参考文献

Abraham, H. (1992). Justices and presidents: A political history of appointments to the Supreme Court (3rd ed.). New York: Oxford University Press.

Abraham, H. (1999). Justices, presidents, and senators: A history of appointments to the U. S. Supreme Court from Washington to Clinton (Rev. ed.). Lanham, MD: Rowman and Littlefield.

Adamson v. California, 332 U. S. 46 (1947).

Adler, R. (1987). Coup at the Court. New Republic, 214 (33), 37 – 48.

Adler, R. (2001). Irreparable harm. New Republic, 228 (24), 29 – 35.

Ake v. Oklahoma, 105 S. Ct. 1097 (1985).

Alabama v. Shelton, 122 S. Ct. 1764 (2002).

American Civil Liberties Union v. Reno, 117 S. Ct. 554 (1996).

Amon, E. (2001, February 26). Texas messes with clerk perks. National Law Journal, p. A4.

Apprendi v. New Jersey, 530 U. S. 466 (2000).

Asch, S. (1958). Effects of group pressure upon modification and distortion of judgments. In E. E. Maccoby, T. M. Newcomb, & E. L. Hartley (Eds.).

Readings in social psychology (pp. 174 – 183). New York: Holt.

Associated Press. (1996, May 18). Chief Justice bashes grandstanding lawyers. Lawrence Journal-World, p. 7A.

Associated Press. (2001a, August 5). Bush v. Gore demonstrates faith in courts, Breyer says. Lawrence Journal-World, p. 7A.

Associated Press. (2001b, November 18). Justice finds unity disagreeable. Kansas City Star, p. A20.

Associated Press. (2002, June 28). Prison "hitching posts" declared cruel and unusual. Kansas City Star, p. A6.

Associated Press. (2003, July 7). Supreme Court justices make rare TV appearance. Lawrence Journal-World, p. 6A.

Associated Press. (2005, January 25). Bush rallies abortion foes in annual protest. USA Today, p. 2A.

Atkins v. Texas, 325 U. S. 398(1945).

Atkins v. Virginia, 122 S. Ct. 2242(2002).

Atkinson, D. N. (1999). Leaving the bench: Supreme Court justices at the end. Lawrence, KS: University Press of Kansas.

Auchincloss, L. (2001). Theodore Roosevelt. New York: Times Books.

Bader, W. D., & Mersky, R. M. (2004). The first 108 justices. Buffalo, NY: William S. Hein.

Bailey v. Drexel Furniture Co., 259 U. S. 20(1922).

Baker v. Carr, 369 U. S. 186(1962).

Bales, R. F. (1953). The equilibrium problem in small groups. In T. Parsons, R. F. Bales, & E. A. Shils (Eds.), Working papers in the theory of action (pp. 111 – 161). Glencoe, IL: Free Press.

Bales, R. F. (1958). Task roles and social roles in problem-solving groups. In E. E.

Maccoby, T. M. Newcomb, & E. L. Hartley (Eds.), Readings in social psychol-ogy (3rd ed., pp. 396 – 413). New York: Holt.

Ball, H. (1978). Judicial craftmanship or fiat? Direct overturn by the U. S. Supreme Court. Westport, CT: Greenwood Press.

Ballew v. Georgia, 435 U. S. 223(1978).

Barbash, F. (1983, December 5). Brennan, Marshall keep vigil against death penalty. Washington Post, p. A10.

Barefoot v. Estelle, 436 U. S. 880(1983).

Barth, A. (1974). Prophets with honor: Great dissents and great dissenters in the Supreme Court. New York: Random House Vintage Books.

Baum, L. (1985). The Supreme Court (2nd ed.). Washington, DC: Congressional Quarterly Press.

Baum, L. (1990). American courts: Process and policy (2nd ed.). Boston: Houghton-Mifflin.

Baum, L. (1997). The puzzle of judicial behavior. Ann Arbor: University of Michigan Press.

Baxter, L. A. (1984). An investigation of compliance-gaining as politeness. Human Communications Research, 10, 427 - 456.

Beauregard, E. (2001). In defense of President Harding's Supreme Court appointees. Supreme Court Historical Society Quarterly, 22(3), 1, 8 - 11.

Beck, J. (2003, November 3). Man vs. machine in the halls of justice. Legal Times, p. 19.

Bell v. Cone, 122 S. Ct. 1843(2002).

Berkman, H. (1997, July 7). Experts miss their mark on line-item veto. National Law Journal, p. A10.

Berkman, H., & MacLachlan, C. (1996, October 21). Clinton's goals—not so liberal. National Law Journal, p. A10.

Bethell, T. (2001, February). The Bush clan's return. American Spectator, 30 (2), 14.

Bird, C. (1940). Social psychology. New York: Appleton-Century-Crofts.

Biskupic, J. (1994, January 10 - 16). Clerking for the justices: Supremely rewarding. Washington Post National Weekly Edition, p. 32.

Biskupic, J. (1996, March 29). "The justices have nothing else to do." Kansas City Star, p. J3.

Biskupic, J. (2000, January 3). Masters of the hypothetical. Washington Post, p. A17.

Biskupic, J. (2001, January 22). Election still splits court. USA Today, pp. 1A - 2A.

Biskupic, J. (2002, December 3). Supreme Court to review Texas anti-sodomy law. USA Today, p. 1A.

Biskupic, J. (2004, June 8). June is often time of compromise in court. USA Today, p. 2A.

Blackmun, H. A. (2004). Some personal reminiscences and what they mean to me.

Journal of Supreme Court History, 22(3), 323 – 336.

Blakely v. Washington, 124 S. Ct. 2531(2004).

Blasi, V. (Ed.). (1983). The Burger Court: The counter-revolution that wasn't. New Haven, CT: Yale University Press.

Blaustein, A. P., & Mersky, R. M. (1978). The first 100 justices. Hamden, CT: Archon Books.

Board of Education of Independent School District Number 92 of Pottawatomie County v. Earls, 122 S. Ct. 2559(2002).

Bork, R. H. (1990). The tempting of America: The political seduction of the law. New York: Free Press.

Bossert, R. (1997, October 20). Clerk's route to top Court. National Law Journal, pp. A1, A13 – A15.

Bourgignon, H. J. (1980). The second Mr. Justice Harlan: His principles of judicial decision-making. In P. B. Kurland & G. Casper (Eds.), The Supreme Court review, 1979 (pp. 251 – 308). Chicago: University of Chicago Press.

Bowers v. Hardwick, 106 S. Ct. 2841(1986).

Boy Scouts of America v. Dale, 120 S. Ct. 554(2000).

Bradley, R. C., & Maveety, N. (1992). Reductionist conservatism: The judicial ideology of Sandra Day O'Connor. Quarterly Journal of Ideology, 15, 45 – 62.

Brenner, S. (1980). Fluidity on the United States Supreme Court: A reexamination. American Journal of Political Science, 24, 526 – 535.

Brenner, S. (1982a). Fluidity on the Supreme Court: 1956 – 1967. American Journal of Political Science, 26, 388 – 390.

Brenner, S. (1982b). Fluidity on the United States Supreme Court: A comparison of the original vote on the merits with the final vote. Jurimetrics Journal, 22, 287 – 292.

Brenner, S., & Dorff, R. H. (1992). The attitudinal model and fluidity voting on the United States Supreme Court: A theoretical perspective. Journal of Theoretical Politics, 4, 195 – 205.

Brenner, S., Hagle, T., & Spaeth, H. J. (1990). Increasing the size of minimum winning original coalitions on the Warren court. Polity, 23, 309 – 318.

Brenner, S., & Palmer, J. (1988). The time taken to write opinions as a determinant of opinion assignments. Judicature, 81, 179 – 184.

Breyer, S. (1997, January 18). C – SPAN television interview. America and the Courts.

Broder, D. (1998, April 1). Court blunder hurts presidency. Lawrence Journal-World, p. 6B.

Broder, D. (2003, June 29). Scalia hardly a model for appointees. Lawrence Journal-World, p. 6B.

Brown v. Board of Education, 347 U. S. 483 (1954).

Bugliosi, V. (1998). No island of sanity. New York: Ballantine.

Bugliosi, V. (2001). The betrayal of America: How the Supreme Court undermined the Constitution and chose our president. New York: Nation Books.

Bush v. Gore, 121 S. Ct. 525 (2000).

Caldeira, G. A. (1987). Public opinion and the Supreme Court: FDR's court-packing plan. American Political Science Review, 81, 1139 – 1154.

Caldeira, G. A., & Wright, J. R. (1988). Organized interests and agenda setting in the U. S. Supreme Court. American Political Science Review, 82, 1109 – 1128.

Caldeira, G. A., & Wright, J. R. (1990a). Amici curiae participation before the Supreme Court: Who participates, when, and how much? Journal of Politics, 52, 782 – 806.

Caldeira, G. A., & Wright, J. R. (1990b). The discuss list: Agenda building in the Supreme Court. Law and Society Review, 24, 807 – 836.

Caldeira, G. A., & Wright, J. R. (1994, April). Nine little law firms? Justices, organized interest, and agenda setting on the Supreme Court. Paper presented at the meeting of the Midwest Political Science Association, Chicago.

Callins v. Collins, 510 U. S. 1141 (1994).

Cardozo, B. N. (1921). The nature of the judicial process. New Haven, CT: Yale University Press.

Carelli, R. (1997, June 29). Court flexed its muscles. Kansas City Star, pp. A16 – A17.

Carey v. Saffold, 122 S. Ct. 2134 (2002).

Carp, R. A. (2003). Joseph Tanenhaus, the "learned discipline" of public law. In N. Maveety (Ed.), The pioneers of judicial behavior (pp. 148 – 171). Ann Arbor: University of Michigan Press.

Carter, S. L. (1994). The confirmation mess: Cleaning up the federal appointment process. New York: Basic Books.

Cartwright, D., & Zander, A. (1960). Leadership and group performance: Introduction. In D. Cartwright & A. Zander (Eds.), Group dynamics (2nd ed., pp. 487 – 510). New York: Row-Peterson.

Charen, M. (1996, May 28). Justices act like politicians. Lawrence Journal-World,

p. 7B.

Chase, H. W. (1972). Federal judges: The appointing process. Minneapolis: University of Minnesota Press.

Chemers, M. M. (1997). An integrative theory of leadership. Mahwah, NJ: Erlbaum.

Cheney v. U. S. District Court for the District of Columbia, 124 S. Ct. 2576 (2004).

Chicago v. Morales, 527 U. S. 41(1999).

Choi, S., & Gulati, M. (2004). A tournament of judges? California Law Review, 92, 299 - 321.

Chong, D. (2000). Rational lives: Norms and values in American society. Chicago: University of Chicago Press.

Christie, R., & Geis, F. L. (1970). Studies in Machiavellianism. Orlando, FL: Academic Press.

City of Mobile, Alabama v. Bolden, 446 U. S. 55(1980).

Clark, H. B. (1995). Justice Brennan: The great conciliator. New York: Birch Lane Press.

Clayton, C. W. (1999). The Supreme Court and political jurisprudence: New and old institutionalisms. In C. W. Clayton & H. Gillman (Eds.), Supreme Court decision making: New institutionalist approaches (pp. 15 - 41). Chicago: University of Chicago Press.

Clifford, C. (1991). Counsel to the President. New York: Random House.

Clinton, B. (2004). My life. New York: Knopf.

Clinton v. City of New York, 118 S. Ct. 2091(1998).

Clinton v. Jones, 117 S. Ct. 1636(1997).

Colby, W. H. (2002). Long goodbye: The deaths of Nancy Cruzan. Carlsbad, CA: Hay House.

Comiskey, M. (2004). Seeking justices: The confirmation of Supreme Court nominees. Lawrence: University Press of Kansas.

Cook, B. B. (1991). Justice Sandra Day O'Connor: Transition to a Republican court agenda. In C. M. Lamb & S. C. Halpern (Eds.), The Burger Court: Political and judicial profiles (pp. 238 - 275). Urbana: University of Illinois Press.

Cooper, P. J. (1995). Battles on the bench: Conflict inside the Supreme Court. Lawrence: University Press of Kansas.

Cooper v. Aaron, 358 U. S. 1(1958).

Coyle, M. (1996, July 15). Court ducks affirmative action case. National Law Journal, p. A10.

Coyle, M. (1997, June 9). Line-item veto: Who'll vote how. National Law Journal, pp. A1, A22 – A23.

Coyle, M. (1999, June 21). Whose court is it, anyway? National Law Journal, pp. A1, A14 – A15.

Coyle, M. (2002, August 5). Tale of two justices. National Law Journal, pp. C1, C4.

Cray, E. (1997). Chief Justice: A biography of Earl Warren. New York: Simon and Schuster.

Cullinan, K. (2004, September 6). Just imagine it's the Supremes. Legal Times, p. 30.

Cushman, J. H., Jr. (2003, July 7). O'Connor indicates she will remain on Court.

New York Times, p. A9.

Danelski, D. J. (1964). A Supreme Court justice is appointed. New York: Random House.

Danelski, D. J. (1978). Values as variables in judicial decision-making. In S.

Goldman & A. Sarat (Eds.), American court systems: Readings in judicial process and behavior (pp. 457 – 466). San Francisco: Freeman.

Danelski, D. J. (2002). The influence of the chief justice in the decisional process.

In W. F. Murphy, C. H. Pritchett, & L. Epstein (Eds.), Courts, judges and politics (5th ed., pp. 662 – 670). New York: McGraw-Hill.

Darden v. Wainwright, 477 U. S. 168(1986).

Dastar v. Twentieth Century Fox, 123 S. Ct. 2041(2003).

Davis, R. (2005). Electing justice: Fixing the Supreme Court nominating process.

New York: Oxford University Press.

Davis, S. (1989). Justice Rehnquist and the Constitution. Princeton, NJ: Princeton University Press.

Dawes, R. M. (1994). House of cards: Psychology and psychotherapy based on myth.

New York: Free Press.

Dean, J. W. (2001). The Rehnquist choice: The untold story of the Nixon appointment that redefined the Supreme Court. New York: Free Press.

Deck v. Missouri, 125 S. Ct. 2007(2005).

Department of Commerce v. United States House of Representatives, 119 S. Ct. 765 (1999).

Dershowitz, A. M. (2001). Supreme injustice: How the high court hijacked the election 2000. New York: Oxford University Press.

DeShaney v. Winnebago County, 109 S. Ct. 998(1989).

Deutsch, M., & Gerard, H. B. (1955). A study of normative and informational social influence upon individual judgment. Journal of Abnormal and Social Psychology, 51, 629 - 636.

Dickerson v. United States, 120 S. Ct. 2326(2000).

Dionne, E. J., Jr. (2001). So much for states' rights. In E. J. Dionne, Jr. & W. Kristol(Eds.), Bush v. Gore: The court cases and the commentary (pp. 287 - 288). Washington, DC: Brookings Institution Press.

Dionne, E. J., Jr., & Kristol, W. (Eds.). (2001). Bush v. Gore: The court cases and the commentary. Washington, DC: Brookings Institution Press.

Donahue, D. (2002, January 22). Even cowgirls get to the high court. USA Today, pp. 1D - 2D.

Dorff, R. H., & Brenner, S. (1992). Conformity voting on the United States Supreme Court. Journal of Politics, 54, 762 - 775.

Dorsen, N., & Newcomb, A. A. (Eds.). (2002). John Marshall Harlan II, associate justice of the Supreme Court, 1955 - 1971: Remembrances by his law clerks.

Journal of Supreme Court History, 27(2), 138 - 175.

Douglas, W. O. (1961). In defense of dissent. In A. F. Westin(Ed.), The Supreme Court: Views from inside(pp. 51 - 56). New York: Norton.

Douglas, W. O. (1980). The court years 1939 - 1975: The autobiography of William O. Douglas. New York: Random House.

Dred Scott v. Sandford, 60 U. S. (19 How.) 393(1857).

Drew, E. (1994). On the edge: The Clinton presidency. New York: Simon and Schuster.

Eagly, A. H., & Chaiken, S. (1998). Attitude structure and function. In D. T.

Gilbert, S. T. Fiske, & G. Lindzey(Eds.), Handbook of social psychology(4th ed., Vol. 1, pp. 269 - 322). New York: Oxford University Press.

Eisenstadt v. Baird, 405 U. S. 438(1972).

Eisenstein, J., & Jacob, H. (1977). Felony justice: An organizational analysis of criminal courts. Boston: Little, Brown.

Eisler, K. I. (1993). A justice for all: William J. Brennan and the decisions that transformed America. New York: Simon and Schuster.

Eldred v. Ashcroft, 123 S. Ct. 769(2003).

Elk Grove Unified School District v. Newdow, 124 S. Ct. 2301(2004).

Epstein, L., & Knight, J. (1998). The choices justices make. Washington, DC: Congressional Quarterly Press.

Epstein, L., & Knight, J. (2003). Walter F. Murphy: The interactive nature of judicial decision-making. In N. Maveety (Ed.), The pioneers of judicial behavior (pp. 197 – 227). Ann Arbor: University of Michigan Press.

Epstein, L. & Segal, J. A. (2005). Advice and consent: The politics of judicial appointments. New York: Oxford University Press.

Epstein, L., Segal, J. A., Spaeth, H. J., & Walker, T. G. (1996). The Supreme Court compendium: Data, decisions and developments (2nd ed.). Washington, DC: Congressional Quarterly Press.

Estelle v. Gamble, 429 U. S. 97(1976).

Estreicher, S., & Sexton, J. (1986). Redefining the Supreme Court's role. New Haven, CT: Yale University Press.

Evans v. Gore, 253 U. S. 245(1920).

Falbo, T. (1977). Multidimensional scaling of power strategies. Journal of Personality and Social Psychology, 35, 537 – 547.

Feeney, F. (1975). Conflicts involving federal law: A review of cases presented to the Supreme Court. In Hruska Commission (Ed.), Structure and internal procedures: Recommendations for change (pp. 93 – 94). Washington, DC: U. S.

Government Printing Office.

Fiedler, F. E. (1964). A contingency model of leadership effectiveness. In L.

Berkowitz (Ed.), Advances in experimenal social psychology (Vol. 1, pp. 149 – 190). Orlando, FL: Academic Press.

Fiedler, F. E. (1967). A theory of leadership effectiveness. New York: McGraw-Hill.

Fiedler, F. E. (1969). Style or circumstance: The leadership enigma. Psychology Today, 2(10), 38 – 43.

Fiedler, F. E. (1971). Validation and extension of the contingency model of leadership effectiveness: A review of empirical findings. Psychological Bulletin, 26, 128 – 148.

Fiedler, F. E., & Garcia, J. E. (1987). New approaches to effective leadership: Cognitive resources and organizational performance. New York: Wiley.

Fine, S. (1979). Frank Murphy: The New Deal years. Chicago: University of Chicago Press.

Fine, S. (1984). Frank Murphy: The Washington years. Ann Arbor: University of Michigan Press.

Fiss, O., & Krauthammer, C. (1982). The Rehnquist court. New Republic, 209 (8), 14 - 21.

Fitzpatrick, M. A., & Winke, J. (1979). You always hurt the one you love: Strategies and tactics in interpersonal conflict. Communication Quarterly, 27, 1 - 11.

Fleishman, E. A., Harris, E. F., & Burtt, H. E. (1955). Leadership and supervision in industry. Columbus: Ohio State University Press.

Fortas, A. (1975). Chief Justice Warren: The enigma of leadership. Yale Law Journal, 84, 405 - 412.

Frank, J. (1949). Courts on trial: Myth and reality in American justice. Princeton, NJ: Princeton University Press.

Frank, J. (1963). Law and the modern mind. New York: Anchor Books. (Originally published in 1930).

Freedman, M. (Ed.). (1967). Roosevelt and Frankfurter: Their correspondence, 1928 - 1945. Boston: Little, Brown.

Freund, P. (1967). Charles Evans Hughes as Chief Justice. Harvard Law Review, 81, 4 - 43.

Friedelbaum, S. H. (1991). Justice William J. Brennan, Jr.: Policy-making in the judicial thicket. In C. M. Lamb & S. C. Halpern (Eds.), The Burger Court: Political and judicial profiles (pp. 100 - 128). Urbana: University of Illinois Press.

Furman v. Georgia, 408 U. S. 238 (1972).

Garnett, R. W. (2005). Hail to the Chief? Right on. Legal Affairs, 4(2), 34 - 35.

Garrett, E. (2001). Leaving the decision to Congress. In C. R. Sunstein & R. A. Epstein (Eds.), The vote: Bush, Gore, and the Supreme Court (pp. 38 - 54). Chicago: University of Chicago Press.

Garrow, D. J. (1998, April 19). Dissenting opinion. New York Times Book Review, pp. 26 - 27.

Garrow, D. J. (2005). The brains behind Blackmun. Legal Affairs, 4(3), 26 - 34.

Gaziano, T. (2002, August 5). A partisan blood sport. National Law Journal,

p. A24.

George, T. E., & Epstein, L. (1992). On the nature of Supreme Court decision-making. American Political Science Review, 86, 323 - 337.

Gerber, S. D. (1999). First principles: The jurisprudence of Clarence Thomas. New York: New York University Press.

Gibb, C. A. (1969). Leadership. In G. Lindzey & E. Aronson (Eds.), Handbook of social psychology (2nd ed., Vol. 4, pp. 205 - 282). Reading, MA: Addison-Wesley.

Gibbons v. Ogden, 22 U. S. 1 (1824).

Gibson, J. L. (1983). From simplicity to complexity: The development of theory in the study of judicial behavior. Political Behavior, 5, 7 - 49.

Gideon v. Wainwright, 372 U. S. 335 (1963).

Ginsburg, R. B. (2003). From Benjamin to Breyer: Is there a Jewish seat? Supreme Court Historical Society Quarterly, 24(3), 1, 4 - 6.

Goldman, S. (1991). Federal judicial recruitment. In J. B. Gates & C. A. Johnson (Eds.), The American courts: A critical assessment (pp. 189 - 210). Washington, DC: Congressional Quarterly Press.

Goldman, S. (1997). Picking federal judges: Lower court selection from Roosevelt toReagan. New Haven: Yale University Press.

Goldman, S., & Slotnick, E. (2002). Picking judges under fire. In W. Murphy, C. H. Pritchett, & L. Epstein (Eds.), Courts, judges, and politics (5th ed., pp. 157 - 159). New York: McGraw-Hill.

Goldman, S., Slotnick, E., Gryski, G., & Schiavoni, S. (2005). W. Bush's judiciary: The first term record. Judicature, 88(6), 244 - 275.

Gottlieb, S. E. (1996). Three justices in search of a character: The moral agendas of Justices O'Connor, Scalia, and Kennedy. Rutgers Law Review, 49, 219 - 283.

Granholm v. Heald, 125 S. Ct. 1885 (2005).

Gratz v. Bollinger, 123 S. Ct. 2411 (2003).

Greenfield, J. (2002). A hero to his valet: An underling spies on the Supreme Court. Harpers, 305 (1829), 77 - 81.

Greenhouse, L. (1990, July 20). Supreme Court dissenters: Loners or pioneers?

New York Times, p. B8.

Greenhouse, L. (1999, January 26). In blow to Democrats, court says census must be done by actual count. New York Times, pp. A1, A20.

Greenhouse, L. (2000, June 28). A turf battle's victim. New York Times, pp.

A1,A18.

Greenhouse, L. (2001a, February 20). Election case a test and a trauma for justices. New York Times, pp. A1, A18 – A19.

Greenhouse, L. (2001b, May 22). Court says press isn't liable for use of ill-gotten tapes. New York Times, p. A14.

Greenhouse, L. (2002a, July 2). Court had Rehnquist initials intricately carved on docket. New York Times, pp. A1, A14.

Greenhouse, L. (2002b, July 17). Pay erodes, judges flee, and relief is not at hand. New York Times, p. A11.

Greenhouse, L. (2002c, December 3). Justices to reconsider ruling against sex between gays. New York Times, p. A27

Greenhouse, L. (2003a, January 16). Twenty-year extension of existing copyrights is upheld. New York Times, p. A22.

Greenhouse, L. (2003b, May 28). Justices, 6 – 3, rule workers can sue states over leave. New York Times, p. A29.

Greenhouse, L. (2003c, June 3). Court rules out using trademark law in case about old war footage. New York Times, p. A20.

Greenhouse, L. (2004a, March 4). Documents reveal the evolution of a justice. New York Times, pp. A1, A16 – A17.

Greenhouse, L. (2004b, March 5). Friends for decades, but years on the court left them strangers. New York Times, pp. A1, A16.

Greenhouse, L. (2004c, June 2). Teenager's murder conviction is reinstated after challenge based on Miranda. New York Times, p. A17.

Greenhouse, L. (2004d, July 5). The year Rehnquist may have lost his court. New York Times, pp. A1, A12 – A13.

Greenhouse, L. (2005a, January 21). Ailing Chief Justice makes good his promise. New York Times, p. A13.

Greenhouse, L. (2005b). Becoming Justice Blackmun: Harry Blackmun's Supreme Court journey. New York: Times Books.

Greenstein, F. (1982). The hidden-hand presidency: Eisenhower as leader. New York: Basic Books.

Gregg v. Georgia, 428 U. S. 153(1976).

Greve, M. S. (2005, May 2). Liberals in exile. Legal Times, pp. 66 – 67.

Griffin v. California, 380 U. S. 609(1965).

Grove, W. M., & Meehl, P. E. (1996). Comparative efficiency of informal (subjective, impressionistic) and formal (mechanical, algorithmic) prediction procedures: The clinical-statistical controversy. Psychology, Public Policy, and Law, 2, 297 – 323.

Grove, W. M., Zald, D. H., Lebow, B. S., Snitz, B. E., & Nelson, C. (2000). Clinical versus mechanical prediction: A meta-analysis. Psychological Assessment, 12, 19 – 30.

Gruenfeld, D. H. (1995). Status, ideology, and cognitive complexity in the U. S. Supreme Court: Rethinking the politics of political decision-making. Journal of Personality and Social Psychology, 68, 5 – 20.

Grutter v. Bollinger, 123 S. Ct. 2325 (2003).

Gunther, J. (1947). Inside U. S. A. New York: Harper.

Guttman, L. (1944). A basis for scaling qualitative data. American Sociological Review, 9, 139 – 150.

Hall, M. G., & Brace, P. (1999). State supreme courts and their environments: Avenues to general theories of judicial choice. In C. W. Clayton & H.

Gillman (Eds.), Supreme Court decision-making: New institutionalist ap-proaches (pp. 282 – 300). Chicago: University of Chicago Press.

Halpin, A. W. (1966). Theory and research in administration. New York: Macmillan.

Halpin, A. W., & Winer, B. J. (1952). The leadership behavior of the airplane commander. Columbus: Ohio State University Research Foundation.

Hammer v. Dagenhart, 247 U. S. 251 (1918).

Harlan, J. M., II. (1955). What part does oral argument play in the conduct of an appeal? Cornell Law Quarterly, 41, 6 – 11.

Harris, A. (1986, August 21). The unintended battle of Michael Hardwick.

Washington Post, pp. C1, C4.

Harris v. Alabama, 513 U. S. 504 (1995).

Harris v. Forklift Systems, Inc., 114 S. Ct. 367 (1993).

Harris v. United States, 122 S. Ct. 2406 (2002).

Hatch, O. (2002). Square peg: Confessions of a citizen senator. New York: Basic Books.

Heck, E. V., & Hall, M. G. (1981). Bloc voting and the freshman justice effect revisited. Journal of Politics, 48, 852 – 860.

Hibbing, J. R., & Theiss-Morse, E. (1995). Congress as public enemy: Public attitudes toward American institutions. New York:Cambridge University Press.

Hiibel v. Sixth Judicial District Court of Nevada,124 S. Ct. 2451(2004).

Hill v. Colorado,147 S. Ct. 597(2000).

Hirsch,H. N. (1981). The enigma of Felix Frankfurter. New York:Basic Books.

H. L. v. Matheson,451 U. S. 398(1981).

Hoeflich,M. (1996,March 27). Judges,clerks have special tie. Lawrence Journal-World,p. 7B.

Holmes,O. W. ,Jr. (1897). The path of law. Harvard Law Review,10,457 – 478.

Hope v. Pelzer,536 U. S. 730(2002).

Hopwood v. State of Texas,78 F. 3d 932(5th Cir. ,1996).

Howard,A. E. D. (1997,June 30). Shaking up the high court. Washington Post National Weekly Edition,p. 33.

Howard,J. W. ,Jr. (1968a). Mr. Justice Murphy:A political biography. Princeton, NJ:Princeton University Press.

Howard,J. W. ,Jr. (1968b). On the fluidity of judicial choice. American Political Science Review,62,43 – 56.

Howard,J. W. , Jr. (1992). Frank Murphy. In K. L. Hall (Ed.), The Oxford companion to the Supreme Court of the United States (pp. 567 – 568). New York: Oxford University Press.

Hudson v. McMillian,503 U. S. 1(1992).

Hull, A. (1997). Strategic interaction and schema: An integration and study of judicial decision-making models. Unpublished manuscript, Department of Political Science,University of Kansas,Lawrence,KS.

Hutchinson,D. J. ,& Garrow,D. J. (Eds.). (2002). The forgotten memoir of John Knox:A year in the life of a Supreme Court clerk in FDR's Washington.

Chicago:University of Chicago Press.

Hutchinson,D. J. ,Strauss,D. A. , & Stone,G. R. (Eds.). (2004). The Supreme Court review,2003. Chicago:University of Chicago Press.

Ickes,H. L. (1953). Secret diary(Vol. 2). New York:Simon and Schuster.

INS v. Chadha,462 U. S. 919(1983).

Jackson,R. (1951,November). Advocacy before the Supreme Court: Suggestions for effective case presentations. American Bar Association Journal,37,801 – 804.

Jackson,R. H. (1961). The Supreme Court as a unit of government. In A. F.

Westin(Ed.),The Supreme Court from inside(pp. 17 – 33). New York:Norton.

Jeffries, J. C. , Jr. (1994). Justice Lewis F. Powell, Jr. New York: Scribner's.

Johnson, J. W. (1997). The struggle for student rights: Tinker v. Des Moines and the 1960s. Lawrence: University Press of Kansas.

Johnson, T. R. (2004). Oral arguments and decision-making in the United States Supreme Court. Albany: State University of New York Press.

Kamisar, Y. (2000, July 17). Your sort-of right to remain silent. National Law Journal, p. A18.

Kansas v. Colorado, 121 S. Ct. 2023(2001).

Kaplan, D. A. (2001). The accidental president: How 423 lawyers, 9 Supreme Court justices, and 5,953,110(give or take a few) Floridians landed George W. Bush in the White House. New York: HarperCollins.

Katz, D. (1960). The functional approach to the study of attitudes. Public Opinion Quarterly, 24, 163 - 204.

Katz, D. (1968). Consistency for what? The functional approach. In R. P. Abelson, E. Aronson, W. J. McGuire, T. M. Newcomb, M. J. Rosenberg, & P. H.

Tannenbaum(Eds.), Theories of cognitive consistency: A source book(pp. 179 - 191). Chicago: Rand McNally.

Katz, D., & Stotland, E. (1959). A preliminary statement to a theory of attitude structure and change. In S. Koch(Ed.), Psychology: A study of science(Vol. 3, pp. 423 - 475). New York: McGraw-Hill.

Kearney, J. D., & Merrill, T. W. (2000). The influence of amicus curiae briefs on the Supreme Court. University of Pennsylvania Law Review, 148, 743 - 855.

Kelly v. South Carolina, 122 S. Ct. 726(2002).

Kelman, H. C. (1958). Compliance, identification, and internalization: Three processes of opinion exchange. Journal of Conflict Resolution, 2, 51 - 60.

Kelo et al. v. City of New London, 125 S. Ct. 2655(2005).

Kennedy, D. M. (1995). How FDR derailed the New Deal. Atlantic Monthly, 276 (6), 87 - 92.

Kiesler, C. A., Collins, B. E., & Miller, N. (1969). Attitude change: A critical analysis of theoretical approaches. New York: Wiley.

King, W. L. (1950). Melville Weston Fuller: Chief Justice of the United States, 1888 - 1910. New York: Macmillan.

Kloppenberg, L. A. (2001). Playing it safe: How the Supreme Court sidesteps the hard cases and slants the development of the law. New York: New York University

Press.

Kluger, R. (1976). Simple justice: The story of Brown v. Board of Education and black America's struggle for equality. New York: Knopf.

Kobylka, J. F. (2005, April 25). No empty robe. Legal Times, pp. 60 – 61.

Korematsu v. United States, 323 U. S. 214 (1944).

Krislov, S. (1963). The amicus curiae brief: From friendship to advocacy. Yale Law Journal, 72, 694 – 721.

Kritzer, H. M. (2001). The impact of Bush v. Gore on public perceptions and knowledge of the Supreme Court. Judicature, 85(1), 32 – 38.

Kunda, Z. (1990). The case for motivated reasoning. Psychological Bulletin, 108, 480 – 498.

Kurz, R., Crowson, C. J., & Kurian, A. (2003, April 28). What does Moseley mean?

Legal Times, p. 60.

Lamb, C. M, & Halpern, S. C. (1991). The Burger court and beyond. In C. M.

Lamb & S. C. Halpern (Eds.), The Burger Court: Political and judicial profiles (pp. 433 – 461). Urbana: University of Illinois Press.

Lash, J. P. (1975). From the diaries of Felix Frankfurter. New York: Norton.

Lassiter v. Department of Social Services, 425 U. S. 18 (1980).

Lawrence v. Texas, 123 S. Ct. 2472 (2003).

Lazarus, E. (1998). Closed chambers. New York: Random House.

Lee v. Weisman, 112 S. Ct. 2649 (1992).

Leuchtenburg, W. E. (1995). The Supreme Court reborn: The constitutional revolution in the age of Roosevelt. New York: Oxford University Press.

Lewin, K. (1951). Field theory in social science. New York: Harper.

Lewis, A. (1964). Gideon's trumpet. New York: Random House.

Lewis, N. A. (2000, December 13). Justice Thomas speaks out on a timely topic, several of them, in fact. New York Times, p. A14.

Lewis, N. A. (2002, September 6). Democrats reject Bush pick in battle over Court balance. New York Times, pp. A1, A18.

Liles v. Oregon, 425 U. S. 863 (1976).

Lubet, S. (1995, August 21). Recusal can deny cert. National Law Journal, pp. A19 – A20.

Magrath, C. P. (1963). Morrison Waite: The triumph of character. New York:

Macmillan.

Maltese, J. A. (1995). The selling of Supreme Court nominees. Baltimore: Johns Hopkins Press.

Maltzman, F., Spriggs, J. F., II & Wahlbeck, P. J. (2000). Crafting law on the Supreme Court: The collegial game. New York: Cambridge University Press.

Maltzman, F., & Wahlbeck, P. J. (1996a). May it please the Chief? Opinion assignments in the Rehnquist court. American Journal of Political Science, 40, 421 – 433.

Maltzman, F., & Wahlbeck, P. J. (1996b). Strategic policy considerations and voting fluidity on the Burger court. American Political Science Review, 90, 581 – 592.

Mann, J. (1983). Year-end salute. American Lawyer, 5(9), 94.

Marbury v. Madison, 1 Cranch 137 (U.S. 1803).

Margolick, D., Peretz, E., & Shnayerson, M. (2004, October). The path to Florida. Vanity Fair, 46(10), 310 – 322, 355 – 369.

Marwell, G., & Schmitt, D. R. (1967). Dimensions of compliance-gaining behavior: An empirical analysis. Sociometry, 30, 350 – 364.

Maryland v. Craig, 110 S. Ct. 3157 (1990).

Mason, A. T. (1956). Harlan Fiske Stone: Pillar of law. New York: Viking Press.

Mason, A. T. (1965). William Howard Taft: Chief justice. New York: Simon and Schuster.

Mauro, T. (1996, August 27). Thomas' role in case questioned. USA Today, p. 3A.

Mauro, T. (1997, June 2). Justices' private holdings can affect their public duty. USA Today, pp. 1A – 2A.

Mauro, T. (1998, March 13 – 15). Justices give pivotal role to novice lawyers. USA Today, pp. 1A – 2A.

Mauro, T. (1999a, July 6). Justice Stevens defends court ruling that let Clinton case proceed. USA Today, p. 4A.

Mauro, T. (1999b, October 4). Activists to ask again to meet with justices. USA Today, p. 8A.

Mauro, T. (2000, March 14). Burnish Supreme Court's minority-hiring image. USA Today, p. 19A.

Mauro, T. (2002, January 15). TV show errs, yet informs. USA Today, p. 13A.

Mauro, T. (2003a, March 24). Win or lose, law schools already considering changes. Legal Times, pp. 1, 10.

Mauro, T. (2003b, April 17). O'Connor on center stage at arguments. Legal Times, p. 10.

Mauro, T. (2003c, November 3). Counting the clerks. Legal Times, pp. 8, 10.

Mauro, T. (2003d, December 29). Recalling a battle in an ongoing war. Legal Times, p. 7.

Mauro, T. (2004a, March 1). Decoding high court recusals. Legal Times, pp. 1, 8, 10.

Mauro, T. (2004b). Glasnost at the Supreme Court. In N. Devins & D. M.

Douglas (Ed)., A year at the Supreme Court (pp. 191 – 208). Durham, NC: Duke University Press.

Mauro, T. (2004c). Speak wisely. American Lawyer, 26(4), 81 – 82.

Mauro, T. (2004d). The wedding ring leader. American Lawyer, 26(6), 94 – 97.

Mauro, T. (2005a, April 25). Blackmun article triggers backlash. Legal Times, p. 8.

Mauro, T. (2005b, March 14). Courtside: Too many friends. Legal Times, pp. 12 – 13.

Mauro, T. (2005c). Fluent in tea leaves. American Lawyer, 27(5), 75 – 76.

Mauro, T. (2005d, April 25). Justices have ties to FAIR members. Legal Times, p. 12.

Maveety, N. (1996). Sandra Day O'Connor: Strategist on the Court. Langham, MD: Roman and Littlefield.

McAllister, S. R. (1995, April). Practice before the Supreme Court of the United States. Journal of Kansas Bar Association, pp. 25 – 43.

McConnell v. FEC, 540 U. S. 93 (2003).

McCreary County, Kentucky, v. ACLU of Kentucky, 125 S. Ct. 2722 (2005).

McGautha v. California, 402 U. S. 183 (1971).

McGuire, K. (1993). The Supreme Court bar: Legal elites in the Washington community. Charlottesville: University Press of Virginia.

McGuire, K. T. (1996, November). Explaining executive success in the United States Supreme Court. Paper presented at the conference on Scientific Study of Judicial Politics, St. Louis.

McGuire, K. T., & Palmer, B. (1995). Issue fluidity on the U. S. Supreme Court.

American Political Science Review, 89, 691 – 702.

McLaughlin, G. T. (2000, November 6). Trade dress not optional. National Law

Journal, p. A22.

Meehl, P. E. (1954). Clinical versus statistical prediction: A theoretical analysis and review of the evidence. Minneapolis: University of Minnesota Press.

Melone, A. P. (1990). Revisiting the freshman effect hypothesis: The first two terms of Justice Anthony Kennedy. Judicature, 74, 6 - 13.

Melton, G. B. (1989). Public policy and private prejudice: Psychology and law on gay rights. American Psychologist, 44, 933 - 940.

Mendelson, W. (1991). Justice John Marshall Harlan: Non sub Homine ... In C. M. Lamb & S. C. Halpern (Eds.), The Burger Court: Political and judicial profiles (pp. 193 - 211). Urbana: University of Illinois Press.

Menez, J. F. (1984). Decision-making in the Supreme Court of the United States: A political and behavioral view. Lanham, MD: University Press of America.

Mennel, R. M., & Compston, C. L. (Eds.) (1996). Holmes and Frankfurter: Their correspondence, 1912 - 1934. Hanover, NH: University Press of New England.

Meyer v. United States, 364 U. S. 410 (1960).

Michael H. v. Gerald D., 491 U. S. 110 (1989).

Mickens v. Taylor, 122 S. Ct. 1237 (2002).

Milesv. Graham, 268 U. S. 501 (1925).

Miller, G. R., & Parks, M. R. (1982). Communication in dissolving relationships. In S. Duck (Ed.), Personal relationships 4: Dissolving relationships (pp. 127 - 154). Orlando, FL: Academic Press.

Miller, R. L. (2002). Whittaker: Struggles of a Supreme Court justice. Westport, CT: Greenwood.

Milliken v. Bradley, 418 U. S. 717 (1974).

Miranda v. Arizona, 384 U. S. 436 (1966).

Mitchell v. Helms, 147 S. Ct. 660 (2000).

Moran v. Burbine, 475 U. S. 412 (1986).

Morin, R. (1989, June 26 - July 2). The case for TV in the highest court. Washington Post National Weekly Edition, p. 37.

Morris, R., Jr. (2003). Fraud of the century: Rutherford B. Hayes, Samuel Tilden, and the stolen election of 1876. New York: Simon and Schuster.

Moseley v. V Secret Catalogue, Inc. 537 U. S. 418 (2003).

Muller v. Oregon, 208 U. S. 412 (1908).

Munn v. Illinois, 94 U. S. 113 (1877).

Murdoch, J., & Price, D. (2001). Courting justice: Gay men and lesbians v. the Supreme Court. New York: Basic Books.

Murphy, B. A. (2003). Wild Bill: The legend and life of William O. Douglas. New York: Random House.

Murphy, W. F. (1964). Elements of judicial strategy. Chicago: University of Chicago Press.

Murphy, W. F. (1965). In his own image: Mr. Chief Justice Taft and Supreme Court appointments. In P. B. Kurland (Ed.), The Supreme Court and the Constitution: Essays in constitutional law from the Supreme Court Review (pp. 123 - 157). Chicago: University of Chicago Press.

Murphy, W. F., & Pritchett, C. H. (Eds.). (1961). Courts, judges, and politics: An introduction to the judicial process. New York: Random House.

Murphy, W. F., Pritchett, C. H., & Epstein, L. (Eds.). (2002). Courts, judges, and politics: An introduction to the judicial process (5th ed.). New York: McGraw-Hill.

Nagel, R. F. (1994). Judicial power and American character: Censoring ourselves in an anxious age. New York: Oxford University Press.

National Labor Relations Board v. Jones and Laughlin Steel Corp., 301 U. S. 1 (1937).

Nevada Department of Human Resources v. Hibbs, 123 S. Ct. 1972 (2003).

New York v. Quarles, 467 U. S. 649 (1984).

New York Times v. Sullivan, 376 U. S. 254 (1964).

Newman, R. K. (1994). Hugo Black: A biography. New York: Pantheon.

O'Brien, D. M. (1993). Storm center: The Supreme Court in American politics (3rd ed). New York: Norton.

O'Brien, D. M. (Ed.). (1997). Judges on judging: Views from the bench. Chatham, NJ: Chatham House.

O'Brien, D. M. (1999). Institutional norms and Supreme Court opinions: On reconsidering the rise of individual opinions. In C. W. Clayton & H. Gillman (Eds.), Supreme Court decision-making: New institutionalist approaches (pp. 91 - 113). Chicago: University of Chicago Press.

O'Brien, D. M. (2000). Storm center: The Supreme Court in American politics (5th ed.). New York: Norton.

O'Connor, K. (1983). The amicus curiae role of the U. S. solicitor general in Supreme Court litigation. Judicature, 66, 256 - 264.

O'Connor, K., & Epstein, L. (1983). Court rules and workload: A case study of rules governing amicus curiae participation. Justice System Journal, 8, 35 – 45.

O'Connor, S. D. (1981). Trends in the relationship between the federal and state courts from the perspective of a state court judge. William and Mary Law Review, 22, 801 – 815.

O'Connor, S. D. (2003). The majesty of the law: Reflections of a Supreme Court justice. New York: Random House.

O'Connor, S. D., & Day, H. A. (2002). Lazy B: Growing up on a cattle ranch in the American Southwest. New York: Random House.

O'Malley v. Woodrough, 207 U. S. 277 (1939).

Pear, R. (1997, June 27). Court allows Clinton the line-item veto. New York Times, p. A17.

Pennsylvania v. Muniz, 496 U. S. 582 (1990).

Perloff, R. M. (1993). The dynamics of persuasion. Mahwah, NJ: Erlbaum.

Perry, B. A. (1999a). The priestly tribe: The Supreme Court's image in the American mind. Westport, CT: Praeger.

Perry, B. A. (1999b). "The Supremes": Essays on the current justices of the United States Supreme Court. New York: Peter Lang.

Perry, H. W., Jr. (1991). Deciding to decide: Agenda setting in the United States Supreme Court. Cambridge, MA: Harvard University Press.

Peters, L. H., Hartke, D. D., & Pohlmann, J. T. (1985). Fiedler's contingency theory of leadership: An application of the meta-analysis procedures of Schmidt and Hunter. Psychological Bulletin, 47, 274 – 285.

Phillips, C. G. (2004). Was affirmative action saved by its friends? In N. Devins & D. M. Douglas (Eds.), A year at the Supreme Court (pp. 113 – 129). Durham, NC: Duke University Press.

Phillips, H. B. (Ed.). (1960). Felix Frankfurter reminisces. New York: Reynal.

Planned Parenthood of Southeastern Pennsylvania v. Casey, 112 S. Ct. 2791 (1992).

Plessy v. Ferguson, 163 U. S. 537 (1896).

Pollock v. Farmer's Loan and Trust Co., 157 U. S. 429 (1895).

Ponnuru, R. (2000, July 31). Supreme hubris. National Review, 52 (14), 28 – 31.

Ponnuru, R. (2004). The Court's faux federalism. In N. Devins & D. M. Douglas (Eds.), A year at the Supreme Court (pp. 131 – 149). Durham, NC: Duke University

Press.

Posner, R. A. (1996, December 15). Poetic justice. New York Times Book Review, pp. 16 – 17.

Posner, R. A. (1999). An affair of state: The investigation, impeachment, and trial of President Clinton. Cambridge, MA: Harvard University Press.

Posner, R. A. (2001). Breaking the deadlock: The 2000 election, the Constitution, and the courts. Princeton, NJ: Princeton University Press.

Presser, S. B. (1992). Samuel Chase. In K. L. Hall (Ed.), The Oxford companion to the Supreme Court of the United States (pp. 137 – 139). New York: Oxford University Press.

Prettyman, E. B. (1984). The Supreme Court's use of the hypothetical questions at oral argument. Catholic University Law Review, 33, 555 – 591.

Prewitt, K. (1999). Census 2000: Science meets politics. Items: Social Science Research Council, 53 (1), 7.

Printz v. United States, 521 U. S. 848 (1997).

Pritchett, C. H. (1948). The Roosevelt court: A study in politics and values, 1937 – 1947. New York: Macmillan.

Provine, D. M. (1980). Case selection in the United States Supreme Court. Chicago: University of Chicago Press.

Purdom, T. S. (2005, July 5). Presidents, choosing justices, can wind up with surprises. New York Times, pp. A1, A14.

Puro, S. (1981). The United States as amicus curiae. In S. S. Ulmer (Ed.), Courts, law, and judicial processes (pp. 220 – 229). New York: Free Press.

Quindlen, A. (2000, November 6). The best of the Supremes. Newsweek, 136 (19), 92.

Raines v. Byrd, 65 U. S. L. W. 4705 (1997).

Rasul v. Bush, 124 S. Ct. 2686 (2004).

Reed v. Reed, 404 U. S. 71 (1971).

Rehnquist, W. H. (1957, December 13). Who writes the decisions of the Supreme Court? U. S. News and World Report, pp. 74 – 75.

Rehnquist, W. H. (1984). Oral advocacy: A disappearing art. Mercer Law Review, 34, 1015 – 1028.

Rehnquist, W. H. (1987a). The Supreme Court: How it was, how it is. New York: Morrow.

Rehnquist, W. H. (1987b). The Supreme Court: Past and present. In J. H. Choper (Ed.), The Supreme Court and its justices (pp. 194 - 201). Chicago: American Bar Association.

Rehnquist, W. H. (2001). The Supreme Court (Rev. ed.). New York: Random House.

Rehnquist, W. H. (2004). Centennial crisis: The disputed election of 1876. New York: Knopf.

Reynolds v. Sims, 377 U. S. 533 (1964).

Ring v. Arizona, 122 S. Ct. 2428 (2002).

Roberts, J. G., Jr. (2005). Oral advocacy and the re-emergence of a Supreme Court bar. Journal of Supreme Court History, 30(1), 68 - 81.

Roche, J. P., & Levy, L. W. (1964). The judiciary. New York: Harcourt, Brace, and World.

Roe v. Wade, 410 U. S. 113 (1973).

Roesch, R., Golding, S. L., Hans, V. P., & Reppucci, N. D. (1991). Social science and the courts: The role of amicus curiae briefs. Law and Human Behavior, 15, 1 - 11.

Rohde, D. W., & Spaeth, H. J. (1976). Supreme Court decision making. San Francisco: Freeman.

Rohde, D. W., & Spaeth, H. J. (1989). Ideology, strategy, and Supreme Court decisions: William Rehnquist as chief justice. Judicature, 72(4), 247 - 250.

Romer v. Evans, 116 S. Ct. 1620 (1996).

Roper v. Simmons, 125 S. Ct. 1183 (2005).

Rosen, J. (2000). Pride and prejudice. New Republic, 227(28 & 29), 16 - 18.

Rosen, J. (2001, June 3). A majority of one. New York Times Magazine, pp. 32 - 37, 64, 68, 73, 76, 79.

Rosen, J. (2005a). Breyer review. New Republic, 232(3), 10 - 13.

Rosen, J. (2005b). Rehnquist the Great? Atlantic Monthly, 295(3), 79 - 90.

Rowland, C. K., & Carp, R. A. (1996). Politics and judgment in federal district courts. Lawrence: University Press of Kansas.

Rubin, G. C. (1998, July 13). Betraying a trust. Washington Post National Weekly Edition, p. 27.

Rubin, T. F., & Melone, A. P. (1988). Justice Antonin Scalia: A first-year freshman effect? Judicature, 72, 98 - 102.

Rudman, W. B. (1996). Combat: Twelve years in the U. S. Senate. New York:

Random House.

Ruger, T., W., Kim, P. T., Martin, A. D., & Quinn, K. M. (2004). The Supreme Court Forecasting Project: Legal and political science approaches to predict-ing Supreme Court decision making. Columbia Law Review, 104, 1150 - 1209.

Salokar, R. M. (1992). The Solicitor General: The politics of law. Philadelphia: Temple University Press.

San Antonio Independent School District v. Rodriguez, 411 U. S. 1 (1973).

Savage, D. G. (2004). Anthony M. Kennedy and the road not taken. In N. Devins & D. M. Douglas (Eds.), A year at the Supreme Court (pp. 35 - 54). Durham, NC: Duke University Press.

Scalia, A. (1994). The dissenting opinion. Journal of Supreme Court History, 19, 33 - 44.

Scalia, A. (1997a). A matter of interpretation. Princeton, NJ: Princeton University Press.

Scalia, A. (1997b). Originalism: The lesser evil. In D. M. O'Brien (Ed.), Judges on judging (pp. 187 - 194). Chatham, NY: Chatham House.

Scheb, J. M., II & Ailshie, L. W. (1985). Justice Sandra Day O'Connor and the "freshman effect." Judicature, 72, 9 - 12.

Schechter Poultry Corporation v. United States, 295 U. S. 495 (1935).

Schenck-Hamlin, W. J., Wiseman, R. L., & Georgacarakos, G. N. (1982). A model of properties of compliance-gaining strategies. Communication Quarterly, 30, 92 - 100.

Schkade, D. A., & Sunstein, C. R. (2003, June 11). Judging by where you sit. New York Times, p. A29.

Schmidhauser, J. R. (1979). Judges and justices: The federal appellate judiciary. Boston: Little, Brown.

Schubert, G. (1965). The judicial mind: Attitudes and ideologies of the Supreme Court justices, 1946 - 1963. Evanston, IL: Northwestern University Press.

Schubert, G. (1974). The judicial mind revisited: Psychometric analysis of Supreme Court ideology. New York: Oxford University Press.

Schwartz, B. (1981). Felix Frankfurter and Earl Warren: A study of a deteriorating relationship. In P. B. Kurland & G. Casper (Eds.), The Supreme Court review, 1980 (pp. 115 - 142). Chicago: University of Chicago Press.

Schwartz, B. (1984). The unpublished opinions of the Warren Court. New York:

Oxford University Press.

Schwartz, B. (1987). The unpublished opinions of the Burger Court. New York: Oxford University Press.

Schwartz, B. (1989). Chief Justice Rehnquist, Justice Jackson, and the Brown case. In P. B. Kurland, G. Casper, & D. J. Hutchinson (Eds.), The Supreme Court review, 1988 (pp. 245 – 267). Chicago: University of Chicago Press.

Schwartz, B. (1996a). Decision: How the Supreme Court decides cases. New York: Oxford University Press.

Schwartz, B. (1996b). The unpublished opinions of the Rehnquist Court. New York: Oxford University Press.

Schwartz, B. (1997). A book of legal lists: The best and worst in American law. New York: Oxford University Press.

Schwartz, B., with Lesher, S. (1983). Inside the Warren Court. Garden City, NY: Doubleday.

Schwartz, H. (1988). Packing the courts: The conservative campaign to rewrite the Constitution. New York: Scribner's.

Schwartz, H. (2004, July 19). Looking for his next job? Legal Times, p. 70.

Scigliano, R. (1971). The Supreme Court and the presidency. New York: Free Press.

Segal, J. A. (1984). Predicting Supreme Court cases probabilistically: The search and seizure cases, 1962 – 1981. American Political Science Review, 78, 891 – 900.

Segal, J. A. (1999). Supreme Court deference to Congress: An examination of the Marksist model. In C. M. Clayton & H. Gillman (Eds.), Supreme Court decision-making: New institutionalist approaches (pp. 237 – 253). Chicago: University of Chicago Press.

Segal, J. A., & Cover, A. D. (1989). Ideological values and the votes of the Supreme Court justices. American Political Science Review, 83, 557 – 565.

Segal, J. A., & Reedy, C. D. (1988). The Supreme Court and sex discrimination: The role of the solicitor general. Western Political Quarterly, 41, 553 – 568.

Segal, J. A., & Spaeth, H. J. (1993). The Supreme Court and the attitudinal model. New York: Cambridge University Press.

Segal, J., & Spaeth, H. (2002). The Supreme Court and the attitudinal model revisited. New York: Cambridge University Press.

Segura v. United States, 468 U. S. 796 (1984).

Selective Draft Law cases,245 U. S. 366(1918).

Shullman,S. L. (2004). The illusion of devil's advocacy:How the justices of the Supreme Court foreshadow their decisions during oral argument. Journal of Appellate Practice and Process,6,271 - 293.

Sigelman, L. (1979). Black-white differences in attitudes toward the Supreme Court:A replication in the 1970s. Social Sciences Quarterly,60,113 - 115.

Silvia,P. (1997). Straw polls and fluidity on the Supreme Court. Unpublished manuscript,Department of Psychology,University of Kansas,Lawrence,KS.

Simon,D. (2002). Freedom and constraint in adjudication:A look through the lens of cognitive psychology. Brooklyn Law Review,67,1097 - 1139.

Simon,D. (1998). A psychological model of judicial decision making. Rutgers Law Journal,30,1 - 142.

Simon, J. F. (1980). Independent journey:The life of William O. Douglas. New York:Harper and Row.

Simon,J. F. (1995). The center holds:The power struggle inside the Rehnquist Court.

New York:Simon and Schuster.

Small v. United States,125 S. Ct. 1752(2005).

Smith,J. E. (1996). John Marshall:Definer of a nation. New York:Holt.

Smith,M. B. ,Bruner,J. ,& White,R. W. (1956). Opinions and personality. New York:Wiley.

Smolla, R. A. (1995). Introduction: Personality and process. In R. A. Smolla (Ed.), A year in the life of the Supreme Court (pp. 1 - 29). Durham, NC: Duke University Press.

Smolla,R. A. (2004). Cross burning:Virginia v. Black. In N. Devins & D. M.

Douglas(Eds.). A year at the Supreme Court(pp. 153 - 173). Durham,NC:Duke University Press.

Solberg,R. P. (2005). Diversity and George W. Bush's judicial appointments: Serving two masters. Judicature,88(6),276 - 283.

Spaeth, H. J. (1972). An introduction to Supreme Court decision making (Rev. ed.).

San Francisco:Chandler.

Spaeth,H. J. (2003,November 25). The original Supreme Court data base.

Document 51. Available at the website of the original United States Supreme Court

Judicial Data Base: PDF.

Steamer, R. J. (1986). Chief Justice: Leadership and the Supreme Court. Columbia: University of South Carolina Press.

Stenberg v. Carhart, 68 U. S. L. W. 4702(2000).

Stephens v. Hopper, 58 L. Ed 2d 667(1979).

Stern, R. L., & Gressman, E. (1962). Supreme Court practice (3rd ed.). Washington, DC: Bureau of National Affairs.

Stern, R. L., & Gressman, E. (1978). Supreme Court practice (5th ed.). Washington, DC: Bureau of National Affairs.

Stewart, D. O. (1994, October). Quiet times: The Supreme Court is reducing its workload—but why? American Bar Association Journal, 80(10), 40 - 44.

Stewart, M. L. (1998). Justice Blackmun's capital punishment jurisprudence.

Hastings Constitutional Law Quarterly, 26, 271 - 305.

Stewart v. Evans, D. C. Circuit, No. 01 - 5036(2002).

Stidham, R., Carp, R. A., & Songer, D. R. (2002). The voting behavior of President Clinton's appointees. In W. F. Murphy, C. H. Pritchett, & L. Epstein (Eds.), Courts, judges, and politics (5th ed., pp. 175 - 178). New York: McGraw-Hill.

Stith, K. (2005). Crime and punishment under the Constitution. In D. J.

Hutchinson, D. A. Straus, & G. R. Stone (Eds.), The Supreme Court review, 2004 (pp. 221 - 269). Chicago: University of Chicago Press.

Stogdill, R. M. (1950). Leadership, membership, and organization. Psychological Bulletin, 47, 1 - 14.

Strauss, D. (2004). Kerry's even keel. Legal Affairs, 3(5), 28 - 29.

Strauss, D. A. (1990). Due process, government inaction, and private wrongs.

In G. Casper & D. J. Hutchinson (Eds.), The Supreme Court review, 1989 (pp. 53 - 86). Chicago: University of Chicago Press.

Strube, M., & Garcia, J. (1981). A meta-analysis investigation of Fiedler's contingency model of leadership effectiveness. Psychological Bulletin, 90 307 - 321.

Sunstein, C. R. (1999). One case at a time: Judicial minimalism on the Supreme Court. Cambridge, MA: Harvard University Press.

Sunstein, C. R. (2004/2005). The Rehnquist revolution. New Republic, 231(26 - 28), 32 - 37.

Sunstein, C. R. (2005). Minimalism at war. In D. J. Hutchinson, D. A. Strauss, & G. R. Stone (Eds.), The Supreme Court review, 2004 (pp. 47 - 109). Chicago:

University of Chicago Press.

Sunstein, C. R., & Epstein, R. A. (Eds.). (2001). The vote: Bush, Gore, and the Supreme Court. Chicago: University of Chicago Press.

Tanenhaus, J., Schick, M., Muraskin, M., & Rosen, D. (1978). The Supreme Court's certiorari jurisdiction: Cue theory. In S. Goldman & A. Sarat (Eds.), American court systems: Readings in judicial process and behavior (pp. 130 – 143). San Francisco: Freeman.

Taylor, S., Jr. (1986, July 1). High court, 5 – 4, says states have the right to outlawprivate homosexual acts. New York Times, pp. A1, A19.

Taylor, S., Jr. (1988, September 23). When high court's away, clerks' work begins.

New York Times, p. 22.

Tennard v. Dretke, 124 S. Ct. 2562 (2004).

Tennessee v. Garner, 471 U. S. 1 (1985).

Tetlock, P. E. (1983). Cognitive style and political ideology. Journal of Personality and Social Psychology, 45, 118 – 126.

Tetlock, P. E., Bernzweig, J., & Gallant, J. L. (1985). Supreme Court decision making: Cognitive style as a predictor of ideological consistency of voting.

Journal of Personality and Social Psychology, 48, 1227 – 1239.

Texas v. Johnson, 491 U. S. 397 (1989).

Texas v. White, 7 Wallace 700 (1869).

Thimsen, S. (2003, May). A psychological analysis of United States Supreme Court voting patterns. Unpublished senior honors thesis, Department of Psychol-ogy, University of Kansas, Lawrence, KS.

Thomas, A. P. (2001). Clarence Thomas: A biography. San Francisco: Encounter Books.

Thomas, C. (1996, April 8). Judging. Speech at the University of Kansas, Lawrence, KS.

Thomas, E., & Isikoff, M. (2000, December 25). The truth behind the pillars.

Newsweek, 136/137 (26), 46.

Tinker v. Des Moines Independent Community School District, 393 U. S. 503 (1969).

Todd, A. L. (1964). Justice on trial: The case of Louis Brandeis. Chicago: University of Chicago Press.

Toobin, J. (2001). Too close to call. New York: Random House.

Tremper, C. R. (1987). Organized psychology's efforts to influence judicial policy-making. American Psychologist, 42, 496 - 501.

Tushnet, M. (1992). Thurgood Marshall and the brethren. Georgetown Law Journal, 80, 2109 - 2130.

Tushnet, M. (2005). A court divided: The Rehnquist Court and the future of constitutional law. New York: Norton.

Ulmer, S. S. (1970). The use of power in the Supreme Court: The opinion assignments of Earl Warren, 1953 - 1960. Journal of Public Law, 19, 49 - 67.

Ulmer, S. S. (1984). The Supreme Court's certiorari decisions: Conflict as a predictive variable. American Political Science Review, 89, 901 - 911.

Ulmer, S. S., Hintze, W., & Kirklosky, L. (1972). The decision to grant or deny certiorari: Further considerations of cue theory. Law and Society Review, 6, 637 - 643.

United States v. Armstrong, 517 U. S. 456(1996).

United States v. Arvizu, 122 S. Ct. 744(2002).

United States v. Booker, 125 S. Ct. 738(2005).

United States v. Drayton, 122 S. Ct. 2105(2002).

United States v. F. W. Darby Lumber Co., 312 U. S. 100(1941).

United States v. Hatter, 203 F. 3d 795(Denied certiorari, 2001).

United States v. Knights, 122 S. Ct. 587(2002).

United States v. Lopez, 115 S. Ct. 1624(1995).

United States v. Nixon, 418 U. S. 683(1974).

United States v. Ruiz, 122 S. Ct. 2450(2002).

United States v. Vonn, 122 S. Ct. 1043(2002).

Urofsky, M. I. (1981). Louis D. Brandeis and the progressive tradition. Boston: Little, Brown.

Urofsky, M. I. (1991). Felix Frankfurter: Judicial restraint and individual liberties. Boston: Twayne.

Urofsky, M. I. (1997). Affirmative action on trial: Sex discrimination in Johnson v. Santa Clara. Lawrence: University Press of Kansas.

USA Today. (2004, September 22). Justice Stevens defends court secrecy. USA Today, p. 14A.

Van Orden v. Perry, 125 S. Ct. 2854(2005).

Vernonia School District v. Acton, 115 S. Ct. 2386(1995).

Vinson, F. (1961). Work of the federal courts. In W. F. Murphy & C. H. Pritchett (Eds.), Courts, judges, and politics (pp. 54 – 57). New York: Random House.

Virginia v. Black, 538 U. S. 343 (2003).

Vitullo-Martin, J. (2004). Justice and Antonin Scalia: The Supreme Court's most strident Catholic. In J. L. Victor & J. Naughton (Eds.), Annual ecitions: Criminal justice 04/05 (pp. 131 – 135). Dubuque, IA: McGraw-Hill.

Ward, A. (2003). Deciding to leave. Albany: State University of New York Press.

Warren, E. (1966). Mr. Justice Brennan. Harvard Law Review, 80, 1 – 22.

Warren, E. (1977). The memoirs of Earl Warren. New York: Doubleday.

Wasby, S. L. (1981). Oral argument in the Ninth Circuit: The view from bench and bar. Golden Gate University Law Review, 11, 21 – 79.

Wasby, S. L. (1992). Amicus brief. In K. L. Hall (Ed.), The Oxford companion to the Supreme Court of the United States (pp. 31 – 32). New York: Oxford University Press.

Wasby, S. L., D'Amato, A. A., & Metrailer, R. (1976). The functions of oral argument in the U. S. Supreme Court. Quarterly Journal of Speech, 62, 410 – 422.

Wasby, S. L., Peterson, S. A., Schubert, J. N., & Schubert, G. (1992). The Supreme Court's use of per curiam dispositions: The connection to oral argument.

Northern Illinois University Law Review, 13, 1 – 32.

Washington Post. (2000, December 11). Closely divided public mirrors court splits. Lawrence Journal-World, p. 5A.

Washington University Supreme Court Forecasting Project. (2004, April 5).

Available at: http://wusct. wustl. edu/.

Weaver, W., Jr. (1990). The Chief Justice. In National Press Editors (Eds.), Eight men and a lady (pp. 14 – 48). Bethesda, MD: National Press.

Webster v. Reproductive Health Services, 492 U. S. 490 (1989).

West Coast Hotel Co. v. Parrish, 300 U. S. 379 (1937).

West Virginia State Board of Education v. Barnette, 319 U. S. 624 (1943).

Westen, D., & Weinberger, J. (2004). When clinical description becomes statistical prediction. American Psychologist, 59, 595 – 613.

Whelan, J. (2005). Jefferson's vendetta: The pursuit of Aaron Burr and the judiciary.

New York: Carroll and Graf.

White, E. (1978). The American judicial tradition: Profiles of leading American judges. New York: Oxford University Press.

Will, G. (1996, July 4). Expanding the boundaries of free speech. Kansas City Star, p. C – 11.

Willing, R. (1997, August 6). Disorder on the rise in nation's courts. USA Today, p. 3A.

Wiseman, R. L., & Schenck-Hamlin, W. J. (1981). A multi-dimensional scaling validation of an inductively derived set of compliance-gaining strategies.

Communication Monographs, 48, 251 – 270.

Witt v. Florida, 54 L. Ed 2d 294 (1977).

Wood, F. A. (1913). The influence of monarchs. New York: Macmillan.

Wood, S. L. (1996, August). Bargaining and negotiation in the Burger Court. Paper presented at the meetings of the American Political Science Association, San Francisco.

Woodward, B., & Armstrong, S. (1979). The brethren: Inside the Supreme Court.

New York: Simon and Schuster.

Yalof, D. A. (1999). Pursuit of justices: Presidential politics and the selection of Supreme Court nominees. Chicago: University of Chicago Press.

Yarborough v. Alvarado, 124 S. Ct. 2140 (2004).

Yarbrough, T. E. (2000). The Rehnquist Court and the Constitution. New York: Oxford University Press.

Youngstown Sheet and Tube Co. et al. v. Sawyer, 343 U. S. 579 (1952).

Zelman v. Simmons-Harris, 122 S. Ct. 2460 (2002).

索引

(页码为正文中的边码)

图书在版编目(CIP)数据

最高法院的心理学 / (美)劳伦斯·S. 赖茨曼著;
黄斌,吕芳译. -- 北京 : 法律出版社,2017
(司法理论译丛 / 孙笑侠主编)
书名原文:The Psychology of the Supreme Court
ISBN 978-7-5197-1650-9

Ⅰ. ①最… Ⅱ. ①劳… ②黄… ③吕… Ⅲ. ①司法心理学
Ⅳ. ①D90-054

中国版本图书馆 CIP 数据核字(2017)第 287091 号

著作权合同登记号
图字:01-2014-8447

出版 法律出版社
总发行 中国法律图书有限公司
经销 新华书店
印刷 三河市龙大印装有限公司
装帧设计 贾丹丹
责任校对 晁明慧
责任印制 陶　松

编辑统筹 学术·对外出版分社
责任编辑 韩满春
开本 720 毫米×960 毫米　1/16
印张 23
字数 333 千
版本 2018 年 1 月第 1 版
印次 2018 年 1 月第 1 次印刷

法律出版社/北京市丰台区莲花池西里 7 号(100073)
网址/www. lawpress. com. cn
投稿邮箱/info@ lawpress. com. cn
举报维权邮箱/jbwq@ lawpress. com. cn
销售热线/010-63939792
咨询电话/010-63939796

中国法律图书有限公司/北京市丰台区莲花池西里 7 号(100073)
全国各地中法图分、子公司销售电话:
统一销售客服/400-660-6393
第一法律书店/010-63939781/9782　西安分公司/029-85330678　重庆分公司/023-67453036
上海分公司/021-62071639/1636　深圳分公司/0755-83072995

书号:ISBN 978-7-5197-1650-9　**定价**:78.00 元
(如有缺页或倒装,中国法律图书有限公司负责退换)